35
1.188

L L.~~~~~~.
B. p. 30.

HISTOIRE
DES FRANÇAIS.

TOME XXX.

AVIS DES ÉDITEURS.

Le 30ᵉ et dernier volume de l'*Histoire des Français*, qui s'arrête à la convocation des États-généraux en 1789, sera bientôt suivi d'un gros volume contenant la table générale alphabétique et raisonnée de tous les noms propres et de tous les faits cités dans le cours de l'ouvrage.

Pour faire suite à l'*Histoire des Français, de Sismondi*, on peut recommander l'*Histoire de la Révolution française*, de M. Charles de Lacretelle, de l'Académie française; 8 volumes in-8° (prix 40 fr.), qui se réimprime dans ce moment.

TREUTTEL ET WURTZ.

Paris, mars 1844.

Ouvrages de M. de Sismondi, *publiés par la Librairie* TREUTTEL ET WURTZ.

HISTOIRE DES FRANÇAIS; 31 vol. in-8°. 1821 à 1844........ 210 fr.
HISTOIRE DES RÉPUBLIQUES ITALIENNES; 10 vol. in-8°, avec 24 gravures sur acier. Paris, 1840.... .... 50 fr.
HISTOIRE DE LA RENAISSANCE DE LA LIBERTÉ EN ITALIE, de ses progrès, de sa décadence et de sa chute; 2 vol. in-8°. Paris, 1832.. 12 fr.
DES ESPÉRANCES ET DES BESOINS DE L'ITALIE; brochure in-8°... 60 c.
DE LA LITTÉRATURE DU MIDI DE L'EUROPE; nouvelle édition, revue et corrigée. 4 vol. in-8°. Paris, 1829...................... 28 fr.
ÉTUDES SUR LES SCIENCES SOCIALES. —Tome I. *Études sur les Constitutions des peuples libres*; 1 vol. in-8°. Paris, 1836.. 7 fr. 50 c.
— Tomes II et III. *Études sur l'Économie politique*; 2 vol. in-8°. Paris, 1837 et 1838.................................. 15 fr.

Imprimerie de Mᵐᵉ Vᵉ Dondey-Dupré, rue St-Louis, 46, au Marais.

HISTOIRE
DES FRANÇAIS,

PAR

J. C. L. SIMONDE DE SISMONDI,

Associé étranger de l'Institut de France, de l'Académie impériale de Saint-Pétersbourg, de l'Académie royale des Sciences de Prusse, de l'Académie royale des Sciences de Turin ; Membre honoraire de l'Université de Wilna, de l'Académie et de la Société des Arts de Genève, de l'Académie Italienne, etc., etc.

CONTINUÉE DEPUIS L'AVÉNEMENT DE LOUIS XVI
JUSQU'A LA CONVOCATION DES ÉTATS-GÉNÉRAUX DE 1789,

PAR

AMÉDÉE RENÉE.

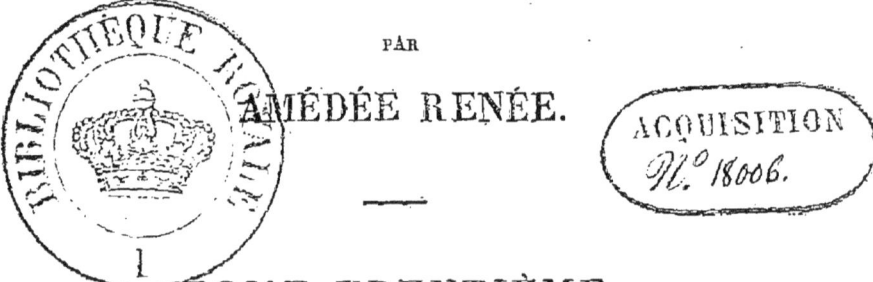

TOME TRENTIÈME.

PARIS,

Chez TREUTTEL et WÜRTZ, Libraires,
RUE DE LILLE, N° 17.

A STRASBOURG, même Maison de Commerce, Grand'Rue, n° 15.

1844

J'avais déjà recueilli quelques matériaux sur la fin du siècle dernier, lorsque l'on me proposa l'honneur inespéré de mener à fin l'*Histoire des Français*, de M. de Sismondi ; je fus heureux de trouver, dans ce travail préparatoire, un encouragement à accepter une tâche glorieuse, mais d'une lourde responsabilité. En présence de ce grand ouvrage, l'un des plus complets, l'un des plus imposants de ce siècle, je me suis trouvé sous l'impression de la crainte si naturelle de placer une dernière pierre indigne du monument.

J'ai tâché du moins de ressembler à M. de Sismondi par l'impartialité, par le sérieux de la conscience, sinon par la profondeur des recherches et la portée du jugement. Si quelquefois j'ai pu différer des vues antérieures de mon illustre devancier, c'est que parler la pensée d'autrui eût été mal imiter l'homme dont l'exemple autorise le mieux l'indépendance et la sincérité.

Que ce travail soit un hommage à la mémoire de ce doyen des historiens de nos jours, à la suite de qui je place respectueusement mon nom.

Amédée Renée.

HISTOIRE DES FRANÇAIS.

RÈGNE DE LOUIS XVI.

CHAPITRE PREMIER.

Avènement de Louis XVI. — État des esprits en France. — Gouvernement. — Coup-d'œil sur l'Europe. — Le roi, la reine. — Le comte de Maurepas, chef du ministère. — Vergennes, Du Muy, Turgot entrent au conseil. — Caractère et doctrines de Turgot. — Ses premiers actes. — Rappel de l'ancien Parlement. — La cour et le ministère partagés sur cette question. — Les frères du roi, les princes du sang. — Émeute des farines. — Sacre de Louis XVI. — Entrée au ministère de Malesherbes et du comte de Saint-Germain. — Réformes de Turgot. — Suppression de la corvée. — Abolition des maîtrises. — Projets de constitution politique. — Opposition contre Turgot. — Réformes de Saint-

1774.

Germain. — *Retraite de Malesherbes.* — *Disgrâce et renvoi de Turgot.*

774. La vieille monarchie finit avec Louis XV. Comme il s'en était vanté un jour, cette monarchie avait bien duré autant que lui; mais elle n'avait pas duré davantage. La France avait accepté ce mot comme une vérité consolante, comme une caution de plus que cela n'irait pas plus loin. Aussi la mort de Louis XV fut accompagnée d'un sentiment de délivrance et de joie qui fit un ardent accueil à son héritier. Ce jeune homme cependant ne s'était constitué aucun rôle marquant sous son aïeul. Il n'avait d'éclat ni par les actions, ni par ces qualités qui promettent la gloire; rien de notable, rien de significatif n'avait mis sa jeunesse en vue avant l'heure de son avènement. Il tenait sa popularité seulement du contraste qu'il offrait avec Louis XV; contraste tout entier de la vie privée et des mœurs.

La nation pourtant se sentit prodigieusement émue devant ce règne qui allait s'ouvrir. Toutes les espérances s'y étaient reportées. Ce fut un moment de foi et d'attente. Toutes les aspirations vers un ordre meilleur en politique et en morale s'y étaient ajournées patiemment; ce qu'on attendait, ce n'était plus un règne à la manière des précédens. L'idée de cet avenir était confuse, la notion de cet ordre nouveau était bien vague; mais le mouvement qui y portait était immense et généreux. On croyait à une transformation, on ne croyait pas encore à une ruine.

Ce fut le sentiment d'une vie nouvelle, de la vie politique, qui saisit la France à ce moment; à aucune époque de son histoire, elle n'avait possédé peut-être une si grande faculté d'espérer. Elle avait foi dans ce règne naissant pour tout le bien qu'on ne demandait plus à Louis XV. Elle y comptait pour relever le pouvoir royal de la honte où il s'abîmait; elle y comptait pour s'élever elle-même. Dans un certain sens, le mot de Louis XIV devenait juste, et la nation commençait à le prononcer à son tour : *l'Etat, c'est moi.* L'avènement de Louis XVI était son avènement à elle; son règne aussi allait s'ouvrir.

Un redoublement d'activité, mais d'une nature plus arrêtée et plus pratique, est le vrai caractère de ce moment. Le dix-huitième siècle, depuis peu, détournait le cours de ses études. La métaphysique, la philosophie générale, s'étaient épuisées. La pensée, moins occupée d'elle-même, travaillait davantage au profit direct de la société. L'éclat était moindre du côté des hommes; les plus grands avaient disparu ou étaient sur leur déclin; mais la société tout entière gagnait en lumières et en force. L'influence que les hommes supérieurs de ce temps avaient exercée n'appartint plus après eux qu'à l'opinion; c'est la société qui fit la loi aux écrivains à son tour; à aucune époque peut-être l'esprit général n'entra si pleinement et avec une pareille autorité dans les livres. Cet esprit du dix-huitième siècle, qui remplissait les conversations, les harangues, les correspondances épistolaires, suscitait et conduisait la littérature ; et à défaut d'institutions régulières, on s'acquittait d'écrire comme d'une fonction publique qui relevait de la société.

Ainsi, la marque du temps où commence le règne de Louis XVI, c'est une grande ardeur d'application immédiate en toutes choses ; déjà les idées, les théories pour elles-mêmes ne contentaient plus. Il y avait moins d'attaque, moins de combat du côté des questions religieuses et de la haute philosophie; à son tour, l'autorité civile était discutée. Les sciences politiques et morales semblaient se constituer du même coup que toutes les autres sciences. D'une part, naissait la chimie, de l'autre l'économie politique, et la méthode qui conduisait aux découvertes dans les sciences physiques semblait répondre aussi des vérités et des progrès dans l'état social. Il faut recommencer la société humaine, disait-on, comme Bacon avait dit « qu'il fallait recommencer l'entendement humain. » L'esprit éprouvait dans sa course une telle ivresse, et se voyait déjà parvenu si loin, que l'on croyait aux facultés de l'homme comme à un dogme nouveau. L'autorité, l'infaillibilité même, semblaient avoir passé du côté de la raison.

Les institutions seules paraissaient braver l'influence de cette raison publique qui parlait de si haut. Elle avait rompu dédaigneusement avec la tradition en toute chose, et le gouvernement ne connaissait rien, n'invoquait rien que la tradition. Sur toute la surface du pays l'image du passé s'étalait et faisait ombrage. Partout des monastères et des édifices féodaux. Dans les provinces on trouvait à chaque pas l'image conservée de la société du moyen âge. Cette France, si fière d'elle-même, de l'ascendant de ses écrivains et des lumières qu'elle dispensait autour d'elle, rougissait devant l'étranger de son état politique. « La vraie Turquie d'Europe, c'est la France, dit Champfort; ne lit-on pas, ajoute-t-il, dans tous les almanachs anglais : les pays despotiques, tels que la France et la Turquie. » Rapprochement, après tout, plus insultant que réel.

Quant aux forces que ce despotisme avait déployées, le déclin en était manifeste; toutes ces ressources, tant factices que réelles, se perdaient, et partout on en avait conscience. Le pouvoir royal, à vrai dire, n'avait jamais joui d'une constitution bien robuste au fond. Il avait hérité de tous les pouvoirs de l'ancienne société; au sortir des guerres civiles, il avait mis la main sur toutes choses; mais il les avait gardées telles, il n'avait rien réglé (1); aussi cette période monarchique resta-t-elle jusqu'à

---

(1) Madame de Staël, Considérations sur la Révolution française, ch. 2. — De Barante, De la littérature française au dix-huitième siècle, in-18, 3ᵉ édit., p. 293.

la fin dans une sorte de provisoire qui n'était pas propre à lui garantir une longue durée; et l'on a pu comparer avec raison la France d'alors au domaine privé d'un oisif livré aux intendans (1). La limite de tous les pouvoirs y resta indécise, la source de l'autorité flottante et contestée; point de démarcations franchement établies; nul principe n'y prit de fixité. La royauté, la noblesse, le clergé, les parlemens, restèrent en présence sans accord, sans fusion. La royauté avait prévalu; mais les autres pouvoirs pour s'être tus par crainte n'étaient point intérieurement soumis; rien ne donnait à l'État cet équilibre, cette harmonie qui est la force durable des gouvernemens réguliers. L'administration des provinces était pleine surtout de ces incohérences : agrégées successivement à la monarchie, elles y étaient entrées et continuaient de s'y mouvoir avec leurs diversités d'organisation. Leur incorporation était restée comme en suspens. Si forte qu'elle avait été, la royauté absolue ne sut pas faire en plus d'un siècle ce grand travail, que la révolution consomma en y portant seulement la main.

Il y avait ceci de particulier dans l'état social de l'ancienne France, qu'à tous les inconvéniens du despotisme se mêlaient presque tous ceux du régime féodal antérieur. Les ordres privilégiés écartés du pouvoir politique, au cœur de l'état, s'en

---

(1) Buchez, Hist. parlem. T. I, p. 160.

dédommageaient par des restes de souveraineté locale; il y avait de la sorte double oppression. Le prince pesait sur la nation par l'impôt et toutes les vexations du pouvoir arbitraire; le seigneur par les redevances et les servitudes pleines d'affront de la féodalité. La couronne en cela n'avait rendu qu'à moitié ce service public qui seul eût pu faire excuser ses usurpations ; elle n'avait abattu de la féodalité que ce qui la gênait, et n'allait point au-delà ; elle se débarrassait du vassal puissant qui lui disputait une province, et laissait faire à peu près le petit tyran qui n'inquiétait que le hameau. Sans doute, l'élite des classes moyennes échappait de fait, par l'influence de la richesse et des talents, au plus dur joug de cette hiérarchie ; mais là encore, comme l'exprime avec rectitude un écrivain, « cette inégalité des rangs était d'autant plus pesante qu'elle n'avait plus de fondements réels et qu'elle semblait porter à faux. » (1)

L'opinion à cette époque était si vive, qu'elle mettait tout l'attrait de la mode aux questions les plus graves de la science politique. La société tenait dans ses mains une telle puissance d'éducation, que la noblesse elle-même ne put y échapper. Il y avait là pour elle de la nouveauté, du mouvement, un passe-temps de plus introduit dans sa vie désœuvrée. La science et la liberté de la pensée, comme une dernière ressource, lui venaient en aide dans

(1) Barante, De la litt. fr. au dix-huitième siècle, p. 133.

son ennui. Cette noblesse s'y laissa prendre, et ne trouva rien de mieux que de se persifler elle-même, se prenant aussi pour un préjugé.

Cependant, il faut dire qu'il entrait quelque chose de plus sérieux dans la tête des ordres privilégiés. Ils étaient conduits aux idées de réforme par d'autres motifs; ils étaient las de leur nullité politique. Le rôle que les institutions anglaises donnaient à l'aristocratie tentait la haute noblesse de France; d'ailleurs, le siècle tout entier s'était fort occupé de l'Angleterre; c'était alors la tendance des politiques avancés, comme on dirait à présent. Voltaire, Montesquieu avaient hautement recommandé et mis en vogue la constitution de ce pays. Il n'y avait qu'à voir le chemin que venait de faire en quelques années la puissance anglaise, qu'à comparer ce qu'elle avait acquis à la dernière guerre, avec les pertes et les affronts qui avaient frappé la France, pour concevoir la plus haute idée du gouvernement britannique. L'orgueil et l'intérêt des grands seigneurs appelaient naturellement les plus capables et les plus fiers vers ce genre de gouvernement; l'attitude des lords anglais et leur souveraine influence étaient mieux le fait d'un Montmorency, d'un Larochefoucault, que la domesticité de Versailles ou le régime des lettres de cachet. Les écrivains, les avocats, tous les hommes d'étude trouvaient dans le bruit qui leur venait des grands débats parlementaires un souvenir de la liberté antique et la perspective d'une gloire nouvelle. Et quelle émotion ces hommes n'en devaient-ils pas ressentir, puisqu'une femme, vivant au milieu d'eux et nourrie de leurs opinions s'écriait avec enthousiasme : « J'aimerais mieux être le dernier membre de la Chambre des communes d'Angleterre, que d'être même le roi Frédéric; il n'y a que la gloire de Voltaire qui pourrait me consoler du malheur de n'être pas Anglais. » (1)

La noblesse et le clergé des provinces, s'ils participaient en quelque chose à ce mouvement de réforme, dirigeaient leur vœu d'un autre côté. Bien plus familiers avec le passé du pays qu'avec les institutions des peuples du dehors, ils avaient plutôt à cœur les formes représentatives de l'ancienne France, quelques traditions de libertés provinciales, où l'aristocratie locale avait son rôle, qu'un changement de système dans le gouvernement de l'État. Le vœu de la petite bourgeoisie se renfermait à peu près dans de pareilles limites, et elle n'imaginait guère de plus sûrs dépositaires des libertés générales que l'ancienne magistrature dispersée par les édits de Meaupou. On pourrait dire de plus qu'animée contre les nobles d'une naturelle et incurable jalousie, la classe bourgeoise comptait toujours au fond sur le prince, comme sur un ancien auxiliaire contre les grands. Elle semblait moins préoccupée d'institutions que du caractère personnel du roi.

(1) Mademoiselle de Lespinasse, Lettres, éd. in-12. T. I, p. 302.

Tel était l'état de l'esprit public au dedans, à l'heure où Louis XVI parvint au trône ; voyons le dehors. L'Europe n'était pas aussi avancée que la France. Elle n'avait pas vieilli si vite ; elle n'avait rien de ce glorieux malaise des peuples qui aspirent aux changements, à la transformation. Elle ne rêvait point de vie nouvelle ; elle n'avait ni la souffrance d'institutions trop anciennes, ni l'impatience d'institutions plus jeunes et meilleures. Parfois les idées lui venaient de France, dans cette belle langue française qu'on entendait partout, et tombaient sur elle comme de vives semences que l'avenir devait féconder. Mais ces idées, de même que la lumière, qui s'attache d'abord aux sommets, ne pénétraient que les gouvernements et ne plongeaient pas jusqu'aux peuples. Ainsi, Frédéric le philosophe régnait en Prusse ; mais la philosophie dont il était l'hôte ne dépassait pas le seuil de Potsdam. Ainsi, Catherine de Russie faisait d'impériales coquetteries aux libres penseurs de France ; mais, française dans ses lettres à Diderot, elle se maintenait russe et autocrate dans tous les actes de son gouvernement. La société européenne, d'une cohérence très-solide encore, se conduisait d'après ses rites séculaires : aristocratique, religieuse, militaire, ne concevant rien de plus grand que des batailles, et pensant peu aux révolutions. Nous ne parlons pas de l'Angleterre : l'Angleterre, détachée du continent, n'était presque pas l'Europe, et elle s'en séparait davantage encore par ses idées et par ses institutions.

Socialement donc, et à peu de choses près quant aux mœurs générales, l'Europe était ce qu'on la vit être au moyen âge; mais politiquement, elle différait. Depuis Luther, qui avait appris leur force aux princes, les chefs des États, participant bien plus que leurs peuples, en raison de la hauteur de leur position même, aux lumières paisibles de la pensée, avaient vu clair dans leurs intérêts de gouvernement; ils avaient cherché partout à concentrer dans leurs mains cette autorité que des aristocraties de toute sorte dispersaient, quand elles ne la combattaient pas. Leur esprit luttait encore; mais l'esprit sans le corps, en politique du moins, ne suffit pas. Tout ce qui avait été distingué, tout ce qui avait été illustre, s'était efforcé de ramener le pouvoir à l'unité, même par le despotisme et l'abus. En France, cela s'était fait grandement, rapidement, par Louis XI, Richelieu, Louis XIV. En Europe, cela se faisait encore au moment où le travail accompli en France ne convenait plus aux besoins et aux perfectionnemens nouveaux. Contraste frappant : En Europe, les gouvernemens en savaient plus long que les peuples, et par conséquent, ils étaient toujours dignes de les conduire. En France, l'opinion était plus instruite que le pouvoir, elle avait donc droit de le réformer.

Et sans cette opinion éclairée qui sentait le mieux

et le voulait, la France perdait son rang en Europe; elle fut à la veille de déchoir. Quand on compare son gouvernement à ceux qui l'entouraient alors, il n'est pas un seul de ces gouvernemens qu'on ne préférât pour sa patrie ; seulement l'opinion montre bien que la vieillesse des institutions et la lâcheté des maîtres du pouvoir n'avaient point passé dans le cœur de ce qui était réellement la France. Pour tous ceux qui savaient la juger, l'opinion seule empêchait que la France de Louis XV ne fût au-dessous de la Russie de Catherine II. Tout n'était pas fini, puisqu'il y avait de l'indignation et de la honte. Car le comble de la dégradation pour les individus comme pour les peuples, c'est d'en perdre le sentiment.

Et ce sentiment qui sauvait la France de l'abjection, l'avènement de Louis XVI en fit tout à coup une espérance. Qu'on en tienne compte ; car elle entra dans les transports publics autant que les besoins des améliorations intérieures. Des traités meurtriers avaient été signés par nous, contre nous. L'Angleterre nous avait tenu la main en 1763 et nous avait forcés de mettre notre nom au bas des stipulations les plus honteuses. En fait d'ignominie, nos traités de 1756 avec l'Autriche n'avaient été rien auprès de ceux-là. Frédéric s'était cruellement vengé à Rosbach des versatilités de notre politique, qui échouait même à être perfide. Il avait donné un nom mérité à notre pays en l'appelant *la ferme de la maison d'Autriche ;* et cette maison d'Autriche avait comblé le mépris par l'ingratitude ; Marie-Thérèse s'était prostituée à l'intimité de la Pompadour jusqu'à s'apparenter avec elle; Choiseul n'avait été pendant son ministère que le premier commis du prince de Kaunitz. Tout le poids de l'alliance, la France l'avait porté ; et ce qu'elle en retirait de profit, c'était de voir son parti écrasé par l'Autriche dans Varsovie, et la Pologne mise en pièces sans qu'on tournât seulement la tête pour savoir ce qu'elle en pensait. Tant de désastres, et ces noms grands après tout, Catherine, Frédéric, Marie-Thérèse, animaient d'un ressentiment jaloux cette opinion qui saluait le jeune Louis XVI; avec les réformes demandées, on croyait pouvoir répondre par des institutions à ces princes, tels que la maison de Bourbon n'en produisait plus, et qui, comme Marie-Thérèse, Frédéric et Catherine, semblaient à eux seuls des institutions.

En effet, Louis XVI promettait plus par ce qu'il laisserait faire sous son règne que par ce qu'il ferait lui-même. Il était comme la promesse que d'autres devaient tenir un jour; excepté ses instincts honnêtes, rien personnellement ne le recommandait à l'attention des hommes qui se préoccupaient de l'avenir, ni son éducation, ni son genre d'esprit, ni même cet extérieur qui n'est pas donné en vain aux représentants du pouvoir. Ce n'était point dans le sein des nouvelles idées que Louis XVI avait été élevé.

1774.

Quelques princes contemporains avaient eu des philosophes pour maîtres. Le petit-fils de Louis XV avait été élevé par un courtisan et par un jésuite. Il avait eu pour gouverneur le duc de La Vauguyon, homme de cour, frivole et servile, une espèce de Villeroy; mais chez qui l'esprit et la dignité des formes ne jetaient pas un voile sur les préjugés. Son précepteur avait été un évêque, M. de Coëtlosquet, qui n'était pas plus prélat de savoir et d'intelligence que La Vauguyon n'était grand seigneur, et qui couvrait de sa croix épiscopale l'homme souterrain et important, l'instituteur réel, le jésuite Radonvilliers. Les deux frères du roi, les comtes de Provence et d'Artois, avaient été placés dans les mêmes mains. Du vivant de leur père, ces princes avaient été l'objet de ses plus grandes sollicitudes. Il avait pris sur lui toute la charge de leur éducation; le fils de Louis XV vivait à l'écart, relevant, mais trop silencieusement à Versailles, les devoirs du mariage et de la paternité, tout ce que son père avait le plus foulé aux pieds. Certes, le dauphin était fait pour donner à ses fils, du côté des mœurs, les meilleurs enseignemens et les plus purs exemples; mais son âme manquait de ressort et s'usait tout entière en scrupules. Il était si faible, que les jésuites en avaient conçu une grande espérance. Fait pour être moine plus que pour être roi, il s'épouvantait de cette terrible charge d'âmes qu'on appelle la royauté, et tremblait prématurément devant sa couronne. Un tel homme n'était fait pour aucune direction, pas plus d'une éducation que d'un royaume ; il ne pouvait transmettre à son élève que sa morale craintive et défiante, et sa peur mélancolique d'être roi. Louis XVI conserva toujours un profond souvenir de son père, et ne se retourna que trop religieusement vers ces vieilles maximes de sa maison que le dauphin lui prêchait dans ses mémoires, et qui souvent s'ajustaient mal avec son amour du bien.

L'esprit du jeune prince, après la mort de son père, revint à ses précepteurs officiels, peu propres à l'affermir, à l'élever. Quant aux études, il montra du goût et de l'application aux plus utiles, à celles-là qui avaient trait directement à des intérêts d'État. Il n'avait pas le sentiment délicat des choses littéraires, ni l'aptitude aux langues anciennes. La géographie, l'histoire, les langues modernes, répondaient mieux à son esprit.

Le nouveau dauphin, marié dès l'âge de seize ans, vivait à Versailles à la manière de l'autre dauphin, son père. On revoyait en lui le représentant de la famille, de l'intimité domestique. C'était un salutaire contraste, opposé de nouveau à Louis XV. On parlait de sa vie privée, de ses mœurs simples, de ses promenades sans suite avec la dauphine, et des occasions qu'ils y trouvaient de se montrer compatissans et généreux. L'opinion publique leur savait gré de tout ce qui les distinguait de l'égoïste et immoral Louis XV.

L'archiduchesse, fille de Marie-Thérèse, que le système d'alliance en faveur, depuis 1756, avait unie au dauphin, ajoutait à cette popularité de l'estime, tout ce qui s'attache à la beauté et à la grâce. Le contraste était grand sous ce rapport entre les deux époux; Louis XVI n'avait rien de royal : « il n'avait point de majesté, dit un contemporain de l'ancienne cour, point de cette dignité du regard et du maintien que Louis XV avait toujours gardées; il n'avait ni la grâce qui séduit, ni l'éclat qui impose, ni la fermeté qui contient. » (1) L'observateur ajoute, toutefois, avec raison que ses manières plutôt que sa figure manquaient de noblesse; car il avait les traits caractérisés des Bourbons. Marie-Antoinette, au contraire, avait tous les dehors d'une reine; elle était attrayante et imposante à la fois. Le meilleur juge qui l'ait observée la représente ainsi : « Elle était grande, admirablement bien faite, les bras superbes. C'était la femme de France qui marchait le mieux, portant la tête élevée sur un beau col grec. Sa peau était si transparente, dit le peintre que nous laissons parler, qu'elle ne prenait point d'ombres. » (2) Ainsi, Marie-Antoinette avait

(1) Souvenirs et portraits par le duc de Levis, au mot Louis XVI.
(2) Madame Vigée Lebrun, peintre de la Reine. Voir ses mémoires. T. I, p. 64.

toutes les séductions nécessaires aux projets de Kaunitz et au rôle que lui avait tracé sa mère; c'était d'être à la cour de France la gardienne et l'instrument des intérêts de la cour impériale; c'était de se faire aimer de son mari au profit de l'Autriche. Élevées par une femme qui avait été roi plus que reine, les filles de Marie-Thérèse devaient, dans leur fierté de femmes et de filles, tenir à l'honneur d'imiter leur mère, et aspirer, comme elle, à un grand ascendant politique, aux dépens des princes leurs époux. La contagion de l'exemple des Catherine et des Marie-Thérèse remplissait le siècle; et la jeune dauphine avait emporté de Vienne des souvenirs dangereux. Elle y avait vu la triste attitude de son père, que Marie-Thérèse avait, pour ainsi dire, cloîtré dans un désœuvrement éternel; de bonne heure elle put comprendre comment sa mère entendait qu'on régnât. Si elle avait pu l'oublier, on avait mis à côté d'elle un homme chargé de le lui rappeler. C'était son précepteur, l'abbé de Vermond. L'abbé de Vermond, envoyé par Choiseul à Vienne, y était devenu autrichien (1); quelques familiarités de la femme qui disait ma cousine à madame de Pompadour, avaient entraîné et gonflé cette âme subalterne. L'abbé de Vermond avait les défauts des mauvais prêtres de son siècle. C'était un mélange d'irréligion, d'intrigue

1774.

(1) Mém. du marquis de Bouillé, p. 33.

et de vanité. Dans le temps de sa faveur auprès de Marie-Antoinette, qu'il avait faite trop frivole pour le juger, il recevait insolemment au bain les ministres (1). Appliqué sans relâche à manier l'esprit d'une jeune femme pour y exciter d'ardentes ambitions, le tentateur lui soufflait sans cesse qu'il fallait s'augmenter en crédit, en influence, et faire jusque du lit royal un instrument de domination. Ce nouveau directeur de conscience, au service de la maison d'Autriche, était pour cette enfant qu'il égarait l'infaillibilité vivante (2). Nous l'avons dit, elle avait tout ce qui attire, mais il lui apprit à repousser; il lui apprit à blesser l'opinion, à se faire haïr; il l'empêcha d'être Française. A la cour un parti puissant se forma de bonne heure contre Marie-Antoinette, et si plus tard elle se perdit, la faute en fut par dessus tout à l'intrigant obscur qu'on lui avait donné pour guide.

Dès son début à la cour de France, une affaire d'étiquette l'avait compromise, et les nobles lui gardaient rancune d'une prétention inconsidérée, dictée par l'orgueil de sa maison. Deux princesses de Lorraine, ses parentes, avaient pris le pas sur les grandes dames de France, aux fêtes de son mariage. On se plaignit avec éclat, et Marie-Antoinette, oubliant qu'elle était dauphine, répondit aux plaintes par les

---

(1) Mém. de madame Campan. Éd. in-8°, 1826. T. I. p. 45.
(2) Mém. du marquis de Bouillé, p. 33.

railleries, auxquelles sa position donnait un sens plus insolent et plus cruel. Elle s'en prit, en femme outrée, à l'étiquette française; c'était pour elle le seul côté de la France qu'elle pût attaquer. En cela, elle commençait de gagner le funeste surnom qu'on lui donna plus tard, *l'Autrichienne*. Alors, la France, qui, après tout, s'émouvait peu des humiliations et des blessures de l'aristocratie, ne prit pas garde à un débat qui semblait le précurseur de plus malheureuses dissidences. La dauphine resta populaire jusqu'à la fin du règne de Louis XV. Elle avait été humiliée à Versailles par madame Dubarry; c'était bien quelque chose pour tout ce qui avait un peu de fierté en France, et la faveur publique l'avait vengée. Cette faveur l'accompagna jusqu'au pied du trône, mais elle n'alla guère plus loin.

Le premier acte politique du nouveau règne devait donner à la reine l'occasion de montrer son pouvoir. Le renouvellement du ministère était inévitable; les derniers ministres de Louis XV, si détestés, si avilis, ne pouvaient être maintenus sans ruiner la popularité de Louis XVI. La reine poussa la première au changement. On souhaitait ardemment à Vienne le retour du duc de Choiseul. Marie-Antoinette y travailla de tous ses efforts. On sait ce qu'avait été Choiseul; il avait négocié le traité de 1758 et le mariage de Marie-Antoinette. C'était un Lorrain, partout vassal de la maison de Lorraine; il lui avait prêté foi et hommage à Vienne, lors de son ambassade, et lui avait tenu son serment quand il fut ministre à Versailles. La fille de Marie-Thérèse devait bien un peu de reconnaissance à cette fidélité éprouvée; une circonstance vint l'aider dans son dessein. La maladie de Louis XV avait jeté l'épouvante, et donnait grande vogue à l'inoculation. Louis XVI et ses frères voulurent s'y soumettre. La reine profita de la retraite pour entreprendre l'esprit du roi; mais elle y rencontra la plus dure résistance; le roi était prévenu contre Choiseul par les mémoires et les recommandations de son père; il avait existé entre le dauphin et ce ministre une hostilité si flagrante, qu'une sourde accusation fut répandue contre le duc d'avoir abrégé les jours du prince par le poison. On avait fait pénétrer ces étranges soupçons dans l'esprit de Louis XVI. La famille royale s'en fortifia, dit-on, pour triompher de la reine et repousser Choiseul. Les tantes du roi s'armèrent contre l'homme d'État, des souvenirs hostiles du dauphin, de ses jugemens, de ses mémoires et des vieilles maximes politiques de leur maison que Choiseul avait renversées. La reine eut le dessous dans cette lutte, qui fut suivie entre elle et les princesses de blessures vives et de ressentimens. Choiseul écarté, les tantes mirent en avant trois candidats; ce furent le cardinal de Bernis, M. de Machaut et le comte de Maurepas, anciens ministres tous trois, et disgraciés sous l'autre règne; ils étaient bien notés dans les instructions du dauphin.

Le premier cependant n'était point sans reproches devant les partisans de la tradition ; il était l'un des premiers fauteurs de l'alliance autrichienne (1); mais il avait eu bientôt le mérite d'une disgrâce; il avait failli et s'était montré repentant, ce qui est un grand mérite aux yeux des partis. Le cardinal de Bernis n'était point un politique de l'ordre supérieur. Esprit de second ordre, assez habile, propre à réussir dans les ambassades par la dextérité et le talent d'exécution, on ne lui voit ni qualités ni vues conformes à la situation. M. de Machaut était un caractère et un esprit d'une autre valeur. Il fallait que sa probité jetât un bien grand éclat pour qu'il eût pu, sans se perdre aux yeux du pieux dauphin, inquiéter l'église, en portant un regard sévère sur ses revenus (2). M. de Machaut eut des idées de gouvernement; et il est resté avec tout le prestige de ses idées, parce que les circonstances ne le mirent point en demeure de les appliquer; quoi qu'il en soit, ses qualités étoient réelles et semblent légitimer les regrets. Si le dauphin, comme on le rapporte, plaça réellement son fils dans l'alternative de se prononcer entre trois candidats si bizarrement réunis, il fit preuve en cette occasion de bien peu de discernement politique, ou il présuma beaucoup

---

(1) Flassan, Hist. de la Diplomatie. Voir le traité de 1756.
(2) Par l'édit de 1748, M. de Machaut interdit toute donation de biens-fonds au clergé. Il ordonna en outre de cadastrer la valeur des propriétés ecclésiastiques.

de celui de son fils. Louis XVI eut l'instinct assez juste pour se tourner vers Machaut; il se prononçait pour le plus honnête; mais sa résolution ne tint pas contre quelques futiles objections; un dernier mot renversa ce qu'il avait décidé, et fit tourner son esprit du grave Machaut au frivole Maurepas. On rapporte de ce conciliabule secret une particularité singulière qui révélerait bien Louis XVI, tel qu'il se retrouvera constamment. On lui suggéra d'envoyer à Maurepas cette même lettre qu'il venait d'écrire pour Machaut. Il n'y eut que la peine d'en changer l'adresse (1). Peut-être qu'on le déconcertait sans le convaincre! Mais il n'avait pas la volonté pour défendre ce que l'esprit avait entrevu.

M. de Maurepas accourut du fond de l'exil où ce vieux ministre avait été relégué pour des chansons. Ainsi tournait comme en moquerie, dès le début, cette physionomie sévère que Louis XVI entendait donner à son règne. Maurepas, de la famille des Phélippeaux, fils et petit-fils de ministres, secrétaire d'État lui-même à l'âge de seize ans, avait déjà fourni une longue carrière politique sous Louis XV. Il ne semblait point fait pour une disgrâce sous un tel maître; car il était le ministre véritable d'un prince paresseux et ennuyé. Personne ne savait mieux que M. de Maurepas amasser du loisir au sein des affaires, et amuser de plus d'anecdotes et de bons

(1) Soulavie. Mém. du règne de Louis XVI. T. II. p. 146. — Mém. de madame Campan. T. I, p. 84.

mots le travail du roi. Son esprit dextre et sémillant
faisait passer l'administration dans la causerie. La
monarchie, il est vrai, pouvait être mieux servie que
par ce conteur qui savait faire du gouvernement un
passe-temps; il laissa dépérir la marine; mais aucun
ne se recommanda mieux aux convenances personnelles de Louis XV. De tous les courtisans ministres,
il fut le plus frivole et le plus élégant. Cependant
il fut disgracié. C'est que la frivolité de Maurepas
était si naturelle qu'elle déjouait parfois son ambition. Il n'était point de ces politiques assez forts pour
mettre leurs goûts et leurs instincts au service con-
tinuel de leur fortune; il ne ressemblait point au
prince de Kaunitz, dont la futilité réfléchie servait
à masquer des desseins profonds; Maurepas était
maîtrisé par la sienne; il perdait de vue l'ambition
pour les bons mots. On pourrait presque dire qu'il
y avait dans Maurepas un page de cour sous un
habit de secrétaire d'état. Cet esprit si léger qui
s'échappait en saillies continuelles et qui oubliait
tout dès qu'il y avait matière à un couplet, ne
tint pas à l'occasion d'en faire, dit-on, sur madame
de Pompadour elle-même; on ne saurait garantir
si le roi y échappa; c'était par ce point-là seulement que ce courtisan flexible bravait toute contrainte. Il lui fallait, à défaut d'autre, la liberté des
épigrammes. Les couplets du comte de Maurepas
lui attirèrent une complète disgrâce et un exil de
vingt-cinq ans. Il s'en consola comme pouvait le

faire un homme de son caractère; il fit des petits vers plus que jamais, joua la comédie dans son château, et chansonna tous ceux qui avaient eu part à sa disgrâce; telle fut sa philosophie. Sa longue retraite et les années ne le rendirent pas plus grave. S'il eut du temps pour méditer, ce dut être sur l'intrigue qui l'avait fait tomber. Au reste, le comte de Maurepas, déchu dans la faveur du prince, s'éleva en raison de cette chute dans la faveur du public. Sous cette monarchie tempérée, comme on disait, par des chansons, celles du comte de Maurepas lui étaient comptées comme de l'indépendance.

Le rappel du vieux ministre fut bien accueilli par l'opinion. On avait travaillé de plus d'un côté à lui aplanir la voie. Le ministère laissé par Louis XV à son successeur l'acceptait sans résistance. Son chef, le duc d'Aiguillon, qui était le neveu de Maurepas, crut se consolider par la rentrée de son oncle; il mit à son service toutes les influences dont il disposait. Bien que Maurepas eût penché autrefois vers les philosophes et les parlementaires, il se vit appuyé par le parti des jésuites et du pouvoir absolu, qui se rencontraient par hasard avec l'opinion. Le chancelier Maupeou, l'abbé Terray, le prince de Soubise, de Boynes, Bertin et la Vrillière, composaient le ministère. C'était de tous les ministères de Louis XV le plus vil et le plus haï; on avait à lui reprocher des banqueroutes infamantes, la destruction des Parlements et la ruine de la Pologne.

Maurepas, à peine installé à Versailles, n'eut rien de plus à cœur, malgré la parenté et les obligations qui le liaient aux ducs d'Aiguillon et de la Vrillière, que de se débarrasser de pareils collègues. La faveur publique qui avait eu part à son rappel lui semblait bonne à conserver. D'ailleurs, le franc esprit de despotisme qui était le cachet du ministère de d'Aiguillon n'était point le fait d'un quasi-philosophe comme Maurepas. Il n'avait ni le goût ni le courage qu'il fallait pour charger ses vieux jours d'une pareille responsabilité : « Je ne veux point, disait-il, être traîné sur la claie pour les affaires de M. de Maupeou. »

Le comte de Maurepas mit en œuvre tout ce qu'il avait d'adresse pour s'emparer de l'esprit du jeune roi ; il y réussit entièrement ; il le charma en lui faisant des anecdotes sentimentales sur le dauphin. On dit que ses goûts frivoles et ses bons mots avaient d'abord choqué Louis XVI ; mais le génie souple de Maurepas se modifia près de lui. Son facile travail, sa clarté d'exposition et ce tour élégant qu'il donnait aux affaires, plurent au petit-fils comme à l'aïeul. Louis XVI était vraiment désireux et pressé d'apprendre ; il croyait se former vite dans les mains habiles de M. de Maurepas. Cet homme si fin avait à côté de ses instincts frivoles une intelligence nette et de l'aptitude au gouvernement. C'était un esprit lumineux, dit M. de La Fayette, qu'on ne peut suspecter de trop de partialité pour lui.

Le comte de Maurepas, sous le titre modeste de ministre d'État, posséda le crédit d'un premier ministre. Pour se l'assurer mieux, il en sacrifia les apparences ; il n'en prit point les émoluments ; sa simplicité économe plut à Louis XVI. Il travailla sans bruit à écarter tout ce qui pouvait lui faire ombrage ; il acheva de perdre dans l'esprit du roi le duc de Choiseul, et déjoua de ce côté les efforts de la reine. Maurepas, de l'autre part, cherchait l'occasion de se délivrer de ses collègues ; il consultait l'opinion, et entretenait la pensée du roi sur un grand acte politique qu'on réclamait énergiquement. Le cri public s'élevait plus haut que jamais contre les ministres de Louis XV, et demandait le rappel de la magistrature qu'ils avaient exilée. Maurepas, par dépit contre le règne précédent, aussi par quelques tendances de parti, inclinait vers cette forte mesure : il y était conduit par quelques gens de lettres de son entourage, il y était poussé enfin par la volonté publique, dont il s'inquiétait beaucoup. Avec un homme du caractère de ce ministre, on ne peut savoir au juste quand il prit son parti sur cette sorte de coup d'État. Toujours est-il qu'on le vit renvoyer d'abord d'Aiguillon ; espèce de sacrifice qu'il faisait à la reine, de l'ennemi personnel du duc de Choiseul ; ses collègues le suivirent de près. La Saint-Barthélemy des ministres, comme on l'appela, fut fêtée par le peuple avec des manifestations sauvages ; on brûla les effigies de l'abbé Terray et du chancelier Maupeou. Le duc d'Aiguillon eut pour successeur au ministère des affaires étrangères le comte de Vergennes, et au ministère de la guerre le maréchal Du Muy (1). De Boynes, ministre de la marine, fut remplacé par l'intendant Turgot; Maupeou eut pour successeur aux sceaux Hue de Miromesnil; enfin Turgot passa de la marine au contrôle général.

Quoique Maurepas eût eu la plus grande part à ces choix, il lui avait fallu compter avec diverses influences. Aussi, le cabinet qu'il forma ne se ressentait pas d'un même esprit. Le comte de Vergennes, le maréchal Du Muy étaient fort loin de Turgot, quant aux principes de gouvernement. Le maréchal, recommandable par le caractère, avait été l'ami particulier du dauphin; il tenait comme lui aux vieilles traditions. Autorisé de ce souvenir du père, de l'appui des trois tantes, il convenait encore au roi par sa réputation d'honnête homme et sa simplicité de mœurs. Le comte de Vergennes avait les mêmes doctrines politiques; il avait parcouru la carrière des ambassades, jusqu'au ministère de Choiseul, qui l'avait disgracié. Envoyé en Suède par le duc d'Aiguillon, il en arrivait avec le mérite d'un succès tout récent. On lui attribuait

---

(1) Le duc d'Aiguillon fut remplacé le premier dès le 2 juin, de Boignes, Maupeou et Terray, le furent au mois de juillet. Maupeou refusa de se démettre de sa charge de chancelier, qui était inamovible.

une part dans le coup d'État de Gustave III, qui venait d'abattre le gouvernement du sénat. Il importait assez à la France de relever une couronne alliée et de renverser une faction dévouée aux Russes, pour que l'on pût croire en effet qu'elle y avait mis la main. Le comte de Vergennes était resté dans le système des vieilles alliances. Ennemi de Choiseul et du parti autrichien, son élévation fut un désappointement de plus pour la reine. Il venait en aide à Maurepas, en inquiétant doucement Louis XVI sur l'intervention de sa femme dans les affaires du dehors. Mais on accordait à M. de Vergennes plus d'expérience et d'habileté spéciale dans sa carrière que de caractère et de vues pour l'ensemble du gouvernement. Il était habile, en effet, mais on prenait souvent pour de la prudence sa cauteleuse timidité. L'homme considérable de ce ministère, c'était Turgot. Maurepas l'avait tiré de l'intendance de Limoges pour le placer d'abord à la marine. Issu d'une ancienne famille de magistrats, Turgot était devenu maître des requêtes, après avoir été prieur de Sorbonne, où il soutint des thèses de théologie avec éclat; mais il ne se sentait point de vocation pour le sacerdoce; malgré les instances de sa famille, il abandonna les ordres et passa de la Sorbonne à l'Encyclopédie; il avait une ardeur presque égale pour toutes les branches des connaissances humaines, et nourrissait dans la paix de ses études l'ambition d'un savoir universel. C'était un esprit qui, par son étendue et la nature de ses besoins, appartenait à son siècle et à l'école des libres penseurs (1). C'était aussi une âme généreuse et haute, vraiment passionnée pour le bien. Aucun homme d'alors n'entretint plus grandement que Turgot ces belles espérances de bonheur public qui commençaient à naître, et ne fit de sa vie un usage plus désintéressé. Il se sentait né pour l'étude et pour la retraite, et cependant il entra, par une vertueuse conséquence de ses principes, dans la vie de l'action et de la pratique. Il avait promené son esprit à travers toutes les sciences; et cependant jamais intendant ne s'appesantit si bien dans les devoirs de sa charge. Placé par la tournure de son génie sur les hauteurs de la spéculation, c'était par amour pour les hommes, par désir sincère d'être utile, que, lui aussi, il aspirait à en descendre. Ce que Turgot fit en dix ans dans sa province, a de quoi surprendre. Il est même inouï que sous Louis XV, dans ce temps de despotisme et d'abus, un intendant ait pu s'arroger autant de pouvoir et de latitude pour le bien. Il relevait par là en quelque sorte les hommes *du bon plaisir*. Aux plus mauvais jours de ce règne, quand le temps était le plus dur pour tout le royaume, Turgot abolissait

---

(1) Instead of a profligate bankrupt, abbé Terray, we have now for controller general, virtuous philosophic Turgot, with a whole reformed France in his head. Carlyle. French Revolution. 2e éd. T. I, p. 38.

1774.
la corvée, rendait libre la circulation des blés, allégeait les charges publiques et osait afficher le souci des intérêts de tous. Il avait fait de sa province une espèce de Salente. C'était un Fénélon à l'œuvre avec une intelligence plus vive de la réalité, un sens plus fort, une main plus virile. Ses principes étaient nouveaux, surtout pour un administrateur; mais tel était l'ascendant de son caractère, qu'il imposait aux ministres eux-mêmes, et qu'ils laissaient passer ses réformes avec étonnement et respect.

Oui, certes, il n'est rien qui soit plus à l'honneur de Turgot, et d'un effet plus frappant pour le siècle, que cet ascendant unique, que cette autorité qu'il prit dans sa fonction, que tout ce pouvoir de bien faire exercé librement par un intendant de Louis XV. (1)

Ce nom de Turgot fortifiait le ministère près de l'opinion; mais il est à croire que Maurepas, qui n'avait jeté les yeux sur lui que dans cette vue, entendait sans doute le laisser à la marine, et limiter là son importance. Turgot, mis en contact

(1) Il avait réussi, après quatre ans d'efforts, à remplacer la corvée par une contribution légère et mieux répartie. La dépense en argent, écrivait-il, se répartit sur tous les sujets du roi à proportion de leur fortune. La dépense en nature frappait au hasard quelques particuliers, *et attaquait la liberté la plus précieuse certainement de toutes les propriétés.* Lett. à M. le Cont. gén. sur la corvée pour le passage des troupes, 1765. OEuv. de Turgot. Éd. de Dupont de Nemours. T. IV, p. 367.

avec le roi, put l'entretenir de ce qu'il avait fait pour une province et de ses vues d'administration. Le roi en fut touché, et lui donna le contrôle général. (1)

1774.

Les intendans tels que Turgot étaient si rares, que l'élite de la société et les écrivains avaient souvent prononcé son nom. Les correspondances du moment en retentissent. Voltaire écrit du fond de sa retraite : « On dit que nous avons un ministre des » finances aussi sage que Sully, aussi éclairé que » Colbert. » (2) Écoutons-le encore avec sa grâce moqueuse : « Messieurs les parisiens, je vous de- » mande pardon de vous dire que vous êtes heu- » reux. » Une des femmes qui témoigneront le mieux des impressions de la société, écrit de même en cette circonstance : « On commence à avoir besoin de se » taire, pour se recueillir, et pour penser à tout le » bien qu'on attend. (3) ».

Un esprit, arrêté dans ses vues, tel que Turgot, ne pouvait manquer d'entrer en lutte ouverte contre le vieux système d'administration. Il appartenait à l'école des économistes, et son ministère

---

(1) Ce département comprenait l'administration des finances, avec une grande partie des attributions actuelles du ministère de l'intérieur.

(2) Corresp. de Voltaire. Éd. Beuchot, T. LXX.

(3) Lettres de mademoiselle Lespinasse. T. II. p. 204. — « Astrea Redux : so preaches magniloquent philosophism, her *redeunt saturnia regna.* » Carlyle, French Revolution, T. I, p. 40.

1774. devait être la mise en action de leur doctrine. « C'était la première fois, dit l'historien des sys-
» tèmes économiques, qu'il était donné à la science
» de rencontrer un ministre disposé à réaliser toutes
» ses conceptions et à tenter sur le vif toutes ses
» expériences. » (1) Turgot, tout livré à ses travaux d'intendant, trouva du loisir pour aider, par de nombreux écrits, aux progrès de la nouvelle science. L'école alors avait deux chefs qui différaient sur certains points de la doctrine : Turgot adhéra aux grands principes ; mais pour le reste il prit position entre les deux camps, et y resta indépendant, tout en acceptant Quesnay et Gournay pour ses maîtres. Il resta fidèle aux bases qu'ils avaient établies, et son originalité consiste à embrasser toute la science dont Quesnay et Gournay voyaient seulement quelques côtés de prédilection (2). Turgot accepta du premier le principe sacramentel du produit net, regardant avec lui l'agriculture comme l'unique source de la richesse sociale, et en conséquence de ce faux principe, ne voulant admettre d'autre impôt que l'impôt territorial. Turgot tenait plus particulièrement de Gournay, avec qui il avait

(1) Blanqui, Hist. de l'Économie polit. T. I. p. 111.
(2) « Turgot étudia la doctrine de ces deux hommes, dit son biographe Dupont de Nemours, se la rendit propre, et parvint à se former sur le gouvernement des nations un corps de doctrines à lui, embrassant les deux autres, et plus complet encore. » OEuv. de Turgot, T. I, p. 46.

vécu d'une façon intime, et qu'il se plait davantage à citer, la doctrine de la liberté commerciale, de la concurrence illimitée (1). Il était l'ennemi de tout monopole, de toute barrière opposée au travail libre; il disait comme d'Argenson : Pas trop gouverner; et il répétait, après Gournay, le mot célèbre : « Laisser faire, laisser passer. »

Les réformes politiques de Turgot n'étaient pas moins arrêtées d'avance que ses plans économiques, et les devaient compléter. Elles se retrouveront plus loin, dans un de ces *mémoires* nombreux à l'aide desquels il entreprit de former selon ses vues l'esprit de Louis XVI; car toute sa force devait dépendre du caractère personnel du roi.

Le contrôleur général avait à pourvoir d'abord à des nécessités urgentes. Le déficit était permanent et n'avait point été comblé par le remède honteux des banqueroutes; c'est ainsi que les finances avaient marché sous Terray. Turgot devait apporter avec lui d'autres secrets. Il avait là, comme en toute choses, des idées invariablement fixées. Il en entretint le jeune monarque, déclarant qu'il conduirait les finances sans banqueroute, sans emprunts, sans surcroît d'impôt; une meilleure répartition des taxes, une perception moins vicieuse, des retranchements nombreux dans la dépense, enfin un

---

(1) Il est auteur d'un éloge de M. de Gournay. T. III de ses œuvres, p. 331.

heureux essor donné aux travaux de l'agriculture et de l'industrie, et qu'il attendait de ses réformes économiques, tels étaient les moyens sur lesquels il comptait pour relever les finances de l'État. Le roi, ému de sympathie, pressa les mains de son ministre : « C'est à votre majesté personnellement, lui écrivit Turgot, c'est à l'homme honnête, à l'homme juste et bon plutôt qu'au roi que je m'abandonne. Le roi lui assura qu'il ne serait pas trompé » (1). Louis XVI avait refusé le don de joyeux avénement ; Turgot de même fit distribuer aux pauvres 300 mille francs que la ferme générale offrait au ministre à son entrée en charge. La dépense du trésor excédait la recette de 22 millions, les anticipations montaient à 78 millions, les pensions de l'État n'étaient plus payées depuis quatre ans.

Turgot solda les pensionnaires, ranima le crédit par cette mesure ; il cassa le bail de trente-neuf ans des domaines royaux, et en fit monter les revenus (2). Dans le détail laborieux de son administration, des réformes et des innovations bien inspirées se succèdent sans interruption (3). La plus débattue

(1) Lettres de mademoiselle de Lespinasse. T. I, p. 204.
(2) Il sextupla les revenus de l'Etat dans la régie des fermes selon Soulavie. T. II, p. 309. Voir aussi la notice de Dupont de Nemours. OEuv. de Turgot. T. I, p. 70.
(3) Un ami de Turgot résume, comme il suit, les efforts et les résultats de son administration : « Il a supprimé vingt-trois « espèces d'impositions établies sur des travaux nécessaires, ou

de ces questions étoit alors celle du commerce des blés; Machaut en avait rendu la circulation libre entre les provinces. Terray l'abolit dans l'intérêt d'une spéculation odieuse dont Louis XV tenait les fils dans ses mains et qu'on désignait du nom de *pacte de famine*. Turgot, selon ses vues économiques, rétablit la liberté du commerce des grains à l'intérieur (édit du 13 septembre 1774). Les traces qu'il avait pu saisir dans les papiers de Terray des manœuvres honteuses favorisées par ces entraves, durent l'affermir encore dans ses principes favoris.

« sur des consommations, ou sur des récompenses méritées. Il a
« supprimé la corvée des chemins, la corvée pour le transport
« des équipages des troupes. Il a diminué la rigueur de la régie
« des impositions indirectes, aboli les contraintes solidaires. Il a
« pourvu à l'égale distribution des subsistances. Il a donné au
« peuple la liberté du commerce et du travail. Il a réformé une
« multitude d'abus dont quelques-uns étaient au profit de sa
« place... Il a été au secours des plus pauvres serviteurs de l'Etat;
« il leur a fait payer leurs pensions arriérées de quatre ans... Il
« a essuyé les dépenses extraordinaires du sacre du roi, etc. Il a
« réparé une banqueroute faite, il en a prévenu une prête à faire.
« Il a facilité les paiements jusqu'aux Indes ; il a soldé une partie
« des dettes des colonies et mis l'autre en ordre. Il a trouvé le
« crédit à cinq et demi pour cent et l'a laissé à quatre. Il n'a
« chargé le trésor royal que de dix millions d'avances; il a
« cependant payé vingt-quatre millions de la dette exigible
« arriérée, cinquante millions de la dette constituée, vingt-huit
« millions d'anticipations. Il a donc diminué les dettes de l'Etat
« de cent douze millions... Il a laissé les revenus publics excédant
« de près de quatre millions les dépenses. » OEuv. de Turgot, Notice de Dupont de Nemours. T. I, p. 396.

Mais la grande question qui restait pendante était celle des parlemens. Il y avait sur ce point deux partis à la cour et dans le ministère; le public était presque unanime, et se déclarait toujours pour les anciens magistrats; le comte de Maurepas étudiait la cour, et ménageait les dispositions du roi. Il se donnait auprès de l'opinion comme un partisan du rappel. Il alla se montrer à l'Opéra, et y fut applaudi; puis il accourut à Versailles et fit passer son petit triomphe pour le symptôme éclatant d'un sentiment général. Louis XVI était prévenu contre l'esprit des parlemens, ce qu'il tenait des instructions de son père et de ses gouverneurs. Il fut ébranlé par ces manifestations publiques dont on l'entretenait; la jeune reine agissait sur lui dans ce sens, poussée par Choiseul, l'allié de la magistrature. Au sein de la famille royale, le rappel avait pour adversaires les tantes du roi, qui étaient à la merci du parti dévot(1), et M. le comte de Provence; les premiers pas de ce prince dans la vie politique ne faisaient pas prévoir la position qu'il prendrait plus tard. Monsieur, voué dès le jeune âge à la vie de cabinet, homme d'études un peu frivole, mais réfléchi dans sa conduite, rédigea ou autorisa de

---

(1) « Mesdames tantes se rendirent chez le roi sans être attendues ni annoncées; elles se jetèrent toutes trois à ses pieds, le suppliant de ne pas déshonorer la mémoire de leur père, en rétablissant une magistrature criminelle qu'il avait humiliée. » Soulavie. Mém. du règne de Louis XVI. T. II, p. 194.

son nom un *mémoire* sur la question des parlemens et dont cette phrase résume l'esprit : « Le parlement actuel a remis sur la tête du roi la couronne que le parlement en exil lui avait ôtée, et M. de Maupeou, que vous avez exilé, a fait gagner au roi le procès que les rois ses aïeux soutenaient contre les parlemens depuis deux siècles ; le procès était jugé, et vous, mon frère, vous cassez le jugement pour recommencer la procédure (1). » Les princes de Condé, représentans de l'esprit militaire et des idées de monarchie absolue, se prononçaient aussi contre le parlement. De l'autre part venaient la reine et le jeune comte d'Artois, frère du roi. De même que le comte de Provence, ce prince débuta par des idées dont il dévia beaucoup dans la suite ; les deux frères changèrent de rôles avec le temps. C'est le comte d'Artois qui se rangea d'abord vers la cause parlementaire, et montra quelque goût pour les philosophes, par esprit de mode et par l'influence que la reine avait sur lui. Le parlement avait un allié moins mobile dans les princes de la maison d'Orléans, qui tenaient de tradition au parti de la magistrature, et ceux des princes du sang qui marchaient le plus avec l'opinion. Mais celui qui donnait l'adhésion la plus emportée à la cause des parlemens était le prince de Conti, dont la bruyante ambition y cherchait un point d'appui

1774.

---

(1) Cité par Soulavie. T. II, p. 222.

pour harceler le gouvernement. Le ministère était partagé comme la cour. Le garde des sceaux, Hue de Miromesnil, venait de l'ancienne magistrature; c'était un homme de capacité médiocre et sans caractère, complaisant ridicule de Maurepas, dont il avait gagné les bonnes grâces à jouer les rôles de Crispin dans son château. Il obéissait comme Sartine à l'impulsion du premier ministre, et travaillait plus à découvert que les autres au rappel du parlement. Vergennes, Du Muy, La Vrillière par fidélité au pouvoir absolu, se prononcèrent contre le projet.

Turgot prit parti sur cette question avec toute la solidité de son caractère, il n'y courtisa pas la popularité (1). Sorti de la magistrature, il la connaissait à fond, et vit bien qu'il aurait en elle une ennemie opiniâtre. Il savait que penser de l'esprit de cette corporation jalouse, de ses préjugés égoïstes, de sa stérile et acariâtre opposition. Il comprit que son plan de réforme échouerait contre ses remontrances et ses refus d'enregistrement; il se prononça dans le conseil contre le retour des parlemens; tous les moyens qu'avisait Maurepas ou que suggérait Miromesnil (2) pour placer l'autorité

---

(1) Soulavie range par erreur Turgot parmi les partisans du rappel.

(2) M. Hue fit, en septembre, un plan par lequel on réintégrait le parlement, ce qui fit dire à M. de Choiseul : « Maupeou a versé

royale à l'abri des atteintes de l'ordre judiciaire, tous ces palliatifs paraissaient vains et chimériques à Turgot ; il répondait que les traditions seraient les plus fortes, que l'esprit de corporation est celui dont il est le plus difficile d'avoir raison ; et qu'il n'y a que les corps pour se montrer ingrats sans scrupule, parce que tous les élémens qui les composent le sont sans responsabilité. (1)

1774.

Le rôle politique dont l'ordre judiciaire s'était emparé, faussait à ses yeux tous les principes de gouvernement ; c'était un autre contrepoids qu'il voulait donner à l'autorité royale.

Turgot fit entendre au roi que tous ses projets allaient être compromis : « Je vous soutiendrai, » lui répondit Louis XVI, et il céda à Maurepas contre son sentiment personnel.

Un historien attribue au vieux ministre des raisons de conduite singulièrement graves et désintéressées. « Un fait étonnant, mais certain, dit-il, c'est que le comte de Maurepas avait cru voir dans le monarque, son élève, un caractère trop absolu

---

« la charrette à gauche, Hue la verse à droite. » Mém. du duc d'Aiguillon, p. 55.

(1) Frédéric, dans une lettre à Voltaire, avance ce qui suit : « Ne voyons-nous pas combien peu cette compagnie pense au « bien du royaume? M. Turgot a trouvé dans les papiers de ses « prédécesseurs les sommes qu'il en a coûté à Louis XV pour « corrompre les conseillers de son parlement, afin de leur faire « enregistrer sans opposition je ne sais quels édits. » OEuvres de Voltaire. T. LXX, p. 21.

et trop inflexible, et qu'il se hâtait de profiter de son inexpérience pour lui ôter les moyens de régner despotiquement. (1) » Ces vues profondes n'ont pas frappé beaucoup les contemporains, qui s'accordent à montrer Maurepas comme peu soucieux de l'avenir de l'État. Louis XVI, il est vrai, avait été élevé dans les maximes de la monarchie absolue, mais il n'avait de rudes que les apparences, et Maurepas connaissait déjà par expérience la force réelle de sa volonté.

Une circulaire (24 octobre 1774) rappela les magistrats exilés; ils comptaient si bien sur le succès de leur cause, qu'on en vit à l'avance se présenter en costume chez le garde des sceaux (2). Il fut décidé que le roi tiendrait un lit de justice, pour réintégrer l'ancien parlement. La solennité se fit à Paris (le 12 novembre 1774). Louis XVI parla en maître qui commande avant de pardonner : « Le roi notre aïeul, dit-il, forcé par votre résistance à ses ordres réitérés, a fait ce que le maintien de son autorité et l'obligation de rendre la justice à ses peuples, exigeaient de sa sagesse ; je vous rappelle aujourd'hui à des fonctions que vous n'auriez jamais dû quitter. Sentez le prix de mes bontés et ne les oubliez jamais. »

---

(1) Lacretelle, Hist. du dix-huitième siècle. in-8°, 1819. T. IV, p. 357.

(2) Soulavie, Mém. de Louis XVI. T. II, p. 201. — Droz, Hist. de Louis XVI. p. 152.

Après cette allocution, vinrent les édits qui 1774. devaient garantir l'autorité royale de toute nouvelle atteinte. Le parlement gardait le droit des remontrances, à la condition de ne les renouveler qu'après l'enregistrement. D'autres prescriptions réglaient ses délibérations, et soumettaient son action à une discipline sévère. C'étaient à peu près les dispositions de Maupeou, comme un grave esprit l'a déjà judicieusement remarqué (1) : « On rétablissait l'ancien parlement, en le soumettant au régime du nouveau. »

Quant à ce dernier, il était voué à un triste rôle dans cette révolution judiciaire. La docilité dont il avait fait preuve lui avait attiré la haine et le mépris. Le ridicule aussi s'était attaché à ce corps ; et il n'est sorte d'affronts et d'avanies que

---

(1) Droz. T. I, p. 156. Voici les autres dispositions de ces édits, énumérées par cet historien : « Les chambres des re-
« quêtes, où l'on craignait l'effervescence des jeunes magistrats,
« étaient supprimées (mais on les rétablit neuf mois après). Ces
« assemblées des chambres ne pourraient avoir lieu hors le temps
« du service ordinaire, et ne seraient convoquées que par le pre-
« mier président : son refus cependant pourrait être jugé par la
« grand'chambre... Si les magistrats suspendaient l'adminis-
« tration de la justice, s'ils donnaient leur démission en corps, et
« refusaient de reprendre leurs fonctions, ils se rendraient cou-
« pables de forfaiture, et ce crime serait jugé par une cour
« plénière, composée de personnes ayant séance aux lits de
« justice. Enfin, dans le cas de forfaiture, le grand conseil
« remplacerait le parlement, et ne pourrait s'y refuser à la
« première injonction du roi. »

ses membres n'eussent essuyés depuis quatre ans. Le gouvernement sembla prendre à tâche de les railler aussi. Peu de jours avant leur renvoi, le roi répondait à leurs alarmes, « qu'il était surpris que sa chambre des vacations lui fît des remontrances sur des bruits populaires (1). » Quant à Maurepas, il y avait pour lui, dans cette situation où tant de gens se trouvaient molestés, une trop belle occasion de sarcasmes; il n'y put résister. Les commissaires du nouveau parlement étant allés se plaindre à Versailles, qu'ils ne pouvaient plus se rendre aux audiences sans être honnis sur leur passage, Maurepas prit un air compatissant et leur dit d'y *aller en domino.*

Ce renversement de l'œuvre de Maupeou, si fêté à Paris et dans les provinces, préjudicia pourtant sur quelques points à la bonne administration de la justice; l'ancienne magistrature releva les abus que Maupeou avait atténués; la vénalité des charges, les frais ruineux de la procédure, l'incommode circonscription des ressorts judiciaires, avantages réels qui n'avaient pu faire passer l'acte despotique du chancelier.

On procéda de toutes parts au rétablissement des parlemens de province, où les magistrats exclus ne laissèrent point de regrets. La Bretagne surtout, si entêtée de ses vieilles franchises, les

---

(1) Soulavie, Hist. de Louis XVI. T. II, p. 221.

abreuva d'affronts jusqu'à la fin. Le parlement Maupeou reprit à Paris son titre de grand conseil; on le tint en réserve comme un instrument docile, comme une menace toujours suspendue sur la tête de la magistrature.

1774.

Mais on put voir, dès les premiers jours, que cette compagnie n'était ni bien touchée de reconnaissance, ni résignée à ses nouvelles attributions. A peine fut-elle replacée sur ses fleurs de lis, que les chambres assemblées protestèrent contre le lit de justice et les édits (1). Il était aisé de prévoir que ce corps tout triomphant n'acquiescerait pas par son silence à cette sorte de correction qu'on lui infligeait en le rappelant. Ses orateurs, dans leurs réponses, ne rendirent grâce au monarque que d'avoir cédé aux vœux de la nation (2). Ce premier conflit dura plusieurs mois. Il tardait moins à messieurs du parlement de reprendre leurs travaux judiciaires, que de ressaisir leur rôle bruyant, d'occuper le public de leur importance. Il y eut à plusieurs reprises convocation des princes et des pairs; la magistrature retrouva ses alliés habituels dans le duc d'Orléans et le prince

---

(1) « La cour considérant que dans le lit de justice la publication
« des lois a été faite sans examen préalable et d'une manière
« illégale, déclare qu'elle n'a pas pu, ni dû, ni entendu donner
« un avis à ce qui pouvait être contraire aux intérêts du royaume,
« au service du seigneur roi. »

(2) Lacretelle. T. IV, p. 358.

de Conti. Monsieur lui-même, qui semble déjà moins hostile au parlement, depuis sa victoire, se porta garant, auprès de lui, des bonnes intentions de la cour (1).

La magistrature eut le dernier mot dans ces premières taquineries. Maurepas, qui n'était déconcerté par rien, tourna l'échec en plaisanterie; il fit entendre à Louis XVI que l'assemblée n'avait répliqué que pour la forme, et que ce ne serait qu'un jeu pour « un ministre comme lui de se faire obéir (2). »

Turgot poursuivait le grand travail de ses réformes sans s'arrêter devant les obstacles qui encombraient son chemin; les intérêts blessés formaient une ligue déjà forte et devenaient d'actives passions. On s'agitait autour de lui. Il avait supprimé des emplois, il avait tari la source de beaucoup de profits (3) ; on savait sa ferme résolution de poursuivre, et mille intérêts menacés se mettaient en garde et se plaignaient à grand bruit. Les enthousiastes de sa doctrine, qu'il associait trop à ses travaux, allaient colporter à l'avance

---

(1) « Monsieur déclara quelles étaient les intentions du roi à « cet égard, et promit que la cour plénière ne serait jamais « rétablie. » Soulavie, Mém. de Louis XVI. T. II, p. 244.

(2) « Le comte de Maurepas citait l'exemple du cardinal Fleury, « qui, disait-il, se faisait un jeu de conduire les parlemens. »

(3) Turgot supprima les charges de quatre intendans du commerce, du banquier de la cour, et combattit l'abus des croupes qui profitait à beaucoup de gens.

l'annonce de ses projets, ou les chimères qu'ils pouvaient y mêler. L'esprit tranchant et absolu de la secte n'était pas propre à aplanir la route aux innovations. Turgot sentait bien qu'un peu de ridicule s'attachait à ses amis, qu'on appelait les frères de la doctrine économique, et qu'il en pouvait rejaillir quelque chose sur sa position; aussi voit-on qu'il cherche à les écarter avec ménagement. La vérité, disait-il, n'est pas si facile à atteindre « qu'on y puisse aller en troupe (1). » « Ils avaient,

1774.

(1) L'esprit de Turgot, appliqué à tant de travaux graves, avait aussi de l'agrément et de l'originalité. On cite de lui des traits comme ceux-ci : « Il ne faut point se fâcher contre les choses, « car cela ne leur fait rien du tout. » Mot profond et spirituel qu'on dirait de Montesquieu. Ailleurs, Turgot parle de « ces gens « qui veulent laisser aller le monde, parce qu'il va fort bien pour « eux; et qui, ayant leur lit bien fait, ne veulent pas qu'on le « remue. » Mém. de Morellet. T. I, p. 195. Il composa un opuscule piquant contre la Sorbonne, sous ce titre : « Les trente-sept Vérités opposées aux trente-sept Erreurs contenues dans le *Bélisaire* de M. Marmontel, censuré par la Sorbonne. » Turgot, bon théologien, se jouait parfois de la Sorbonne, dit Marmontel. Mém. T. II, p. 31.

Turgot fit de même contre le parlement, dont de célèbres arrêts le révoltèrent, le petit poëme satirique de Michel et Michaut, qui courut sous le nom de Voltaire. Ses biographes citent encore une pièce dans laquelle il exprima la plus forte indignation du traité d'alliance avec l'Autriche, conclu en 1756, par l'abbé de Bernis et madame de Pompadour :

« Vingt traités achetés par deux siècles de guerre,
« Sans pudeur, sans motif, en un instant rompus, etc. »

Turgot, qui possédait presque toutes les langues de l'Europe et traduisit divers ouvrages de l'anglais, de l'allemand et de

a-t-on dit, la folie de parler en prophètes, quand ils avaient le mérite de penser en bons citoyens (1). »

Un des projets que préparait le ministre donnait surtout l'éveil à de nombreux intérêts ; c'était l'édit d'abolition des jurandes et des maîtrises, qui apportait d'avance un renfort à ses ennemis ; ils tentèrent de le faire tomber.

La mesure qui concernait le commerce des grains avait passé d'abord sans vive résistance ; quoique la récolte eût été mauvaise, Turgot tenta l'expérience, et la libre circulation prévint le renchérissement qu'on avait redouté. Confiant jusqu'au bout dans la vertu du principe, il fit vendre les blés dont l'État avait fait provision. Ce système de libre circulation entre les provinces

l'italien, fut le premier qui hasarda en français la tentative des vers blancs. Il y avait une petite place pour les chimères dans ce vaste et noble esprit.

(1) « Il ne manquait plus à messieurs les économistes que
« d'avoir un chef, une espèce de saint, digne de la dévotion
« religieuse de leurs conventicules moraves. C'est M. François
« Quesnay, mort le 16 octobre 1774, qui leur a paru propre
« à remplir ce rang sublime ; et c'est le 20 du même mois que la
« canonisation a été célébrée dans un discours prononcé devant
« l'assemblée de ses disciples par M. le marquis de Mirabeau...
« Le capucin le plus exalté, ce fou de Bohm, qui remplit, il y a
« quelques années, l'Allemagne de ses visions gnostiques, n'eût
« pas écrit d'un autre ton l'éloge de M. Quesnay. « Socrate, dit-il,
« a fait descendre du ciel la morale ; notre maître la fit germer
« de la terre. La morale du ciel ne rassasie que les âmes privi-
« légiées, celle du *produit net* procure la subsistance aux en-
« fants des hommes. » Corr. de Grimm. T. VIII, p. 462.

était inattaquable; mais, en dépit de l'expérience, il soulevait encore des controverses; un des écrits le plus remarqués sur cette matière venait d'un banquier riche et considéré, M. Necker. C'était une guerre peu franche faite à Turgot. L'édit n'autorisait que la circulation à l'intérieur; M. Necker portait la controverse sur un autre terrain, le droit de libre exportation au dehors. C'était prêter, par anticipation, au ministre un projet prématuré, que ses principes ne contredisaient pas, et qui donnait à la thèse de son antagoniste plus de solidité ; mais il semble que l'ouvrage venait moins dans l'intérêt d'une idée que dans l'intérêt d'une position.

Les amis de Turgot usèrent de vives représailles, et se soulevèrent contre cette confusion calculée (1). Mais le contrôleur général eut bientôt à faire face à d'autres attaques. Des troubles populaires à l'occasion des blés éclatèrent dans plusieurs provinces et aux portes de Paris en même temps. Il n'y avait point eu de symptôme de disette qui y préparât. Les subsistances dépassaient de peu

---

(1) Condorcet, l'abbé Morellet. — L'abbé Galianiani, partisan des restrictions, écrivit un livre fort piquant sur le même sujet. Telle était l'impartialité de Turgot, dit l'abbé Morellet, « qu'il « louait avec une sorte d'enthousiasme tout ce qu'il trouvait « d'agrémens et de talent dans un livre où ses principes les plus « chers étaient combattus et souvent livrés à la risée publique. » Mém. de Morellet, T. I, p. 195.

le taux ordinaire, et en particulier dans les contrées où se faisaient les attroupemens. Les agens de ces désordres s'inquiétaient peu de paraître en affamés ; ils couraient les campagnes et répandaient sur les chemins ou dans les rivières tout ce qu'ils trouvaient de grains à piller. Louis XVI crut apaiser ces troubles en se montrant à ces bandes qui entouraient Versailles ; il leur parla de son balcon ; il accorda à leurs cris une réduction du pain. Mais Turgot ordonna que le taux fût maintenu, et le fit publier. Louis XVI s'abandonnait au caractère plus encore qu'aux idées de son ministre ; il prenait ses leçons en hésitant, et ne se confiait point assez résolument à la doctrine, pour ne pas douter en présence des faits ; mais Turgot, qui ne doutait pas, ne voulait point faire reculer le principe, disait-il ; il croyait voir dans ces désordres la main cachée de ses ennemis ! il n'hésita pas devant une répression sévère. Il ne se vit pas secondé, dans cette crise, par ses divers collègues ; il soupçonna même Sartine et le lieutenant de police Lenoir de favoriser le complot, et il ne balança pas à renvoyer le dernier. La conduite du parlement lui fut ouvertement hostile ; ce corps fit à peu près cause commune avec l'émeute ; il fallut un lit de justice pour le réduire au silence (1).

(1) Le parlement prit des arrêtés contre le système de la liberté du commerce des grains, et demanda, comme les perturbateurs, une réduction dans le prix du pain. Le roi écrivit au parlement

Le contrôleur général, muni de pleins pouvoirs du roi, mit les troupes à la poursuite des fuyards. Au bout de quelques jours le calme fut rétabli.

La source de ces désordres reste difficile à pénétrer. A bien des mouvemens du même genre, il n'y a point à chercher d'autre origine que la turbulence naturelle et les terreurs paniques des basses classes, ou d'obscures manœuvres de l'intérêt privé. Mais l'émeute qui traversa Turgot prend, dans tous les témoignages contemporains, le caractère d'une machination politique. Il y avait dans cette fermentation un plan des mieux concertés; c'était le coup d'un ennemi puissant : « La marche des brigands semble être combinée, disait le garde des sceaux devant le parlement; leurs approches sont annoncées; des bruits publics indiquent le jour, l'heure, les lieux où ils doivent commettre leurs violences. » Voici ce qu'on lit encore : « On trouva sur ces pillards de l'or et de l'argent, et leur marche était si bien réglée, que leur projet ultérieur parut être d'affamer Paris, sans doute pour y opérer des soulèvemens. Sous ce point de vue, le mouvement fut bien dirigé comme opération insurrectionnelle, et dans les meilleurs principes de l'art militaire. L'insurrection était soumise à une telle

« qu'il avait découvert en partie les sources de la fermentation,
« qu'il comptait être bientôt instruit de toute la machination, et
« qu'il ne voulait pas que l'activité mal éclairée du parlement
« traversât ses vues. »

régularité, qu'après les premières tentatives, le plan fut deviné, et dès le troisième jour ils furent prévenus par les troupes partout où ils se présentèrent (1). » Maintenant quelle était cette main cachée qui les faisait mouvoir? Rien ne fut éclairci à cet égard.

La diversité des soupçons prouverait le vague et l'incertitude de l'accusation; chaque parti, chaque passion eut la sienne; on imputa ces troubles aux Anglais, au duc de Choiseul, aux anciens fournisseurs des blés. Turgot et son entourage en accusèrent tout haut le prince de Conti et les parlementaires. Mais il était plus difficile d'apporter des preuves que d'élever des soupçons, accrédités même par la vraisemblance; et des preuves patentes manquèrent à Turgot : son crédit en souffrit un peu auprès de Louis XVI (2), et aussi peut-être des perplexités de conscience qui avaient agité le roi pendant la crise : « N'avons-nous rien à nous reprocher, disait-il, dans les mesures que nous prenons? » La popularité de Turgot en resta également ébranlée ; dès la première année de son ministère, il lui avait fallu recourir à la force, au risque de se montrer rigoureux, comme un mi-

---

(1) Mém. du chev. de Turgot, frère du ministre, cité par Soulavie; mém. de Louis XVI. T. II, p. 306. Voir l'éloge de Turgot, par Condorcet, la notice de Dupont de Nemours.— Droz, Hist. de Louis XVI. T. I, p. 168.

(2) Mém. de Marmontel. T. II, p. 203.

nistre endurci au gouvernement. Il mit un certain faste, si on l'ose dire, dans les condamnations qui suivirent l'événement. On pendit deux des ces perturbateurs à une potence de quarante pieds. C'était une pensée d'humanité qui avait déterminé ce supplice; on donnait plus d'éclat au châtiment pour n'avoir pas à le multiplier; mais le peuple, par malheur, y vit moins l'intention morale, que la menace du pouvoir qui n'avait pas pardonné.

Turgot appartient par le caractère comme par l'esprit à la mâle famille des réformateurs; quoiqu'il fût d'une bonté de cœur infinie, il aimait les principes à ce point, que pour les mener à bien l'intérêt de quelques individus le troublait peu. Il avait à ses idées économiques une foi d'apôtre. On put voir dans une circonstance qui suivit de près l'émeute des blés, que la confiance de Turgot dans ses doctrines n'avait point faibli. Ce fut à l'occasion du sacre de Louis XVI. Cette solennité attirait à Reims une grande affluence du dehors, et le gouvernement y pourvoyait d'habitude aux subsistances. Turgot repoussa cette pratique; il abolit l'octroi et la compagnie privilégiée des marchands de Reims, et se confia pour l'approvisionnement à l'action libre du commerce. Le résultat justifia pleinement son attente.

Ce fut pour Turgot un succès qui compensa l'échec qu'il avait éprouvé, dans un ordre plus élevé d'idées, à l'occasion de la même solennité. Turgot opina pour que Louis fût sacré à Paris. S'il ne repoussait pas la tradition de Reims avec le mépris superbe d'un libre penseur, il avait trop la probité de ses doctrines pour ne pas chercher à l'écarter. Il respectait trop le pouvoir, il le voulait trop digne et trop honoré pour l'envelopper encore d'un prestige qui n'en était plus un à ses yeux. Il eût voulu débarrasser ce règne de l'arrière-faix des coutumes trop choquantes pour les mœurs comme pour les idées du siècle. Il eût voulu changer, par exemple, la formule du serment. Le prince y jurait toujours, comme aux plus mauvaises époques du fanatisme religieux, *d'exterminer les hérétiques*. La solennité se fit à Reims, nonobstant l'insistance de Turgot; ce fut une victoire de l'incrédule Maurepas. Mais on dit que Louis XVI, qui était bon et qui voulait encore rester sincère, n'osa risquer la cruelle formule, et y substitua quelques mots inintelligibles qu'il murmura en rougissant (1).

Les idées d'innovation n'étaient représentées dans le gouvernement que par Turgot, et n'a-

---

(1) « Il ne changea pas la formule du serment; mais il ne
« prononça point les dernières paroles qui répugnaient à son
« humanité, à sa vertu. Il y suppléa d'une voix basse et en rou-
« gissant quelques mots inintelligibles.

« M. de Maurepas se vanta aux évêques d'avoir fait reculer
« deux philosophes. OEuv. de Turgot. T. I, p. 221.

vaient pied que dans son ministère; l'action, il est vrai, s'en étendait fort loin : la réforme des finances touchait à tout, et pouvait donner le branle à tout; mais Turgot, en dépassant le cercle de ses attributions particulières, n'obtenait plus le concours de personne. De tous les points, il était ouvertement ou sourdement contrarié. Il lui venait de l'opinion du dehors beaucoup d'appui; mais si nombreux, si influents qu'ils fussent, il n'avait pour lui que des individus, et il avait des corps pour adversaires. Pas un de ses collègues dans les conseils ne donnait la main à ses travaux. Maurepas n'avait point de position prise contre Turgot, en vertu d'une foi contraire à la sienne, car il n'en avait d'aucune sorte; mais il ne trouvait pas son compte à se faire solidaire de changements dont la gloire n'était pas pour lui. Calcul bien naturel chez ce politique octogénaire, si sceptique et si avisé. La grande place que tenait Turgot dans l'attention du public et dans les écrits du jour, c'était pour la vanité de Maurepas une sorte d'empiétement sur ses attributions de chef du ministère. On dit que sa susceptibilité minutieuse n'eut pas moins de peine à pardonner à Turgot d'avoir disposé seul de l'action du gouvernement pendant les cinq jours qu'avaient duré les troubles. Une circonstance vint pourtant qui fortifia, et du plein gré de Maurepas, le parti de Turgot et des réformes.

1775.

Le duc de la Vrillière était resté, dans le conseil, le dernier survivant du ministère de Maupeou. C'était celui de tous peut-être qui s'était le plus usé au service de Louis XV; mais, selon sa pratique habituelle, il s'était soustrait à la disgrâce encore une fois. Il était en charge depuis près de cinquante ans. Toutes les vicissitudes politiques par lesquelles tous ses collègues avaient passé, n'avaient point atteint la position du duc de la Vrillière. Avec le département de la maison du roi, il avait en maniement les ressorts les plus secrets de la puissance royale, les mesures d'État, les lettres de cachet. Il en distribua beaucoup dans cet espace d'un demi-siècle. Il avait vu bien des partis de cour monter et descendre; il avait vu bien des fois jansénistes et molinistes se renverser successivement, et sitôt que la fortune avait changé, le duc de la Vrillière, toujours ponctuel, ouvrait la Bastille. Il enfermait, sans s'étonner, ceux pour le compte de qui il faisait encore, la veille, sa police d'État. Il signait des lettres d'exil pour ceux qui avaient été ses collègues; l'instant de la chute arrivé, ils étaient habitués à voir entrer le duc de la Vrillière avec sa dure commission. Enfin, ce ministre de la disgrâce finit par avoir son heure aussi. La tournure que prenait le règne nouveau l'étonnait et dérangeait déjà toutes ses vieilles habitudes. Malgré tant d'expérience et tant de souplesse, ce doyen des ministres et des courtisans se laissa aller à des murmures, à des signes de mécontentement ; il fronda ce qu'il voyait faire. Peut-être s'inquiétait-il sérieusement de voir diminuer le nombre des lettres de cachet, et la Bastille perdre déjà de son importance. Maurepas, qui était son beau-frère, crut avoir fait acte de bon parent en retardant un peu sa chute, et il finit par l'abandonner.

La retraite de la Vrillière faisait une place vide dans le conseil. Le parti qui se formait autour de la reine travailla à s'en emparer ; son plan était de porter Sartine au département de la maison du roi, et de le remplacer au ministère de la marine par le comte d'Ennery (1). C'était un premier pas que la faction de Choiseul essayait de faire vers le gouvernement. Cette tentative donna l'alarme à Maurepas. S'il y avait dans sa tête une pensée fixe, bien arrêtée, c'était de rendre impossible le retour de Choiseul ; et il n'épargnait rien pour cela dans ses entretiens avec le roi. Il prenait de l'ombrage des velléités d'ambition, des grâces et des succès de la reine : cet homme d'État, un peu féminin, trouvait là une rivalité dangereuse (2). Turgot, dans ces

---

(1) « Je fis envisager à la reine qu'il ne fallait regarder cet
« événement que comme un premier pas vers le crédit ; que pour
« le constater et le rendre invariable, il était nécessaire de faire
« des ministres sur lesquels elle pût compter. » Mém. de Besenval. T. II, p. 104.

(2) « Il craignait la reine jusqu'à la puérilité. Rien ne pouvait

1774. circonstances, proposa à Maurepas d'offrir le ministère à M. de Malesherbes, et pour déjouer l'intrigue de Choiseul, il adopta précipitamment ce parti.

Lamoignon de Malesherbes était le plus grand nom qu'eût alors la magistrature. Il était aussi populaire que Turgot. Il tenait aux mêmes opinions que lui, en philosophie comme en politique. Il avait pour les parlemens une espèce de sentiment filial, mais sans servitude, sans intérêt de corps, sans fanatisme de position ; de même qu'il aimait les gens de lettres, sans ruiner le passé comme eux ; il accueillait les espérances de la philosophie, la religion du bonheur et du perfectionnement des hommes.

Malesherbes avait été, pendant vingt-cinq ans, premier président de la cour des Aides ; il avait résisté dans la lutte du parlement, contre Maupeou, et il avait partagé le sort de ses collègues. Il vivait exilé dans sa terre, depuis quatre ans, livré à l'étude, à des pensées de bien public, et adonné, comme Turgot, au goût général des sciences. Au moment où la cour des Aides fut rétablie avec le parlement, Malesherbes sacrifia aux instances de Turgot et de l'opinion publique ses projets décidés de retraite, et il reprit son poste de premier prési-

« détruire en lui l'impression d'avoir été la victime de madame « de Pompadour et chassé par elle. » Mém. de Besenval. T. II, p. 111.

dent. Il s'y appliqua sans interruption à un long et laborieux travail sur la réforme des abus en matière d'impôt. La cour exposa courageusement, dans des remontrances présentées au roi en mai 1775, tous les vices du régime fiscal. C'était un travail conçu selon les vues de Turgot, et sur lequel les deux amis s'étaient concertés. Nulle réforme n'était plus urgente que celle-là qui touchait au mal le plus avéré, le plus palpable, le mal dont le peuple souffrait à toute heure et partout. Cette question semblait passer, dans le cœur du roi, avant toutes les autres, et cependant le travail de Malesherbes fut accueilli de mauvaise grâce ; le roi l'avait encouragé, mais Maurepas l'écarta, en l'ajournant, et fit dire, par le garde des sceaux, que s'il y avait des abus, on avait devant soi le règne tout entier pour penser à des réformes. Malesherbes, qui comptait moins sur l'avenir que ce vieillard de quatre-vingts ans, n'acquiesça pas à ces délais ; il donna sa démission et regagna sa retraite. L'offre d'un ministère n'ébranla point le parti qu'il avait pris ; mais Turgot opposa à ses refus des instances réitérées (1) ; il lui représenta qu'en prolongeant sa résistance, il allait livrer la place à une intrigue de cour, et cette considération le décida ; Malesherbes consentit à être ministre, mais pour peu de temps, dit-il ; frappé d'une lettre de cachet quel-

---

(1) Mém. de Besenval. T. II, p. 121.

ques années auparavant, il acceptait le ministère, mais à la condition qu'on n'en signerait plus.

La réunion de ces deux hommes dans le conseil redoubla au dehors les espérances. La nomination de Malesherbes semblait répondre de la position de Turgot, de la force qu'il avait dû prendre, du chemin rapide que les réformes allaient faire avec ce concours. « Oh! pour le coup, écrit une femme
« célèbre que nous avons déjà citée, soyez assuré
« que le bien se fera et se fera bien... Jamais, non
« jamais, deux hommes plus éclairés, plus désin-
« téressés, plus vertueux, n'ont été réunis plus
« fortement pour un intérêt plus grand et plus
« élevé. Oh! le mauvais temps pour les fripons et
« les courtisans!... Vous auriez bien de la peine,
« dit-elle encore, à mettre dans ces deux têtes-là
« deux volontés; il n'y en a qu'une, et c'est tou-
« jours pour faire le mieux possible (1). »

Il y avait cela de particulier, et de nature à donner confiance à l'opinion, que les deux hommes sur lesquels elle comptait possédaient les départemens où il y avait le plus à faire, où il y avait le plus d'abus à attaquer, le ministère des finances et la maison du roi. Il y en avait un troisième pourtant, où le besoin des réformes n'était pas moins manifeste; c'était le département de la guerre. Le maréchal du Muy n'était point

---

(1) Lett. de mademoiselle de Lespinasse. T. II, p. 188.

l'homme de qui pouvait venir ce redressement ; c'était un gardien trop fidèle du vieil esprit de la monarchie, pour entreprendre au-delà de quelques réformes de détail, en fait de discipline ou de finances, qu'une étroite honnêteté lui prescrivait. Ce ministre mourut peu de temps après l'entrée de Malesherbes aux affaires ; et le choix de l'homme qui le remplaça marque de plus en plus l'esprit qui poussait le gouvernement. Ce successeur fut le comte de Saint-Germain.

On s'emporta si avant dans ce premier feu des réformes, qu'on alla prendre presque sur la frontière un vieux général déserteur, parce qu'on disait de lui qu'il était livré dans sa solitude aux idées les plus prononcées d'innovation.

C'était un personnage étrange que ce comte de Saint-Germain : sa vie était pleine d'aventures et de contrastes. Il n'y manquait rien, en fait d'imprévu et de brusques péripéties, que d'être tiré de l'oubli, pour monter, comme par un coup de baguette, jusqu'au faîte des honneurs. Il y avait en lui un genre de romanesque qui n'était pas celui de l'époque, et qui s'en détachait par un effet singulier. Il avait vécu plutôt en soldat du moyen âge qu'en officier soumis à l'organisation militaire de son temps. Il avait d'abord été jésuite ; il fut élevé dans les colléges de l'ordre, puis il y professa les humanités ; les premiers temps de sa vie restent cachés sous les ténèbres de ces maisons. Il en sortit et se fit militaire. Il est à croire qu'avant de rompre avec ses maîtres, il s'était fort agité dans leurs mains; c'était une grande tâche qu'ils entreprenaient, et dont le succès eût fait à l'ordre beaucoup d'honneur, que de réduire à l'obéissance passive un caractère tel que le sien. Tous les ressorts de leur puissante discipline y furent sans doute employés, et le succès ne fut point en proportion de leurs peines. Saint-Germain sortit de leurs liens le plus volontaire et le plus insoumis de tous les hommes. Il se signala presque aussitôt par un duel dans lequel il tua un officier de marque, et il s'en alla prendre du service à l'étranger. Il mena dès lors, et sans guère se fixer, la vie vagabonde d'un *condottiere*. Il essaya de tous les drapeaux, il loua son épée à presque toutes les puissances.

Après avoir servi l'électeur palatin, il passa en Autriche et fit, sous le prince Eugène, une campagne contre les Turcs. Un scrupule d'honneur l'en détacha; il prit de l'emploi en Bavière, et ensuite dans l'armée prussienne, pour ne point marcher contre la France, quoique le sentiment de la patrie ne parlât pas bien haut chez ce soldat de fortune (ce qui fait souvenir de son long séjour parmi les jésuites). Il avait de l'honneur militaire, de l'activité, de la bravoure, et il acquit de la réputation dans les camps (1). Il se

(1) Mém. de Besenval. T. II, p. 240 et suiv.

fit estimer de Frédéric, qui le traita bien ; mais la discipline prussienne, exacte et dure, avait bien des gênes, et Saint-Germain ne put l'endurer longtemps. Il disparut de la Prusse et alla s'offrir au maréchal de Saxe, qui commandait pour la France dans les Pays-Bas. Saint-Germain conserva ses grades, et fit, comme maréchal de camp, la dernière campagne contre l'Autriche (1). La guerre de Sept-Ans l'éleva dans le commandement ; mais le comte de Saint-Germain n'avait point laissé derrière lui, dans ses courses militaires, cet esprit ombrageux, toujours mécontent, qui l'avait jeté hors de France. Il prit querelle avec la cour et avec les généraux.

Quand un prince de Soubise et un comte de Clermont commandaient les armées, le mérite, sans doute, avait bien quelques griefs à faire valoir ; et Saint-Germain fit retentir plus d'une plainte fondée ; mais il n'appartenait guère à un homme qui avait ramassé ses grades au dehors, et qui avait tant à faire oublier, d'afficher dès l'abord des prétentions si grosses, et de mettre à si haut prix des services que certes la modestie ne rehaussait pas.

Telle était l'humeur de Saint-Germain, qu'il eût rêvé complots et vexations en de tout autres

(1) Guerre de la succession d'Autriche : Saint-Germain se distingua aux batailles de Lawfeld, de Raucoux, et au siège de Maestricht, 1746 à 1748.

circonstances, et qu'il eût toujours vu dans la correspondance de ses supérieurs des duretés et d'insupportables persiflages; il se fût figuré de même que l'on visait à perdre les batailles pour le mystifier (1). Son imagination était vive et sa vanité intraitable, et il mettait dans ses colères beaucoup d'originalité : « Je suis, disait-il, dans « la position d'un homme nu exposé aux guêpes.... « On me traque... on veut me rendre plus malheu- « reux que les pierres, on me persécute à feu et à « sang. » Rousseau lui-même, à la tête d'une armée, n'eût pas vu plus de traîtres et plus de méchans à ses côtés.

Saint-Germain, malgré toutes ses visions, entendait la guerre, et jouait à l'armée un rôle important, supériorité de circonstance qui venait de la pénurie des temps. Les troupes l'aimaient comme un homme qui s'était fait lui-même, et qui sympathisait avec l'esprit du soldat. Dans cette triste, dans cette honteuse guerre de Sept-Ans, Saint-Germain avait pu se signaler à peu de frais. A Rosbach, on lui faisait un grand mérite d'avoir du moins un peu combattu, et à certaines affaires, il avait, disait-on, mieux fait que ses rivaux : « Il avait fui moins loin (2). » Mais il fallait, pour

---

(1) C'est ce dont il avait l'habitude de se plaindre. Soulavie, Mém. du règne de Louis XVI. T. III. — Mém. de Besenval. T. II, p. 243.

(2) Lacretelle, Hist. du dix-huitième siècle. T. IV, p. 382.

conserver un homme si nécessaire, que le gouvernement se résignât à négocier perpétuellement avec lui ; il imposait ses conditions, récriminait avec violence ; il fallait que le ministre se déplaçât quelquefois pour aller le fléchir. Enfin il menaça de partir encore, comme cela lui était arrivé tant de fois. On le conjura de surseoir, au moins pendant quelques semaines, à cette menace ; on tenta de l'apaiser une fois de plus par des promesses ; il fut inflexible ; il renvoya fièrement son cordon rouge et partit.

Ce fut en Danemarck que se retira cette fois ce déserteur incorrigible. Il y fut fait maréchal et ministre de la guerre, il y réforma le régime militaire sans beaucoup de succès, et finit par se retirer mécontent, comme toujours. La mort de Louis XV lui permit de rentrer en France. Décidé au repos, après une vie si agitée, le comte de Saint-Germain avait à peine choisi une retraite tranquille, qu'une autre catastrophe vint le frapper : une banqueroute engloutit toutes ses épargnes. Il trouva contre un malheur si réel plus de force d'âme et de philosophie qu'il n'en avait opposé à ses malheurs imaginaires. Il se rappela Catinat dans sa retraite, lui qui n'avait guère pratiqué sa constance sereine et sa modestie. Il supporta sa pauvreté en sage, cultivant son jardin, faisant des plans de réforme militaire et des exercices de haute dévotion. Véritable templier, à la fois batailleur et mystique, il avait conservé sous la tente des restes de sa première vie. C'était un jésuite chevaleresque qui tenait singulièrement de Loyola.

Tel était ce nouveau ministre de la guerre, destiné à concourir aux projets de deux ministres philosophes qui l'avaient choisi sur la recommandation d'un abbé (1).

Au moment où l'armée allait avoir ses réformes comme la finance, le clergé se leva pour demander une réforme aussi; mais ce n'était pas sa propre réforme, qui pourtant n'eût pas été moins nécessaire que celle des autres corps de l'État. Si l'esprit sacerdotal n'était pas de sa nature durement fermé à toute idée nouvelle, on aurait pu croire qu'en présence des nombreux abus que le clergé était impuissant à cacher, les besoins généraux de l'époque l'avaient saisi et maîtrisé jusqu'à lui con; seiller de demander sa réformation à lui-même. Mais ce n'était pas un tel clergé qui pouvait donner l'exemple d'une impartialité si haute et d'une si noble pureté d'intention. En cette année 1775, au lieu de confesser ses fautes avec une habileté courageuse, au lieu de sévir par la main de ses prélats les plus fermes, et contre le relâchement de ses doctrines et contre l'indiscipline de ses

---

(1) L'abbé Dubois, ami de Malesherbes. — Soulavie, Mém. de Louis XVI. T. III, p. 60.

mœurs, le clergé fit la confession de tout le monde, et demanda pour tous, excepté pour lui, les sévérités, les corrections du pouvoir. Il sentait bien, en effet, que ses influences se perdaient, qu'il penchait dans l'opinion des peuples, et cela l'inquiétait plus que tout le reste. Il demandait l'intervention de la puissance séculière pour relever et pour maintenir la position morale qu'il avait lui-même compromise. Déjà il avait poussé de grandes plaintes dans l'assemblée de 1755, en 1760, puis en 1770; malgré ce qu'on avait fait pour lui, malgré les censures de divers ouvrages qu'il avait obtenues, il ne trouvait pas que ce fût assez. Certes il avait raison de chercher un point d'appui dans la ruine qui le menaçait, mais ce n'était pas hors de son sein qu'il pouvait le trouver jamais.

Trois choses surtout tenaient le clergé en inquiétude : la marche des mœurs qui l'emportait lui-même, l'attitude des églises protestantes, et la liberté de la presse. C'est contre ces trois faits qu'il se mettait en défense, et qu'il demandait que le pouvoir politique s'armât. Un prélat de mœurs pures, M. de Pompignan, archevêque de Vienne, qui avait fait un travail sur l'état des mœurs et de la religion, fut chargé d'adresser au roi des remontrances. Du moins le choix de ce prélat était convenable; mais que dire des hommes qu'on lui adjoignit? L'archevêque de Toulouse Loménie et l'abbé de Talleyrand-Périgord, récemment élu promoteur du clergé de France, contrastaient par leurs mœurs, par leurs idées, et avec une mission de cette nature et aussi avec la robe dont l'intérêt de leurs familles les avait revêtus. Il était public que Loménie ne croyait pas en Dieu, et Louis XVI, si respectueux pour les prêtres, l'a dit lui-même, lorsqu'on parla de le créer archevêque de Paris (1). Quant à l'abbé de Talleyrand, malgré les tendances d'un esprit si naturellement politique, il portait son petit collet avec une sceptique nonchalance, et tout ambitieux qu'il fût, il ne se donnait pas même la peine de remplir les devoirs extérieurs de son état.

Le choix de pareils organes pour parler à la royauté des douleurs de l'Église de France fut inhabile et scandaleux; il montrait bien le mal dont cette église était frappée dans ses entrailles. Ces noms en disaient plus long que les remontrances; car les remontrances n'indiquaient que les maux du dehors. Talleyrand et Loménie représentaient bien les mœurs et les opinions de la majorité du haut clergé. Restés prêtres dans leurs prétentions corporatives, beaucoup d'évêques, et c'était la partie la plus distinguée du clergé, s'étaient laissés surprendre par les idées philosophiques de ce temps : ainsi, l'archevêque de Bor-

---

(1) Louis XVI dit alors : « Encore faut-il que l'archevêque de « Paris croie en Dieu. » Souv. et portraits par le duc de Lévis, p. 102.

deaux, Cicé, La Luzerne, évêque de Langres, Colbert, évêque de Rhodez, et jusqu'à Dillon, archevêque de Narbonne, le meilleur de tous, une espèce de Turgot sous la mitre, qui avait été dans son diocèse ce que l'illustre intendant de Limoges avait été dans sa province. Mais la majorité n'était pas de cette trempe, elle ne restait pas dans la mesure de ces hommes de bien. L'esprit philosophique menait les autres plus loin, brisait plus violemment leur orthodoxie; ils en couvraient leurs mauvaises mœurs. Or, quand ces prêtres, si peu édifians dans leur conduite et leurs maximes, protestaient contre l'esprit du siècle dont ils étaient l'expression la moins élevée, pouvait-on prendre au sérieux leurs protestations (1)?

Ce fut le 24 septembre 1775 que l'archevêque de Toulouse, muni des pouvoirs de l'assemblée

---

(1) Parmi tant d'attestations contemporaines qu'on ne peut citer, voici le témoignage d'un grand seigneur, fort partisan de l'ancien régime, qui fut ministre de la guerre pendant une partie du règne de Louis XVI : « Le haut clergé se déchargeait sur « le clergé du second ordre des devoirs de son état, n'estimant « de cet état que la considération et les richesses qui y étaient « attachées...

« Le clergé du deuxième ordre ne différait du premier que par « l'hypocrisie dont il était obligé de se couvrir... Le clergé « inférieur était imbu de l'esprit démocratique, s'unissant ouver-« tement ou sourdement à la classe des paysans dont il était issu. « Ces deux ordres étaient jaloux du haut clergé, qui n'avait pas « de plus mortels ennemis ni de critiques plus amers. » Mém. du prince de Montbarrey. T. III, p. 153 et suiv.

générale du clergé, se présenta à Versailles, avec M. de Pompignan et l'abbé de Talleyrand-Périgord. Le mémoire qui fut présenté au roi était d'une hypocrisie égale au choix des deux acolytes de l'archevêque de Vienne. C'était une déclamation contre les tendances irréligieuses du siècle et contre la tolérance dont le protestantisme jouissait. Le mémoire demandait des lois plus sévères sur la librairie, et la dispersion par la force des assemblées schismatiques, avec l'exclusion pour tout ce qui n'était pas catholique, des emplois de l'administration.

Au reste, rien n'avait manqué à cette grande comédie de prêtres philosophes qui demandaient au pouvoir de s'armer de persécutions contre une religion à laquelle ils ne croyaient plus. La cour, de son côté, prit pour ses commissaires deux autres philosophes, Turgot et Malesherbes, les deux hommes contre qui le mémoire du clergé était cauteleusement dirigé, car eux, plus que personne, faisaient entrer dans l'administration de l'État une large tolérance. C'est ainsi que les affaires de la religion furent faites par la philosophie. Turgot, dont le clergé craignait les projets, resta dans sa place; et quand il en sortit, malgré les demandes du mémoire au roi contre les schismatiques, ce fut un protestant qui le remplaça.

Turgot considérait comme de nulle conséquence tout cet appareil de plaintes, tant qu'il ne serait pas touché aux intérêts du clergé, et il fit en cela ce qu'on ne devait guère attendre ni de son caractère qui ne transigeait pas, ni de son esprit notoirement incrédule. Soit par circonspection politique, soit en considération des premières années de sa jeunesse en Sorbonne et des relations qu'il avait dans le haut clergé, Turgot n'appesantit pas sa main de réformateur sur la propriété de l'Église; il n'osa la soumettre à l'impôt : seul endroit où Turgot, il semble, ait fléchi dans l'application. L'édit qui vint abolir la corvée la remplaça par une taxe pécuniaire qui atteignit la noblesse et n'alla pas jusqu'au clergé (1); mais il faut voir cette transaction comme un sacrifice du moment que le ministre faisait à ses principes, dans un intérêt d'application (2).

A côté de cette réforme sur les corvées, Turgot en produisit une autre plus importante et plus résolument tentée, et qui contenait comme le fond de ses idées économiques : c'était la destruction du régime des maîtrises et des communautés mercantiles, auquel il substituait sans transition, sans tempérament, la concurrence et la liberté. Cette organisation des maîtrises remontait au moyen âge et y avait introduit du bien ; alors elle avait apporté

---

(1) Voir Soulavie. T. III, p. 26.

Cette taxe devait frapper les biens soumis à l'impôt des deux vingtièmes que payait la noblesse ; le clergé ne venait au secours de l'Etat que par *les dons gratuits.*

(2) Voir son mémoire au roi, cité t. III de Soulavie, p. 144.

aux classes laborieuses la solidarité et le sentiment moral qui résulte de l'association. C'était comme un château fort, que le travail aussi s'était construit au sein de la société féodale. Mais le temps, loin de perfectionner ce régime, y avait accumulé les abus (1). Colbert, quoique l'on ait donné à ce

(1) « Ce n'est plus, disait Furetières, dès le siècle précédent, « que *cabales, ivrognerie* et *monopole*. Les plus riches et les « plus forts viennent communément à bout d'exclure les plus « faibles et d'attirer tout à eux. » Encycl. du dix-huitième siècle, art. *Maîtrises*.

« On assujettit les aspirans à des examens de réception que « l'on ne cesse d'enfler chaque jour : *Te deum, repas frai-* « *ries*, etc.. etc....

« Dans beaucoup de communautés mercantiles à Paris, une « veuve est privée de son droit et forcée de quitter sa fabrique ou « son commerce lorsqu'elle épouse un homme qui n'est pas dans « la maîtrise.

« Il est si difficile de passer maître, que le plus grand nombre « des ouvriers est contraint de renoncer au mariage, et s'aban-« donne à la paresse et à la débauche ; les plus habiles et les « plus entreprenans passent à l'étranger.

« On assujettit les simples compagnons à de prétendus chefs-« d'œuvre auxquels on n'assujettit pas les fils des maîtres...

« Un jeune marchand dépense communément pour sa récep-« tion 2,000 livres, et cela en pure perte...

« Tel qui se néglige en travaillant pour les autres, deviendrait « plus soigneux et plus attaché dès qu'il travaillerait pour son « compte...

« Beaucoup de jeunes gens, rebutés par tant d'obstacles, s'éloi-« gnent des professions utiles et ne subsistent que par la mendi-« cité, la fausse monnaie, la contrebande, le vol et autres crimes. » Encyclopédie du dix-huitième siècle, art. *Maîtrises*.

On appelait maître l'ouvrier qui après avoir fait cinq années

système la consécration de son nom, laisse échapper dans son testament un doute sur sa bonté définitive (1), et bien des voix considérables s'étaient prononcées dans le dix-huitième siècle, pour le modifier. Turgot eut la vue plus nette; il se montra plus décidé; car, au nom de ses principes économiques, il fit table rase du système entier. Toujours absolu dans son idée, il prit sous sa responsabilité la solution de ce problème, qui était une révolution. Il anticipa sur ce que la nation tout entière debout résolvait plus tard par l'organe de l'Assemblée Constituante, et avant elle, il décréta le travail libre, en prenant le droit d'aussi haut (2).

d'apprentissage et cinq années de compagnonnage, avoir exécuté son chef-d'œuvre, s'était fait enregistrer au bureau de la communauté ; le maître, après cela, n'était qu'un ouvrier qui ne pouvait travailler pour son compte, mais uniquement pour le compte des marchands en qualité. On appelait marchand celui qui après avoir été reçu maître payait divers droits pour obtenir une lettre de marchand.

(1) « La rigueur qu'on tient dans la plupart des grandes villes « de votre royaume, disait Colbert à Louis XIV, pour recevoir « un marchand, est un abus que Votre Majesté a intérêt à corri- « ger..... Est-il juste, s'ils ont l'industrie de gagner leur vie, « qu'on les en empêche, sous le nom de Votre Majesté, elle qui « est le père commun de ses sujets ? Je crois donc que quand elle « ferait une ordonnance par laquelle elle supprimerait tous les « règlements faits jusqu'ici à cet égard, elle n'en ferait pas plus « mal. » Testament politique de Colbert, ch. XV.

(2) On lit dans le préambule de cet édit : « Cependant Dieu en « donnant à l'homme des besoins, en lui rendant nécessaire la « ressource du travail, a fait du droit de travailler la propriété

1776.   L'organisation que renversait Turgot n'était plus qu'un ordre si incohérent, si vicié, si dommageable au plus grand nombre, qu'il n'y avait rien à faire en y portant la main que de le briser. Et soit que l'on tienne *le laisser-faire* pour un régime définitif, pour le grand et dernier mot des destinées de l'industrie, ou soit qu'on le considère comme un état transitoire vers d'autres institutions de travail, il faut applaudir encore à ce qu'ont fait Turgot et la Constituante. Ils ont marché sur la foi d'une science encore imparfaite, et que la spéculation la plus puissante ne pouvait contenir tout entière, ni dispenser des leçons du temps; mais cette imperfection des vues économiques de Turgot n'a point préjudicié à sa conduite; car la liberté du travail a profité immédiatement à des intérêts plus respectables, plus généraux que l'étroite enceinte des maîtrises n'en pouvait contenir et protéger. Des positions, des habitudes sans doute en furent troublées; mais ce fut un mal partiel à côté du bien de l'ensemble; et

« de tout homme; et cette propriété est la première, la plus sa-
« crée et la plus imprescriptible de toutes. Si le souverain doit à
« tous ses sujets de leur assurer la jouissance pleine et entière de
« leurs droits, il doit surtout cette protection à cette classe
« d'hommes qui n'ayant de propriété que celle de leur travail et
« de leur industrie, ont d'autant plus le besoin et le droit d'em-
« ployer dans toute leur étendue les seules ressources qu'ils aient
« pour subsister. »

Turgot fit précéder le texte de ses édits de longues expositions de principes.

le champ resta ouvert aux expérimentations de l'avenir. Les premiers pas de la science économique allaient naturellement à la liberté et devaient outrepasser le but, à ce moment du premier enthousiasme, réaction inévitable contre l'état de contrainte où l'industrie avait étouffé. Sous ce réseau de restrictions, de réglementations les plus étroites, on avait trop souffert d'un tel ordre pour ne pas se tout promettre de la liberté. La société entière n'était-elle pas ivre d'affranchissement ?

1776.

A côté de cette question du travail et de l'industrie, s'en trouve une autre dans laquelle Turgot s'égarait sur la foi de sa science jeune et présomptueuse. C'étoit la question de l'impôt. Cet esprit, qui se heurtoit contre une idée, considéroit l'agriculture comme l'unique source de la richesse sociale; il n'y avait de produits réels à ses yeux que les produits de la terre; la fortune publique, selon lui et ses entours, ne recevait rien du travail manufacturier, ni des autres professions utiles. Grave erreur, que la science a rejetée depuis ; et de là, les prérogatives, de là aussi les charges politiques que Turgot assignait dans ses plans au propriétaire et à l'agriculteur. Turgot demandait aux biens fonds l'impôt tout entier (1).

Cette fausse vue de l'économiste chez Turgot, en-

---

(1) Necker, dans son livre *de l'administration des finances*, opposa plus tard les meilleures raisons à ce système.

1776. dommagea les plans du réformateur politique. Turgot, en effet, avait arrêté les bases d'une constitution. Le temps lui manqua pour en faire l'essai, et le projet resta consigné dans un mémoire qu'il remit à Louis XVI. « La cause du mal, disait Turgot, vient de ce que votre nation, Sire, n'a point de constitution…. vous pourriez, Sire, gouverner comme Dieu par des lois générales, si les parties intégrantes de votre empire avaient une organisation régulière et des rapports connus. » L'esprit organisateur de Turgot embrassa du même coup l'ensemble de la hiérarchie politique. « Il faudrait, dit-il, un plan qui liât les individus à la famille, les familles au village, les villages et les villes à l'arrondissement, les arrondissemens aux provinces et les provinces à l'État. L'assemblée provinciale serait composée des députés des assemblées municipales. La grande municipalité du Royaume compléterait l'établissement des municipalités des premiers degrés, et serait composée des députés de chaque assemblée provinciale (1). Au bout de quelques années, votre Majesté aurait un peuple neuf et le premier des peuples. » Telle était en peu de mots le plan de Turgot. L'ordonnance en était forte et logique, et

---

(1) « Tout cela, dit Turgot, peut se faire cette année ou au « commencement de l'année prochaine. L'assemblée générale, « composée de députés provinciaux, pourrait s'ouvrir à Paris dans « les premiers jours de novembre. »

sous beaucoup de rapports on pouvait en espérer de bons fruits; mais l'esprit provincial s'y faisait une part qui eût attiré la vie politique loin du centre, où il fallait la fixer. Il n'est point à croire qu'à l'époque où Turgot opérait, l'Assemblée générale eût pris assez d'ascendant pour s'imposer avec autorité aux corps provinciaux. La France aurait marché en sens inverse du but qu'elle devait atteindre, l'unité de mœurs et de gouvernement. On n'eût guère fait que constituer d'une manière plus savante le système des Pays-d'État. C'était une vue fausse sans nul doute. Mais une erreur plus grande encore et moins dictée par le passé, cette fois, que par les idées économiques, était d'attacher de nouveaux priviléges à la propriété foncière. En cela, Turgot ne rompait pas avec les principes de l'ancienne France; il se contentait de les faire descendre; de même que le noble seul était compté jadis dans l'État, de même, selon Turgot, il n'y avait de citoyen que le propriétaire. Sur ce point, son préjugé était inflexible : « Qui ne possède pas de terre, disait-il, ne saurait avoir de patrie que par le cœur et par l'opinion; la nécessité ne lui en donne pas. Il n'en est pas ainsi des propriétaires du sol; ils sont liés à la terre par leur propriété; ils sont intéressés aux affaires du pays. » Comme si une profession libérale, une charge publique, un intérêt d'industrie, n'étaient pas des titres au nom et à la position de citoyen, aussi recevables que les six cents livres de rente territoriale, exigées par Turgot (1). Une telle constitution donnait-elle tout ce qu'on était en droit de prétendre? Mais peut-être n'était-ce pas non plus toute la pensée de Turgot? cela pouvait n'être qu'un compromis entre le passé des institutions et l'avenir des idées qu'il n'osait pas risquer encore. Un penseur de cette étendue pouvait bien cacher par delà, et pour des temps plus mûrs, de grandes réserves qui répondissent mieux à l'ensemble de sa philosophie.

Et peut-être aussi les privilégiés entrevoyaient-ils, sous ses ménagemens, quelque chose qu'il ne disait pas. Turgot présenta à la fois six édits au Parlement; les deux plus importans concernaient la corvée et les maîtrises (2). Turgot ne s'abusait pas sur le parti qu'il faudrait prendre pour arriver à l'enregistrement; il savait bien qu'il faudrait en venir à un lit de justice. Comme ses idées l'empêchaient d'admettre les prétentions politiques du Parlement, il ne ressentait aucun scrupule à recourir à cet acte d'autorité. Il se refusa à des pourparlers avec certains magistrats, bien sûr que rien ne sortirait de ces entrevues. Le Parlement ne

---

(1) Je proposerai à Votre Majesté, dit Turgot, de n'accorder une voix de citoyen qu'à chaque propriétaire de 600 livres de revenus. Soulavie, Mém. de Louis XVI. T. III, p. 150.

(2) Les autres portaient suppression de la caisse de Poissy, des droits sur les grains à la halle, des charges sur les ports, et une diminution sur les droits du suif.

perdait aucune occasion de lui faire sentir son hostilité directe. Il venait d'instruire tout récemment contre un livre publié par un ami du contrôleur général (1). On y avait dénoncé aussi un écrit de Voltaire (2), qui n'avait pas trouvé au-dessous de son génie d'éclairer la route aux édits de Turgot. Le Parlement n'en voulut enregistrer que deux, et fit des remontrances sur le reste; mais ce fut particulièrement l'édit sur les corvées qui donna lieu au plus violent déchaînement; la mesure touchait les magistrats propriétaires; c'était assez d'un intérêt d'argent bien modique pour soulever ces hommes, qui ne s'inquiétaient pas de la dignité de l'attitude, quand il s'agissait de faire obstacle au contrôleur général (3). Ces magistrats, tirés de l'exil par l'opinion, comme les tuteurs des libertés publiques, eurent l'impudeur de dire tout haut : « que le peuple en France était taillable et corvéable à volonté, et que c'était un article de la constitution qu'il n'était pas au pouvoir du roi de changer. »

---

(1) *Les inconvéniens des droits féodaux*, par M. Boncerf, premier commis des finances.

(2) Sur l'*abolition de la corvée*.

(3) Les parlemens étaient aussi intéressés à la conservation des maîtrises par les droits qu'ils prélevaient, et les nombreux procès qui résultaient des conflits et des prétentions confuses des corporations.

La communauté des merciers seule se trouvait en instance pour 199 procès. Quelle perte pour le palais! et comment ces messieurs ne crieraient-ils pas?... V. Nouvelles à la main, 18 mars.

Après d'itératives remontrances, le roi tint le lit de justice et força l'enregistrement des édits (1).

Ces résistances multipliées, ces tracasseries pires qu'un revers pour un homme de la trempe de Turgot, atteignaient son âme, mais ne la décourageaient pas. Il n'en fut point de même de son ami. Malesherbes, aussi dans le cercle des attributions de son emploi, avait tenté et effectué plusieurs réformes. Il avait dans son département les *lettres de cachet*, et il avait réparé et arrêté bien des injustices. On l'avait vu visiter lui-même les prisons d'État, et rendre la liberté à une partie de ceux qui y étaient arbitrairement détenus. Il avait proposé d'ôter au ministre la dangereuse faculté d'emprisonner, sur l'exhibition d'une simple lettre de cachet, et de commettre ce soin et ce droit à un tribunal composé de magistrats respectés, qui devaient, pour l'exercer, être unanimes dans leur décision. Mais Louis XVI, qui avait souscrit à ses vues, ne les avait point réalisées ; il n'avait point non plus décidé l'exécution d'un autre plan de Malesherbes sur les *arrêts de surséance*, qui n'étaient qu'une suspension scandaleuse de la jus-

---

(1) Maurepas avait une plaisanterie au service de tous les embarras de la monarchie :

« Mais, dit-il à Turgot, le parlement rejettera vos édits ; que « ferez-vous ? — Nous recourrons à un lit de justice, répondit le « contrôleur général. — Vous avez raison, dit l'autre, je n'y « pensais pas ; le moyen est infaillible. »

tice, en faveur de débiteurs puissans. Malesherbes
avait demandé que ces arrêts fussent aussi autorisés par un conseil, et qu'une fois rendus, le débiteur vécût loin de Paris. Tous ces moyens termes,
restés à l'état de projet dans une réforme qui devait
être, pour réussir, fondamentale sur beaucoup de
points, contristaient le cœur de Malesherbes; il
avait le sentiment du bien, mais il n'en avait
pas la puissance. C'était la première fois peut-être
qu'une conviction profonde ne fut pas une force.
Malesherbes a couvert toute sa vie avec la dernière
page de l'histoire de Louis XVI et la belle amitié
de Turgot, et de telles choses prêtent à l'illusion; mais, ayons le courage de le dire, il n'était
que la moitié d'un juste, car il faut que la vertu
soit ferme pour être comptée pour vertu dans un
homme public. Sa bonté, comme celle de Louis XVI,
allait mourir dans la faiblesse; il gémissait du
mal, et il ne le réparait pas. Chargé d'introduire les économies dans la maison du roi, il regardait passer, en s'en affligeant, tout ce flot
d'abus qu'il ne put jamais arrêter. Aussi sa conscience, qui était pour lui une lumière, lui montrait-elle sans cesse la nécessité de laisser là des
fonctions pour lesquelles il n'était point fait. Sa
fidélité à la destinée de Turgot le retenait encore.
Mais quand Turgot vit s'accroître le nombre de ses
ennemis, quand Louis XVI, circonvenu par ses
proches, retirait de fatigue sa confiance, sitôt

épuisée ; quand les entretiens du roi et de M. Turgot cessèrent, Malesherbes se crut délié de la fidélité, comme de l'espérance. Cependant, toujours uni à Turgot par l'opinion, par la pensée, il prit occasion de la première dissidence avec Maurepas sur le compte de Turgot, qu'il défendit avec chaleur, pour demander et obtenir de se retirer. Louis XVI, dont la bonté répondait à la sienne, insista pour qu'il restât ministre, et lui dit alors ce mot qui marque davantage leur ressemblance à tous les deux : « Que ne puis-je comme vous quitter ma place ! » Ainsi le jeune roi dont le règne s'était ouvert avec tant d'espoir confessait, après deux ans, l'impuissance de sa position. La forte intelligence de Turgot n'aboutissait pas plus à un résultat bon et utile, que la mansuétude de Malesherbes, ou la fougue de Saint-Germain. Le ministre de la guerre procédait dans ses réformes autrement que ses deux collègues ; il se mit à l'œuvre avec la hâte d'un homme que l'âge presse de réaliser sa pensée. Ce qui l'offusquait dans l'armée, c'étaient surtout les corps d'élite et la maison du roi. Aussi est-ce là que d'abord il porta la main. Au mois de décembre 1775, il supprima les deux somptueuses compagnies de mousquetaires gris et noirs, et la compagnie des grenadiers à cheval. Il allait détruire aussi les gendarmes et les chevau-légers, quand Maurepas et M. de Soubise, effrayés de ce brusque début et compromis d'intérêt dans cette affaire, mirent obstacle à son dessein. A cette première aggression, qui indiquait un rude parti pris contre les corps militaires à priviléges, ce ne fut qu'un cri parmi les chefs. Maurepas s'empressa de donner au comte de Saint-Germain un adjoint, qui partageant la responsabilité de ses actes, pourrait en atténuer la rigueur. Cet adjoint fut le prince de Montbarrey, que Maurepas appela le *prince héréditaire*. Le frivole Mentor semblait traiter l'imagination de Saint-Germain comme une reine dont on voudrait tempérer les violences en la menaçant de son héritier.

Mais le prince de Montbarrey n'était pas un de ces hommes d'ascendant qu'il aurait fallu pour réussir. Il a lui-même raconté, dans ses *Mémoires*, ses relations de société avec Saint-Germain ; s'il donna quelques avis, et si le ministre en tint compte, c'est ce que Montbarrey ne dit pas. On ne voit pas ce qu'il modifia ou empêcha dans les plans de Saint-Germain. Sa critique n'est rien de plus que le commérage de l'OEil de bœuf. Il parle en homme de Versailles des formes du comte, de ses manières militaires, provinciales, germaniques même, et il ne contrôle sérieusement comme il le devrait aucun projet, aucun plan du ministre. Son *air rigide*, dit-il assez heureusement, *imposait aux militaires qui vivaient plus particulièrement sous sa couleuvrine*; mais, d'après ses mémoires, où l'on ne reconnaît pas l'homme du métier, habile dans l'administration et dans la guerre, il semble que Montbarrey dut mal remplir l'office que lui avait confié Maurepas. Le comte de Saint-Germain après avoir supprimé les grenadiers et les mousquetaires s'arrêta, contrarié, furieux, devant d'autres corps privilégiés (les chevau-légers, les carabiniers et les gendarmes). Mais comme ce caractère ardent sentait bien le mal d'une administration sans unité, dont le chef n'avait pas une autorité sans conteste, il en souffrit cruellement. Quand il avait travaillé dix heures par jour dans son cabinet, il ne sortait de cette fatigue que pour entrer dans de violentes et souvent légitimes colères contre les résistances à ses vues qu'il rencontrait à tous les degrés de la hiérarchie. Vieux, et la santé délabrée, il s'emportait comme un jeune homme et ruinait un peu plus sa vie. Sans ces résistances, sans ce chaos de l'ancienne monarchie qui était partout, et s'opposait à tout, peut-être aurait-il fait mieux. Il y avait des idées justes au fond de ses projets. Frédéric, qui était un maître en ces matières, a écrit, qu'il avait de *grands et beaux desseins*, et déplore qu'on les ait traversés, parce qu'ils eussent *obligé à de l'exactitude des freluquets chamarrés* (1). Ainsi, il se proposait d'abolir tout

---

(1) Frédéric écrit à Voltaire :

« M. de Saint-Germain avait de grands et beaux desseins très-
« avantageux à vos Welches ; mais tout le monde l'a traversé,
« parce que les réformes qu'il se proposait de faire auraient

privilége militaire; il voulait l'égalité pour tous les corps sous les drapeaux; il avait raison; mais c'était avoir trop raison pour le temps. L'activité de son esprit nuisait à sa justesse; cette activité introduisit dans son ministère un mouvement qu'on n'y connaissait pas, mais souvent ce besoin d'action lui faisait faire fausse route : il avait trouvé dans l'armée relâchement, absence de régularité et d'ordre, insouciance du commandement quand ce n'en était pas le mépris, et pour remédier à ce mal, le plus grand des maux militaires, il alla, d'un trait, jusqu'à cette idée allemande des coups de bâton, qui souleva l'armée avec une furie cette fois vraiment française. Mais extrême, encore même quand il se modérait, quand il essayait de revenir au point dépassé, il crut avoir beaucoup fait, en changeant les coups de bâton en coups de plat de sabre. Tous ces gens d'honneur qui font le gros d'une armée en France n'acceptèrent point la modification, et l'opinion déclara par la bouche d'un grenadier *qu'il n'y avait de bon dans le sabre que le tranchant.*

C'est là surtout ce qui lui aliéna l'armée. On le savait intègre (1), capable, il n'avait pas voulu

« obligé à une exactitude qui leur répugnait, dix mille fainéans
« bien chamarrés, bien galonnés. » Lett. de Voltaire. T. LXX,
p. 384.

(1) Il avait cassé tous les marchés, d'après l'idée qu'il s'était faite que tous les entrepreneurs étaient des fripons.

servir contre la France; au fond, le tiers état de l'armée, comme de la nation, lui savait gré de l'égalité qu'il avait tenté d'introduire dans ses rangs, tout en respectant la hiérarchie. Mais quand on le vit ordonner de frapper du bâton ou du plat du sabre, on oublia tout, et on ne se souvint plus que d'une chose, c'est qu'il avait vécu à l'étranger; dès ce jour, tout fut fini pour lui dans l'estime publique. Une telle idée lui fit un tort encore plus grand que son projet sur les invalides, qui fut de remplacer par trente-six établissements dans les provinces la fondation de Louis le Grand, ce qui déjà l'avait discrédité. L'opinion, toujours généreuse, s'était levée aux cris de ces vieux soldats, mis hors de chez eux, et qui, selon un auteur contemporain, criaient du fond de leurs chariots, *qu'ils n'avaient plus de père*, en passant devant la statue de Louis XIV.

Enfin ce ministre qui avait commencé d'être impopulaire en blessant le sentiment français, acheva de se perdre par le ridicule; il avait fait souvenir de l'officier allemand, il rappela aussi l'ancien jésuite. Saint-Germain dispersa sur plusieurs points dans les provinces l'école militaire de Paris, ainsi qu'il l'avait fait des invalides; mais, par la plus singulière idée, il donna des hommes d'église pour éducateurs à ses jeunes officiers, comme si c'eût été le rêve de toute sa vie de voir partout le moine mêlé au soldat.

Ainsi tout venait ébranler le ministère des réformes. Rien ne lui manquait en disgrâces : haine intéressée des parlemens, rancune des gens de cour et de finance, inquiétude du clergé et de la noblesse sur la solidité de leurs positions, hostilité des chefs des métiers, frappée dans leurs priviléges, aliénation des classes mêmes pour lesquelles Turgot avait voulu tout faire et qu'une famine et une sédition sévèrement réprimée avaient retournées contre lui; enfin les aberrations de son acolyte de la guerre, et, il faut le dire, quelque reflet des exagérations et des ridicules de la secte à laquelle il appartenait. Rien ne lui demeurait plus guère que les encouragemens des esprits les plus supérieurs. Voltaire l'avait prédit : « Ce « ministre fera tant de bien qu'il finira par avoir « tout le monde contre lui. » Le grand homme lui écrivait encore : « On m'assure, pour ma con- « solation, que vous pouvez compter sur la fer- « meté de Sésostris : c'est là mon plus grand « souci (1). » Et, en effet, l'inquiétude était bien fondée, le bon vouloir du roi était vaincu; il n'y avait que peu de temps qu'il avait dit encore : « Je vois bien qu'il n'y a ici que M. Turgot et « moi qui aimions le peuple (2). » Cependant, faible comme il était, il abandonnait M. Turgot,

---

(1) Corr. de Voltaire. T. LXX.
(2) Monthyon, Ministres des finances, p. 192.

comme il se serait abandonné lui-même. L'estime inerte qu'il lui portait n'était pas un bouclier qu'il pût offrir aux traits dont on accablait son ministre. Tous les membres de sa famille, divisés par tant d'intérêts, se liaient étroitement contre Turgot, ils l'attaquaient auprès du roi par des intrigues, et auprès du public par des pamphlets (1).

Maurepas exhalait contre lui, à traits redoublés, sa veine d'ironie, et s'ingéniait même, dit-on, jusqu'à des manéges odieux (2). Les autres ministres secondaient Maurepas; Miromesnil, avec sa procédure, harcelait Turgot dans le conseil. Vergennes et Sartines insinuaient qu'il était dévoué et même vendu à l'Angleterre. Il ne communiquait plus avec le roi que par des lettres, et s'était mis, de lui-même, trop à l'écart (3). Un homme considérable d'alors parle d'une dernière entrevue dans

---

(1) Le pamphlet que Monsieur fit répandre portait ce titre : *Songe de M. de Maurepas, ou les machines du gouvernement français.*

(2) Dupont de Nemours, dans son édition des œuvres de Turgot, assure que du secret de la poste l'on portait à Louis XVI des lettres supposées, dirigées contre le contrôleur général; il cite particulièrement une correspondance mensongère attribuée à Turgot, où on lui prêtait des termes injurieux contre la reine, et des expressions quelquefois offensantes pour le roi. Œuvres de Turgot. T. I, p. 390.

(3) Turgot crut apaiser Maurepas en ne travaillant plus avec le roi qu'en sa présence. Mais ces ménagements trop généreux n'eurent d'autre résultat que de faire plus beau jeu à ses ennemis.

laquelle la grossière impolitesse de Louis XVI fait contraste avec la noble patience de Turgot (1) : « Le nombre toujours croissant de mes ennemis, « écrit-il, mon isolement absolu, tout m'avertit « que je ne tiens plus qu'à un fil. » Enfin il fut prévenu d'offrir sa démission; mais il refusa d'aller au-devant de sa disgrâce; il resta à son poste, à la garde de ses idées, tant qu'il le put. Alors il crut de son devoir de faire entendre aux oreilles de Louis XVI de fortes paroles dont il dut garder mémoire : « Un prince faible, lui dit Turgot, n'a « que le choix entre le mousquet de Charles IX « et l'échafaud de Charles Ier. » Le roi lui signifia son renvoi en des termes durs jusqu'à l'inconvenance (2). Quand Turgot le reçut, il faisait une lettre d'affaires; il posa la plume et dit : « Mon « successeur la finira. » La nouvelle fut accueillie par les gens de cour avec une joie désordonnée; on s'embrassait, on se complimentait à l'OEil de bœuf. « Ce panégyrique en valait un autre (3). » Maurepas lui écrivit d'hypocrites doléances. « Je « me retire, lui répondit Turgot, sans me repro- « cher de faiblesse ni de fausseté. »

C'est un nom qui reste imposant que celui de ce

---

(1) Monthyon, Particularités et observations sur les ministres des finances, p. 192. « Le roi, dit-il, témoignait depuis quelque temps à M. Turgot un dégoût, etc. »

(2) Monthyon, *Ibid.* p. 192.]

(3) Dupont de Nemours, OEuv. de Turgot. T. I. Notice.

penseur, un instant ministre, et qui porta dans le pouvoir tant de caractère, tant d'étendue d'esprit et tant de cœur ; alliance merveilleuse et rare ! Et pourtant ne sent-on pas qu'un grand homme de gouvernement n'était point là ? Que fallait-il donc de plus à Turgot ? Quelques défauts peut-être, un peu de ces passions qui sont des forces ; il fallait quelque ambition à l'entour de ses vertus. En mettant toute sa vie moins haut, il eût été plus utile au monde ; il faudrait savoir descendre et se garantir parfois de sa perfection. Cette grande âme désintéressée n'avait que la passion de la science et du bien. Mais, pour se maintenir contre tant de forces ennemies, il fallait aimer le pouvoir ; Turgot ne l'aimait pas ; il s'en défiait. Dans sa place, il fallait se prêter à bien des misères, condescendre à de l'habileté, regarder à tous les menus ressorts qui font mouvoir les hommes. Faute de cela, Turgot les indisposait davantage et manquait les affaires. Tout ce qu'il voyait à Versailles blessait sa vue, et sa belle figure en avait gardé le pli du dédain (1). Il s'en détournait pour aller aux idées, et ne croyait à nulle puissance que celle du juste et du vrai. Il faut citer cette parole dans laquelle il se révèle : « Ce que j'admire dans Christophe Colomb, disait-il, ce n'est pas d'avoir découvert un monde ; c'est d'être parti pour le

---

(1) Morellet, Mém. T. II, p. 237. — Corr. de la Harpe. T. III, p. 211 et suiv. — Mém. de Marmontel. T. II, p. 203.

chercher, sur la foi d'une idée. » Lui aussi, il avait pressenti un monde, et il faut l'admirer d'être parti; mais ce n'est pas la même chose pour l'histoire que de partir et d'arriver.

La chute de Turgot émut en Europe les grandes intelligences, qui lui étaient restées fidèles : Frédéric donna des regrets à la ruine de ses desseins. Le vieux Voltaire exprima les siens avec l'éclat d'une douleur juvénile : « Ah! s'écria-t-il, quelle funeste nouvelle j'apprends! La France aurait été trop heureuse! que deviendrons-nous?... Je suis atterré... nous ne nous consolerons jamais d'avoir vu naître et périr l'âge d'or... (1) Je ne vois plus que la mort devant moi, depuis que M. Turgot est hors de place.... ce coup de foudre m'est tombé sur la cervelle et sur le cœur. »

La douleur de la France n'eut pas cette éloquence ni cette énergie; le royaume à ce moment savait mal ce qu'il perdait; les successeurs de Turgot, l'un d'eux excepté, se chargèrent de le lui apprendre.

(1) Voltaire, OEuv. T. LXX, p. 64.

CHAPITRE II.

Ministère de Clugny. — Entrée de M. Necker aux affaires. — Son caractère. — Ses réformes d'administration et de finance. — Commencement d'opposition de la cour, des parlemens, de la noblesse et du clergé. — Institution des assemblées provinciales. — L'opposition grandit contre Necker. — Il est soutenu seulement par les gens de lettres et les classes moyennes. — Publication du compte rendu. — Déchaînement des parlemens et de la cour contre le ministre à propos d'un mémoire adressé par lui au roi et publié par ses ennemis. — Sa démission. — Sa popularité. — Haute estime dont il jouit en Europe. — Soulèvement des colonies anglaises. — Révolte de Boston. — Combats de Lexington, de Brunker's-hill, etc., etc. — Premier congrès : déclaration des droits. — Évacuation de Boston par les Anglais. — Deuxième congrès : déclaration d'indépendance. — Franklin à Paris. — Traité de commerce et d'alliance de la France avec l'Amérique. — Joseph II à Paris. — Retour et triomphe de Voltaire.

1776. Après Turgot, ce qui devait arriver, c'était une tentative de réaction. Clugny, obscur intendant de Bordeaux, fut nommé contrôleur général; il était un de ces hommes qui n'ont d'existence que par les passions qu'ils veulent servir, un de ces dociles instruments de réaction, dont toute l'intelligence consiste à prendre un contre-pied pour un système. Clugny se hâta de suspendre l'édit sur les corvées. Il releva l'établissement des jurandes et maîtrises; il y avait toutefois des abus qui avaient tant frappé la vue, quand Turgot les avait signalés, que le nouveau contrôleur général n'osa pas les replacer sous le couvert de la loi (1). Dans ce vaste détail de finance et d'administration, touché par son prédécesseur, Clugny fut presque aussi actif à détruire que Turgot l'avait été à créer, sans se préoccuper pourtant de mettre dans ses actes l'unité de vue d'un administrateur. Cette réforme hâtive ne fit qu'apporter au régime antérieur quelques incohérences de plus. Il n'eut pas même le mérite brutal de tout détruire. Faisant plus mal parfois que de casser les dispositions de Turgot, il les laissait tomber en désuétude. Par là, il introduisait la contradiction dans les lois, et il en autorisait le mépris. Le discrédit atteignit le roi lui-même, le jour où le con-

---

(1) « Les jurandes, dit Dupont de Nemours, ne reprirent « qu'une existence passagère; plusieurs communautés furent « réunies, ce qui diminua le nombre des procès. La plupart des « formalités des apprentissages, compagnonnages, des chefs- « d'œuvre, restèrent abolis. L'entrée des arts, déclarée libre par « l'édit de Turgot de 1776, fut rendue plus facile. » OEuvres de Turgot. T. I, p. 376.

seil mit en question de révoquer les édits qu'un mois auparavant le roi avait solennellement commandé d'enregistrer en plein lit de justice. « Nul « besoin, dit un historien, ne forçait Louis XVI à « s'humilier devant le Parlement. » Nous ne savons pas bien quelles circonstances peuvent créer le besoin de l'humiliation pour les hommes de gouvernement ; car la dignité humaine est une si grande force, qu'il est encore plus nécessaire au pouvoir qu'à la conscience de préserver sa fierté.

L'esprit public cependant parut s'attrister en voyant périr les réformes qu'il avait mal encouragées ; le crédit tomba à ce point, que dans l'institution de la caisse d'escompte, la seule où Clugny continua Turgot, les actionnaires ne remplirent le chiffre de deux millions qu'avec beaucoup de lenteur et de timidité.

Et cette défiance, les procédés inconséquens de Clugny durent l'augmenter encore. Au moment où il venait de mettre la main à l'utile établissement que Turgot avait commencé de réaliser, on le vit, financier sans portée comme sans principe, fonder un autre genre d'établissement, de nature à contraster avec le premier. Il institua la loterie ; déjà le Gouvernement avait fermé les yeux sur plusieurs loteries particulières qui s'étaient établies sous d'hypocrites prétextes de bienfaisance. Grâce au successeur de l'honnête Turgot, le Gouvernement descendit jusqu'à l'emploi d'une telle ressource. Il ne craignit pas d'organiser à son profit le but qu'il donnait à de mauvaises passions. C'était plus que leur tendre la main, c'était les exciter; c'était plus que mendier, c'était séduire. Du reste, cette fondation, qui donna à l'administration de Clugny un caractère d'immoralité qu'aurait dû repousser le religieux Louis XVI, est le seul acte appartenant réellement à l'ancien intendant de Bordeaux. En effet, qu'un édit eût paru pour le rétablissement des jurandes et maîtrises, qu'on eût suspendu l'exécution de l'édit sur le remplacement des corvées, ce qui fit verser à Turgot d'assez nobles larmes, toute cette partie négative de son ministère, Clugny n'en était que le titulaire honteux. Ces actes appartenaient plutôt à la réaction dont il était plus le serviteur que le représentant. Un écrivain l'a comparé à l'abbé Terray; mais la dureté de Terray était l'appesantissement d'une main despotique, et valait mieux que le déréglement d'un homme qui rendit bientôt les finances inintelligibles à la bonne volonté qu'avait Louis XVI de les comprendre (1). Aussi, malgré le mouvement qui l'avait porté au pouvoir, fut-il bientôt menacé d'une disgrâce. Maurepas, qui lui avait d'abord tendu gracieusement cette main qu'il donnait et qu'il ôtait avec une égale légèreté, allait le sacrifier, quand une maladie l'emporta; ce fut

(1) L'administration de Clugny a été caractérisée ainsi par Marmontel, quatre mois de pillage dont le roi seul ne savait rien. Mém. T. II, p. 204.

alors qu'on se préoccupa d'un successeur dont les procédés fussent meilleurs que ceux de Clugny et différens de ceux de Turgot. Monsieur, qui prince avait des créatures, comme roi plus tard il eut des favoris; Monsieur s'efforça de faire élever au contrôle général un des intendans de sa maison. Mais Maurepas ne se prêta point à ses vues. Il lui convenait peu, à lui, d'une autorité si facilement inquiétée, de satisfaire les besoins d'influence de Monsieur. Et d'ailleurs, il y avait un homme puissant sur l'esprit ennuyé de Maurepas, qui depuis longtemps lui parlait de Necker comme du seul financier qu'il y eût en France au niveau de la situation.

Cet homme, qui se dévouait ainsi à l'avenir de Necker, était le marquis de Pezai; il fut une des causes les plus efficientes de sa fortune politique. Le marquis de Pezai, d'une naissance fort obscure, était un intrigant, plein de ressources, de mouvement, de prestiges, cachant sous des formes superficielles une ambition peut-être indiscrète, mais persistante. Il était l'ami de Necker et le protégé de Maurepas. Il avait plu au vieux ministre, son parrain d'ailleurs, par l'esprit et les petits vers; mais c'était sans doute pour des raisons plus graves que Necker l'avait accueilli sur le pied de l'intimité. Officier subalterne, mais instruit, il avait donné des leçons de tactique à Louis XVI, et à force de s'ingénier, il avait trouvé le moyen de correspondre

secrètement et directement avec son royal élève, de
lui ouvrir des vues, de lui proposer des plans. A
l'aide de cette correspondance, Pezai introduisit
Necker dans l'estime et la confiance du roi; ce fut
ainsi qu'il le fit ministre, comme il fit ministre aussi
le prince de Montbarrey; singulière influence que
celle de ce correspondant mystérieux et qui doit,
malgré son air d'intrigue et de frivolité littéraire,
le recommander un peu à l'attentin de l'histoire!

Du reste, le mérite de Necker n'était pas seulement l'objet d'une confidence passionnée faite à l'oreille du roi, l'attention publique commençait de son côté à s'en préoccuper aussi. On parlait beaucoup de ce riche banquier, dont le salon était ouvert à tous les hommes qui avaient action sur ce temps; les gens médiocres parlaient de lui parce qu'il avait fait rapidement une brillante fortune; les gens distingués, parce qu'en défendant la compagnie des Indes contre un ministère qui voulait la ruiner, il s'était pleinement opposé aux idées des économistes (1). Enfin, parce que dans un discours récent (l'éloge de Colbert) il avait comme épousé les idées de ce grand ministre. Résident de sa république à Paris, il avait déjà montré une telle

(1) Les économistes en parlèrent avec le sentiment de gens blessés. Ses doctrines sur la liberté du commerce de l'Inde, dit Morellet, sur le commerce des grains, sur la manière dont le commerce est affecté par l'impôt, ne peuvent soutenir l'examen. Morellet, Mém. T. I, p. 155.

aptitude à manier la langue et le fond des affaires, que M. de Choiseul lui disait, à une autre époque, qu'il n'entendait traiter qu'avec lui des intérêts de son État. Tous ces précédens, mais surtout l'éloge de Colbert et l'opposition à la doctrine de Turgot sur la liberté illimitée du commerce des grains, avaient mis M. Necker en bonne posture. Aussi, lorsque le marquis de Pezai le proposa à Louis XVI, il exprimait moins un désir individuel et l'enthousiasme d'un ami, qu'une opinion collective, déjà forte et avec laquelle Louis XVI, depuis Clugny, éprouvait le besoin de se réconcilier.

Necker, en effet, était un homme profondément recommandable. Il avait, si on ose le dire, l'opulence morale, comme il avait l'opulence matérielle; mais cette richesse le conduisait à un faste de probité parfois dangereux. Il pensait et disait tout haut, et peut-être trop haut, que l'impérissable loyauté devait gouverner toutes les relations politiques. Certes, il avait raison de le penser; mais en politique comme dans la vie, il est des opinions qui doivent nous accompagner toujours, sans nous précéder avec trop de bruit. Necker n'en eut pas conscience, ce fut l'erreur d'une âme plus généreuse que grande; car les âmes grandes sont toujours simples, et Necker avait l'affectation de la vertu.

Lorsque Necker saisit les affaires, il était dans la plénitude de l'intelligence et de la vie. Il avait précisément l'expérience qui double la force et assure l'effort. Comme homme d'argent, il avait eu à compter avec toutes les inflexibilités des intérêts, et ces intérêts, durs à manier, il allait les retrouver en face de lui, sur une plus grande échelle, mais il les connaissait déjà. Son passé n'avait pas été politique, mais les finances étaient la grande préoccupation de ce temps. Les esprits même les plus avancés croyaient qu'on pouvait sauver la monarchie avec un plan de finances, et Necker, sous l'abbé Terray, s'était classé haut comme financier. Voulu par les uns, subi par les autres, Necker arrivait donc sous des auspices très-favorables. Dans ce premier moment il semblait avoir l'occasion belle. Que ses idées eussent besoin d'être défendues, il disposait presque des premières plumes de France. La littérature était l'habituée de son salon. Tout lui était une force, jusqu'à son titre d'étranger, dans cette France hospitalière dont l'imagination s'éprend si vite de l'inconnu et avait subi si facilement l'attraction de Law; tout, jusqu'à sa femme qui l'aimait avec une passion réfléchie, quoique très-exaltée, et qui s'était faite la nourrice de son orgueil et l'active servante de son ambition. C'était une femme de peu de séduction, mais on lui donnait alors un mérite solide et fort distingué. Toujours est-il qu'elle reportait sur son mari tous les hommages qui s'adressaient à elle. Elle exerçait les plus hautes vertus de bienfaisance à son bénéfice. Elle s'occupa très-laborieusement des classes pauvres ; elle entretenait des hôpitaux ; et quoiqu'il y eût pour cette ardente calviniste du sentiment religieux dans le mouvement qui la poussait au secours des indigents, comme son sentiment le plus religieux était encore pour M. Necker, elle ne croyait pas nuire à l'intention des meilleures œuvres, en les faisant servir à la popularité de son mari.

Le contrôleur général Clugny était mort après six mois d'une administration dilapidatrice. Necker ne lui succéda point cependant au contrôle général. Taboureau des Réaux, intendant de Valenciennes, y fut nommé, et on créa pour Necker, le 22 octobre 1776, la place de directeur du Trésor, avec des attributions assez étendues pour que l'action administrative lui appartînt. Ainsi, Taboureau ne sera connu dans l'histoire que pour avoir prêté son nom à une espèce d'arrangement dont le but d'ailleurs manquait de netteté. Il fut bientôt las de ce rôle sans dignité, dit un écrivain, sans dignité pour Necker aussi, qui avait, certes, bien droit au titre, puisqu'il exerçait la fonction. Taboureau se retira au bout de quelques mois, et Necker lui succéda, mais sous le nom de directeur général; on n'osa faire un protestant ministre. Il abandonna le titre de sa place, il en dédaigna aussi les émolumens. Cette particularité lui fit beaucoup d'honneur.

Si Necker arrivait au pouvoir avec les forces

que nous avons déjà signalées, certes ce n'était pas trop pour la position à laquelle il avait à faire face et qu'avait aggravée Clugny. A notre sens, à nous, qui jugeons après l'événement, c'est-à-dire d'un point de vue plus haut que l'événement, la position était impossible à tenir, le talent de Necker devait y succomber. Il eût eu la tête bien plus forte, l'homme d'État serait sorti du banquier, qu'il eût succombé tout de même à cette tâche, qui n'était déjà plus une tâche d'homme. Est-ce donc merveille s'il ne put rien politiquement contre cette incoercible situation? Quant à ceux qui vivaient à cette époque, ceux qui se trouvèrent comme de plain pied avec l'événement, la position, si compromise qu'elle fût, ne paraissait pas sans ressource. Il y avait déficit annuel, très-malaisé à constater d'une manière précise; mais toujours est-il que les revenus ne suffisaient plus et que l'on ne marchait qu'en couvrant les anticipations par des anticipations nouvelles. Ce déficit, c'était en vain que l'abbé Terray et Turgot l'avaient diminué, chacun à sa manière. Clugny, le réactionnaire, était venu, qui l'avait augmenté, creusé de nouveau. Voilà ce que Necker devait réparer. Il fallait combler ce déficit, et de plus, il fallait trouver de l'argent pour une guerre qui devait en coûter immensément, car c'était une guerre non pour une province, non pour un tarif de douanes, mais pour l'indépendance d'un peuple, une si forte dépense politique pour les gouvernemens, qu'à présent on ne s'en charge plus.

Quant à un prétexte à donner pour une augmentation d'impôts, il n'y en avait pas. Le motif de l'augmentation, mesure dangereuse dont Turgot n'avait pas voulu se servir, était dans le mal même, dans le déficit. Mais le parlement, mais les pays d'État n'en présentaient pas moins une opposition infrangible, et sans eux que pouvait le ministère ? Un lit de justice ? personne n'en voulait, et surtout Maurepas, dont la légèreté n'allait pas jusqu'aux innovations et à qui l'inquiétude pour son fragile pouvoir faisait une espèce de prudence. De plus, le clergé, puissant encore dans la constitution de l'État, était hostile à Necker parce qu'il était protestant, et allait mettre certainement son influence contre les mesures du ministre. Telles étaient les difficultés de la situation.

Mais si grandes qu'elles fussent, Necker les aborda sans faillir et d'emblée ; son système différa du système de Turgot. Turgot avait reculé autant devant l'emprunt que devant l'augmentation d'impôt. Necker, lui, pensa que l'emprunt seul sauverait l'État de toute imposition nouvelle. Il admirait le crédit public anglais, mais il l'avait étudié peut-être trop superficiellement dans un voyage qu'il venait de faire en Angleterre. Quoi qu'il en soit, il y tendait : c'était intelligent et juste. Necker avait l'esprit essentiellement moderne. Il ne vit pas probablement, à cette époque, ce qu'allait devenir l'opinion publique, mais il la traita avec respect, et s'appuya sur elle comme sur une force qu'il croyait pouvoir diriger. Aussi tous les hommes de ce temps qui prenaient la mode de leurs coteries, les préjugés de leurs corporations pour le grand fait de l'opinion publique commençant à se produire sur le déclin de cette monarchie expirante, condamnèrent-ils Necker sans pitié. Sa façon tranchée et nette d'ouvrir l'emprunt effraya les esprits dénués de portée, qui bornaient la théorie de l'emprunt à des pratiques plus ou moins ingénieuses, et surtout au gage matériel sur lequel on pouvait l'asseoir (1). *Emprunter pour ne pas imposer,* disaient les plus forts, *c'est grever les générations futures du capital et les générations présentes de l'intérêt.* Mirabeau lui-même, malgré la rectitude de son grand esprit, en jugeant plus tard le système de Necker (2), ne vit pas assez ce que Necker opposa toujours à l'objection : des économies. C'était sur des économies bien faites, des suppressions de charges publiques qu'il voulait prélever les intérêts de l'emprunt, et d'ailleurs il y avait une vue supérieure devant laquelle les raisons de détail venaient mourir. Toutes les gé-

---

(1) Soulavie, Mém. hist. et politique du règne de Louis XVI. T. IV, p. 110.

(2) Dénonciation de l'agiotage à l'assemblée des Notables.

nérations sont solidaires. Ce qu'on fait pour l'une on le fait pour l'autre. Madame de Staël avait entrevu cette vérité quand elle écrivait ces belles paroles : « Il s'agissait de payer les frais d'une « guerre... Eh bien ! aucun peuple ne fait la guerre « avec son revenu habituel... il fallait donc faire « partager aux générations futures le poids d'une « guerre qui avait leur prospérité pour objet (1). »

Ainsi, l'opinion des hommes qui touchaient aux affaires et comptaient dans l'Etat n'était pas entraînée du côté de Necker ; des préjugés d'administration, des traditions les retenaient seulement en présence de la dette ; en face des besoins de la guerre, ils l'acceptaient comme une dernière ressource. Un mot de Maurepas à un évêque qui lui reprochait le protestantisme de Necker, en dit suffisamment à cet égard: *Je vous l'abandonne, Monseigneur*, répondit le ministre, *si vous voulez payer la dette de l'Etat* (2). Maurepas pouvait en dire autant au noble, au magistrat, à tous ceux enfin qui seraient venus blâmer le choix qu'on avait fait de Necker, au nom des intérêts de leur caste. Alors la vraie popularité du ministre était dans les classes les plus éloignées du trône, qui avaient lu avidement son livre sur le commerce des grains, et dans le parti philosophique. Partout ailleurs, on ne l'acceptait que parce que des nécessités pres-

(1) Considérations sur la révolution française. Liv. I, chap. 5.
(2) Soulavie, Mém. du règne de Louis XVI. T. IV, p. 17.

santes, douloureuses, l'imposaient. On l'acceptait, mais on le discutait, on le chicanait tout en l'endurant. Or, pour qu'un homme public, au jour des embarras et des dangers, fasse le bien qu'il semble promettre, ne faut-il pas qu'il ait dans toute sa plénitude l'indépendance de son action?

Dès les premiers momens de son ministère, Necker, dont le système, comme nous l'avons dit, était d'appuyer l'emprunt sur des économies, s'empressa de constituer ce gage des économies, qui est le plus rassurant peut-être de tous pour les créanciers de l'État (1). Il n'écouta point la voix de la cour qui, en le flattant, le traitait comme elle traite toute puissance, et qui avait bien ses raisons pour vouloir lui persuader qu'avec son talent il n'avait pas besoin de se montrer d'une économie rigoureuse. Necker ne se troubla pas, et tranquillement supprima tout ce qui lui paraissait excessif dans la dépense et inutile dans son emploi (2). Cette première année de l'administration

---

(1) Un des premiers actes de l'administration de Necker fut la liquidation des dettes et le paiement des dépenses de la maison du roi, 22 décembre 1776. Mais il se borna alors à régulariser l'ordre existant. Plus tard seulement (1780), il réforma. Voyez OEuv. de Necker, T. I : Notice par Aug. de Staël.

(2) Ainsi, par le réglement du 22 décembre 1776, toute attribution d'intérêt dans les fermes ou dans les régies fut interdite à toute personne qui n'était pas attachée à ces administrations. Mais les croupes (c'est-à-dire les intérêts dans les bénéfices de la ferme générale attribués gratuitement à des personnes qu'on

de Necker (1776-1777) prouva la fermeté du ministre et la netteté de son esprit réformateur. Il mit les postes en régie et cassa le bail de la ferme. Il supprima les receveurs des domaines, et, ce qui était plus hardi, les intendans des finances, car les intendans des finances jouissaient d'un grand crédit et travaillaient personnellement avec le roi. Ils pouvaient s'emparer de l'esprit du monarque, toujours au premier occupant quand il s'agissait de bien public, et ils étaient très-opposés aux plans de Necker. L'un d'eux surtout, M. de Trudaine, très-considéré et très-influent à cause de ses parentés et de ses relations avec la haute magistrature, pouvait devenir très-dangereux. Cette suppression des intendans des finances ne fut donc pas seulement un acte de réforme, une mesure d'administration, mais aussi un coup de politique, résolûment frappé.

Une autre suppression à laquelle on avait droit de s'attendre avec le caractère bien connu de Necker et ses prétentions à une moralité supérieure était celle de la loterie, fondée par Cluguy. Il en réduisit les employés à six, de douze qu'ils étaient, et il s'en rapporta à eux-mêmes pour opérer cette réduction (1); mais l'institution,

voulait favoriser) ne furent réformées que par l'arrêt de réglement du 9 janvier 1780.

(1) Il leur dit: Le roi trouve des abus dans votre administration. Il pense que vous êtes trop nombreux de la moitié. Réformez-

il l'épargna. A tous les points de vue, ce fut une faute, une inconséquence de caractère et de système. Épargner la loterie quand on supprimait tant de choses, c'était avouer implicitement qu'on doutait de ses propres ressources financières, qu'on n'avait pas de système, qu'on n'avait que des expédiens, et que tout, même le mauvais, était bon dans un cas pressé. C'était de plus déroger à la dignité de son être moral, et chez Necker l'être moral était l'être politique. Il s'en est assez vanté, ou du moins sa fille s'en est assez vantée pour lui. Quand il emprunta et que toutes les caisses de l'Europe s'ouvrirent, elles s'ouvrirent devant sa réputation de haute moralité. « Son nom inspirait « une telle confiance, que très-imprudemment, dit « Mme de Staël, les capitalistes de l'Europe ont « compté sur lui comme sur un gouvernement. » L'histoire aura donc raison de lui reprocher comme une double faute tout ce qui pouvait ébranler cette confiance en altérant ce pur renom de moralité.

Mais ce qui vint décider les vagues malveillances de certaines classes contre le directeur général, ce fut l'opération relative à l'extension des vingtièmes sur une simple sommation minis-

---

vous vous-mêmes, et nommez six d'entre vous pour continuer l'ouvrage de l'administration. Soulavie, Mém. polit. et hist. du règne de Louis XVI. T. IV, p. 34.

térielle. Tous les ministres qui avaient tenté ce coup d'État administratif avaient péri à la peine. Necker ne tomba pas, soutenu qu'il était par les besoins de la situation, mais il souleva des ressentimens qui ne devaient plus s'apaiser. La mesure en question atteignait les parlemens et les mettait pour l'impôt de niveau avec tous les propriétaires sans distinction. Le parlement de Normandie éleva la voix, mais on la lui fit baisser, et on le manda près du roi pour rendre compte de sa conduite (1).

Tel fut le commencement de l'opposition contre Necker. C'était aussi le début de son administration; jusque là des intérêts s'étaient inquiétés, alors des intérêts se plaignirent. Autour du mécontentement des parlemens et des corps se groupèrent des mécontentemens individuels, jusqu'alors dissimulés, silencieux. Monsieur se ressouvint qu'on n'avait pas voulu de l'intendant de sa maison pour en faire un contrôleur général, et qu'on avait préféré Necker. Les intendans des finances couvrirent leurs rancunes du respect qui s'attachait au nom de M. de Trudaine; d'un autre côté le conseil d'État, dont Necker ne faisait point partie, renfermait beaucoup de jalousies. Sartines déclamait publiquement contre le directeur général; Vergennes, faux comme tous les timides,

---

(1) Soulavie, Mém. de Louis XVI. T. IV, p. 34 et 35.

procédait avec une réserve plus dangereuse, et
Maurepas, qui mettait les petites vanités d'une
femme dans la possession d'un pouvoir qu'il n'exerçait pas, commençait d'abandonner son protégé
des premiers jours, sans doute parce qu'il exerçait le sien trop énergiquement.

En effet, ce n'était pas l'énergie qui manquait
à Necker. Ce ministre était peu habile à manier les
hommes; mais ce n'était pas faute de les prendre
d'une main ferme. Il avait fait embastiller Pélisson,
qui avait critiqué ses opérations, et plus tard,
quand fut déclarée l'opposition des parlemens de
Rouen et de Grenoble, il décida le roi à accepter les
démissions de tous ces corps (1), offertes par leurs
présidents. Il avait l'aplomb d'un homme convaincu de la bonté de son système : et réellement
ces idées, issues des plus saines conceptions de
Law, étaient, dans les circonstances d'alors, les
meilleures qu'on pût appliquer. Qu'on y songe
bien! La France était horriblement endettée. On
ignorait même quelle était la profondeur du déficit, puisque tous les contrôleurs généraux qui se
succédaient, dit un historien, démentaient en
arrivant au ministère les aperçus de leurs prédécesseurs sur les charges qui grevaient l'État. La
France était endettée, mais ce n'était pas tout.
Elle succombait aussi sous un grand déficit poli-

---

(1) Soulavie, Mém. de Louis XVI. T. IV.

tique. L'organisation des temps anciens ne tenait plus ; les abus pullulaient. Il fallait avoir raison de ces abus ou du moins montrer la bonne volonté de les combattre, et le système de Necker annonçait cela. Il faisait dépendre les ressources financières d'une réforme politique ; l'action du financier qui emprunte et celle de l'homme d'État qui réforme étaient simultanées. Le ministre ne se détournait pas de l'une pour accomplir l'autre. Très-certainement il y avait dans cette conception une logique de procédés qui honore grandement M. Necker. Si le succès ne fut pas au bout, c'est que d'abord les circonstances étaient telles que Necker lui-même n'en voyait pas la portée ; c'est que surtout les moyens d'exécution ne répondirent pas à la pensée du ministre. Necker n'avait pas la vertu de la séduction, cette grande vertu nécessaire aux réformateurs qui ont tant besoin d'enthousiasme. Il n'avait rien de ce qui plaît, éblouit ou subjugue ; sa fermeté même, la seule qualité d'exécution qu'il possédât dans une bonne mesure, sa fermeté ne maîtrisait pas ; elle indisposait. Ainsi, quand il s'agit de juger Necker, on peut dire que ce ne fut pas le système qui manqua à l'homme, mais l'homme au système. Seulement l'histoire, qui évalue toute l'action de la personnalité humaine, si décisive dans les affaires, l'histoire tient rigueur à ces esprits qui gâtent la justesse de leurs vues en les appliquant.

Dès le 7 janvier 1777, Necker avait proposé un emprunt. Dans le préambule, Necker déclarait que l'État était déjà grevé de quarante millions de rentes viagères, et ses ennemis purent dire qu'une telle déclaration était une faute, et ils ne manquèrent pas de s'en prévaloir pour s'opposer à l'emprunt qu'il demandait. Ce n'en était pas une pourtant. Necker, investi de la confiance de tous les hommes d'argent de l'Europe, ne pouvait pas dissimuler la situation; pour être fort, il fallait qu'il fût franc, et il l'avait compris. L'emprunt qu'il avait demandé, il le partageait en deux portions, dont l'une était remboursable par le sort au profit de plusieurs prêteurs, et dont l'autre se convertissait en rentes viagères. Les banquiers, qui savaient apprécier Necker comme financier, avaient rempli l'emprunt avant même qu'il fût enregistré. Mais le parlement opposa une grande résistance; l'ancien adversaire de Necker dans l'affaire de la compagnie des Indes, Duval d'Eprémenil, combattit, avec l'ardeur d'une position prise contre un homme, toute espèce d'enregistrement (1). Il critiqua passionnément les vues du directeur général, et l'accusa de tout ce dont les hommes qui allaient en arrière accusaient ceux qui allaient en avant,

---

(1) Ce fut dans cette discussion que fut prononcé pour la première fois le nom des États-généraux. Cette idée d'une convocation d'États-généraux qui devait tout changer plus tard, ne fut accueillie que par une très-faible minorité.

c'est-à-dire, d'idées anglaises. Cependant, malgré les efforts de d'Eprémenil et les sympathies que ses attaques contre le directeur général avaient rencontrées dans la compagnie, l'enregistrement eut lieu. Cet emprunt fut attaqué par les gens de finance, en haine et en jalousie des banquiers, à qui l'emprunt en question constituait de certains avantages. On reprocha à Necker de n'être qu'un Tartufe de moralité sans profondeur, parce qu'il convertissait l'emprunt en rentes viagères, opération dont le caractère, disait-on, contrastait déplorablement avec les prétentions vertueuses du ministre. Madame de Staël, dans sa belle plaidoirie filiale, qu'elle croyait sincèrement de l'histoire, et qui souvent en mérite le nom, malgré le sentiment exalté qui l'anime, madame de Staël dit que l'intérêt viager, tel qu'il avait été combiné par Necker, était une spéculation tout comme l'intérêt perpétuel. Elle montre l'exemple de l'Irlande, où il y a des tontines viagères; elle parle même de la France, qui en avait aussi depuis longtemps; puis elle ajoute ce mot inflexible : « Il faut se servir des différens genres de spéculations pour captiver les diverses manières de voir des capitalistes (1). » Certes, plus d'un financier sera de cet avis; mais la conduite de Necker, c'est-à-dire de l'homme qui s'est le plus travaillé pour

---

(1) Considérations sur la révol. française, livre I, chap. 5.

réaliser l'accord de la politique et de la morale, est-elle justifiée suffisamment par cet *il faut?* L'homme qui soutenait comme une thèse que nulle nécessité ne devait faire plier la liberté morale, avait-il bon air de se montrer si docile aux prescriptions de la nécessité? Sans doute avec les intérêts qu'il avait devant lui et auxquels il devait demander des ressources, M. Necker n'aurait pas trouvé d'argent en empruntant au perpétuel, tandis que pour les rentes viagères les prêteurs lui venaient en foule. Comme financier, on peut donc l'absoudre. Mais lui, ne donnait-il pas un avantage à ses ennemis? On paie toujours un jour ou l'autre les prétentions qu'on affiche, et celles de Necker l'obligeaient à ne pas se montrer si financier, quand d'abord il s'était montré si scrupuleux.

Cette création de rentes viagères fut une des armes les meilleures que purent employer les adversaires de Necker; aussi ne manquèrent-ils pas de s'en servir. Les pamphlets pleuvaient. Madame Necker, blessée au vif dans la vanité de son mari, allait, toute éplorée, prier Maurepas, qui riait bien d'une si naïve démarche, d'arrêter le torrent de ces publications agressives, ne se doutant pas que par cette démarche elle en grossissait le cours. Pour tous ceux qui ne voyaient que les hommes le plus en vue dans l'Etat, Necker semblait abandonné au bout des premiers six mois de son ministère. Il avait perdu une partie de la famille royale, une portion considérable du conseil, les familles de la plus haute magistrature, les administrations secondaires et les compagnies qui avaient des baux ou des titres onéreux avec le roi. Mais s'il n'avait plus ceux qui se comptaient, il avait ceux qui ne se comptaient pas. L'opinion des provinces le soutenait. Le parlement de Metz, faisant fonctions de cour des comptes, lui écrivait pour le féliciter de la manière habile dont il pratiquait les finances. Les éclaireurs de l'opinion publique, les hommes de lettres, si puissans, n'avaient pas déserté sa cause. En le voyant si actif à l'œuvre et si net, ils s'étaient, pour ainsi dire, serrés plus étroitement autour de lui. Son salon, qui toujours lui avait été si utile, avait gagné d'importance en succédant au cercle de madame Geoffrin. A cette dernière heure de la monarchie française, dans ce pays où la conversation était dans les mœurs, l'influence d'un salon était immense; elle remplaçait celle des journaux, qu'on ne connaissait pas encore, et qu'elle annonçait en la précédant.

Et d'ailleurs, disons-le, ce n'était pas merveille que les hommes de lettres, les penseurs, les esprits avancés, toutes les tiges intellectuelles de la société fussent pour Necker. N'était-ce pas leurs idées qu'il réalisait? Ne réformait-il pas dans le sens qu'ils avaient indiqué déjà depuis bien longtemps? Quand, par exemple, il supprimait les caisses royales pour en réunir les fonds au trésor, ce qui suscita contre lui tous les receveurs généraux, ceci n'était que l'acte du financier intelligent; mais quand il fixait (comme il le fit en 1780) (1) la quotité de la taille et de la capitation taillable, ne gouvernait-il pas, pour ainsi parler, sous la dictée du parti philosophique, qui, depuis des années, dénonçait au bon sens public cet odieux impôt? S'il ne l'abolit pas entièrement, la faute en fut aux nécessités de cette guerre qui lui fit aussi conserver l'établissement de la loterie, dont il avait, dit-il, renvoyé la suppression à la paix.

Mais ce qui dut le venger surtout des agressions de tous ces hommes déplacés par lui et sacrifiés à l'économie, ce fut la manière dont ses plans de finance et ses réformes furent jugés par les gouvernemens de l'Europe. Il y eut de grands éloges, d'éclatantes adhésions. Le 16 juin 1777, le roi de Suède, Gustave III, écrivait au comte de Creutz qu'il *voulait imiter M. Necker.* Plus tard, le duc de Richmond, au commencement de 1779, en parlait avec enthousiasme en pleine chambre des lords, et souhaitait hautement à l'Angleterre une administration pareille à celle que Necker avait donnée à la France. D'un autre côté, l'extrême facilité des emprunts (2) était une large mesure de la consi-

---

(1) V. la déclaration du 13 février 1780, concernant la taille et la capitation.

(2) Genève seule prêta cent millions à Necker et à la France, et Mirabeau, qui affirme le fait, n'est pas suspect de partialité.

dération dont il jouissait et en donnait une grande idée. Il agissait avec une telle publicité, il suivait si peu les erremens des contrôleurs généraux qui l'avaient précédé, que ses démarches ne rencontraient d'obstacle que dans l'État même qu'il voulait servir, partout ailleurs rien ne contrariait ces opérations. On en put juger quand M. de Calonne attaqua le *Compte rendu*. Calonne accusa Necker d'avoir emprunté 440 millions, et Necker en avoua 530, et, ce nous semble, avec un orgueil bien placé, car c'était une éloquente preuve de la confiance dont il avait été, en Europe, si magnifiquement investi. « Cette confiance le mit à même, comme
« il le dit dans une note sur son administration,
« de pourvoir sans impôt extraordinaire aux be-
« soins des années 1777, 1778, 1779, 1780,
« 1781, et à ceux d'une partie de 1782; tandis qu'en
« Angleterre, les impôts depuis 1778 jusqu'en
« 1781, établis pour durer perpétuellement, se
« montèrent à 54 millions (1). »

Tel fut le bon et glorieux côté de l'administration de Necker. Il tirait la France d'un crise financière qui la menait droit à la banqueroute, et il l'en tirait en se servant de ce qui constitue la vraie force des gouvernemens modernes, la publicité et le crédit. Quand on lit maintenant tout ce que ses ennemis publièrent contre ses procédés

---

(1) Cité par Soulavie, Mém. du règne de Louis XVI. T. IV, p. 69.

et ses idées, on voit mieux combien, en matière de finances, il leur était supérieur. Mirabeau lui-même est bien petit quand il juge Necker comme financier. C'est lui, Mirabeau, la vue longue, l'esprit emporté vers l'avenir, le tribun futur des idées nouvelles, c'est lui que le passé tyrannise; quand il s'agit du système de Necker, il est l'homme arriéré; c'est Necker au contraire qui est l'esprit avancé, l'homme moderne. Malheureusement le génie politique de Necker ne portait pas aussi loin que son génie financier, et il le prouva par les seules mesures d'État de son ministère, relatives aux assemblées provinciales et aux droits féodaux. Ces droits féodaux qui partout, et sous mille formes, écrasaient le commerce et la propriété, attentaient encore à la liberté de l'homme : ainsi le *main-mortable* soumis au droit de *tenement*, ne disposait ni de sa personne, ni de son bien ; pour se marier, pour emprunter, pour vendre, pour transmettre à ses enfants, il lui fallait la permission de son seigneur; il ne s'affranchissait qu'en renonçant à son héritage pour aller s'établir en lieu franc. Le droit de *suite* ne laissait pas même cette ressource; le serf de *corp*, s'il quittait la terre du seigneur, pouvait être rappelé à la servitude, imposé à une taille arbitraire; il était traité en serf du moyen-âge.

Necker, par un édit de 1779, abolit ce droit de main-morte dans les domaines royaux et n'osa supprimer généralement que le droit de *suite*; les scru-

8*

pules du roi, la crainte des parlements, un respect abusif de la propriété l'arrêtèrent; ce fut un tort de son édit de reconnaître pour des propriétés réelles, ces restes barbares de la féodalité. « Il fallait » ordonner la suppression générale de ce droit, sauf » une indemnité pécuniaire, et l'opinion publique » était si fortement prononcée sur cet objet, qu'elle » aurait imposé silence à toute réclamation et sur- » monté tout genre de résistance (1). »

L'idée des assemblées provinciales appartenait à Turgot, ou plutôt à tout le monde; d'Argenson l'avait inspirée à Louis XV, qui la proposa et la laissa rejeter à son conseil. Sous le ministère de Choiseul, cette idée fut repoussée une seconde fois, et se réfugia dans les livres des économistes. Mirabeau le père y avait attaché l'éclat quelque peu dérisoire de son nom. C'était la préoccupation d'une foule d'esprits qui passaient pour très-éclairés. Sortie des mains de Turgot, qu'elle compromit, et reprise par Necker, cette idée, en somme, n'était pas heureuse, malgré l'espèce de popularité qu'on lui avait faite. M. Necker dans son *Mémoire au roi* a tracé les conditions essentielles de son administration provinciale, et quoiqu'il s'entoure de précautions pleines de prudence, il ne peut réussir à en faire une idée de gouvernement; car elle créait des centres qu'elle ne reliait pas assez forte-

---

(1) Monthyon, Particul. sur les ministres des finances, p. 244.

ment (1); elle entretenait enfin trop de différences, nuisait à la rapidité administrative, et n'aurait pas manqué de rendre impossible dans l'avenir le plus beau résultat de la révolution, l'unité politique de la France.

1778.

Sur ce problème de gouvernement, Turgot et Necker semblent peut-être des girondins anticipés. Toutefois l'illusion pour eux entraîne une responsabilité moins pesante, car ils n'avaient point eu l'enseignement d'une révolution. Louis XIV appelait Fénélon un bel esprit chimérique; dans ce noble sens il y avait du Fénélon en Turgot et en Necker, esprits plus élevés que puissants, et dont ce n'est pas l'heure d'être au pouvoir à la veille des plus menaçantes réalités.

Ce n'était point en 1778 que l'invention des assemblées provinciales pouvait être d'une grande ressource contre l'état de choses qui existait alors. Précisément ce dont on souffrait, c'était de l'inanité du pouvoir; la société politique n'était ni dirigée ni maintenue. Il aurait fallu ramasser toutes ces forces divisées, éparses, et leur imprimer une concentration puissante. C'est ce que l'invention des assemblées provinciales ne faisait point.

---

(1) L'idée de Turgot (v. son ministère) n'avait pas tout cet inconvénient. Son plan, jugé en lui-même, est supérieur au plan de Necker. C'est du moins un bel ensemble logique. Necker ne l'adopta pas. Avait-il cru que l'inconséquence était de l'habileté politique? Voir Œuv. de Necker, notice. T. Ier, p. cxiv.

1778. Au contraire, elle consacrait cette division de forces; elle prétendait l'organiser. Si elle y était parvenue, Necker aurait eu à rendre un compte plus sévère devant l'histoire de la fortune que du malheur de son dessein.

Au-dessous de Turgot, il faut bien le dire, pour la conception systématique des assemblées provinciales, Necker fut au-dessous de lui-même quand il s'agit de réaliser cette conception. Il montra la timidité qui tâtonne au lieu de la décision qui enlève la difficulté. Certes, on ne put reconnaître l'intrépide financier que rien n'avait arrêté quand il avait promulgué et appliqué son système d'emprunt. C'est que le financier était fort, c'est qu'il voyait juste, et que l'homme politique était faible et ne discernait pas très-bien ce qu'il voyait. Un réformateur, pour réussir, ne doit pas avoir peur de sa réforme, et Necker eut l'air d'avoir peur de la sienne. On le vit l'opérer par parties, par tronçons, pour ainsi dire, la risquant là, n'osant plus la risquer ici, comme si des réformes étaient des essais et non plus des résultats ! Il espérait qu'accomplie sur un point, cette réforme rallierait l'opinion des autres provinces, qui la demanderaient au lieu de la subir. Les premières assemblées provinciales instituées par Necker furent celles du Berri et de la haute Guienne. Elles eurent pour résultat immédiat l'abolition des corvées et la répartition plus équitable des impôts (1). C'étaient là des biens sans nul doute; mais des avantages de cette nature n'étaient-ils pas déplorablement compensés par le désavantage politique des assemblées? Et d'ailleurs ces résultats ne pouvaient-ils être conçus que comme la conséquence nécessaire de l'institution provinciale? A Grenoble il y eut quelques difficultés et quelques retards, soit à cause de la présidence, soit à cause des prétentions des anciens barons des États, hostiles à celles de la noblesse. Mais dans le Bourbonnais, l'établissement fut encore plus contrarié; l'intendant de Moulins se révolta, et sa résistance fut même poussée si loin, que Necker exigea son déplacement comme une de ces conditions hors desquelles il ne pouvait rester ministre avec dignité.

Ainsi Necker justifiait le mot qu'il avait dit d'abord à Louis XVI, que s'il fallait un Richelieu pour rétablir les affaires, il ne pourrait les rétablir. En effet, il était si peu un Richelieu, qu'il relevait les ruines que Richelieu avait faites. Il était évident que ces assemblées étaient instituées de manière à pouvoir être un jour tout à fait indépendantes de l'État. Le roi nommait seize propriétaires, dont trois choisis dans le clergé, cinq dans la noblesse et huit parmi les habitants des villes et des campagnes. Ces seize administrateurs pouvaient en nommer trente-six autres. Nous n'avons point à

1778.

---

(1) OEuv. de Necker. Notice, par A. de Staël. T. I, p. xcv.

1778.

discuter ce mode de nomination, qui n'appartenait ni au roi ni aux propriétaires, mais aux administrateurs eux-mêmes. A l'origine de cet établissement, les membres des assemblées durent être choisis par quart : un quart pris dans le clergé, un quart dans la noblesse, les deux autres quarts dans le tiers des villes et des campagnes; les trois ordres distincts, votant par tête et présidés par le clergé. Plus tard seulement Necker réduisit le nombre des ecclésiastiques du quart au cinquième, alors qu'on trouva qu'il leur était beaucoup trop favorable. Quand on lui adressait ce reproche, on ne réfléchissait pas assez qu'étant dans une position très-délicate vis-à-vis du clergé puisqu'il était protestant (1), il avait plus à faire qu'un autre pour se concilier les influences de ce corps, bien tombé, il est vrai, dans l'opinion publique, mais encore prépondérant dans l'administration.

La seule chose qu'il y eût à louer dans l'établissement des assemblées provinciales, c'était la tendance qu'elles révélaient; la nécessité, fortement sentie, d'appeler un plus grand nombre d'intelligences au maniement des affaires publiques. Mais au point de vue de l'intérêt des masses elles-mêmes, il ne fallait pas sacrifier à l'apprentissage de la vie politique l'indivisibilité du pouvoir. Necker la sacrifiait, puisqu'il n'avait pas élevé, comme Turgot, d'as-

---

(1) Ce fut sa religion qui l'empêcha de prendre le titre de contrôleur général et d'entrer dans les conseils du roi.

semblée supérieure au-dessus de toutes les assemblées de provinces. C'est presque incroyable de la part d'un homme qui concevait et réalisait si bien l'ordre en matière de finances, que ce qui constitue l'ordre même en politique, le sentiment de la hiérarchie des pouvoirs, lui ait manqué en cette occasion.

Les parlemens, qui avaient enregistré les emprunts d'assez mauvaise grâce, se montrèrent tout à fait hostiles aux assemblées provinciales. Chose toute simple; le pouvoir dont ils avaient joui allait se déplacer, et ils cherchaient d'autant plus à le défendre, que le péril était plus grand. D'un autre côté, dans le conseil, ceux des ministres qui conservaient avec le plus d'attachement les traditions de l'ancienne monarchie se sentirent affaiblis et blessés par la création d'assemblées qui détruisaient les institutions uniquement dépendantes de la volonté du roi. De tous les collègues de Necker, le plus ardent contre lui était Sartines, le ministre de la marine, qui reprenait en sous-œuvre l'odieux mensonge lancé déjà contre Turgot : que le directeur général était vendu à l'Angleterre. Necker, poussé à bout, et alarmé de la faiblesse du roi, profita de la première prévarication de Sartines pour demander son renvoi. Il l'obtint, ainsi que la nomination du marquis de Castries aux fonctions que Sartines avait si malhabilement exercées. Ce dernier avait dépassé de 20 millions les fonds extraordinaires accordés au département de la marine. La défense que Sartines publia fut un véritable pamphlet (1).

Ce mécontentement plus profond des parlements, cette opposition plus enflammée du conseil, ce renvoi de Sartines, qui, quoique chassé pour un fait honteux, et sans hésitation, par le roi, n'en avait pas moins laissé dans cette âme molle des impressions que Necker devait redouter; tout le décida à publier son *Compte rendu*. Mais, loin d'apaiser ses ennemis, en s'offrant par la publicité à leur jugement, Necker les irrita davantage. On l'accusa de manquer de respect au roi parce qu'il lui disait la vérité. On vit dans son écrit une condamnation en forme des usages et des mœurs de l'ancienne monarchie. Ceci était plus vrai que le manque de respect; mais cette condamnation n'était-elle pas justifiée par la simple observation des faits ? Le *Compte rendu*, tant attaqué, et d'un effet si scandaleux pour un bel esprit de l'OEil-de-bœuf de la force de Maurepas, qui ne vit de ce livre que la couverture, et qui l'appela, en riant, le *conte bleu*, le *Compte rendu* était la conséquence nécessaire du système de Necker; et dans un état qui n'avait ni les institutions ni les mœurs politiques de l'Angleterre, il remplaçait, autant qu'il était possible,

---

(1) C'est à ce moment que Necker fit nommer aussi au ministère le maréchal de Ségur, homme estimé, son partisan et son ami. Ces deux nominations excitèrent au plus haut point la jalousie de Maurepas.

la publicité constitutionnelle. A notre sens, Necker ne pouvait se dispenser de le publier sans nuire au crédit sur lequel il avait fondé ses finances. On en critiqua tout, et l'opportunité, et la convenance, et surtout la teneur. Au moins s'il fallait publier les chiffres, disait-on, pourquoi les considérations d'administration et de politique? A cela ne pouvait-on répondre que tout ce qui inspirait ou fortifiait la confiance devait être dit? La guerre, dont Necker ne voulait pas, et qui se faisait pourtant malgré lui, tarissait les ressources. En 1780, on n'avait trouvé que vingt et un millions d'emprunt en recourant à la bourse des pays d'État. Que d'ailleurs il y eût dans ce compte rendu l'ivresse du calculateur qui a réussi, dans une situation qu'on jugeait à peu près perdue; qu'il fût incomplet, en ce sens qu'il ne faisait pas connaître les charges extraordinaires, mais les recettes et les dépenses courantes, il serait trop hardi de le nier; seulement il s'agit de savoir s'il était possible de faire mieux alors et dans des circonstances si difficiles. Ce n'était pas le temps encore de donner un compte rigoureux et détaillé des finances. Malgré les plus persistans efforts, la comptabilité n'était pas partout organisée. Toutes les mesures prises par Necker n'avaient point été exécutées; mais telles que les choses se trouvaient, le *Compte rendu* était mieux qu'un livre, c'était un grand acte, c'était une puissante conclusion à toutes les idées qui avaient fait la force de Necker. C'était aussi un avertissement à l'adresse de l'Angleterre que la France n'était pas à bout de ressources et qu'elle pouvait payer la guerre encore longtemps; malheureusement la haine tient peu de compte d'une idée juste ou de la conséquence d'une position, et dans ce terrible budget, aussi politique que financier, publié par Necker, l'existence de gens qui vivaient d'abus était trop compromise pour qu'on ne poussât pas contre lui des cris furieux (1). Personnalités, calomnies, et qui allaient droit à ce que Necker eut toujours de plus éclatant et de plus pur parmi ses qualités morales, c'est-à-dire à sa probité; il ne lui manqua rien des plus amères tribulations du pouvoir (2).

Si l'amour-propre de Necker souffrit beaucoup de ces agressions, sa fierté du moins fut assez grande pour ne pas céder au torrent. Il continua ces suppressions de charges inutiles, et trouva deux cents millions à emprunter, grâce à l'effet du *Compte rendu*. Les grandes paroles de Burke dans le parlement anglais sur son administration durent aussi le

---

(1) En 1780, quatre cents charges dans la maison du roi et de la reine furent supprimées d'un seul coup.

(2) Parmi les pamphlets qui parurent, il y eut une *lettre de M. Turgot à M. Necker*, où l'on abusait d'un beau nom pour en insulter un autre, et à ce pamphlet, ce fut madame Necker qui répondit. Puis il y eut le *Mémoire confidentiel au roi* du comte de Vergennes, dans lequel il n'y a pas une idée au service des plus mauvais sentiments.

soler de bien des peines. Mais jusqu'à ses éloges devaient être perfidement interprétés par ses ennemis. Un mémoire secret, lu au roi en 1778, tomba dans leurs mains, et les parlemens purent y voir toute la pensée de Necker sur les assemblées provinciales. Cette révélation mit le comble à leurs terreurs et à leurs ressentimens (1). Les mémoires des contemporains nous apprennent que dans ce combat à outrance entre Necker et ses ennemis, le directeur général montra beaucoup d'énergie et de ressources ; il croyait à l'opinion ; c'est par elle qu'il avait gouverné ; mais elle n'était pas assez installée dans la sphère du pouvoir pour qu'elle pût suffire à la garde d'un ministre auprès du roi. La cour, les hauts dignitaires, les nobles, le clergé, toute cette tyrannie intérieure y avait plus d'empire que cette puissance du dehors, bien que Necker, il faut le dire à sa gloire, lui eût fait faire de grands pas. Malgré les marques publiques de considération que Necker avait données au clergé, il ne trouva dans ce vaste corps que deux minorités favorables : les évêques philosophes, tels que les Dillon, les Loménie, les Boisgelin, les Colbert, les Cicé, et quelques hommes dévoués à M. de Beaumont, archevêque de Paris, ennemi juré des évêques philosophes, et qu'un procédé généreux (2) de Necker lui

(1) Il paraît que ce fut Monsieur qui le leur fit passer perfidement.

(2) Ayant gagné en 1779 contre la ville de Paris un procès con-

avait profondément attaché; excepté ces deux extrêmes, le clergé, fidèle aux intolérances de son passé, haïssait bien plus le calviniste qu'il n'avait de raisons pour être hostile au directeur général.

Mais où l'opposition était emportée et redoutable, c'était à la cour. La radiation des charges de la maison du roi et de la reine, qui avait atteint jusqu'au prince de Condé lui-même (1); la suppression des quarante-huit receveurs généraux dont tant de grands seigneurs étaient les patrons intéressés, y avaient créé d'incroyables haines, qui chaque jour se repaissaient à l'avance de la chute de Necker. Cromot et Bourboulon, directeurs des finances de Monsieur et du comte d'Artois, employaient toutes les machines d'intrigue contre lui; et Maurepas, s'il eût pu être autre chose qu'un vieillard moqueur, serait devenu un homme par sa haine. Une critique du *Compte rendu*, ouvrage effronté de Bourboulon, vint à paraître. Necker exigea que tous les faits qui étaient contestés dans cet écrit fussent publiquement vérifiés, et ils le furent en conseil par ses ennemis mêmes, Maurepas, Miroménil et Vergennes. Certes, la réponse aux calom-

---

sidérable qui établissait son droit de censive sur plusieurs édifices, M. de Beaumont abandonna les arrérages à M. Necker pour être appliqués à quelque objet d'utilité publique. Ces arrérages furent consacrés à l'amélioration de l'Hôtel-Dieu. Œuvres de Necker, Notice, T. I, p. xcvii.

(1) Il était grand maître de la maison du roi.

niateurs était digne de celui qui la faisait; mais cela ne suffit pas à la fierté de Necker. Il demanda l'entrée au conseil; il avait besoin de ce témoignage de la confiance du roi. Tous les jours il sentait que son autorité allait s'affaiblissant dans sa main; tous les jours, au sein du conseil, les influences les plus contraires à ses vues de finance et de gouvernement enveloppaient le flottant Louis XVI. Plus que jamais il comprenait que s'il n'était pas là pour les défendre, ses idées ne tarderaient pas à succomber. Malheureusement il était usé dans l'esprit de ce roi qu'on avait déjà dépris de Turgot, et sa demande ne fut pas entendue. Maurepas, toujours ironique, eut soin d'ajouter l'outrage au refus, en lui faisant savoir qu'il aurait sa place au conseil pour peu qu'il abjurât sa religion. Necker, blessé, envoya sa démission au roi dans une lettre courte et respectueuse (19 mai 1781). Il ne sut pas attendre; sa fierté manqua de patience. Quelques mois plus tard, Maurepas mourait, et Necker pouvait devenir le maître de la situation.

Ce fut un grand bruit dans le monde que cette retraite et cette disgrâce; la France s'en émut, et aussi l'Europe. La France réelle, celle qui ne tenait pas dans le cercle étroit d'une poignée de privilégiés, regretta avec un deuil enthousiaste l'homme qui avait tant fait pour elle. Parmi ces privilégiés eux-mêmes, il y en eut qui le regrettèrent comme la France. Ainsi, la reine le pressa avec instance de reprendre sa démission, et pleura en le voyant s'éloigner. Il était nuit quand furent versées ces larmes de Marie-Antoinette : Necker ne les vit pas couler. « Si j'avais aperçu ces larmes, dit-il avec » un sentiment chevaleresque, j'y aurais sacrifié ma » réputation et mon bonheur. » Madame Louise, la tante du roi, lui écrivit de son couvent. On vit les ducs d'Orléans et de Chartres, le prince de Condé, le prince de Beauveau, le duc de Luxembourg, le maréchal de Richelieu, l'archevêque de Paris, aller le visiter à Saint-Ouen, où il s'était retiré. Une foule immense de citoyens accourut chez le ministre tombé. De tous les points du royaume on lui vota des adresses. Au théâtre, à la moindre allusion, le public se soulevait en acclamations redoublées. Partout, dans les lieux publics, les cafés, les promenades, on n'entendait que son nom. La duchesse de Lauzun injuria un jour un inconnu dans un jardin public parce qu'il parlait en mauvais termes de l'administration de M. Necker. Elle oublia qu'elle était femme et duchesse ; et personne ne le trouva ridicule, tant cette popularité de Necker semblait juste, tant son renvoi enflammait les esprits ! D'un autre côté, ceux qui partagent le moins l'enthousiasme populaire, les gouvernemens l'accablèrent de marques d'estime. Joseph II, Catherine II, la reine de Naples, le roi de Pologne lui écrivirent pour lui offrir la direction de leurs finances. Le roi de Sardaigne exprima le regret de

n'avoir qu'un petit État pour en confier l'administration à M. Necker. Catherine II écrivit alors ces mots que madame de Staël a cités depuis avec son orgueilleuse tendresse : « Le roi de France a touché du pied à une grande gloire. » Mot trop flatteur pour le ministre et trop dédaigneux pour le roi, et qui ne peut, malgré l'autorité de celle qui l'a prononcé, troubler la justice de l'historien. Non, ce n'était pas une grande gloire, ce n'était qu'une grande réputation de capacité financière et de probité politique. Necker, comme Turgot, était un ministre hors ligne parmi les ministres de son temps. Mais c'était le temps des Terray, des Maurepas et des Calonne. A une autre époque moins chargée de difficultés et d'orages, Necker, renfermé dans sa spécialité financière, aurait rendu d'éminents services à un pays et à un gouvernement. Il en rendit même de très-grands à l'époque où il vécut, et la reconnaissance publique trop exaltée était pourtant intelligente ; mais ces services n'étaient pas marqués de l'éclatant caractère qui constitue la gloire. Ils furent essentiels, mais non tout-puissants. Ils ne sauvèrent rien de tout ce qui périssait ; mais ils arrachèrent l'État à la banqueroute prévue par Turgot. « Si on ne réduit pas la dépense au-
« dessous de la recette, disait Turgot, le premier
« coup de canon forcera l'État à faire banque-
« route. » Tel est vraiment le bon, le solide des services rendus par Necker à la France. Quand

1781. il quitta le ministère, il laissa des fonds assurés pour une année entière. « Il y avait, dit-il, au « trésor plus d'argent comptant et plus d'effets exi- « gibles qu'il ne s'en était jamais trouvé de mé- « moire d'homme. » De plus, le crédit qu'il avoit fondé était prouvé par sa popularité même. Quand on examine son ministère en détail et qu'on le voit dans la particularité de ce ministère, on n'a presque que des éloges à donner à Necker. Les actes qu'on a le plus blâmés sont, avec la création des rentes viagères, l'établissement des monts-de-piété en 1777 et la vente des biens des hôpitaux. Mais on n'a pas assez réfléchi peut-être que les monts-de-piété, dont les inconvéniens n'échappaient certainement pas au regard de Necker, furent moins établis pour produire un bien absolu que pour obvier à un mal. Dans l'état où se trouvait alors la science économique, les monts-de-piété ne pouvaient être qu'une espèce de machine de guerre contre les spéculations d'une foule d'usuriers qui avaient multiplié beaucoup d'établissemens. Necker n'était pas économiste, mais il trouvait en face de lui une très-forte opinion qui l'était. Quant à la vente des biens des hôpitaux, cette mesure si hardie qu'elle en semble arbitraire, les ennemis de M. Necker l'ont comparée à la mesure exécutée depuis par le gouvernement révolutionnaire : comparaison juste, mais aussi justificatrice, selon nous; car l'État perdrait son droit de tutelle et de direction dans certaines circonstances, s'il ne pouvait opérer sur les intérêts privés en vue d'un intérêt supérieur.

Quand Necker se retira des affaires, la guerre d'Amérique était fort avancée. Cette guerre, à laquelle il s'était opposé toujours, par un singulier mélange de calculs d'économie et de scrupules moraux, était cependant un acte parfaitement intelligent au point de vue de la politique, et parfaitement juste au point de vue du droit. Si Necker avait eu réellement la supériorité que ses partisans lui donnaient, il aurait souscrit à cette guerre, qui relevait la France de l'état d'abaissement où l'avait mise la guerre de 1763. Au contraire, il n'y souscrivit jamais, quoiqu'il ne pût l'empêcher, aveuglé qu'il était par le désir de bien faire sa charge, dont les difficultés s'amoncelaient en présence des obligations d'une guerre, et aussi par cette religion de justice qui l'honore, mais pour laquelle on se sent moins de respect quand elle exalte jusqu'à l'erreur. En reprenant les événements de cette guerre à son origine, on en jugera mieux la légitimité, même pour la France, et combien M. Necker se trompait en s'y opposant.

Au moment où Louis XVI montait sur le trône, les colonies d'Amérique se soulevaient contre leur métropole. Ces colonies, fondées, comme l'on sait, au commencement du dix-septième siècle, avaient reçu, dès leur établissement, des institutions de liberté qui leur donnaient la fière individualité d'un peuple. Ainsi elles avaient le jury, les assemblées provinciales, le vote des subsides. Sur tous ces points, l'Angleterre s'était montrée généreuse. Le seul côté où elle ne le fut pas, où elle ne l'est jamais, fut celui de son intérêt commercial à elle, pour lequel elle avait trop durement, trop exclusivement stipulé. En effet, elle avait entravé par des taxes, par des prohibitions de toute sorte, le commerce des Américains. Déjà, en 1765, un impôt sur le timbre avait excité leurs réclamations. Un homme dont la générosité politique fut du génie dans la question américaine, le premier Pitt, depuis lord Chatam, alors à la tête de l'opposition en Angleterre, avait épousé leur querelle et fait révoquer (mars 1766) à force d'éloquence l'impôt contre lequel ils avaient élevé la voix. Pour sa peine, Pitt, le grand député des communes, avait été appelé encore une fois au gouvernement de son pays ; mais, alors accablé d'infirmités cruelles, il n'avait pu porter ce lourd fardeau. L'administration abandonnée à elle-même retomba dans la faute commise, et reprit l'imprudent et avide système de taxation qui devait faire tout perdre à l'Angleterre, en voulant lui tout conserver.

Ce fut en 1774 que des navires chargés de thé arrivèrent devant Boston et firent éclater une dernière fois et pour jamais l'incompressible esprit de résistance des Américains contre le système fiscal de l'Angleterre. A la nouvelle de l'arrivée de ces vaisseaux, chargés d'une denrée soumise à un impôt arbitraire, les Bostoniens se levèrent en masse, coururent aux navires, et, sous les yeux et malgré les efforts d'une garnison anglaise, jetèrent plus de trois cents balles de thé à la mer. Immédiatement après cet acte de rébellion, qui commençait une rupture qu'on voulait éternelle, l'insurrection fut proclamée : coup de foudre qui mit toute l'Amérique debout. On improvisa dans chaque province des assemblées qui remplacèrent les délégués du gouvernement britannique. Les mesures de rigueur que prit lord North, alors au ministère, précisèrent le caractère de cette révolution. Il avait ordonné que le port de Boston fût fermé et que le Massachussets, dont cette ville est la capitale, fût privé du droit d'élire ses magistrats. A cette nouvelle, l'agitation fut au comble. On se prépara à la lutte armée, violente, mortelle; et prenant l'initiative dont les événemens lui avaient offert l'occasion, l'assemblée de Massachussets ordonna une levée de douze mille hommes. Bientôt (le 4 septembre de la même année), on vit s'ouvrir à Philadelphie ce fameux congrès d'où sortit la *déclaration des droits*, et qui présenta le beau spectacle d'hommes résolus et très-calmes, délibérant dans une pensée commune avec des opinions contraires, et finissant par s'entendre à force de dévouement à la chose publique. « Des hommes de dispositions

« fort diverses s'y rencontraient, a dit un historien, « les uns pleins de respect et d'attachement pour la « mère-patrie, les autres, passionnément préoc- « cupés de cette patrie américaine qui naissait sous « leurs yeux et par leurs mains; ceux-là affligés « et inquiets, ceux-ci ardents et confiants, mais tous « dominés par un même sentiment de dignité, une « même résolution de résistance, laissant librement « éclater la variété de leurs idées et de leurs impres- « sions, sans qu'il en résultât entre eux aucun dé- « chirement profond et durable, se respectant au « contraire dans leur liberté réciproque, et traitant « ensemble la grande affaire du pays avec ces égards « consciencieux, cet esprit de ménagement et de « justice qui assurent le succès et le font moins « chèrement acheter (1). » Ce congrès envoya une adresse au roi d'Angleterre et une autre au peuple anglais, avant de se séparer, puis arrêta qu'un nouveau congrès aurait lieu et s'assemblerait le 10 mai 1775.

Georges III était alors sur le trône d'Angleterre. C'était un prince d'une grande bonté et qui aimait la justice; mais, dans ce grand gouvernement anglais, conçu et réalisé en dehors des qualités personnelles d'un monarque, le prince ne donne guère à son règne que son nom. De fait, c'était lord North

---

(1) Notice sur Washington, par M. Guizot, en tête de la vie de Washington. Paris, 1840. T. I, p. 27.

qui gouvernait, et lord North ne vit pas la situation de l'Amérique. Informé par des officiers mécontens qui avaient servi aux colonies, il crut qu'avec dix mille hommes il ferait rentrer dans le devoir, comme disent les pouvoirs irrités, cette nation de puritains inflexibles qui venaient de dire le premier et le dernier mot de leurs résolutions dans leur déclaration des droits. Les premiers coups de feu que fit tirer sur les insurgés le général Gage, qui commandait à Boston, n'avertirent pas le ministre. Ces coups de feu, qui devinrent le combat de Lexington (19 avril 1775) et la première victoire des Américains, doublèrent les forces de la cause américaine par l'effet électrique d'un succès. En quelques jours, on vit trente mille hommes sous les murs de Boston. Heureusement pour le général Gage, un convoi arriva à son secours, qui portait l'armée anglaise à 12,000 hommes. C'étaient de bonnes troupes régulières, sachant leur métier, et commandées par des hommes de talent, Howe, Clinton, Burgoyne. Les Américains, au contraire, étaient mal en discipline, en organisation militaire, en artillerie. Ils ne savaient que marcher en avant et tirer juste. Le 17 juin, ils furent attaqués dans la redoute qu'ils avaient construite sur une hauteur nommée Brunker'shill, d'où ils jetaient des bombes dans la ville. Les Anglais s'étaient partagés; un corps d'armée attaqua de front le poste où se tenaient les Américains, tandis qu'un autre devait leur couper toute retraite. Pour y parvenir, il fallait s'emparer de la petite presqu'île de Charles-Town, séparée de Boston par un court trajet de mer. Les Anglais, protégés par leur flotte, mirent le feu à Charles-Town; mais ces forts tireurs d'Amérique profitèrent de la large flamme de l'incendie pour ajuster mieux leurs coups. Ils tirèrent si bien, ces hardis chasseurs, que tous les officiers anglais furent blessés ou tués, à l'exception du général Howe. Ils tirèrent jusqu'à leur dernière cartouche ; et quand ce fut fini, et que leurs fusils furent froids dans leurs mains, ils reculèrent, mais de si peu, et en si bon ordre, qu'on pouvait dire que le siége de Boston n'était pas levé, et que ces chasseurs de la veille battaient en retraite comme des soldats de dix ans. Plus que Lexington, Brunker'shill aurait dû apprendre au gouvernement anglais que ce n'était pas à de vulgaires révoltés qu'il avait affaire, mais à des hommes mûrs pour être une armée aussi bien qu'une nation.

Et la preuve, ils la firent encore en reprenant aux Anglais la ville de Boston (avril 1776). Après le glorieux combat de Brunker'shill, le congrès avait envoyé pour commander l'armée un officier qui avait fait la guerre à une autre époque, et qui depuis, et même avant que l'insurrection eût éclaté, s'était concilié tous les esprits au congrès et dans les assemblées provinciales, par sa sagesse, son habileté, sa modération ferme et sa rare tempérance en toutes choses. Cet officier, qui plus tard devait être un grand homme, et, on l'a dit, le meilleur des grands hommes, était Washington. Son premier soin, à son arrivée devant Boston, fut d'organiser l'armée ; le second, de resserrer plus étroitement l'ennemi dans la ville. Malgré son désir d'attaquer, il ne voulait pas faire courir les chances d'un bombardement et d'un assaut à une ville américaine ; mais ses opérations furent si bien conduites, que les Anglais capitulèrent sous condition que l'armée américaine n'inquiéterait pas leur embarquement. Cette reprise de Boston était un événement considérable qui achevait, pour ainsi dire, ainsi que la belle défense de Charles-Town, capitale de la Caroline, par le général Lee, l'effet produit par les succès de Lexington et de Brunker'shill. Il diminuait ce qu'avait de fâcheux, pour la cause de l'Amérique, le seul fait de ce temps qui ait mêlé quelque tristesse à ces joies viriles des premiers jours de l'indépendance, l'expédition du Canada (1775) tentée par le colonel Arnold avec le courage le plus brillant et le moins heureux : car le Canada, qu'Arnold voulait insurger, resta fidèle à l'Angleterre.

C'était donc dans des circonstances très-favorables que le nouveau congrès s'assembla (4 juillet 1776). Franklin assistait à ce congrès. Ce grand génie scientifique, qui était aussi un génie pratique

du premier ordre, revenait alors d'Angleterre, où il avait été chargé de représenter les intérêts de son pays. Il les y avait soutenus avec une grande noblesse et une profonde habileté. Il y avait donné bien des embarras aux ministres : il y avait semé et recueilli bien des sympathies pour la cause de l'indépendance américaine. C'était un de ces rares diplomates qui savent s'arrêter dans la finesse assez à temps pour que la hauteur du caractère n'en souffre pas. C'était un bel et bon vieillard sur la tête de qui les cheveux blancs semblaient avoir été mis pour entraîner par le respect et par la confiance. Franklin avait parfaitement réussi à tenir ses compatriotes au courant de la politique anglaise. C'était lui qui leur avait conseillé, avec une croissante sollicitude, de déclarer leur indépendance. Il craignait les projets de conciliation appuyés d'une armée. « Il n'y a qu'un moyen, répétait-il sans cesse, de n'être pas pris pour des rebelles, c'est de se déclarer indépendants. » Il ne se trompait pas. Dans de certaines circonstances, les mots sont des choses. Le congrès vit le sens de ce qu'il disait, et la déclaration d'indépendance fut résolue. Les rédacteurs en furent Franklin lui-même, Jefferson et Adams. Dès qu'elle fut proclamée, on l'envoya à Washington, qui la lut publiquement et solennellement à son armée. « Dans
« cette déclaration, dit l'auteur américain de la
« *Vie de Washington*, avec une simplicité qui ne

« manque pas de grandeur, les colonies unies de
« l'Amérique septentrionale furent déclarées États
« libres et indépendans, et depuis lors le mot co-
« lonies ne se trouve plus dans leur histoire. »

Cette déclaration eut un effet immense et justifia la pensée de Franklin. On peut dire que le monde l'accueillit avec un applaudissement unanime. La cause était si belle et l'effort si grand, qu'il n'y eut pas un doute, pas une hésitation dans les sentimens du monde entier, et que les gouvernemens, les chefs des États eurent la gloire de sentir comme les peuples. On a parlé du mouvement d'idées qui emportait la France pour expliquer des sympathies qui ne furent pas françaises, mais universelles, mais humaines, et l'on ne s'est pas souvenu assez que les esprits les plus politiques, les moins dupes de l'illusion présente, si noble fût-elle, souscrivirent de haut à cette déclaration des États-Unis. Frédéric II, le grand Frédéric, le chef d'une monarchie militaire, a écrit une page d'histoire en l'honneur des insurgés américains. Catherine II, les rois de Suède et de Pologne, le roi d'Espagne, partagèrent l'enthousiasme de la république de Hollande pour la cause de l'indépendance d'un peuple qui allait fonder une république; et ce n'était point, comme on l'a dit, un enthousiasme irréfléchi, imprudent; la politique, et la bonne politique, était au fond de cet enthousiasme, autant que l'universel besoin du juste, autant que la notion du droit contesté. Car l'Angleterre, depuis les traités de 1763, blessait les peuples et inquiétait les cabinets. « Elle « avait oublié, comme on l'a dit, sa propre terreur à « elle-même à l'époque de la grandeur de Louis XIV. « Elle avait oublié celle de la France sous la mo- « narchie presque universelle de Charles-Quint. » Cette approbation européenne, qui couvrit d'un si grand éclat la déclaration des États-Unis d'Amérique, dut lui rappeler avec menace tout ce qu'elle avait oublié.

Mais lord North ne se ressouvint de rien. C'était un homme que des qualités brillantes n'empêchaient pas d'être vulgaire, vulgaire de tête et de cœur. Il ne jugea pas l'immense gain d'opinion que l'Amérique faisait en Europe et ce que ce gain signifiait. Lord Chatam, lui, ne s'y méprit pas. Comme ce n'était pas seulement l'idée pure du droit des Américains qui avait ému les gouvernemens, ce ne fut pas non plus seulement cette noble idée qui enflamma l'âme de Chatam. Le péril que courait l'Angleterre n'échappait point à l'homme d'État. « Le temps n'est pas loin, disait-il avec une sagacité douloureuse, où l'Angleterre aura besoin de ses amis les plus éloignés. » Telle était surtout sa raison, sa raison dernière, définitive, suprême, de s'opposer à la guerre avec l'Amérique, et de traiter avec les colonies sur le pied d'une intelligente fraternité. C'était là, au fond de son âme, la pensée vivante, ardente, la pensée anglaise qui l'amenait malade et mourant dans le parlement de son pays, et qui tirait de son corps brisé des accens d'une éloquence supérieure encore peut-être à l'admirable justesse de son esprit. L'opposition, dont il était la tête, et qui comptait alors des hommes comme Charles Fox, Burke, Cavendish, Shelburne, Buckingham, ne cessait de parler dans le même sens que Chatam, et popularisait en Angleterre, dans ce pays où l'esprit public est si fort, les succès obtenus contre l'Angleterre : tous ces hommes éloquens empêchaient qu'on regardât les Américains comme des ennemis. Ils semblaient rapporter à la mère-patrie les succès obtenus par les colonies, même contre elle. N'avait-on pas vu Charles Fox pleurer la mort de Montgommery, tué devant les portes de Québec sur une batterie anglaise ? Et qui donc avait osé dire que ces larmes étaient d'un mauvais citoyen ? L'opinion se prononçait assez dans le sens de l'opposition du parlement pour que le gouvernement n'osât pas employer contre les Américains beaucoup de troupes britanniques. Il louait des troupes allemandes, des troupes suisses, à ces petits misérables princes, comme disait Chatam avec un mépris superbe, qui vendent et expédient leurs sujets pour les boucheries d'un prince étranger. Mais en vain les généraux étaient-ils plus malheureux; en vain la résistance devenait-elle plus invincible, l'orgueil anglais ne se révoltait pas, et l'opinion docile se maintenait où l'avait mise

Chatam, qui continuait de s'élever avec une inextinguible ardeur contre les mesures violentes du gouvernement de son pays.

Il protestait toujours, mais toujours en vain. Certes, on ne peut s'empêcher d'en convenir, c'est un grand et triste spectacle que cette persévérance de Chatam à vouloir retirer le gouvernement anglais de la voie funeste où il s'était laissé entraîner, que cette perennité de vue politique, que cette force de caractère luttant contre « *l'indécise obstination de ce lord North qui faisait toujours la guerre sans la vouloir* (1). » Oui, c'est un grand et triste spectacle, mais c'est un spectacle dont nous ne pouvons partager la tristesse. Chatam, s'il eût réussi à faire accepter son système de concession généreuse et habile au gouvernement de la Grande-Bretagne, aurait fait un acte méritoire sans nul doute, au point de vue de son pays; peut-être aurait-il ajourné ce grand démembrement qu'il déplorait, cette rupture de la colonie et de la métropole; mais au point de vue des intérêts de la France, qui sont aussi les intérêts généraux du monde, ce succès eût été fatal. Il eût retardé la naissance d'un peuple, et rompu de plus en plus l'équilibre que l'Angleterre avait fait perdre à l'Europe. Plus durement que jamais, l'Angleterre, d'une prospérité si arrogante déjà après la guerre

---

(1) Villemain, Tableau de la littérature au dix-huitième siècle.

de Sept ans, aurait pesé sur l'Europe et principalement sur la France. Il faut se rappeler que notre abaissement, à nous, était le but de la politique de Chatam. Il faut se rappeler qu'il avait signé contre nous la terrible paix de 1763, et qu'il est mort en poussant des cris de guerre presque sauvages contre la maison de Bourbon. Le succès de sa politique nous eût donc enfoncés un peu plus avant dans la honte que Louis XV nous avait faite, et à laquelle notre alliance avec l'Amérique devait un jour nous arracher.

C'est ce sentiment de honte nationale qui explique bien et justifie l'intervention cachée d'abord, puis patente, de la France dans l'insurrection d'Amérique. On a prétendu sans le prouver que dès 1770, Choiseul avait cherché à soulever les colonies anglaises. Toujours est-il que le cabinet de Versailles, bien avant l'acte d'indépendance qui créa les États-Unis, avait appuyé les Américains comme des alliés naturels, soit en permettant à des spéculateurs tels que Beaumarchais, par exemple, de leur expédier des fusils, soit en leur faisant tenir sous main des secours d'argent. Il y a une lettre de Vergennes au roi, en 1776, dans laquelle il met sous les yeux de sa majesté pour qu'elle l'approuve, la feuille qui doit l'autoriser à *fournir un million de livres pour le service des colonies anglaises* (1). « Il importe, dit Vergennes dans

---

(1) Lettre du comte de Vergennes à Louis XVI, du 2 mai 1776;

cette lettre, que l'envoi d'argent ne soit pas pénétré ou imputé au gouvernement; » et il prend des précautions infinies pour le cacher. Vergennes, homme plus délié que résolu, n'osait pas rompre ouvertement avec l'Angleterre, quoique à dater de cette époque ses rapports personnels avec l'ambassadeur, lord Stormond, commençassent à se marquer d'un peu d'aigreur (1). D'ailleurs, faible comme il l'était, il se trouvait presque lié par le préjugé des hautes classes, qui voyaient un danger pour le pouvoir à soutenir le principe d'une insurrection, même légitime; et ce ne fut que plus tard qu'appréciant la position de la France vis-à-vis de l'Angleterre, position qu'il pouvait mieux juger qu'un autre, en raison de ses fonctions de ministre des relations extérieures, il mit ce préjugé à ses pieds.

Et à vrai dire, cette position était telle qu'il y allait de l'honneur même. Elle était si cruellement humiliée, qu'on s'étonne qu'à l'heure où l'on put en sortir par la guerre, Turgot et Necker aient cédé à des vues sans justesse ou à des sentimens d'une moralité sans grandeur; Turgot surtout, car Necker n'était pas Français. Jamais peut-être

---

Archives du corps législatif, et Flassan, Histoire de la diplomatie. T. VII, p. 149.

(1) Voir une note verbale du comte de Vergennes à lord Stormond (15 juillet 1777). Flassan, Histoire de la diplom. T. VII, p. 753.

la France n'avait été traînée si bas par la fortune. Elle portait le brûlant souvenir de Crevelt, de Minden et de Rosbach. L'Angleterre l'avait horriblement dépouillée. En Bretagne, elle lui avait pris Belle-Isle; dans l'Inde Pondichéri; Mahé, sur la côte de Malabar; en Afrique, les forts élevés sur les bords du Sénégal et l'île de Gorée; dans le nord de l'Amérique septentrionale, le Canada après la sanglante bataille de Québec. Elle lui avait enlevé la Guadeloupe, la Désirade, Marie-Galande, la Martinique, la Grenade, Saint-Vincent, Sainte-Lucie; Louisbourg avait été conquis, comme aussi l'île Royale. Nous avions perdu trente-trois vaisseaux et soixante frégates, terrible nomenclature de nos pertes. Le traité de 1763 les avait consacrées plus qu'il ne les avait réparées. Après ce traité, on avait vu un commissaire anglais institué sur notre territoire pour surveiller l'exécution de nos stipulations avec l'Angleterre. Chatam s'était plusieurs fois vanté que la France était sans ressources, que c'en était fait d'elle. En 1772, on avait revu des commissaires à Toulon, pour vérifier le désarmement de l'escadre que nous destinions à la Suède. Telle était la situation de la France de Louis XIV. Tant d'affronts, de si rudes abus de la victoire, n'avaient-ils pas constitué, pour un pays qui avait encore du sang dans les veines, le devoir d'une guerre à la première occasion, et même un peu l'obligation de la faire naître (1)?

L'occasion était venue, trop belle, trop favorable pour que le gouvernement le moins habile, même le plus faible de regard, ne la vît pas ; car la nation la lui montrait d'un geste souverain : elle qui saisissait cette occasion magnifique avec l'enthousiasme des représailles et qui reçut Franklin les bras si ouverts, quand en 1776 il fut envoyé par le congrès auprès du roi. Rien ne montre plus ce qu'était alors le sentiment public que la résolution dévouée de La Fayette et son départ pour les États-Unis. Ce jeune homme, qui appartenait à la haute aristocratie de son pays, devenant tout à coup le croisé d'une cause populaire, sacrifiant au service de cette cause, les jouissances naturelles qu'il devait à son rang, aussi bien que ses jouissances de cœur, car il venait d'épouser une femme qu'il aimait, est un exemple assez fort de l'exaltation qui inspirait de tels dévouemens. Il a lui-

---

(1) Soulavie, que nous citons toujours avec défiance, à cause de son caractère et de ses relations suspectes, discute avec un talent très-distingué, dans le troisième volume de ses Mémoires du règne de Louis XVI, la question du droit de la France à entrer dans la guerre d'Amérique. Il prouve lumineusement son droit par l'état où des traités oppresseurs l'avaient mise, et par l'exemple de l'Angleterre et de toutes les nations qui ont toujours agi comme la France dans des occasions semblables. Tout ce passage accuse un esprit politique des plus fermes.

même donné plus tard le dernier mot de cette conduite, qui n'était pas plus pour lui que pour la France, ce que les talons rouges de la cour de Versailles appelaient, dans leur dédain superficiel, un engouement de liberté. « L'Angleterre, a-t-il dit dans ses mémoires, se voyait enlever avec les nouveaux États un grand commerce tout à son avantage, enfin plus que la moitié et la plus belle moitié du territoire britannique ; tandis que si elle se réunissait à ses treize colonies, c'en était fait de nos Antilles, de nos possessions d'Afrique et d'Asie, de notre commerce maritime, de notre marine, de notre existence politique. A la première connaissance de cette querelle (1776), mon cœur fut donc enrôlé, et je ne songeai plus qu'à suivre mes drapeaux. » Ainsi ces drapeaux du noble ami de l'Amérique n'avaient pas cessé d'être français.

Ce fut avec Silas Deane, envoyé du congrès auprès du cabinet de Versailles, que La Fayette s'entendit (1). Mais la nouvelle des désastres de New-York, de Long-Island, des White-Plains, du fort Washington et des Jerseys, où les forces américaines s'anéantirent presque successivement devant trente-trois mille Anglais et Allemands, changèrent les termes de l'engagement qu'avait pris La Fayette, et lui firent fréter un navire à ses frais. Les irré-

---

(1) V. les Mémoires de La Fayette, T. Ier, p. xi.

solutions du gouvernement français étaient encore si grandes, si puissante était l'influence de l'Angleterre et des préjugés de la cour, que La Fayette en passant aux États-Unis brava les ordres positifs de son gouvernement et les châtimens les plus sévères. Mais ces irrésolutions, dues surtout au faible caractère de Louis XVI et à la trop inquiète prudence de Vergennes, devaient être bientôt entraînées par cette opinion qui grandissait avec les événemens et qui poussait tout vers l'alliance.

Cette alliance ardemment désirée, ardemment demandée, Franklin, l'adroit négociateur de Londres, était venu la préparer, la proposer et la conclure. Le congrès, qui ne pouvait placer mieux sa foi et son espérance qu'en ce grand homme, l'avait adjoint à Silas Deane auprès du cabinet de Versailles. Dès son arrivée, il y avait pris une forte position, et il l'avait prise sans y prétendre. Même ceux qui partageaient le moins les sympathies américaines furent saisis d'un sentiment de respect profond pour ce majestueux vieillard, d'un si grand cœur, d'un si grand esprit et d'une si grande expérience; pour cet enchanteur de soixante-onze ans qui avait trouvé le moyen de séduire avec les qualités les plus imposantes, et qui défendant des intérêts avec des vertus, ne disait que le vrai et ne cessait pas d'être habile. Quant à Paris, à la France entière, à tous ceux-là qui se sentaient le cœur engagé dans l'honneur ou le déshonneur de la patrie, Franklin était accueilli par eux comme l'instrument le plus puissant d'une cause sainte. Partout, et non-seulement un jour, mais sans cesse, sa présence causait les profonds tressaillemens d'une joie populaire et populaire dans toutes les classes de la société. L'admiration qu'inspirait sa personne ajoutait encore au dévouement ressenti pour les intérêts qu'il servait. Il était comme l'image de son pays aux yeux des hommes, et il le peignait en beau. Les mémoires du temps entrent dans mille détails sur ce sage du nouveau monde, qui, disait-on, unissait en lui Phocion et Socrate. Jusqu'aux femmes les plus frivoles aimaient cette vieillesse sereine, cette grandeur souriante qui avait la grâce des plus petites choses comme la force des plus élevées. Cependant, malgré cette toute-puissance du caractère et du génie, malgré l'estime dont il avait ému Louis XVI, Franklin ne conclut pas de suite le traité, objet de sa mission. Il passa un an auprès du cabinet de Versailles, qui ne le recevait que rarement, et qui n'eut le courage de son désir secret qu'après la nouvelle de la prise du corps d'armée de Burgoyne à Saratoga. Ce succès, plus grand encore que les victoires remportées par Washington dans une autre partie de l'Amérique, à Trenton et à Princeton, mais qui avaient été suivis du revers de Brandiwine, décida enfin le cabinet français à relever une tête trop longtemps courbée. La négociation de Frank-

lin toucha donc à son terme; jamais négociation ne ressembla plus à un triomphe. Ce succès diplomatique d'un Américain fut une victoire nationale pour la France. Mais quoique sa mission d'Angleterre eût donné une grande mesure de ses mérites de négociateur, ce succès, pour le coup, ne fut pas l'œuvre de Franklin. Il en profita, mais il ne le créa pas. Il le recueillit des mains de l'opinion victorieuse qui maîtrisait le gouvernement lui-même et qui forçait le méticuleux Vergennes à consentir enfin l'acte impatiemment attendu. Ce traité, qui était une reconnaissance formelle des États-Unis, fut signé le 6 février 1778 (1) pour la France par le sieur Girard, secrétaire du conseil d'État (2), et pour les États-Unis, par M. Benjamin Franklin, Silas Deane et Arthur Lee. Ce n'était qu'un traité de commerce; mais il y en eut un autre, signé le même jour, et celui-là fut le véritable traité d'alliance; il portait dans son préambule « qu'il était conclu pour le cas où l'Angle-
« terre, par ressentiment de la liaison et de la
« bonne correspondance, suite du traité d'amitié
« et de commerce, romprait la paix avec la France,
« soit par des hostilités directes, soit en empê-
« chant son commerce et sa navigation, d'une
« manière contraire au droit des gens et aux trai-

(1) Voir Flassan, Hist. de la diplom. T. VII, p. 159 et suiv.
(2) Titre nouveau donné momentanément aux deux chefs du département des affaires étrangères.

« tés subsistans entre les deux États. Dans ce cas, « S. M. et lesdits États étaient résolus de joindre « leurs projets et efforts contre les entreprises de « leur ennemi commun (1). » En posant ainsi l'éventualité, on en rendait l'interprétation bien facile, précautions percées à jour du reste, convenances diplomatiques inutiles, qu'au point où en étaient les choses, on aurait bien pu s'épargner! Le premier article de ce traité était tout ce traité même, et renfermait toutes les exigences de l'opinion; il y était dit « que si la guerre (cette guerre « dont on s'était dans le préambule ménagé la « faculté à dessein) se déclarait entre la France et « la Grande-Bretagne, pendant la durée du con- « flit entre l'Angleterre et les États-Unis, Sa Ma- « jesté et lesdits États-Unis devraient faire cause « commune et s'aider mutuellement de leurs bons « offices, de leurs conseils et de leurs forces, « ainsi qu'il convient à de bons et fidèles alliés. » Les autres articles se rattachaient à cette disposition, qui suffisait, qui comprenait tout.

D'ailleurs, ce second acte n'empêchait point les colonies de traiter avec l'Angleterre, même sans le concours de la France. « Il resta secret, dit l'historien de la diplomatie française, et n'acquit de réalité que par la guerre qui éclata peu de temps après entre la France et la Grande-Bretagne. » Mais

(1) Voir Flassan, Hist. de la diplom. T. VII, p. 164.

cette réflexion manque de justesse : le traité n'acquit point de réalité par la guerre. Ce fut, au contraire, le traité qui prépara la guerre, qui donna à cette guerre, commencée dans la plupart des esprits et des dispositions des peuples, tout son développement extérieur, sa réalité.

La cour de Versailles, sentant bien qu'elle ne pourrait cacher trop longtemps les engagemens qu'elle venait de passer avec l'Amérique, se risqua donc à les déclarer. Elle les notifia au cabinet de Londres, le 13 mars 1778, par l'intermédiaire du marquis de Noailles, son ambassadeur. La notification était ce que sont d'ordinaire de pareils actes. Elle était polie et disait tout le contraire de ce qu'elle faisait entendre. On y parlait du désir de conserver la paix, avec le cérémonial impuissant de gens qui vont rompre, d'hommes décidés à en finir. Pour que cette comédie diplomatique, qui ne trompait personne et qui manquait de grandeur des deux côtés, fût poussée jusqu'au bout, et dans toutes les formes, Versailles publia un mémoire justificatif auquel Saint-James répondit. On a hâte de se détourner de toutes ces vaines procédures, de toutes ces lenteurs petitement calculées, et pour peu qu'on aime le pays dont on écrit l'histoire, on partage, en la rapportant, l'impatience des contemporains.

En effet, ces lenteurs compromettaient la situation. Le patriotisme de Franklin en gémissait, mais son habileté encore davantage. Son avis, à lui, dont la raison était si ferme et si froide, avait été de se placer bien au-dessus de toutes ces formules diplomatiques, qui perdent le temps, au profit de l'ennemi, qu'elles avertissent de frapper rapidement un grand coup. Les Anglais gardent Philadelphie, avait-il dit; l'escadre de Howe a remonté la Delaware; qu'une escadre française lui coupe la retraite et vienne le brûler dans les dangereux parages où il n'a pas craint de s'engager. Le grand sens de Franklin lui montrait merveilleusement ce qu'il y avait à faire, non-seulement pour les destinées de la guerre, mais pour le cas particulier qu'il signalait alors, à force de coup d'œil, avec l'instinct d'un amiral. Malheureusement, un gouvernement dirigé par Louis XVI et Vergennes ne savait point se servir en maître de ces admirables circonstances, qui ne naissent pas tous les jours dans la vie des peuples, et qui font que le parti le plus brillant est aussi le plus sûr, et que l'enthousiasme inspire aussi bien que la réflexion. Qu'en résultait-il ? une situation équivoque, une déperdition de forces réelles. Le cabinet de Versailles dut souffrir de la fausseté d'une position qui eût facilement été si droite; il en dut souffrir vis-à-vis de l'Europe, et surtout vis-à-vis de l'Autriche, lorsque Joseph II vint en France, moins encore pour y étudier le mouvement des esprits que pour y contracter des engagements politiques.

Ce voyage eut lieu vers la fin de 1777. On était en pleine préoccupation de l'Amérique, en pleine admiration pour Franklin, et dans les commencemens de l'administration de Necker. Joseph II, sous le nom de comte de Falkenstein, arriva à Paris, où il passa six semaines, dans un débotté philosophique d'assez mauvais goût, surtout de la part de l'homme qui disait *que son métier, lui, était d'être royaliste,* pour mieux rappeler qu'il était roi. L'empereur d'Allemagne descendit dans un hôtel garni, où il loua un appartement fort modeste. Cette affectation de simplicité vulgaire plut beaucoup, grâce aux engouemens de ce temps. Cette simplicité était du reste la critique en action des formes et du luxe de Versailles. Sur ce point, il y avait un peu du Diogène dans Joseph II. Il fronda beaucoup, et on le trouva d'une originalité piquante ; mais dans un temps où chaque abus faisait naître un frondeur, il n'y avait réellement d'original dans ses attaques, que sa position (1). Il visita tous

(1) « L'empereur voulut voir les écuries de Monsieur, qu'il ad-
« mira (grandes et petites écuries). Comme il se retirait, on lui
« proposa de lui montrer les écuries de la reine. — Quoi ! dit-il,
« ma sœur a des écuries ! et qu'est-ce que je viens de voir ? —
« Ce sont celles du roi. — Ah ! voyons celles de ma sœur... Il
« parcourut tout. On lui demande s'il veut voir les écuries de
« Monsieur. — Quoi ! est-ce qu'il ne se sert pas des chevaux que
« j'ai vus ? — Non, il a des écuries particulières... Il visita tout.
« Enfin quand on lui proposa d'examiner les écuries de Madame,
« de M. d'Artois, de Mesdames tantes du roi, etc., il s'écria : —

les monumens publics, dit des mots probablement travaillés, et s'étonna que Louis XVI ne connût ni l'École militaire ni les Invalides. L'utile établissement de l'abbé de l'Epée attira beaucoup son attention, et lui fut une occasion de déployer une philanthropie sincère quoique exagérée à dessein, car cette philanthropie était l'esprit de son temps qui le pénétrait, et d'un autre côté, il avait tant besoin de succès qu'il s'y livrait encore davantage. Il avait une ambition inquiète, l'ambition de tous ceux qui veulent plus qu'ils ne peuvent, et qui le sentent. C'était un rêve-creux de gloire. Il s'agitait beaucoup pour s'inventer grand homme. Le voisinage de Frédéric de Prusse, qui ne s'était pas tant tourmenté pour être grand, l'empêchait de dormir.

Dans un siècle où tous les esprits étaient tournés vers les réformes, il fut aussi réformateur, et de cette race peu chanceuse de réformateurs dont étaient Turgot et Necker; lui, moins élevé qu'eux, manqua moins son œuvre, quoique rien ne l'ait satisfait. Mais cela tint, sans nul doute, à l'état de l'Autriche, qui n'en était pas alors où se trouvait la France de Turgot. Quoi qu'il en pût être, ses réformes n'eurent pas non plus le grand caractère qu'il faut pour être plus que des retouches d'insti-

---

« A Vienne, ma mère a quarante chevaux.» Mém. de d'Aiguillon, p. 255.

tutions. Plus emporté que Turgot et Necker, se sentant moins responsable, il allait plus durement qu'eux en besogne. Il manquait de tact en toutes choses; il en manquait profondément et jusqu'à l'oubli de toute dignité, comme il le prouva suffisamment dans son voyage de France, en disant à un comédien, confident de ses dépits fraternels : « *Vous avez une reine bien étourdie,* » et en allant présenter d'inconcevables hommages à la maîtresse immonde de Louis XV, madame Dubarry.

Son voyage de France avait un but qui a été plus entrevu que dévoilé; il l'avait entrepris au profit de la nouvelle politique de l'Autriche, de cette politique qui avait arraché le traité de 1756 à l'abbé de Bernis et à madame de Pompadour; mais le sentiment, sinon l'intelligence et le courage, revenait au cabinet de Versailles, et la légèreté de Marie-Antoinette compromettait beaucoup le succès de l'idée de Kaunitz, qui était de dominer l'Europe par les archiduchesses, et de refaire par des mariages la monarchie de Charles-Quint. Tel fut sans doute un des motifs de l'humeur que Joseph II montra contre sa sœur dans son voyage. Déjà on avait vu les princes français, lors du voyage de l'archiduc Maximilien (1775), repousser les prétentions autrichiennes sur une question d'étiquette, et passer dans leurs terres, pour ne pas les subir, le temps du séjour de l'archiduc à Versailles. En venant étudier les dispositions secrètes du gouvernement français, Joseph trouva donc bien des choses qui durent le surprendre. Vergennes, disons-le à son honneur, malgré ses faiblesses, ne continuait pas Choiseul; Franklin et les idées américaines préservaient un peu Louis XVI de l'influence que Joseph croyait établir sur l'esprit de son beau-frère par son voyage. Aussi les résistances que rencontrèrent ses désirs le jetèrent dans toutes les fautes du désappointement. Il blessa l'opinion publique, qu'il avait caressée d'abord avec son étalage de philanthropie, il la toucha dans sa fibre la plus sensible, son enthousiasme pour la cause américaine. Si, comme on l'a dit, sans trop le prouver cependant, Louis XVI avait promis l'ouverture de l'Escaut et l'établissement d'un archiduc à Cologne moyennant que Joseph abattrait les forteresses des Pays-Bas (1), et qu'il appuierait nos efforts dans la guerre d'Amérique, on pouvait douter, après les paroles si publiquement négatives que nous avons citées (2), de l'appui qu'on avait recherché. En somme, le voyage de Joseph ne réalisa de profits pour personne. Malgré les promesses, s'il y en eut, et les politesses qui ne cachèrent rien des sentimens intérieurs, il indisposa plus Versailles

---

(1) Soulavie. T. IV, p. 309.

(2) C'était à propos de l'Amérique, et pressé par une dame qui lui demandait avec beaucoup d'insistance son opinion sur l'insurrection américaine, qu'il dit le mot cité plus haut : « Mon métier à moi est d'être royaliste. » Voir Soulavie, le prince de Ligne et tous les Mémoires du temps.

et Vienne qu'il ne les relia l'une à l'autre. Le dépit de l'empereur fut d'une extrême violence. On a prétendu que le spectacle de l'unité géographique de la France, qu'il comparait dans sa pensée à cet amalgame d'États rapportés dont il était le chef, lui causa une sombre jalousie, et qu'il nous quitta l'envie et les plus mauvais sentimens au cœur. Ainsi, on le vit renoncer brusquement au projet publiquement annoncé d'aller visiter Voltaire, et tromper l'espérance un peu vaniteuse de l'illustre poëte. C'était en effet comme bouder la France que de refuser son hommage à l'homme qui en était l'orgueil.

Mais Paris et la France entière dédommagèrent bien Voltaire, l'année suivante, du caprice hautain de Joseph II. A son tour, Voltaire vint à Paris (1778), et l'enthousiasme fut si grand parmi ces hommes d'alors qui avaient tous les enthousiasmes, que rien de pareil ne s'était vu encore dans les exaltations les plus légitimes de ce temps : ni la joie sérieuse et forte qu'avait inspirée la vertu de Turgot montant au ministère, ni l'éclatante et noble popularité de Necker, quand il en descendit, ni le respect et les marques de sympathie presque religieuses dont on entourait Franklin, ne sauraient être comparées à l'éloquence de ces hommages qu'on offrit à Voltaire, tous les jours, pendant les trois mois de son triomphal séjour à Paris. Et en effet, l'enthousiasme pour Turgot, pour Franklin, pour Necker, était de l'enthousiasme politique, c'était le sentiment d'un besoin entre tous, d'une idée entre toutes, réforme du pays, crédit relevé, position reprise aux yeux des peuples; mais l'enthousiasme pour Voltaire prenait sa source dans la pensée sociale tout entière, dans le sentiment de tous les besoins, de toutes les idées, car Voltaire avait compris les uns et exprimé les autres dans ses écrits. Pendant soixante ans il avait demandé, et avec tous les accens qui persuadent, que satisfaction fût donnée à ces besoins et à ces idées, pour l'honneur de l'humanité. Voilà ce dont la société française, la plus humaine et la plus intelligente du monde, avait à tenir compte à Voltaire; quand il revint vers elle, elle lui tint compte aussi comme d'un exil de cette prudente retraite qui n'en était pas un, et dans laquelle il avait vécu loin de l'action de ce pouvoir dont il signalait les abus. Aussi lui montra-t-elle bien plus que de l'admiration et de la reconnaissance, et voulut-elle que ses applaudissemens, qui résonnèrent en Europe, fussent la réparation d'une injustice. Magnifique exagération du reste, qui combla d'une joie et d'une ivresse suprêmes les derniers jours de cette éclatante vie, et qui rendit presque aussi heureuse que Voltaire lui-même, la société qui lui faisait un tel bonheur !

Ce voyage de Voltaire à Paris a laissé une si forte trace dans la mémoire que tous les détails en sont connus; l'histoire ne les apprend pas, elle les rappelle. Le prétexte de ce voyage fut la représentation d'*Irène*; mais le motif, ce fut la convenance, la nécessité qu'il y avait pour un chef de parti comme Voltaire, à démontrer par une démarche solennelle la force, l'autorité, le succès de son parti. Maurepas vivait toujours, et Maurepas avait toujours été l'ennemi entêté de Voltaire, trop peu décidé toutefois dans sa haine envieuse pour oser employer les lettres de cachet contre l'homme le plus admiré de l'Europe. D'un autre côté, il fallait apprendre à la nation que les hommes d'un pouvoir longtemps ennemi tendaient enfin la main au parti philosophique, non plus par libéralité indulgente ou familiarité oublieuse, mais parce que le parti philosophique était fort et qu'on ne pouvait guère plus traiter avec lui que sur le pied d'une alliance entre souverains : et de fait, telle était cette force, que la disgrâce de Turgot ne l'avait point diminuée et que le ministre qui lui avait succédé était de la religion de Calas. En vain Louis XVI sembla-t-il s'inscrire en faux contre la présence de Voltaire à Paris, en refusant de le recevoir ; ce monarque fut peut-être le seul de tous les gardiens des préjugés de cette époque qui écouta un tel scrupule. Quant à Marie-Antoinette, elle eut moins de réserve, malgré des préjugés qui parlaient aussi haut en elle que dans le roi. On la vit, dans l'émotion que toute grande renommée donne aux femmes, solliciter la présentation de Voltaire, qui lui fut obstinément refusée. Elle en fit témoigner d'aimables regrets à l'illustre vieillard, et cet appréciateur si sensible des plaisirs que donne le succès dut trouver sans doute que ces regrets de la reine de France mettaient un attrait de plus dans sa gloire.

Mais l'impression du refus timoré de Louis XVI dut bientôt se perdre, pour Voltaire, au milieu de toutes les émotions que l'enthousiasme public lui donnait. « *Ils veulent donc me faire mourir de plaisir!* » disait-il, épuisé par ses sensations, quand il était témoin des transports qu'excitait sa présence. Jamais roi bien aimé ne fut plus entouré de ses sujets, salué d'acclamations plus vives que ne l'était Voltaire, par la foule qui l'accompagnait partout, qui ne pouvait se rassasier de le contempler, de l'entendre. Les plus grands seigneurs de la monarchie faisaient presque antichambre dans la maison de M. de Villette, où il logeait ; on eût dit qu'il y avait deux rois en France et que le plus absolu n'était pas à Versailles ; on rendit à Voltaire des honneurs que n'obtenaient pas les têtes couronnées. Quand il alla à l'Académie, cette compagnie, contrairement à toutes ses traditions, se porta au-devant de lui. Le soir, il assista à la représentation d'*Irène*, dans la loge des gentilshommes de la chambre, et on faillit l'étouffer dans les embrassemens et sous les couronnes. Plusieurs jours après, il visita Turgot, et dans l'attendrissement où le jeta le philosophe disgracié : « Laissez-moi, lui dit-il avec un « respect vengeur, laissez-moi baiser cette main

« qui a signé le bonheur du peuple! » Pour comble d'honneur, Franklin le pria de bénir son fils; il se montra digne d'un tel hommage en ne prononçant sur la tête du fils de Franklin que les deux mots qui résument toutes choses : « *Dieu et la liberté.* »

Cependant, après la conclusion du double traité avec l'Amérique du 6 février (1778), Franklin était resté à Paris, où il avait été nommé ministre résident des États-Unis. Nonobstant la haute estime que Louis XVI lui exprima publiquement, lors de sa nomination, à lui dont les conseils si francs n'avaient pas été suivis; malgré la convention dont le cabinet de Londres s'était plaint et que le cabinet de Versailles avait cherché à justifier dans des manifestes inutiles, la position des deux cours l'une vis-à-vis de l'autre ne s'était pas modifiée; les seuls faits nouveaux qui se fussent produits étaient le rappel de lord Stormond et du marquis de Noailles, l'ordonnance concernant la navigation des neutres et les efforts heureux de Louis XVI pour entraîner l'Espagne dans les intérêts de l'Amérique (1). Il semblait qu'avant de se frapper, les deux gouvernemens se regardaient en silence; mais c'était moins la circonspection d'adversaires qui se mesurent, que de l'embarras péniblement trahi. L'Angleterre ne pouvait souhaiter la guerre avec la France; elle aurait voulu l'éviter, cela se con-

---

(1) Flassan, Hist. de la diplom. franç. T. VII, p. 177.

çoit aisément ; mais ce qui se conçoit moins, c'est que Louis XVI, qui avait fini par comprendre, sous la vive lumière de l'opinion, que la nécessité de la guerre ressortait pour la France de sa position même, hésitât après avoir commencé d'agir. L'alliance était conclue, déclarée; qu'attendait-il encore? qui le retenait? Ce qui toujours le retint et l'empêcha, dès qu'il fallut agir : les tremblemens de sa conscience ; il n'avait jamais fini avec elle. Il passa près de trois mois à avoir peur de commencer une guerre à laquelle il s'était résolu, engagé ; ce fut seulement le 13 avril 1778 que la flotte, commandée par d'Estaing, sortit de Toulon pour aller enfin attaquer la flotte anglaise dans les eaux de la Delaware ; et plus tard encore (le 17 juin 1778), que les hasards d'une rencontre amenèrent ce brillant coup de canon, parti du bord de la Clocheterie, et qui apprit à l'Angleterre que la France de 1763 avait retrouvé des marins.

CHAPITRE III.

Commencement de la guerre d'Amérique. — Combat d'Ouessant. — Départ de la flotte de d'Estaing. — Arrivée de la flotte française dans la Delaware. — État de l'opinion sur la guerre. — Discordes entre les Américains et les Français. — Faits d'armes des Français dans les colonies. — Mission armée du général Rochambeau. — Départ de la flotte de de Grasse. — Succès des Américains et des Français. — L'Angleterre négocie avec l'Amérique. — Bataille de la Dominique. — Blocus de Gibraltar. — Suffren aux Indes. — Traité de paix. — Paix de Teschen. — Fleury et d'Ormesson, contrôleurs-généraux. — Mort de Maurepas.

1778. Si le cabinet de Versailles, en se décidant à soutenir l'Amérique, n'avait point effrayé l'Angleterre par la rapidité de ses coups, du moins avait-il pu la troubler par la grandeur de ses préparatifs. Il les avait faits patiemment et longtemps, avec une immense activité, et disons-le aussi, avec ce sentiment d'honneur blessé, ce secret amour propre, que devait avoir vis-à-vis des Anglais un gouvernement jugé par eux incapable de tenir la mer, et qui, pour toute réponse, y avait lancé les plus formidables vaisseaux. La France n'avait point accepté sa déchéance maritime, prononcée à Londres de si haut. Choiseul était le premier qui eût commencé de l'en relever. Il avait donné l'impulsion ; après lui, malgré d'inquiètes, d'oppressives surveillances de la part de l'Angleterre, le gouvernement n'abandonna pas ses chantiers. Sous l'administration de Sartines et à l'ouverture de cette guerre, les constructions furent poussées avec un redoublement de vigueur dont il n'y avait jamais eu d'exemple dans la marine française : on avait vu, seulement en un an, neuf vaisseaux de ligne commencés et mis en état de naviguer. La France avait à ce moment (1778) près de soixante vaisseaux armés à la fois. Malgré son ignorance du métier, ses formes tranchantes et ses dilapidations, Sartines était administrateur. Il savait agir ; il connaissait les hommes ; la police les lui avait appris, et il haïssait les Anglais. On pouvait croire que pendant la guerre ce ministre verrait le mérite où il serait réellement, et qu'il l'appuyerait. Malheureusement c'était ce mérite consommé qui alors manquait le plus. Nos marins ne valaient pas nos constructions ; ils étaient inexpérimentés ; mais la guerre devait leur apprendre ce qu'ils ignoraient, et leur jalousie généreuse contre les Anglais allait surmonter rapidement les difficultés de cette école.

Il n'y avait point eu de manifeste, mais d'Estaing était parti pour l'Amérique depuis un mois ;

toutes les côtes de Flandre, de Bretagne et de Normandie étaient couvertes de canons, et on ne parlait de rien moins, même à Versailles, que d'une descente en Angleterre. Le comte d'Orvilliers commandait à Brest une flotte de trente-deux vaisseaux de ligne et de quinze frégates. C'étaient les trésors de la France, le meilleur de son or et de son sang. L'amiral Keppel, à Plymouth, regardait d'en face cette flotte superbe. Soit calcul de guerre, soit impétuosité naturelle, Keppel résolut d'attaquer quelques frégates d'observation, espérant que toute la flotte sortirait pour les défendre. Il se trompait; d'Orvilliers resta froidement sur ses ancres. Il avait envoyé en observation le lieutenant de vaisseau la Clocheterie, qui commandait *la Belle-Poule,* avec un lougre, *le Coureur,* commandé par le chevalier de Razilli. Dès que l'amiral anglais l'avait su, il avait fait immédiatement donner la chasse au bâtiment français, par une frégate de même force, *l'Aréthuse,* et un cutter. *L'Aréthuse,* selon les traditions de la mer, somma *la Belle-Poule* de mettre en panne; mais la Clocheterie répondit qu'il n'avait d'ordre à recevoir que du roi son maître; et par une manœuvre adroite et hardie, il prit *l'Aréthuse* à la hanche et à portée de pistolet. Ce fut à cette portée, et presque l'un sur l'autre, que le capitaine français reçut le premier coup de canon de l'ennemi, et qu'il y répondit par toute sa bordée. Engagé ainsi, le combât dut être meurtrier. Il dura plusieurs heures, et des deux côtés avec un long acharnement. Il y eut sur *la Belle-Poule* quarante morts et cinquante-deux blessés. Le capitaine fut atteint à deux endroits; son second tomba mort à côté de lui, et son enseigne, le bras fracassé, se fit panser et revint tranquillement à son poste. Animés par l'exemple de leurs officiers, les Français hachèrent tellement *l'Aréthuse* dans ses voiles, sa mâture et ses agrès, que Keppel envoya du secours pour la remorquer et la sauver. Ce fut alors que la Clocheterie, dont la frégate était endommagée par le combat, se retira avec une fierté moqueuse devant deux vaisseaux de ligne, tout frais, qui ne purent l'atteindre, et rentra à Brest, aux acclamations de la rade. Ce n'était là qu'une passe d'armes, mais elle avait été si belle et si sanglante, que l'enthousiasme populaire eut autant de part que la politique de Versailles dans le bruit qu'elle fit et la joie qu'elle causa dans Paris et par toute la France. Le nom de M. de la Clocheterie, jusqu'alors ignoré, fut dans toutes les bouches. Sartines lui écrivit une lettre remplie d'une émotion bien flatteuse. Le roi le créa capitaine de vaisseau et répandit beaucoup de faveurs sur les officiers et les matelots de son bord. On n'eut pas peur de se montrer trop reconnaissant, car tant de revers nous avaient pesé sur le cœur depuis des années, que ce premier succès semblait faire respirer mieux. Il introduisait la guerre avec

1778.

1778. éclat, et rangeait de notre côté tous les présages de la campagne (1).

Mais ces présages furent bientôt trompés par la fortune. Le 8 juillet 1778, la ville de Brest vit partir d'Orvilliers et sa flotte, et le 23 du même mois, l'amiral Keppel rencontra à trente lieues d'Ouessant cette flotte de trente-deux vaisseaux et de quinze frégates, qu'il aspirait tant à détruire. Pour cela, il avait pris avec lui trente vaisseaux de ligne, dont sept à trois ponts. Il avait plus de canons que l'amiral français. D'Orvilliers en avait 1,934, et Keppel, 2,288. Les deux lignes ennemies occupaient un espace de trois lieues. Keppel, plus animé, plus ardent que jamais, avait déjà fait poursuivre les vaisseaux qui s'étaient écartés du gros de la flotte française; mais d'Orvilliers ne les avait ni protégés ni soutenus. Les historiens disent que la disposition qu'il garda était fort savante, mais c'était un marin à qui l'inspiration manquait. Son armée était divisée en trois corps : l'avant-garde, sous le commandement du comte Duchaffaud, l'arrière-garde, sous le commandement de fait de Lamotte-Picquet (2). Quant à lui, il était au centre, assisté du comte de Guichen, qui montait *la Ville de Paris*. Il n'y avait

---

(1) Louis XVI, dont les scrupules tournaient souvent en illusions, crut sa conscience déchargée, parce que le capitaine anglais avait tiré le premier.

(2) Le commandant titulaire de l'escadre *bleue* était le jeune duc de Chartres.

aucun de ces trois officiers qui ne le surpassât en coup d'œil, en génie pratique, pas un seul qui n'eût mérité d'être son maître. Après avoir attendu plusieurs jours, à cause du vent qu'il n'avait pas, l'amiral Keppel, n'y tenant plus, se décida enfin à attaquer l'arrière-garde, où se trouvait le duc de Chartres. Il y montait *le Saint-Esprit*, et y faisait ses premières armes de marin, sous le patronage de Lamotte-Picquet. D'Orvilliers, qui vit le mouvement et l'intention, manœuvra avec justesse pour dégager *le Saint-Esprit*, en renversant son ordre de bataille. Ce fut un feu de deux heures, bien nourri, bien soutenu, et de part et d'autre, avec une impétuosité qui ne se ralentit pas. Mais ce fut là tout. On se tua du monde, on se brisa des agrès et des mâtures; mais on ne se prit pas un vaisseau. Les amiraux, s'attribuant tous deux l'avantage, allaient en profiter et pousser leur succès, mais ils ne purent se faire entendre dans leurs signaux. Singulière coïncidence, dont ils eurent l'un et l'autre beaucoup à souffrir. Keppel établit des croisières, et d'Orvilliers rentra dans Brest. Rien ne l'y forçait cependant, et l'on a eu raison de lui reprocher cette prompte rentrée. On ne gagne pas à être si modeste, et il se contentait de bien peu, s'il avait assez d'un succès qui consistait à n'être pas une défaite. Certes, le combat de la Clocheterie, cette première botte portée si lestement et si brillamment à l'Angleterre, promettait mieux que cette indécise affaire d'Ouessant, qu'on appela un *choc*, ne pouvant réellement en faire une bataille(1).

Mais, quoi qu'il en pût être, l'opinion était trop excitée, et aussi elle se ressentait trop de ses anciens abaissemens vis-à-vis de l'Angleterre, pour ne pas accueillir comme une victoire une résistance que les Anglais n'avaient pas vaincue. La France en était réduite à ce point que la lutte pour elle était déjà un triomphe. Le roi écrivit de sa main à d'Orvilliers. Il le félicita sur la convenance de ses manœuvres, et il témoigna à Sartines combien il était content de son ministère. Personne ne trouva que le roi fût allé trop loin, et la grande majorité des esprits partagea sa joie. D'Orvilliers et son manque d'inspiration comme amiral se perdaient dans ce beau feu qui avait duré deux heures, et dans lequel les canons français avaient mieux fait que les canons anglais, pourtant plus nombreux. D'un autre côté, beaucoup de traits de courage individuel étaient cités, entre autres celui du comte Duchaffaud, blessé, et qui vit tomber son fils plus dangereusement blessé encore, sans quitter son poste et se détourner un seul instant de ses devoirs. Toutes ces choses, influentes en France, prêtaient à une grande illusion.

Pendant que Louis XVI répandait sur d'Orvil-

---

(1) Le mot *choc* est celui dont le duc de Chartres se servit à Versailles, le 1er août, en rendant compte au roi de ce combat, et cependant le duc de Chartres était intéressé à grossir l'événement.

liers des faveurs trop généreuses, le gouvernement anglais mit en accusation Keppel et le vice-amiral Palisser, commandant *le Formidable*, qui, à Ouessant, n'avait pas obéi aux signaux. Ce qui était arrivé à l'amiral anglais était aussi arrivé à d'Orvilliers. Son arrière-garde n'avait pas obéi à des ordres que la brume ou les distances avaient dérobés; mais nul conseil de guerre, en se constituant, n'avait fait outrage à la bravoure et à la discipline de Lamotte-Picquet. Plus tard, il est vrai, des bruits fort malveillans s'élevèrent, mais ces agressions tardives n'atteignirent pas celui qu'elles auraient dû atteindre; elles portèrent plus loin et plus haut. On accusa le duc de Chartres de n'avoir pas exécuté le mouvement commandé par le vaisseau amiral; mais le jeune titulaire du commandement était-il vraiment responsable de ce que le chef réel de l'escadre n'avait pas exécuté? Au premier moment, on avait été plus juste. Quand le duc de Chartres était arrivé à Paris, on l'avait accueilli avec enthousiasme. On l'avait applaudi à l'Opéra, au Palais-Royal, partout où il avait paru. Mais quand sa charge d'inspecteur général des côtes l'eut rappelé à Brest, de cruels propos circulèrent. D'où venaient-ils? On a parlé de la reine, on a parlé de ressentiment; toujours est-il que ce qu'on répandait n'allait à rien moins qu'à déshonorer le jeune prince. Ne disait-on pas qu'il s'était caché pendant le combat? Il s'y était distingué, au contraire, par

1778. cette bravoure dégagée des gentilshommes, par cette bonne humeur devant le boulet qui est native de France. Aussi tous ceux qui l'avaient vu montrer au milieu du feu son cordon bleu et sa veste blanche le défendirent-ils contre d'odieuses calomnies. Lui seul se fit tort par sa légèreté, quand il accepta ou sollicita la place, créée pour lui, à cette occasion, de colonel-général des hussards; singulière récompense, il faut le dire, de la bonne conduite d'un marin (1)!

Le combat d'Ouessant ne fut suivi d'aucun autre. L'indécision de son succès ne stimula pas l'activité de d'Orvilliers. Ce marin de l'OEil-de-bœuf était profondément indigne de l'honneur de commander l'expédition que lui avait confiée le bon vouloir d'une cour ignorante. Plus qu'un autre, par sa position, il devait partager les sentimens qui font les victoires, ces sentimens d'ardeur au combat dont la France était animée. Malgré une perte de quarante-cinq millions, faite par le commerce français et dont la rentrée subite au port de Brest, après Ouessant, avait été cause, Bordeaux, Brest, Nantes,

---

(1) Le prince de Montbarrey dit, dans ses Mémoires, que ce fut le duc de Chartres qui sollicita cette place, et il raconte à ce sujet une longue intrigue; mais Montbarrey est animé contre le duc de Chartres de sentimens haineux qui le rendent fort suspect.

Voir, sur la conduite du duc de Chartres à Ouessant : OEuvres choisies du prince de Ligne, p. 3.—Soulavie, Mém. de Louis XVI. T. VI, p. 53.—Mém. du comte de Tilly; éd. in-8°, 1830. T. III, p. 12.—Droz, Hist. de Louis XVI. T. I, p. 313.

étaient disposés à voir toujours en d'Orvilliers l'espoir de tous leurs ressentimens contre l'Angleterre. Mais cette confiance trompée déjà, il ne la justifia pas davantage. Il sortit une seconde fois de Brest, il est vrai, mais il ne s'agissait pas de tenir la mer pendant un mois sans voir l'ennemi; il fallait aller le chercher; dans les circonstances d'alors, il n'était pas permis à un homme de tête et de cœur de rentrer sans avoir fait voir le feu à son pavillon. Si d'Orvilliers avait été un officier d'action et de coup d'œil, il n'aurait pas manqué de tenter une expédition sur quelque point de l'Angleterre, et probablement il eût réussi, car l'Angleterre, comme un homme qui s'attend à être attaqué de plusieurs côtés à la fois, ne savait où porter les mains pour se défendre. Cette résistance inaccoutumée qu'elle avait trouvée à Ouessant, cette ligne de vaisseaux aussi beaux que les siens, l'avaient troublée. Il aurait été habile de profiter de cet éblouissement, bientôt dissipé; d'Orvilliers ne le tenta même pas. Sans une heureuse croisière du chevalier de Fabri, sorti de Toulon à la tête de quatre navires, et plusieurs combats de Kersaint, le cabinet de Versailles n'aurait retiré de cette expédition que la honte de l'avoir manquée avec toutes les chances de réussir.

Et ce fut une raison, sans doute, pour qu'on portât une vue plus intéressée, plus inquiète sur l'arrivée de d'Estaing en Amérique et sur ses premières opérations. Les préoccupations de la France entière l'avaient suivi à travers les mers. D'Estaing n'était point un marin à la manière de d'Orvilliers. C'était un homme énergique et fier, d'une valeur bouillante, officier de terre d'abord, qui s'était tout à coup découvert marin, à trente ans, par une illumination singulière, en naviguant sur un vaisseau qui le conduisait dans les Indes (1). Aucune initiation lente et graduée ne l'avait annoncé. Sorti de la mer, pour ainsi dire, il avait débuté par détruire un comptoir anglais dans le golfe de Perse, et depuis, il avait causé de grands dommages aux établissemens britanniques, à Sumatra, à Ceylan, à Coromandel, au Malabar. Il y avait en lui un mélange romanesque de gentilhomme et de pirate; mais ce qui y dominait, et surtout dans sa manière de faire la guerre, c'était le forban. Il pillait et ravageait avec fureur. Dès 1763, il avait été nommé lieutenant-général des armées navales. Quand il partit de Toulon pour l'Amérique, en 1778, il avait presque tous ses officiers contre lui : aristocratie militaire qui ne pouvait pas aimer un chef lancé si vite aux premiers grades, et qui avait pris pour conseil et pour favori un simple officier bleu, ancien capitaine de brûlots des côtes de Bretagne (2), qu'il créa lieutenant de son bord.

(1) Voir l'Espion anglais. T. IX, p. 39.
(2) Il s'appelait *Mauff*, était de Saint-Malo, et justifiait, dit une relation du temps, par son expérience de la mer la préférence de d'Estaing. V. id., p. 38.

Cette malveillance qui pouvait nuire au succès de l'expédition dès les premiers jours de son commandement, d'Estaing l'avait beaucoup diminuée; car s'il était impérieux et hautain, il y avait une franchise pleine de grandeur dans sa domination et du bon goût dans sa fierté. Tel était le marin qu'on avait choisi pour tomber sur l'amiral Howe. On espérait que l'homme de la surprise, du premier mouvement écraserait tout en arrivant dans la Delaware. Malheureusement on avait compté sans les vents; ils soufflèrent de manière à le forcer, lui dont la rapidité était peut-être la qualité supérieure, à battre longtemps la Méditerranée et à mettre en panne chaque nuit (1). Favorisés par ces lenteurs, et avertis de son approche, les Anglais évacuèrent Philadelphie, pour ne pas se trouver pris entre la flotte française et les troupes de Valley-Forge. Clinton, qui remplaçait Howe, conduisit l'armée à New-York. Washington quitta Valley-Forge pour inquiéter cette retraite, et le combat de Monmouth aurait été une victoire des Américains, si l'ambition jalouse du général Lee ne l'avait poussé à désobéir à son chef (2).

---

(1) Il mit quatre-vingt-sept jours à traverser l'Atlantique. Ce retard sauva la flotte et l'armée anglaise. Marshall, Vie de Washington. — Éd. Paris, 1807. T. IV, p. 2.

(2) « Clinton se retira pendant les ténèbres, dit M. de la Fayette, laissant plus de 3,000 morts et beaucoup de blessés... Lee, le lendemain, écrivit indécemment au conseil et fut mis aux ar-

1778.   C'était après trois mois de navigation que d'Estaing parut dans la Delaware. Il avait manqué la flotte anglaise de trois jours. Peut-être aurait-il dû rester où il était alors, pour concerter avec le congrès et le général Washington le plan de ses opérations ultérieures, et surtout pour recevoir d'eux des guides fidèles et des pilotes dont il manquait. Mais, trompé par la retraite de la flotte, dans son désir de l'attaquer, cet homme ardent à la course poursuivit Howe jusqu'à New-York et vint mouiller à Sandy-Hook en dehors de la barre (1). Cette barre dangereuse l'arrêta. Nul pilote ne voulut la passer. Il offrit des sommes énormes, mais tous les pilotes répondirent que les gros vaisseaux tiraient trop d'eau, et maintinrent la chose impossible (2). Obligé d'en revenir à ses instructions, d'Estaing convint avec les généraux américains d'attaquer Rhode-Island, où l'ennemi logeait cinq mille hommes. Et le 8 août, il força le passage de New-Port, entre Rhode-Island et Connecticut, pendant que le général Sullivan marchait sur la place, accompagné de la Fayette. En ce moment et comme les

---

rêts. Suspendu ensuite par un conseil de guerre, il quitta le service et ne fut point regretté. » Mémoires de la Fayette. T. I, p. 53.

(1) Mémoires de la Fayette. T. I, p. 54. Marshall, Vie de Washington. T. IV, p. 6.

(2) Marshall dit toutefois qu'au moment où d'Estaing leva l'ancre, la marée et le vent étaient singulièrement favorables pour exécuter le passage de la barre. Vie de Washington. T. IV, p. 8.

chaloupes allaient débarquer les Français, l'amiral Howe, renforcé, vint audacieusement prendre le mouillage qu'avait quitté d'Estaing. Avec cette position et le vent du sud, l'Anglais pouvait jeter des secours dans New-Port, mais à la nuit le vent tourna. « Ce fut alors, dit la Fayette, que d'Estaing, à la vue des deux armées, repassa brillamment sous le feu des deux batteries, tandis que les ennemis, coupant leurs câbles, fuyaient à pleines voiles. » D'Estaing leur donna une chasse de huit heures. Il était sur le point de les atteindre quand une effroyable tempête vint briser l'ordonnance de ses vaisseaux (1). *Le Languedoc*, qu'il montait, isolé de la flotte et n'ayant plus ni mâts ni gouvernail, fut attaqué par Howe et sauvé par l'indomptable fermeté de l'amiral français, qui se battit comme un désespéré toute la nuit sur cette espèce de ponton que lui avait fait la tempête. Au jour, Howe, lassé, presque vaincu, se retira, et d'Estaing, ayant rallié ses vaisseaux, reprit son mouillage.

Tel fut le début des armes françaises en Amérique. Comme on le voit, il n'était pas tout à fait heureux, mais il faillit devenir funeste. Des divisions cruelles, déplorables, vinrent à naître entre des alliés la veille si fervens. Dès les premiers mots on ne s'entendit pas. D'Estaing, maltraité par le temps plus que par l'ennemi, voulut aller à Boston

---

(1) Marshall, Vie de Washington. T. IV, p. 8 et suiv.

réparer ses pertes (1), car l'amiral Byron pouvait le prendre en queue avec une escadre supérieure à la sienne. D'ailleurs, le conseil de la flotte avait été unanime à cet égard. Le général américain Sullivan, au contraire, comptait sur l'intervention des vaisseaux français pour pousser les choses à Rhode-Island. En conséquence, il envoya la Fayette à d'Estaing. La Fayette essaya d'obtenir du temps, et proposa soit une attaque de vive force, soit un établissement à Providence (2). Mais il ne put vaincre la résistance des officiers. Aussi, quand les vaisseaux partirent, ce furent parmi les milices américaines des cris d'indignation et toutes les rages de l'espoir trompé. On rédigea contre les Français une protestation virulente que la Fayette refusa très-noblement de signer. Sullivan, dans le délire de la colère, osa mettre à l'ordre du jour que les alliés avaient abandonné les Américains; mais la Fayette, dans le cœur de qui l'Amérique n'a jamais vaincu la France, fit retirer cet ordre du jour outrageant, n'hésitant pas à jouer et à perdre sa popularité américaine dès qu'il s'agissait de la dignité de son pays (3). L'effet de ces dissenti-

---

(1) Ce qui était conforme à ses instructions. Marshall, Vie de Washington, T. IV, p. 20.—Mémoires de la Fayette. T. I, p. 56.

(2) D'Estaing proposa deux bataillons à la Fayette, qui les refusa. Mém. id., id.

(3) Mém. de la Fayette. T. I, p. 57. V. L'Espion anglais, peu suspect quand il s'agit de faits pareils. T. X, p. 155. V. Marshall, Histoire de Washington. T. IV, p. 20 et suiv.

mens, qui allaient créer une position fausse au comte d'Estaing, ne se concentra pas sous les tentes, mais se répandit dans les villes. Le peuple à Boston parla de refuser son port, et M. Girard, l'envoyé diplomatique, qui avait d'abord été si triomphalement reçu à Philadelphie (11 juillet 1778), ne trouva plus autour de lui ni la même sympathie ni la même reconnaissance. Plus tard, l'émeute de Boston et le massacre de M. de Saint-Sauveur furent comme les fruits sanglans de ces premières discordes, et montrèrent combien l'Amérique mettait peu d'intelligence dans son ingratitude envers un allié qui, en la servant, n'entendait pas abjurer tout à fait le libre arbitre de ses résolutions.

On souffre de rappeler de telles misères, mais il n'en faut pas davantage pour compromettre les plus grandes causes. On vit le fier d'Estaing, obligé de commander à sa fougue, recourir à la prudence pour se réconcilier des populations aigries surtout par Sullivan. Ce général avait abandonné Rhode-Island et renoncé à un succès possible, afin de perdre mieux les Français dans l'esprit de ses compatriotes. Quand le bruit de toutes ces manœuvres parvint en Europe, il y eut des plaintes amères; l'opinion, si favorable, si confiante naguère, resta fidèle aux principes de la cause américaine, mais l'enthousiasme pour la nation perdit de sa flamme. Un peu de froid se glissa entre les deux peuples. Sans doute, les hommes furent pour beaucoup dans

1778. cette modification des sentimens publics, mais les choses s'y mêlèrent. En France, encore plus qu'ailleurs, l'enthousiasme a besoin d'être soutenu par la réussite; et il faut le dire : de réussite éclatante, souveraine, qui puisse compter et qui mérite son nom, il n'y en eut point dans cette campagne de 1778. D'abord, les vents empêchèrent d'Estaing d'agir dans le sens de son impétuosité naturelle et du genre de talent qu'il avait. Puis, quand il eut réparé ses avaries à Boston, il s'élança à la poursuite des Anglais dans les Antilles, excité par deux nouvelles bien différentes, mais qui agissaient avec une double énergie sur son âme orgueilleuse et pleine de haine pour les Anglais, la prise de Saint-Domingue par le marquis de Bouillé, gouverneur de la Martinique, et celle des îles Saint-Pierre et Miquelon par les troupes de la Grande-Bretagne. Quelque animé qu'il fût, il ne put atteindre les Anglais à Antigoa. Déjà ils s'étaient emparés de Sainte-Lucie, et ils ne lâchèrent pas leur conquête. Il y eut là un combat affreux et vain. Les Anglais, protégés par des retranchemens très-solides, massacrèrent à leur aise quinze cents Français, presque tous matelots, qui, d'Estaing en tête, sautèrent dans les batteries comme à l'abordage, et furent ramenés trois fois à l'assaut.

Ainsi, pertes et avantages s'équilibraient, mais de succès définitif ou même très-marqué, il n'y en avait pas. De part et d'autre on avait gardé le nombre de ses vaisseaux. Cette espèce d'égalité entre la Grande-Bretagne et la France dans les chances d'une guerre qu'on avait crue d'abord si décisive, et qui en somme l'était si peu, donna à penser au cabinet de Madrid qu'un arrangement serait convenable (1779), et il proposa sa médiation. Lors de l'ouverture de la campagne, Louis XVI avait eu, comme on sait, beaucoup de peine à entraîner l'Espagne dans le sens de sa politique de guerre. Il avait écrit lui-même à Charles III (1). Mais en cédant à des influences de famille et de nom plus que de cabinet, le roi d'Espagne voyait d'un œil inquiet cette insurrection coloniale, qu'on imiterait peut-être un jour dans ses possessions. Aussi, dès qu'il le put, revint-il en toute hâte à l'idée d'en finir avec cette guerre d'un exemple qu'il redoutait. Il parla d'une trêve qui n'eût été que la consécration des faits accomplis : les Anglais et les Américains eussent gardé ce qu'ils possédaient ; idée sans netteté et sans courage dont la guerre fût ressortie au premier jour. Malgré l'inanité de ces vues, le gouvernement de Louis XVI, déjà lassé de son effort d'une année, fut sur le point de les adopter. Rien ne donne plus que cette disposition du cabinet de Versailles, la mesure des hommes qui le composaient. Heureusement pour la dignité extérieure de ce cabinet, le

---

(1) V. la Correspondance de Louis XVI, du 8 janvier 1778. — Flassan, Hist. de la diplom. p. 177.

gouvernement anglais, dont l'orgueil avait raison pour cette fois, rejeta toute proposition d'accommodement.

Alors on vit un spectacle étrangement honteux. Quand le comte de Vergennes fut bien sûr que l'Angleterre n'entendait pas plier sous la médiation de l'Espagne, il se releva de toute sa hauteur, et pour garder l'Espagne dans les intérêts de la France, lui souffla dans ses correspondances et par ses agens que le moment était bon pour reprendre Gibraltar, Minorque et conquérir les Florides. De cette main si souple tout à l'heure à signer une paix imbécile et lâche, il signait au gouvernement espagnol la promesse de lui livrer la Jamaïque, s'il demeurait fidèle à l'alliance. Ce ne fut pas tout. Vergennes parla de la combinaison des flottes de France et d'Espagne, comme devant avoir pour effet certain la destruction de l'Angleterre. Une descente devait avoir lieu sur les côtes de ce pays. C'était le maréchal de Broglie qui la commanderait (1); l'Angleterre n'aurait jamais le temps de rappeler ses troupes et ses vaisseaux disséminés sur le globe entier, pour se défendre. Que ce fût une séduction arrangée que toutes ces perspectives ouvertes à l'ambi-

---

(1) M. de Broglie commandait un camp très-considérable à Vaussieux, en Normandie. Ce fut M. de Vaux qui succéda à M. de Broglie. Rochambeau, qui quelque temps après passa en Amérique sur l'escadre du chevalier de Ternay, commandait l'avant-garde de ce camp. Voir ses Mémoires. T. I, p. 233.

tion irréfléchie de l'Espagne, ou que Vergennes fût la première dupe des illusions qu'il faisait jouer, toujours est-il que l'Espagne ne retira pas sa main de la main de la France ; et d'accord, les deux nations publièrent leurs manifestes. Mais ce qui contrasta par trop cruellement avec de si retentissantes paroles, ce fut l'action qui les suivit. D'Orvilliers sortit de Brest le 3 juin 1779, avec trente-deux vaisseaux de ligne. Il joignit l'amiral espagnol Louis de Cordova, le 25 du même mois, et leurs flottes formèrent un ensemble de soixante-six vaisseaux de ligne, qu'accompagnait un nombre considérable de frégates et de petits bâtimens. L'amiral anglais Charles Hardi n'avait que trente-huit vaisseaux. A Saint-Malo et au Havre, trois cents bâtimens de transport attendaient l'armée de débarquement. En voyant ces armemens prodigieux, on pouvait presque croire Vergennes de bonne foi, quand il proclamait que l'Angleterre était perdue. Eh bien, toutes ces forces colossales paradèrent deux mois dans la Manche, et ne purent seulement empêcher Charles Hardi d'entrer dans la rade de Plymouth. On revint à Brest, vaincu par le scorbut. Depuis la construction du premier radeau de sauvage, rien de plus honteux ne s'était vu pour des hommes de mer. D'Orvilliers, qui n'avait partagé le commandement avec personne, eut le déshonneur tout entier. En Angleterre, on l'eût cité devant un conseil de guerre et peut-être dégradé. En

France, le gouvernement le laissa sous le poids de son cordon rouge et de ses épaulettes d'amiral; mais, averti par l'opinion, il se jugea mieux lui-même, et alla mourir dans un couvent (1).

Sans d'Estaing, on peut le dire hardiment, une telle honte eût accablé le sentiment public, mais on apprit la conquête de l'île de Saint-Vincent et de la Grenade, et la joie fut d'autant plus vive qu'on avait besoin d'un succès pour faire oublier l'humiliation. Dieu merci, le succès fut aussi beau que l'humiliation avait été grande. Il en résultait la domination des Français sur la mer des Antilles. D'Estaing avait été renforcé des divisions Lamotte-Picquet et de Grasse. Saint-Vincent ne lui coûta que l'envoi de quelques frégates, mais la Grenade, bien défendue, fut plus difficile à conquérir. Ce fut un superbe fait d'armes, accompli avant l'arrivée de l'amiral Byron. D'Estaing fut le premier grenadier français qui mit le pied dans les retranchemens ennemis. Dillon l'Irlandais et de Noailles le soutinrent à la tête de leurs colonnes, et tout fut

---

(1) Il y eut pourtant dans cette promenade de nos vaisseaux plusieurs engagemens de bord à bord qui firent beaucoup d'honneur à plusieurs capitaines de frégates, ainsi le combat de la *Surveillante* et du *Québec*, dans lequel il fut déployé de part et d'autre une grande bravoure. Le capitaine du Couëdic, qui commandait *la Surveillante*, mourut de ses glorieuses blessures. Voir toutes les relations contemporaines, et notamment les Étrennes de la marine, pour l'année 1780.

pris, tout fut emporté. Quand Byron vint, il n'y avait plus rien à faire. D'Estaing, remonté sur son bord, le poursuivit jusqu'à Saint-Christophe et lui offrit un combat qu'il n'accepta pas. Cela valait bien la rentrée à Plymouth de Charles Hardi.

Vainqueur dans les Antilles, d'Estaing, qui n'avait pu se rallier encore l'opinion américaine, vint mettre le siége devant Savannah, capitale de la Géorgie. On a prétendu qu'il avait l'intention de clore la guerre par la prise de cette place et celle de New-York ; mais si ce fut là son dessein, la fortune ne lui permit pas de l'effectuer. Le général anglais Prévost, qui commandait dans Savannah, promit presque de capituler ; mais quand il eut reçu le renfort qu'il attendait, il changea de langage. D'Estaing, furieux, fit bombarder la ville. Il n'avait pas pour cette ville américaine les entrailles de Washington pour Boston, quand ce grand homme ne voulut pas brûler une ville qui appartenait à sa patrie. D'Estaing ne vit dans Savannah que des Anglais et des redoutes anglaises, et il les couvrit d'un déluge de feu. Comme son mouillage n'était pas sûr et que l'ennemi comptait sur la mauvaise saison qui s'avançait, le bouillant amiral résolut de mettre pied à terre et de livrer assaut. Il avait tout oublié de son échec de Sainte-Lucie, et il le recommença avec un malheur d'audace encore plus grand. Il marcha et se tint sous la mitraille anglaise, y fut blessé avec ses amis et ses officiers Fontanges et Béthisi, perdit onze cents hommes (1), et se retira l'épée au poing, après avoir laissé de ses grenadiers jusque dans le cœur de la place ; ainsi affaibli, il ne pouvait continuer le siége. Aussi retourna-t-il aux Antilles (2), où il laissa une partie de ses vaisseaux ; et de là il revint en France. L'opinion lui fut assez favorable pour accuser des ministres incapables ou des officiers jaloux de sa mauvaise fortune. La magie du courage personnel, si puissante en France, l'entoura de son auréole, et le gouvernement, qui n'avait pas puni d'Orvilliers, mit la dernière main à cette faveur du public, en honorant d'Estaing d'une disgrâce. De telles choses avaient dû mettre dans le cœur de lord North lui-même de bien insolentes sécurités.

En effet, il demeurait avéré que le cabinet de Versailles ne savait pas conduire la guerre, ou du moins choisir les hommes qui l'auraient menée à bonne fin. Toujours au-dessous de la France, le gouvernement était impuissant à agir dans le sens où l'opinion l'avait poussé. Ses généraux n'obtenaient que des succès de détail; et c'était là le meilleur de cette expédition sans ensemble, qui péchait surtout par l'absence de concentration,

---

(1) Marshall ne porte ce nombre qu'à sept cents. Vie de Washington. T. IV p. 178.

(2) Un coup de vent très-violent dispersa encore la flotte aussitôt qu'elle eut appareillé. Marshall, Vie de Washington. T. IV, p. 180.

d'unité. Ainsi, dans cette année 1779, le Sénégal fut conquis par Lauzun et Vaudreuil (1); et quoique cette prise dût être comptée, elle n'influa pas grandement sur les destinées de la guerre. Cette guerre mal faite n'avait point emporté le haut assentiment de l'Europe. Elle n'avait forcé la main à personne. C'était tout bas que les cabinets formaient des vœux en faveur de la France. Aussi, malgré l'adhésion donnée par Versailles à l'acte de neutralité armée des puissances du Nord (2), l'Angleterre n'avait-elle rien perdu de son crédit politique, de son autorité morale. Elle l'avait augmentée au contraire en déclarant fièrement la guerre à la Hollande, pour avoir accédé à l'acte de neutralité, et cela, dans un moment où ses embarras semblaient s'accroître. Quant à sa puissance de fait, elle pouvait se rassurer, lorsqu'elle voyait ses ennemis engager leurs forces et les perdre dans des tentatives aussi insensées que le siége de Gibraltar.

Ce fut la plus bizarre aventure de l'époque. Le blocus de Gibraltar avait été le premier acte d'hostilité de l'Espagne contre l'Angleterre. Il fallait une grande confiance en soi-même pour penser qu'on viendrait à bout de cette prodigieuse fortification, et que don Juan de Langara pourrait avec ses neuf

---

(1) Le fort se rendit après avoir essuyé quelques coups de canon, 30 janvier 1779. V. les Mémoires de Lauzun. Éd. in-8°, 1822, p. 323.

(2) V. Flassan, Hist. de la diplom. française. T. VII, p. 275.

vaisseaux de ligne, croisés à la hauteur de Sainte-Marie, empêcher un marin de la force de Rodney de ravitailler la place. C'était, en effet, cet amiral, l'honneur de la marine anglaise, qui avait été chargé de ce soin, avant son départ pour les Antilles. Rodney, déjà amiral en 1759, avait donné à l'Angleterre, Saint-Vincent, la Grenade, Sainte-Lucie et Saint-Pierre. Son ambition, qui avait toute l'ardeur de son caractère, lui avait fait contracter des dettes énormes, car il avait voulu entrer à la chambre des communes, et son élection l'avait induit en de grandes dépenses. Obligé de se retirer en France, d'autres dettes l'y avaient fixé. Ce fut le duc de Biron qui les paya, par chevalerie romanesque, et pour montrer que la France ne craignait pas un ennemi de plus. Rodney, renvoyé à son gouvernement, fut mis à la tête d'une flotte de vingt et une voiles, et son premier fait d'armes put faire repentir le duc de Biron de son intempestive générosité. Il enleva l'immense convoi dirigé sur Gibraltar, et plusieurs jours après, il battit complétement don Juan de Langara, qui se fit blesser avant de se rendre. C'était donc une victoire navale dans cette guerre d'engagemens et de résistances. Mais la fortune, longtemps suspendue, et qui semblait revenir au génie de l'Angleterre, recommença le partage de ses faveurs inutiles. Un ennemi digne de Rodney l'attendait dans les Antilles. Guichen avait succédé à d'Estaing, et les vingt-deux vaisseaux qu'il commandai t avaient mouillé devant Sainte-Lucie. Le 13 avril, il fit tête à Rodney, qui l'attaqua avant qu'il eût rallié ses forces, et qui avait l'avantage du vent. L'habileté de Guichen, la bravoure de ses marins, rétablirent un équilibre rompu un moment par surprise. La fureur du combat se porta au centre : ce fut là que les deux vaisseaux amiraux se touchèrent, ils se livrèrent un assaut terrible qui ne troubla pas le regard ferme de Guichen. Rodney manœuvra de manière à s'élancer sur l'avant-garde, mais l'amiral français, entraînant toutes ses forces, l'y poursuivit, et garda l'honneur de la journée. Plus ardent que jamais dans ses desseins sur Sainte-Lucie, il se distingua encore (15 et 19 mai) par deux engagemens d'un beau feu et d'une heureuse souplesse de manœuvres.

Ces succès réels et d'un grand éclat militaire ne firent pas en Amérique l'impression qu'ils causèrent en France. En France, la nouvelle en était reçue avec allégresse, mais en Amérique on ne trouvait pas ces succès assez américains. Tout ce qui ne venait pas directement, et, pour ainsi dire, matériellement en aide à ces insurgens, ne comptait pas à leurs yeux. Ils ne comprenaient rien, ou peut-être ne voulaient rien comprendre aux influences de ces expéditions contre leurs ennemis, au bon résultat des efforts de leurs alliés, en dehors de leur guerre et ailleurs que chez eux. Le premier feu de l'enthousiasme épuisé dans les difficultés de l'entreprise, la perte de plusieurs hommes qui savaient l'alimenter, des gênes cruelles, les mille lenteurs du triomphe, rendaient chaque jour les Américains plus injustes envers la France. Washington seul acquittait par ses sentimens la dette de sa patrie; lui seul avait soustrait sa grande âme aux contagions d'ingratitude répandues dans son pays; lui seul n'accusait pas, ne se plaignait pas, et sans impatience comme sans reproche, était toujours prêt à s'appuyer sur ce bras que vint lui offrir Rochambeau et que d'Estaing ne lui avait pas retiré. Du reste, plus que jamais, l'Amérique avait besoin de la France. Depuis Savannah, on n'avait éprouvé que des revers. Cornwallis avait battu Lincoln, et avait pris la ville de Charles-Town, dans laquelle le général américain s'était réfugié. La Caroline avait été dévastée. A Cambden, le vainqueur de Saratoga, Gates avait expié douloureusement son ancienne victoire. Et pour comble, avant que l'armée de Rochambeau eût pu agir, la trahison du général Arnold, heureusement découverte, n'en avait pas moins été pour la cause un échec moral considérable; car cette trahison montrait bien que les plus braves et les plus éprouvés pouvaient cesser d'être fidèles.

Tous ces événemens, qui rendaient l'intervention de la France plus nécessaire que jamais, donnèrent une grande importance à la mission armée du comte de Rochambeau. L'envoi des troupes qu'il commandait était peut-être le dernier témoignage de la bonne volonté du cabinet de Versailles, le dernier effort en faveur d'une cause jusqu'ici plus juste qu'heureuse. Si les âmes les plus décidées, en Amérique, doutaient du triomphe qu'elles avaient demandé aux armes, si les sombres anxiétés d'un avenir compromis passaient de temps à autre sur l'esprit ferme de Washington, quelle ne devait pas être la disposition d'un cabinet allié, trop peu convaincu, trop peu sûr de lui, pour n'avoir pas besoin de ces succès qui font la persévérance! Sans la présence de Franklin peut-être, sans cet ascendant de grandeur morale qui imposait à Louis XVI et qui lui interdisait l'idée d'une lâche défection, on ne saurait dire si la politique de Vergennes n'eût pas révélé par un abandon ses promptes et secrètes lassitudes. On avait mal fait la guerre, et par une triste conséquence des fautes commises, c'était la guerre même qu'on accusait. Au lieu de penser à mieux faire, on pensait à ne plus rien faire, ou si on agissait encore, c'est qu'on était mené par des engagemens pris; mais on agissait dans le sens des premières opérations, des premiers choix et des premières fautes. Par exemple, si Necker fit renvoyer Sartines, ce fut pour un fait de concussion et pour se débarrasser d'un ennemi acharné dans le conseil, mais ce ne fut point pour le punir de la mauvaise direction qu'il avait donnée à la guerre. Necker lui-même aurait souhaité qu'on y mît fin. Il l'avait toujours condamnée, et les expéditions sans caractère qui en avaient été la suite n'avaient point été de nature à le faire chanceler dans son opinion. Quand il mit Castries à la marine, et qu'il remplaça le prince de Montbarrey par le maréchal de Ségur, ces deux hommes dévoués à ses vues étaient, dans ses intentions, moins des patrons pour la guerre d'Amérique que des appuis pour son crédit. Quant à Maurepas, tout ce qui était plus haut qu'une intrigue et plus sérieux qu'une plaisanterie, ne troublait pas sa sceptique et vieille indifférence. Avec de pareils hommes aux affaires et de telles dispositions dans leurs esprits, on pouvait donc avoir à craindre que l'envoi de Rochambeau et de ses troupes en Amérique ne fût la clôture de ces bonnes mais coûteuses relations, si Rochambeau ne jouait pas heureusement ce coup de partie que tous les autres avaient manqué.

Mais, comme les autres, Rochambeau n'avait point ce rare instinct qui fait les grands hommes de guerre. Il était bon tacticien, habile aux manœuvres, car dans les hommes de ce temps, les qualités de seconde main et d'acquit se montraient avec honneur; l'éducation était avancée. N'avait-on pas vu d'Orvilliers lui-même passer pour un bon amiral, parce qu'il savait manœuvrer? Ce qui manqua à tous, même à d'Estaing, dont la rapidité ressemblait presque à du génie militaire, c'était aussi ce qui manquait à Rochambeau : la divination du général.

Il l'aurait eue, du reste, qu'elle ne lui aurait peut-être pas été d'un bien grand usage dans cette guerre, où tout dépendait de la campagne de mer. Or, cette campagne le comte de Guichen lui-même l'avait compromise, malgré ses victoires récentes dans les Antilles; il était revenu en France au moment où ses succès lui faisaient une loi de tenir la mer et d'y dominer. Ce défaut de suite dans les plans des amiraux devait avoir une action fâcheuse sur les opérations de Rochambeau. Il s'était concentré à Rhode-Island, avec une précaution savante, qui empêcha le général Clinton d'attaquer. Dans cette position, Rochambeau attendit le secours des vaisseaux que le chevalier de Ternay avait réclamés de M. de Guichen « d'après le pouvoir qu'il en avait (1); » mais ce secours n'arriva pas. Guichen, parti pour la France, était déjà en vue des côtes du sud de l'Amérique. Ainsi rien de grand, rien de concluant ne se faisait. On continuait ce système de tâtonnemens et de précautions, que des instructions sans lumière et un état-major jaloux avaient imposé à d'Estaing lui-même; et aussi on vit recommencer entre les insurgens et les alliés ces dissidences que Washington ne put apaiser qu'en interposant dans ces querelles l'aimable majesté de sa vertu (2).

---

(1) Voir les Mémoires de Rochambeau. T. I, p. 249.
(2) Mémoires de Rochambeau. T. I, p. 246.

1780.   Ce grand homme était alors l'unique espérance des esprits qui suivaient avec inquiétude les phases d'une guerre entreprise pour l'honneur d'un peuple et l'indépendance d'un autre. A lui seul, il remplissait cette scène, vide de talens supérieurs, de grands caractères, et même de grands événemens. Il s'y montrait tour à tour, et presque en même temps, général, citoyen, homme d'État; fortune immense qu'un tel homme, pour un pays, dans ses jours de détresse; immense encore, dans ses jours de prospérité! Au commencement de cette année
1781.   1781, tout semblait perdu de fatigue, d'embarras, de misères; cette éclatante insurrection d'Amérique, qui avait si bien commencé à Lexington, et qui avait eu son plus beau jour à Saratoga, était non vaincue, mais usée. Elle n'avait point l'imposant des grandes défaites; elle n'était point rudement, souverainement comprimée; c'était pire : elle succombait sous les choses les plus vulgaires de la vie, les besoins matériels et l'amollissement des courages; mais Washington lui restait. Il ranima l'ardeur du congrès, étouffa et calma la grande révolte des troupes de Pensylvanie et du New-Jersey, et envoya le colonel Laurens à Versailles, avec une lettre de sa main, dans laquelle il exposait à Louis XVI les gênes cruelles d'une situation qui ne pouvait plus s'aggraver. Tous les sentimens de cet homme admirable avaient sans doute passé dans cette lettre, car Louis XVI, malgré la fatigue des premiers sa-

crifices et les dispositions qu'il rencontrait autour de lui, accorda le subside que Washington demandait. Cette mission du colonel Laurens, que l'esprit de Washington animait, eut assez d'influence pour déterminer un nouvel effort de la part du cabinet français, et le plus grand qu'on eût fait encore. D'un autre côté, quoique attachés à Necker, hostile à la guerre, Castries et Ségur étaient deux soldats, et ils ne devaient pas être si contraires à ce qui pouvait augmenter le renom militaire de leur pays. Dans tous les cas, ils devaient mieux diriger l'expédition de l'Amérique qu'un ancien lieutenant de police comme Sartines, et qu'un ministre d'antichambre comme le prince de Montbarrey.

Les préparatifs de la nouvelle campagne furent donc, il faut le reconnaître, assez dignes de la France. On les avait mesurés sur la grandeur des périls. Le départ moins honteux, mais aussi malhabile qu'une fuite, du comte de Guichen pour l'Europe, après ses combats de 1780, avait livré à Rodney les possessions hollandaises, Saint-Eustache, Saint-Martin, Saba, et il les avait horriblement ravagées. Mais, par bonheur, Lamotte-Picquet rencontra l'immense butin de l'amiral anglais et le captura. Forte de cette double circonstance, la politique de Versailles poussa les Hollandais sur leurs vaisseaux. On pressa aussi les Espagnols, on leur montra cette Floride qu'ils avaient sous la main : on leur parla de la Jamaïque, promise déjà, et on en combina la prise. On s'engagea à les aider dans leur éternel blocus de Gibraltar. Enfin, on résolut de nouveau, après la jonction des deux flottes dans la Manche, l'entreprise sur les côtes d'Angleterre, que d'Orvilliers avait fait échouer. Les camps de la Normandie et de la Picardie n'avaient point été levés, et ils étaient prêts à embarquer, quand besoin serait, leurs quarante mille hommes. Une escadre devait porter en Amérique huit millions de livres tournois, des armes, des munitions et des troupes, qui permettraient à Rochambeau d'agir en toute sécurité. C'étaient là des préparatifs imposans, sans nul doute, mais, jusque-là, le mieux de cette guerre avait été les préparatifs.

Et telle il sembla que dût être encore l'importance de la nouvelle campagne, car elle s'ouvrit par l'expédition du baron de Rulecourt sur Jersey, dans laquelle Rulecourt se fit tuer, lui et ses braves, espèce de guérillas de mer, qu'il avait levés à ses frais. Certainement, ce n'était là qu'un échec isolé, et de peu de place dans l'ensemble des vastes plans de la cour de France, et cependant il avait d'autant plus de portée sur l'opinion, que c'était non-seulement le début de la campagne, mais aussi le premier essai de débarquement en Angleterre. Il ne fallait rien moins que les premiers succès du comte de Grasse pour effacer l'impression de la tentative malheureuse du baron de Rulecourt. Il était parti de Brest avec vingt et un vaisseaux de ligne et un fort convoi. Le vent, qui avait manqué à d'Estaing, lui fut plus favorable. Aussi était-il en vue de la rade du Fort-Royal de la Martinique au bout de trente jours. C'était encore un de ces hommes comme il y en eut tant dans cette guerre, glorieuse surtout pour les capitaines de vaisseau. Il passait pour un officier excellent à son bord, et superbe au feu, car les matelots disaient, pour caractériser sa bravoure, qu'il avait six pieds en temps ordinaire, mais qu'il avait six pieds un pouce les jours de combat. Il manœuvrait bien, mais seulement sur son bord; plus loin sa voix ne portait pas, son œil manquait de perçant; et d'ailleurs la guerre ne se compose pas seulement de manœuvres; elle a quelque chose de plus mystérieux et de plus puissant que les traditions de la science et les routines des champs de bataille.

A son arrivée dans les Antilles, de Grasse rencontra le vice-amiral Hood, à qui Rodney avait donné l'ordre d'attaquer les Français. De Grasse soutint le combat, et malgré l'ennemi, fit entrer son convoi dans la rade. C'est de là qu'il partit pour aller appuyer le marquis de Bouillé dans ses opérations contre Tabago, et favoriser cette conquête coloniale, que les vaisseaux anglais, grâce à sa résistance, ne purent empêcher.

Mais les instructions du comte de Grasse ne le laissaient point dans les Antilles. Il devait se diriger vers l'Amérique septentrionale, vers le point central d'une guerre qui durait et que Rochambeau, bloqué dans Rhode-Island, n'avançait pas. Quand, profitant des fautes de Rodney, qui avait imité Guichen et ramené plusieurs vaisseaux en Europe, de Grasse entra dans la baie de Chesapeake, il était temps! Déjà cette baie avait été le théâtre de désastres d'autant plus cruels qu'on les devait au traître Arnold. Cet homme à l'âme corrompue, que tous les vices poussèrent à la trahison, et qui ne put parvenir à cacher sa honte dans sa gloire, semblait redoubler de talent militaire et de bravoure, depuis qu'il était aux Anglais. A la tête de seize cents hommes, il avait brûlé Richemond et ravagé une grande étendue de pays. De plus, après la mort de M. de Ternay, le commandant de la flotte, Destouches, qui lui succéda, n'avait pas su profiter de la dispersion de la flotte anglaise qui bloquait le havre de New-Port. En vain Washington, occupé ailleurs, mais dont le regard planait partout, écrivit-il au comte de Rochambeau, pour que Destouches conduisît immédiatement sa flotte en Virginie avec un corps de mille Français; on ne s'était pas conformé à cet ordre. Destouches seulement avait envoyé M. de Tilly avec un vaisseau et deux frégates dans la Chesapeake. Mais Arnold fit remonter ses bâtimens trop haut pour qu'on pût les atteindre. Aussi, quand plus tard Destouches suivit l'idée de Washington, l'expédition attardée ne réussit pas, malgré la bravoure des Français, que Rochambeau plaça sous le commandement de Vioménil. Comme on le voit, la situation était si grave, que Washington, après avoir envoyé la Fayette contre Arnold, vint à New-Port pour se concerter avec le général français. Le plan des Anglais semblait être de transporter et de concentrer la guerre dans la Chesapeake et dans la Pensylvanie. C'était la pensée de Cornwallis, le plus fort de tous les généraux ennemis (1).

Mais, en arrivant dans la Chesapeake, de Grasse devait changer la face des affaires. Il avait été précédé par le comte de Barras, qui avait apporté une dépêche adressée au général Washington. Dans cette dépêche, de Grasse faisait savoir au général que les instructions du ministère de France le forceraient, lui et sa flotte, de gagner, vers octobre, les Indes occidentales. Cette nouvelle fit renoncer Washington au siége de New-York, et décida un mouvement d'ensemble vers le midi. On ne devait laisser sur la rivière d'Hudson que les troupes strictement nécessaires à la défense des postes qui s'y trouvaient établis (2). Dans le cas où Cornwallis passerait de la Virginie dans la Caroline du Sud, on l'y poursuivrait avec une partie de l'armée, l'autre

---

(1) Vie et corr. de Washington. T. II, p. 157.
(2) Vie et corr. de Washington, éd. franç. T. II, p. 143, 144, 145, 146 et suiv.

partie se rembarquerait sur la flotte française et mettrait le siége devant Charles-Town. En exécution de ces plans, le général Heath fut choisi pour commander sur la riviére d'Hudson. Le 14 septembre, Washington et Rochambeau arrivèrent au camp de la Fayette à Williamsbury au moment où de Grasse entrait dans la baie.

Lord Cornwallis, qui comptait sur le secours de Henry Clinton, avait pris ses positions à York-Town et à Gloucester, deux villes qui se regardent face à face par-dessus la rivière York. Son principal corps était à York-Town, où il s'était vigoureusement fortifié. Le 30 septembre, les généraux américains et français sortirent de Williamsbury et le cernèrent. Rochambeau dit dans ses *Mémoires* que l'investissement de la place se fit sans la perte d'un seul homme (1). A ce mouvement, Cornwallis abandonna son camp retranché de Pigeon's hill, et se concentra vivement dans l'enceinte : ce fut alors que le siége commença. Il fut poussé dans toutes les formes. Les Américains ignoraient l'art des siéges ; ce fut une belle leçon que leur donnèrent les Français.

La tranchée fut ouverte dans la nuit du 6 au 7 octobre, au-dessus et au-dessous de la rivière d'York (2). Déjà, le 3, Lauzun, avec sa valeur che-

---

(1) Tome I, p. 290.
(2) V. Rochambeau, idem, p. 292.

valeresque, culbuta un corps anglais et resserra Gloucester. De nombreuses attaques eurent lieu contre York-Town. Le corps du génie français s'y distingua, et surtout son chef Duportail. De part et d'autre, le siége fut honorablement soutenu; c'est une grande page de l'histoire militaire de cette époque. Du 14 au 15, on emporta les deux redoutes de gauche de l'ennemi ; ce qui se fit avec la fière et joyeuse impétuosité des armes françaises ; la Fayette et Vioménil, l'épée à la main, dirigèrent ce vent de baïonnettes qui frappa tout, culbuta l'ennemi, hommes et choses, et balaya les résistances les plus acharnées. Les régimens de Deux-Ponts et du Gâtinais se couvrirent de gloire. La gloire pour les intrépides grenadiers du Gâtinais fut la conquête de leur vieux nom *Auvergne sans tache*, que le roi leur rendit, en récompense de leur belle conduite (1). Presque tous les officiers furent blessés dans cette affaire. Le 16, l'ennemi, qui voulait une revanche, fit une sortie et vint enclouer les batteries de la seconde parallèle (2) ; mais le général d'Abboville sut mitrailler l'ennemi avec ses pièces mal enclouées. Le lendemain, la tranchée ne fut pas moins brillante. Saint-Simon blessé y resta vingt-quatre. Un tel déploiement de courage et d'habileté militaire décida la prise de la ville ; Cornwallis capitula. On a comparé cette capitula-

(1) Rochambeau, Mém. T. I, p. 294.
(2) Rochambeau, idem, p. 295.

tion de Cornwallis à celle de Burgoyne. En effet, militairement elle fut aussi humiliante. Huit mille hommes restaient prisonniers; toutes les forces navales des Anglais à York-Town et à Gloucester étaient à la disposition du vainqueur. Bref, on faisait payer à Cornwallis les dures conditions que Lincoln avait imposées aux Américains lors de la prise de Charles-Town. Mais politiquement, cette capitulation eut de bien autres conséquences que la convention de Saratoga. Elle relevait l'Amérique de toute sa hauteur, et lui ramenait la grande force de l'espérance. A partir de ce moment, les Anglais sentirent que, pour eux, l'Amérique était perdue.

Ce fut immédiatement après le siége de York-Town que le comte de Grasse repartit pour les Antilles. Il s'en alla avec sa part de gloire et de reconnaissance, car, au commencement du siége, il avait battu les amiraux Hood et Grave, mouillés tous deux à Sandy-Hook. Par cette victoire, il s'était rendu maître de toute la baie de Chesapeake, d'où il protégeait les opérations de terre, et le congrès lui avait offert, avec des remercîmens officieux, deux pièces de canon portant ses armes, ainsi qu'au général Rochambeau. Pendant son absence de ces mers, Bouillé avait repris Saint-Eustache, Saint-Martin, Saba; et le comte de Kersaint, de son côté, venait de reconquérir les colonies hollandaises de Démérari, d'Essequebo et de Surinam. Excité par de tels exemples, le comte de Grasse se présenta, au commencement de 1782, devant Saint-Christophe (1). Il avait trente-deux vaisseaux de ligne. Ses troupes, jointes à celles de Bouillé, formaient un ensemble de six mille hommes. On mit le siége devant la forteresse, sûr qu'on semblait être de la supériorité du comte de Grasse sur l'amiral Hood. Malgré l'inégalité de ses forces, Hood pourtant attaqua l'amiral français, lui fit rompre sa ligne, en simulant une fuite, et par une manœuvre d'une agilité prodigieuse, le tourna, et revint derrière lui se poster audacieusement au mouillage qu'il avait quitté. Bouillé n'en prit pas moins la forteresse et l'île; mais de Grasse tomba dans le mépris de son escadre. Il n'avait pas été battu, il avait été dupe. C'était bien pis aux yeux d'officiers français.

Ainsi commençait cette campagne de 1782, qui ne devait pas valoir celle de l'année précédente, et dont les résultats ne devaient frapper que la France. En effet, depuis la capitulation de Cornwallis et les succès, dans le sud, du général Green, l'Amérique semblait hors de cause; on s'y battait toujours, il est vrai, mais l'ennemi se repliait; il avait évacué Savannah, l'un des trois points qui lui restaient encore (2). Les Anglais avaient commencé de négocier par l'intermédiaire du général Carleton, suc-

---

(1) V. Mém. de Rochambeau. T. I, p. 298. — Lacretelle, Hist. du XVIII° siècle. T. V, p. 267.

(2) Les deux autres étaient New-York et Charles-Town.

cesseur de sir Henry Clinton dans le commandement ; mais le congrès avait noblement repoussé toute négociation de nature à détacher les Américains de l'alliance française. La haine de Chatam pour la France avait comme pénétré dans l'âme froide de lord North. C'était nous et non plus les Américains que les Anglais voyaient sur leur première ligne d'attaque. Ces flottes que nous savions déployer en face de leurs flottes et de leurs rivages, ce niveau que nous avions gardé dans le succès, et qu'ils n'avaient guère dépassé, voilà ce qui était un mal plus grand pour l'Angleterre que la perte d'une colonie. Elle pouvait reconnaître l'indépendance des insurgens d'Amérique, mais elle n'accéderait jamais à la reconnaissance de la supériorité ou même de l'égalité maritime des insurgens de France contre les traités de 1763. Par le fait, la guerre s'était déplacée. Ce n'est plus en Amérique, c'est partout qu'on va se mesurer maintenant. Jusque-là Versailles a combattu pour l'alliance et pour un principe de justice, magnifiquement posé par le peuple. A présent il s'agit plus exclusivement de l'honneur et des intérêts français. Le cabinet l'avait-il compris, quand il dirigeait, dans ses instructions, le comte de Grasse vers les Antilles ? Toujours est-il qu'il importait plus que jamais de présenter une mine fière à l'ennemi, car nous partagerions moins le poids des défaites. Nous avions toujours, il est vrai, les Espagnols et les Hollandais pour amis; les Espagnols, qui s'étaient emparés de la Floride occidentale, sous le commandement de Solano; les Hollandais, qui, en 1781, avaient soutenu contre Hyde-Parker un combat digne de Ruyter et des plus beaux jours de la république (1); mais ils n'étaient entraînés, soutenus que par nous. On l'avait bien vu déjà. On le vit encore, quand, de 1781 à 1782, on prit Minorque et le fort Saint-Philippe. C'était un Français qui commandait, quoiqu'il y eût dix mille Espagnols à ce siége, et seulement quatre mille Français. Sans les faits d'armes de ce Crillon si digne de son ancêtre, et dont l'exemple unit si bien les Français et les Espagnols (2), on peut douter que le fort Saint-Philippe, si héroïquement défendu par les Anglais, eût été pris. L'opinion fit surtout honneur de ce triomphe à la France. Elle ne se trompait pas. Nous étions l'âme de cette guerre, et c'était directement, exclusivement entre nous et l'Angleterre que la lutte était engagée, en dehors et en dépit de tout intérêt d'alliance : combat de plusieurs, mais qui, au fond, était un duel.

(1) C'est la bataille de Doggers-Banck. L'officier qui commandait les Hollandais était l'amiral Zoutman.

(2) Crillon monta à l'assaut et y planta lui-même le premier drapeau. On lui reprocha d'avoir été trop grenadier dans cette brillante affaire; il répondit : *J'ai voulu rendre mes Espagnols tout Français, afin qu'on ne s'aperçût pas qu'il y a ici deux nations.*

1782.

Malheureusement la faute qui s'était faite quand nous avions un centre de guerre donné par les circonstances, un point solide et étendu sur lequel nous pouvions porter nos efforts et par là en décupler la puissance, cette faute se fit encore et bien davantage, au moment où ce centre d'opérations nous manqua. C'est l'éternel reproche à reproduire. On s'en tint au même système d'expéditions sans unité, sans concert, à ce hasard de rencontres, à ce vagabondage armé sur les mers; on cherchait mesquinement à blesser l'Angleterre aux extrémités, à lui enlever de temps à autre une possession, une lieue de côte, un fort, une colonie isolée, ou à heurter des vaisseaux contre les siens, au lieu de l'attaquer fortement au cœur, dans une des sources de sa vie, dans l'Inde, par exemple, où Suffren était digne de porter un grand coup. Cette idée si simple ne vint pas au cabinet de Versailles. Après la prise de Saint-Christophe, il ordonna à de Grasse de se diriger vers l'escadre espagnole qui était à Saint-Domingue, et qui amenait 16,000 soldats pour l'attaque de la Jamaïque. A Sainte-Lucie, le comte de Grasse rencontra Rodney, qui voulut l'empêcher de faire sa jonction, qui lui barra le passage et engagea le combat (9 avril). Mais de Grasse reçut ce choc terrible comme un homme qui avait à racheter sa triste faute devant Saint-Christophe, et dont la considération devait être refaite avec son épée d'amiral. Plusieurs de ses vaisseaux firent une belle défense, et il eut l'honneur de cette rencontre. Rodney, fort maltraité, le laissa continuer sa route. De Grasse touchait au but qu'il poursuivait, il allait donner la main aux Espagnols (12 avril), quand une manœuvre imprudente de sa part pour rallier un vaisseau perdu, le jeta sur la flotte ennemie, et le força d'accepter une bataille qui est restée une des gloires de la marine d'Angleterre, et pour la nôtre un de ses plus funèbres souvenirs.

De Grasse avait trente-trois vaisseaux de ligne et Rodney trente-cinq ; mais de Grasse en avait trop encore. Il s'embarrassa dans ce grand nombre ; cette masse énorme de soixante-huit navires se heurtant, se mêlant, s'attaquant avec fureur, troubla son regard sans portée et donna le vertige à ce capitaine de vaisseau, impuissant aux grandes évolutions. Pendant que Rodney montrait le génie d'un chef de marine et dominait jusqu'au vent, qui d'abord nuisait à ses manœuvres, mais qui ne les empêchait pas, on vit de Grasse, officier brillant, mais amiral troublé, n'avoir prise et autorité que sur son bord. Il mit ce bord dans le feu et dans le sang ; il s'attacha au flanc du vaisseau de Rodney. Il fut assailli, enveloppé de partout ; il fit merveille par ses bordées ; il fit feu quatre-vingts fois de ses cent dix canons. Mais, il faut le dire, l'éclat de sa bravoure n'effacera point la honte de sa défaite. De Grasse avait d'abord le vent pour lui ; il avait des

1782. forces égales à celles de l'amiral anglais, des troupes dont une bataille, une furie de dix heures ne ralentit pas l'ardeur héroïque, enfin une artillerie supérieure au tir à l'artillerie de Rodney ; et cependant il se rendit. Il était tard, il est vrai ; la bataille avait duré toute la journée ; le soleil descendait dans la mer avec les débris des deux flottes fracassées, sanglantes. Quoiqu'aux approches de la nuit, on se battait comme au matin, comme en commençant ; après des prodiges de défense, *le Glorieux*, *l'Ardent*, *le César* avaient été pris ; *le Diadème* avait été coulé. D'une seule décharge, soixante hommes venaient de tomber sur le vaisseau amiral ; d'une autre, qui fut la dernière, tout ce qui était debout tomba mort ou blessé. Trois hommes seuls échappèrent à cette râfle de boulets et de mitraille. Le comte de Grasse était du nombre. Ce fut alors qu'il se rendit. Il avait le cruel bonheur de ne pas même être blessé.

Il en coûterait trop à un Français de donner le détail de cette bataille. Il faudrait trop louer le génie de l'homme qui fit un si grand mal à la patrie ; disons seulement que ce fut un grand désastre. Les Anglais n'avaient perdu que mille hommes, nous en perdions trois mille, sans compter les prisonniers. Dans la nuit, *le César* prit feu ; le désespoir des matelots français était si morne, qu'ils se laissèrent brûler dans ce bâtiment. Le lendemain, Rodney, fatigué s'empara de deux vaisseaux et de deux frégates qui n'avaient point assisté au combat. Bougainville et Vaudreuil se partagèrent les tristes restes de l'escadre, et gagnèrent les ports les plus voisins. On regrettait la perte de six capitaines de vaisseau, et parmi eux, de celui qui avait ouvert si heureusement cette guerre, la Clochetterie. *La Ville de Paris*, quoique réparée, coula après avoir conduit le comte de Grasse en Angleterre. Il y fut reçu avec une générosité dont le faste outrageait la France, car en prodiguant à son prisonnier des marques d'admiration pour son courage, l'Angleterre disait haut que ce courage ne lui avait pas résisté; si le vaincu était si grand, qu'était donc le vainqueur? Personne ne se méprit à ces magnanimités hypocrites, et l'opinion en France les fit payer cher au comte de Grasse. Quant à son vainqueur Rodney, il fut élevé à la pairie par son gouvernement. On sentait bien que ce n'était pas seulement un nom de plus qu'il avait écrit dans les victoires de sa patrie, mais qu'il avait ranimé la conviction expirante du monde qui croyait l'Angleterre reine des mers. C'était l'empire pour longtemps encore.

La victoire de Rodney balançait dans le cœur des Anglais le regret des pertes qu'ils faisaient chaque jour en Amérique. Le chevalier de la Peyrouse, avec un vaisseau et deux frégates, venait de ravager sur l'Hudson un de leurs plus beaux établissemens; mais avoir mis si bien le pied sur la marine de France, vengeait de ces petits désastres et faisait tout oublier. Cependant elle n'était pas morte tout à fait encore cette marine ; l'esprit public s'était montré dans d'ardentes et nombreuses souscriptions, destinées à réparer la perte des vaisseaux détruits. Lord North était tombé, et l'esprit prudent des whigs, qui n'avaient point l'implacable haine de Chatam dans les entrailles, inclina visiblement à la paix. Seulement, rendons justice à ce cabinet français qui avait eu tant de faiblesses, il n'eut pas celle d'écouter la bonne volonté des whigs. Il comprit que le moment d'une si grande infortune était peu propre à modifier ces vieux traités de la défaite, qu'on avait essayé de briser par la guerre et par la victoire.

La guerre continua donc : le blocus de Gibraltar s'éternisait, et les Espagnols, dont l'amour-propre national était intéressé à cette conquête, réclamèrent une plus active intervention de la France. Le comte d'Artois, le duc de Bourbon, vinrent se montrer au camp, et y installèrent le luxe et tous les plaisirs de Versailles. La ville bombardée était détruite, mais les fortifications avaient échappé au vol meurtrier des boulets. Les plus habiles officiers de génie se fatiguaient sur ce problème posé là, devant eux, comme un impénétrable mystère de résistance. Un d'entre eux, le plus audacieux et le plus inventif, le chevalier d'Arçon, construisit, à l'aide d'un mécanisme savant, des batteries flottantes. Elles devaient battre la place d'assez près pour faciliter l'assaut. Ces batteries, lancées le 13 septembre, furent une occasion d'héroïsme pour l'inventeur, qui les monta avec le valeureux prince de Nassau ; mais elles s'embrasèrent sous la pluie de bombes et de boulets rouges de la forteresse, et le succès qu'on en attendait fut démontré impossible. Ce fut une journée de massacre et d'incendie. Les Espagnols et les Français rivalisèrent d'intrépidité, sous les ordres du duc de Crillon, moins heureux alors qu'à Saint-Philippe. De ce moment, les fastueuses espérances qu'on avait conçues se dissipèrent. Pour venger l'honneur des armes, on n'eut plus que la perspective d'un combat naval. Lamotte-Picquet arriva, toutes voiles au vent et mèches allumées, sur l'escadre anglaise de Howe, qui soutint le choc et se retira fièrement. Il avait fait son devoir, car il avait ravitaillé la place, comme Rodney et Derby l'avaient accompli déjà, sans qu'on eût pu y mettre obstacle. C'était moins beau que la victoire de Rodney, moins cruellement désastreux pour nous que la défaite du comte de Grassé, mais cet échec y ajoutait une amertume nouvelle.

Un homme seul nous vengeait aux Indes, et arrachait, de sa puissante main, la marine de France au mépris de l'Angleterre. Cet homme, que la Grande-Bretagne nous envia, était le bailli de Suffren. Nous l'avons dit déjà, si le cabinet de Versailles avait eu l'intelligence des hommes et des choses, il aurait concentré ses forces dans les Indes

1782. et utilisé le marin de génie qui s'y dépensa en conquêtes éparses et stériles ! Au lieu d'atteindre par cette voie à un résultat d'une portée incalculable, le gouvernement de Louis XVI se trompa autant sur le théâtre de la guerre que sur les acteurs. Au lieu de l'Inde, il prit les Antilles pour champ de bataille ; au lieu de Suffren, il choisissait de Grasse pour conduire ses plus belles flottes. Il n'avait point deviné Suffren. D'Estaing seul, sous qui Suffren avait servi, lors de l'expédition d'Amérique, avait pénétré le grand homme de mer dans le capitaine de frégate, et il le signala aux gens de Versailles ; mais d'Estaing avait été disgracié. A cette époque, Suffren avait déjà beaucoup servi, beaucoup vu la guerre. Il appartenait à l'ordre de Malte, mais il ne s'était pas seulement conformé glorieusement aux prescriptions de son ordre en se battant contre les Barbaresques, il avait quitté son rocher et son monastère de soldats pour aller montrer son ruban noir au feu des Anglais ; fait prisonnier deux fois, il avait profité de cette éducation amère et vigoureuse de la captivité qui enfonce la haine dans les cœurs profonds. Après 1763, cette année funeste, il protégea le commerce dans la Méditerranée. A toutes les actions où il s'était trouvé, il avait déployé une audace froide qui pourtant, privilége heureux ! ne l'empêchait pas d'être de la plus entraînante activité. On n'a jamais donné une âme aux autres autant que ce marin : dans la guerre des Indes, où tout lui manqua et où il créa tout, son impulsion fut irrésistible. C'était un homme né pour commander aux choses comme aux hommes. Mais était-ce une raison, parce qu'il savait vaincre les difficultés, pour le placer sur un théâtre trop étroit pour lui, avec trop peu de forces, avec un mandat de guerre trop restreint, avec des instructions qui bridaient son action et limitaient son génie ? On le forçait à être plus grand, mais on le rendait moins utile.

Du reste, cette guerre des Indes releva l'honneur du pavillon, plus qu'elle n'accrut la puissance réelle de la France dans ces colonies. Ce fut une guerre d'héroïques prouesses et d'un talent prodigieux, mais elle conserva plus qu'elle ne conquit. En 1784, quand le bailli revint en France, les états de Provence lui frappèrent une médaille avec une inscription qui rappelait les succès de ses armes (1) : « le Cap protégé, Trinquemale pris, Gondelour délivré, l'Inde défendue, six combats glorieux. » — Mais, comme on le voit dans cette noble nomenclature, ces succès ne réparaient pas, pour la France, ce qu'elle avait successivement perdu. C'était, pour elle, encore plus d'éclat que de profit. A partir de 1778, elle ne possédait presque plus rien sur la côte de Coromandel. Pondichéry avait été pris par les Anglais. Le gouvernement français ne soutenait

---

(1) V. Biographie universelle, article Suffren. T. XLIV, p. 175.

point Hyder-Aly, ce politique inouï que ne comprenaient pas les politiques de l'OEil-de-bœuf, et qui, à l'âge de Maurepas, à quatre-vingts ans et le dos dévoré par un cancer, gagnait encore des batailles avec quelques-uns de nos artilleurs. Il aurait pu être un instrument si fort dans des mains habiles ! Cependant Hyder avait eu aussi son tour de défaite. Les Hollandais succombaient : Leur meilleure part était tombée déjà dans les mains de l'Angleterre (1781); leurs possessions de Sumatra, Négapatam, Trinquemale, une partie de Ceylan, étaient conquis. Après de tels désastres, en face de l'organisation anglaise dans les Indes, devant un homme de la force de Hastings, qui ajoutait le génie du mal à cette colossale organisation, que pouvait faire un simple commandeur de Malte, qui se trouvait être, par hasard, un homme supérieur? Ce Suffren, qui n'avait que onze vaisseaux, quand de Grasse en avait trente-huit pour se faire battre, quand d'Orvilliers en avait commandé soixante-huit pour rentrer, ses canons nets, dans le port de Brest, pouvait-il, sans un seul port dans les mers de l'Inde, où il n'avait à jeter l'ancre que bord à bord avec l'ennemi, replacer la France au rang où Dupleix l'avait mise, et d'où elle était tombée, en roulant de faute en faute, pendant que l'Angleterre s'élevait, de calcul en calcul, à un degré de puissance qui, peut-être, de métropole à colonie, ne se reverra plus jamais ?

Mais tout ce que peut la force d'un homme, réduite malheureusement à elle-même, Suffren le fit et le fit en maître. Les quatre batailles qu'il livra, en cette année 1782, resteront des modèles à étudier, pour tous les hommes qui pensent sur cette science difficile de la guerre maritime. Quand Suffren parut dans les mers de l'Inde (1), il avait déjà livré combat sur son chemin. Il avait aperçu dans la baie de Praya des vaisseaux anglais de l'amiral Johnston, et il avait fondu dessus avec sa rapidité d'épervier. Ce fut un feu terrible; Suffren s'était lancé si impétueusement sur l'ennemi qu'il se vit coupé de son escadre contrariée par les courans. L'ennemi fut protégé par sa position; mais si Suffren se retira, il ne s'éloigna du moins que couvert par les plus fières volées de ses canons. Il avait empêché, en jetant des troupes sur ce point, l'expédition des Anglais contre le cap de Bonne-Espérance. A l'île de France, il avait fait sa jonction avec l'amiral d'Orves, qui mourut sur mer et lui remit le commandement de la flotte. Suffren, au même moment, venait de contraindre *l'Annibal* de cinquante canons à amener. Enfin, après avoir dépassé Madras, il s'était battu encore par le travers de Sadras (2) (19 février), et il avait commencé d'inspirer aux Anglais cette haute estime d'ennemi que depuis ils ne cessèrent de lui porter.

(1) V. la Biographie universelle, art. Suffren. T. XLIV, p. 159.
(2) Idem; même article, p. 151.

Arrivé à Porto-Novo, l'amiral ne voulut point se rendre à terre qu'il n'eût conclu et signé un traité avec les envoyés d'Hyder-Aly, traité excessivement avantageux à cette armée de deux mille hommes qu'il débarqua, et qui, aux ordres de Tippoo-Saëb et de M. de Lally, allait faire, comme lui sur la mer, de l'héroïsme sans résultat proportionné aux talens et au courage qu'on montrerait des deux côtés. Sir Edward Hugues, l'amiral anglais, quittait alors Trinquemale (1); Suffren alla à sa rencontre; pendant trois jours, sir Edward-Hugues chercha à éviter le combat, mais Suffren sut enfin l'y contraindre, car il avait le vent pour lui, et d'ailleurs il manœuvrait avec tant d'empire qu'il était impossible de se soustraire à l'ascendant de ses évolutions. Jamais, dans cette partie du monde, combat plus long et plus sanglant ne s'était livré; il dura cinq heures et demie, par le travers de Provédien (19 août), dont il a pris le nom (2). C'était un de ces combats tellement tenaces et si meurtriers des deux parts, que toute la victoire ne consiste qu'en une moindre perte; à ce compte, les Français étaient vainqueurs; mais ils étaient tellement maltraités qu'ils passèrent sept jours à réparer leurs avaries, ayant l'ennemi à portée de boulet. Au bout de ce temps, le bailli, avec cette pro-

(1) V. Barchou de Penhoën, Histoire de l'établissement anglais dans les Indes. T. III, p. 340.

(2) V. la Biographie universelle, art. Suffren. T. XLIV, p. 162.

fonde ardeur qui ne s'éteignait jamais en lui, réoffrit la bataille, mais ne put la faire accepter.

Suffren avait relâché dans le port hollandais de Batacolo. Pendant ce temps, Hyder-Aly, et son héroïque fils Tippoo, ce Mysoréen si chevalier pour un barbare, avaient remporté, par la rapidité de leurs marches, des avantages sur le commandant anglais, sir Eyre Coote. Hyder, octogénaire et mourant, avait fait quarante-cinq milles en deux jours et tenu assez en respect les troupes anglaises pour permettre à Tippoo de renforcer la garnison d'Arnec. Ce fut alors que Suffren conseilla au nabab indien la reprise de Négapatam, et tous les préparatifs en furent faits par l'amiral avec cette furie de volonté qu'il mettait à tout ; mais son plan, qui ne put être exécuté, ne fut pour lui que l'occasion d'une de ses plus magnifiques batailles. Il la donna le 6 juillet. Suffren montait *le Héros*, et l'amiral anglais *le Superbe*, deux beaux vaisseaux, qui disaient assez par leurs noms ce qu'ils portaient. Tout le temps que dura l'action, ces deux vaisseaux luttèrent comme deux hommes, et pendant une heure et demie, le feu, la hache, le courage, furent égaux des deux côtés. Mais le vent qui tourna et qui mit le désordre dans les deux lignes, donna la victoire au plus habile : c'était Suffren; nul ne l'égalait dans le jeu des voiles, dans la tactique avec les élémens; il couvrit ses vaisseaux brisés avec les vaisseaux qui n'avaient pas souffert, et maître du champ de bataille, il hâta par une pluie de boulets la retraite de l'escadre anglaise, qui s'enfuit devant ces infatigables canons (1).

Quand il arriva à Cuddalore, Suffren s'occupa de la réparation de sa flotte, car sa victoire lui avait coûté cher. Cet homme, dont l'obésité était si grande, que les souverains orientaux, contrairement à tous les usages, le faisaient asseoir devant eux, n'avait pas besoin de l'électricité des batailles pour montrer la fougueuse activité d'un jeune homme. Ce n'était pas seulement le face à face avec l'ennemi, sous le pavillon, qui lui donnait cette ardeur. Partout ailleurs, sur le rivage, il se montrait comme à son bord. Il avait une âme si puissante qu'elle aurait soulevé et animé un corps plus pesant que le sien. A Cuddalore, il se fit constructeur de navires; il devint charpentier comme Pierre le Grand; son empire à lui, c'étaient ses vaisseaux. Il allait et venait dans Cuddalore, visitant les maisons, les établissemens publics pour avoir du bois de charpente, démolissant une maison, a dit un historien moderne, pour prendre une poutre qui lui convenait. Tous ses officiers, qui pourtant ne manquaient pas de courage, qui avaient coopéré à ses succès, lui disaient le mauvais état de la flotte, le manque d'approvisionnemens, la nécessité de partir pour l'île de France ou Bourbon. Mais lui, avec cette con-

---

(1) Barchou de Penhoën, Histoire de l'Inde. T. III, p. 344.

fiance de César dans la tempête, qui appartient à tous les hommes vraiment grands et forts, répondait à ses officiers : « Jusqu'à ce que j'aie conquis un « port dans l'Inde, je ne veux d'autre port que « l'Océan ; » et il allait se rejeter en mer. Il y rentra le 1er août ; l'effroi se répandit à Trinquemale et à Négapatam ; on dit à sir Hugues de se presser ; mais Hugues, blessé de ces instances, dans son amour-propre d'officier, répondit qu'il prendrait la mer quand il le jugerait convenable. Vingt jours se passèrent ; le 25 d'août, Suffren faisait tomber son ancre dans la baie, débarquait les troupes, élevait, le 29, les batteries, éteignait sous son feu le feu de la garnison, et forçait le lendemain la ville à se rendre. L'amiral anglais arriva, ayant au cœur sa défaite de Trinquemale, et furieux de ce nouveau triomphe qu'il n'avait pas deviné. Suffren ne devait pas combattre, il avait un port, il était couvert, mais le danger le fascinait. Il l'aimait jusqu'à l'égarement, et l'audace chez lui maîtrisait le génie ; il combattit. On se massacra pendant trois heures, et il n'y eut pas de victoire. La nuit vint, et les Anglais se retirèrent à Madras, les Français à Trinquemale. Suffren avait failli périr, exposé seul au feu de six vaisseaux ennemis. Trois capitaines français le délivrèrent. Un ennemi, un Anglais s'est étonné qu'il n'eût pas été sauvé à la fois par tous les capitaines de son escadre. Ils n'étaient pas dignes, dit-il dans son admiration

1782. passionnée, de servir sous un aussi grand homme de mer (1).

Cependant la guerre se faisait heureusement sur terre. Hyder-Aly, qui vint à mourir, mourut maître du Carnatique. Après sa mort et vers les premiers jours de l'année 1783, les Anglais affaiblis étaient sur le point de perdre l'Inde ; mais il aurait fallu donner à Tippoo ce que la politique française avait refusé à Hyder, un appui plus généreux et plus fort. On lui avait envoyé M. de Bussy avec trois vaisseaux de guerre et un convoi chargé de troupes et de munitions. Suffren s'était réuni à ce renfort, avait débarqué les troupes, distribué les munitions apportées par le convoi ; puis il était rentré, malgré les Anglais, dans le port de Trinquemale. En s'en référant aux instructions ministérielles, Bussy allait être le supérieur de Suffren ; ce qui était une preuve de plus de la profonde inintelligence du cabinet de Versailles en tout ce qui touchait aux affaires de l'Inde, car Bussy était l'homme de la guerre défensive, tandis que Suffren au contraire donnait pleinement les mains au système de Hyder-Aly, le seul système qui pût, en effet, arracher l'Inde aux Anglais. Quoi qu'il en soit, ils s'entendirent : Bussy, poussé par le général Stuart jusque sous les murs de Gondelour, s'y était renfermé, et dans sa détresse, avait appelé à lui l'irré-

---

(1) Barchou de Penhoën, Hist. citée. T. III, p. 348.

sistible amiral. Par mer, dix-huit vaisseaux bloquaient Bussy. Quand on annonça ces dix-huit vaisseaux à Suffren, dont les forces étaient inférieures, l'audacieux marin passa à bord de *la Cléopâtre* et alla lui-même observer l'ennemi. A peine sut-on sur les vaisseaux anglais que c'était Suffren, qu'on leva l'ancre et en même temps le blocus, mais cela ne suffisait pas à cette soif de batailles qui dévorait le bailli. Par une manœuvre qui rappelait celle de l'amiral Hood devant Saint-Christophe, Suffren mouilla à la place que les Anglais avaient quittée, les poussant au large en face de lui. Sir Hugues s'éloignait et ne voulait pas du combat. Ce furent des manœuvres infinies. Le bailli avait fait embarquer des soldats de Gondelour sur sa flotte, et il poursuivait les Anglais avec son opiniâtreté accoutumée. Il était le moins fort par le nombre, mais il avait confiance en lui-même. Il arriva sur la flotte anglaise jusqu'à portée de pistolet, et alors l'action s'engagea. On se battait depuis deux heures, quand tout à coup le feu prit au *Fendant*, ce qui amena un désordre, bientôt réparé par Suffren. On continua de se battre; la nuit vint, on ne cessa pas. Il fallut pourtant s'interrompre; seulement Suffren se promettait bien de recommencer la lutte dès le point du jour. Mais au jour, l'escadre anglaise avait filé dans les brumes, et les courans l'avaient fait dériver sous le vent de Pondichéri. Déterminé à ne pas donner prise sur lui à l'amiral Hugues, Suffren revint mouiller devant Gondelour, et il attendit, mèches allumées et sur petite ancre, les Anglais, qui le virent de loin si fièrement campé qu'ils n'approchèrent pas. Jamais, dans leurs plus néfastes campagnes, ces fiers Anglais n'avaient tant refusé de combats.

La délivrance de Gondelour, qui valut un triomphe si pompeux (1) au bailli de Suffren, fut le dernier grand événement de cette campagne, qui devait se clore au moment même où elle allait devenir fructueuse. Ainsi tout se fit mal à propos dans cette guerre, même sa fin. Une frégate anglaise annonça, le 29 juin, que des préliminaires de paix avaient été signés à Versailles. Suffren ne fut point laissé dans les Indes; il revint en France jouir de ses succès, au lieu de rester dans ce pays, où il s'était fait une popularité si grande et où il eût pu, observateur politique comme il l'était, rendre à son pays de notables services en attendant les éventualités futures. Son gouvernement le rappela. On le reçut, à Versailles, avec un enthousiasme mêlé de curiosité; car c'était un homme qui parlait à l'imagination de plus d'une manière, et qui ne surprenait pas seulement par la gloire. Il avait, dit-on, une originalité naturelle, assez analogue, quoique moins tranchée, à celle qui frappa plus tard dans

---

(1) Voir pour les détails de ce triomphe, la Biographie universelle, art. Suffren. T. XLIV, p. 174.

Suwarow. Les fêtes qu'on lui donna ne durent pas beaucoup le troubler, lui que les prosternemens orientaux, les triomphes en palanquin avec cortége d'éléphans, avaient endurci aux ovations. Le roi le fit cordon bleu; déjà, pendant la guerre, il avait été nommé bailli de son ordre. Cette ancienne nourrice de marins, Malte pouvait être fière d'un tel chevalier, et elle lui avait envoyé les insignes de sa dignité nouvelle jusque dans les mers lointaines où il donnait ses batailles.

Ces batailles, du reste, nous l'avons dit, n'influèrent point, dans la mesure qu'elles auraient dû avoir, sur les conditions de la paix avec l'Angleterre. Depuis quelque temps déjà, des négociations étaient commencées et sur des bases qu'on discuta beaucoup, mais qui varièrent peu. La correspondance diplomatique de M. de Vergennes ne laisse, sur ce point, aucun doute. En Angleterre, on était arrivé enfin, à propos de l'Amérique, à la politique de Chatam, mais ce que Chatam repoussait en mourant, comme un opprobre, la paix avec la France, le ministère whig, y avait toujours donné la main. C'étaient Rockingham, Richemond et Fox qui étaient aux affaires. Rockingham mourut, et Fox sortit du ministère, mais la reconnaissance de l'indépendance américaine n'en fut pas moins consentie. Seulement, Franklin, par un sentiment digne de lui, ne voulut pas que cette indépendance fût proclamée avant la signature des préliminaires de paix entre l'Angleterre et la France. On ne la signa que le 20 janvier 1783, à Versailles. Le traité définitif ne parut qu'au mois de septembre. Ce traité (1) était composé de vingt articles, et consacrait de nombreux échanges et équivalens entre les puissances signataires. Mais ce qui dominait, pour la France, tous les petits articles de l'arrangement, c'était le rachat des traités de 1763, l'affranchissement de cette honteuse inspection d'un commissaire anglais à Dunkerque, l'acquisition de Tabago, puis la cession à l'Espagne, de Minorque et des deux Florides, qui furent le prix de Gibraltar.

C'étaient là des avantages, qui le nierait? mais que n'avait pas coûté la guerre en hommes, en travaux, surtout en argent? On discuta beaucoup en France cette balance de gain et de perte, consacrée par le traité, mais le sentiment public, qui voit mieux que le détail dans des appréciations pareilles, emporta dans sa joie tous ces petits calculs. Et, en effet, le grand but de cette guerre était atteint, l'indépendance de l'Amérique et notre délivrance de traités blessans pour notre honneur; nous avions obtenu, après tout, ce pour quoi nous avions pris les armes. Nous l'avions obtenu, malgré des fautes et beaucoup de fautes, mais enfin il y avait

---

(1) Le traité fut signé lo 3 septembre 1783. Flassan, Histoire de la diplomatie. T. VII; p. 355.

un résultat. La guerre avait été souvent molle, toujours mal dirigée; on l'avait trop confiée à des mains secondaires ou malhabiles, trop peu aux hommes qui l'auraient poussée grandement; mais si la guerre n'avait pas la solution que bien conduite elle aurait eue, elle avait du moins le dénoûment de rigueur. Nous avions notre nécessaire, en fait de succès, si nous n'avions pas le superflu. La paix, qui vint trop tôt, car elle interrompit Suffren dans ses victoires, fut bien négociée une fois résolue. Vergennes y employa les qualités qu'il possédait; il n'avait ni grandeur, ni vue perçante, ni rien de viril, mais il avait une clarté calme dans l'esprit, et dans la main assez de précaution diplomatique pour écarter sans blesser jamais. C'est ainsi qu'il repoussa les ouvertures des cabinets de Saint-Pétersbourg et de Vienne qui offrirent leur médiation pour la paix. Il la fit seul, en tête-à-tête avec l'Angleterre, stipulant pour la France et pour ses alliés. La Hollande recouvra ses possessions excepté Négapatam. Telle est la vérité que doit dire l'histoire; malheureusement pour Vergennes, ou pour le cabinet dont il était membre, ce que l'histoire doit ajouter encore, c'est que les gouvernemens sont coupables quand ils laissent échapper une moitié des avantages qu'ils pouvaient donner au pays. Et ce qu'il eût été possible d'obtenir en continuant la guerre, ce traité venu trop vite après la victoire de Rodney le disait bien : cette grande victoire n'avait pas refoulé au cœur du gouvernement britannique les désirs de paix qui s'y agitaient; l'Angleterre n'avait plus confiance; pour qu'elle l'eût perdue, qu'était-il donc arrivé? C'avait été pour elle un spectacle nouveau et plein d'angoisses que ces trois marines d'Espagne, de France et de Hollande réunies contre elle, au moment où l'Amérique lui échappait. Avec ce quadruple ennemi, face à face, elle pouvait vaincre une fois, plusieurs fois même; mais vaincrait-elle toujours? Elle avait l'instinct des coalitions, elle qui plus tard devait en faire de si puissantes; et elle sentait que tirant sa vie de son commerce, plus vite qu'aucune nation du monde elle pouvait périr par une coalition. Le sentiment de son danger l'oppressait; ses plus nobles enfans, ses plus fiers esprits, Shelburne, Rockingham, Richemond, et tant d'autres, avaient voulu la paix. Il fallait un intérêt de parti pour que Fox, avec sa mobilité d'opposition et l'immobile préjugé de son pays, pût fermer les yeux à la nécessité d'en finir avec cette guerre qui exposait à des périls croissans. Sur ce point, le jeune Pitt lui-même semblait infidèle à la tradition du vieux Chatam; son esprit était plus fort en lui que le sang de son père. Il voulait la paix pour son pays. Était-ce à nous de l'accorder? était-ce à nous d'écarter ce danger de l'Angleterre? à nous de conclure en sa faveur comme Richemond, Shelburne et ses meilleurs citoyens? Si Pitt avait occupé la place de Vergennes, qu'aurait-il fait(1)?

Mais si les grandes conséquences de la guerre ne furent point ce qu'elles promettaient d'être avec une plus mâle politique, il y en eut d'autres, indirectes il est vrai, qui furent pour nous d'un profit réel. L'affranchissement des traités de 1763, avec l'Angleterre, amena une autre délivrance, celle des traités de 1756 et 1758 avec l'Autriche. Ces seconds traités n'impliquaient pas, comme les premiers, un outrage à l'honneur du gouvernement qui les souffrait, mais ils blessaient profondément son indépendance; et d'un jour à l'autre, ils l'exposaient à la perdre. Ils étaient comme la pierre d'attente des projets ambitieux de l'Autriche. Malgré son amour pour la belle archiduchesse qu'il avait épousée, Louis XVI tenait de son père une juste défiance pour tout ce qui venait du cabinet autrichien, et son ministre, M. de Vergennes, partageait entièrement ses sentimens. Les nécessités de la guerre, de cette guerre d'Amérique à laquelle Joseph II avait refusé son adhésion, forcèrent le roi

---

(1) On pourrait peut-être objecter à ceci que la paix de 1783 rencontra des adversaires en Angleterre, mais il faut se demander si ces adversaires étaient les amis les plus éclairés de leur pays. Le ministère perdit sa majorité, mais il la perdit par le fait d'une coalition qu'on a appelée *monstrueuse* en Angleterre. On vit Fox et North siéger au même banc ministériel. North n'avait rien à perdre, mais Fox, ce jour-là, s'est déshonoré politiquement.

et son ministre à se dégager du lacet de cette politique que l'empereur croyait serrer davantage, dans le voyage qu'il fit à Paris en 1777, quoiqu'il en fût reparti avec une preuve de plus de l'inconséquente mollesse du cabinet de Versailles, qui lui permit d'établir une souveraineté sur la frontière de la France. En élevant l'archiduc Maximilien à l'électorat de Cologne, Joseph avait jugé la pensée qu'on essayait de dissimuler encore ; mais cette pensée se fit jour lors de la paix de Teschen ; la patience échappa alors au gouvernement français, quand on vit Joseph jeter sur la succession de Bavière le dévolu de sa remuante ambition.

C'était une idée traditionnelle pour le cabinet autrichien que de diviser les fiefs de l'empire pour mieux les envahir. Quand Joseph voulut, à propos de l'électorat de Bavière, réaliser cette idée à main armée, l'impératrice Marie-Thérèse était lasse et courbée sous la main des prêtres. Elle se prêta peu aux projets de son fils, mais ni elle ni Kaunitz n'en suspendirent l'exécution. Une armée considérable entra en Bavière. On avait, par le traité de Munich (1), arraché à l'électeur la donation de son État. Son héritier, le prince de Deux-Ponts, qui n'avait pas cinq cents hommes, ne pouvait même faire acte de résistance ; quand Frédéric, vieux d'âge et de fatigue, mais jeune d'un immortel

---

(1) Soulavie, Mém. de Louis XVI. T. IV, p. 317.

génie, se porta le protecteur du faible et se fit le chevalier non-seulement de la cause germanique, mais de la cause européenne. En effet, c'était l'Europe entière qui se trouvait attaquée par la démonstration de Joseph II. La Russie devait s'en effrayer; car elle était alors occupée des Turcs, et l'Autriche était la seule puissance qu'elle eût à redouter. D'autre part toute l'Allemagne, qui avait regardé froidement couper la Pologne par morceaux, sentit que c'était sur sa poitrine que l'Autriche appuyait sa main. La Sardaigne, déjà pressée d'un côté, se voyait menacée de l'autre, et se mit à implorer tout le monde, pour échapper à l'étreinte autrichienne. Enfin la France trouvait sa conduite suffisamment indiquée par le mot de Frédéric : « *Que la Bavière était pour l'Autriche la galerie de l'Alsace et de la Lorraine.* » L'opposition très-ferme et très-imposante du roi de Prusse aux plans d'invasion de Joseph II, était donc un acte de la plus haute et de la plus pure politique. Jamais les troupes de l'homme qui avait écrit l'*Anti-Machiavel*, et qui ne le pratiquait pas toujours, ne marchèrent pour une cause meilleure et plus juste.

Mais ces troupes ne combattirent point. La France, qui avait compris le mot de Frédéric, lui épargna la peine de vaincre. Le cabinet de Versailles eut pour la première fois le courage de ses antipathies autrichiennes, de ses ressentimens fondés, et appuya non par des troupes, mais par sa diplomatie, l'opposition militaire du roi de Prusse. Il proposa sa médiation, qui fut acceptée ainsi que celle du cabinet de Saint-Pétersbourg. Dans le cours des négociations, on voulut séduire le vieux Frédéric par des dédommagemens de province; mais Thugut, qui lui fit secrètement ces propositions, n'était pas assez grand pour juger le genre d'ambition d'un pareil homme, et Frédéric resta fidèle à la cause européenne et à lui-même. Joseph néanmoins faisait toujours marcher les régimens; mais quand il vit que toute défection, parmi les puissances opposées à ses vues, n'était plus possible, et que Vergennes, l'ancien ambassadeur à Constantinople, ayant négocié la paix entre la Turquie et les Russes, ceux-ci allaient appuyer Frédéric de leurs armes, il céda en frémissant. La paix de Teschen fut conclue le 10 mai 1779, sous la garantie de la France (1). Par cette paix, la France gardait toute son attention et toutes ses forces pour sa guerre d'Amérique et des Indes, et de plus, elle limitait les prétentions de l'Autriche, qui, dès lors, ne garda plus de mesure, et se tourna toujours plus ou moins ouvertement du côté de nos ennemis (2).

(1) Ce fut le baron de Breteuil qui fit cette paix avec beaucoup de dignité et de talent. Voir ses belles dépêches, dans Flassan, Histoire de la diplomatie, T. VII, p. 187 et suiv. Pour le traité, voir Flassan, idem, p. 252.

(2) On ne saurait se lasser de le dire, la politique de Joseph II

Ce succès très-honorable pour Vergennes, et qui le rendit presque populaire, fut bientôt suivi d'un autre moins éclatant, il est vrai, d'une moindre portée, mais qui n'en fut pas moins un succès. Ce fut l'apaisement des troubles de Genève, et la garantie d'une constitution, acceptée en 1738 sous les influences du gouvernement de Louis XV. Des factieux, en 1779, avaient voulu la renverser ; une lutte acharnée et souvent sanglante s'en était suivie. Poussés à bout et craignant pour leur Etat, les syndics de la république demandèrent l'intervention de la France. Ils invoquèrent les engagemens contractés à une autre époque, et le cabinet de Versailles négocia un plan d'opérations avec la cour de Turin et le gouvernement de Berne dans l'intérêt des Genevois et de leur constitution. Des troupes marchèrent, et ce fut le marquis de Jaucourt qui les commanda (27 juin 1782). L'insurrection fut comprimée sans coup férir ; et, le 12 de

---

fut beaucoup plus contraire à nos intérêts que celle même de Marie-Thérèse. Il a été accusé, dit Soulavie, bien informé en général des affaires étrangères, d'avoir voulu détacher l'Espagne de notre alliance par l'appât de Gibraltar que lui offrait l'Angleterre, si elle voulait traiter de la paix séparément avec Londres. V. Mémoires du règne de Louis XVI. T. IV, p. 337. Un intrigant, plus haut alors par le talent que par la considération, le baron de Thugut, si grandi depuis par sa position, fut envoyé à Paris, pour proposer à la France une ligue contre Catherine II. Comme on ne l'écouta pas, Joseph se lia avec Catherine contre les Turcs, nos alliés ordinaires.

novembre 1782, les puissances intervenantes signèrent une déclaration de neutralité et de garantie concernant la ville de Genève (1). Ce qui donnait une importance réelle à cette répression ferme et rapide de la sédition genevoise, c'est que la politique anglaise n'y était point étrangère. Nous étions alors au plus fort de notre guerre d'Amérique; en soulevant une opposition violente contre le parti français qui gouvernait la république, la politique anglaise postait un ennemi à nos portes, et cherchait à nous susciter une diversion de petits embarras; mais, grâce à l'à-propos des mesures de Vergennes, elle fut trompée dans son dessein.

Ce ministre prenait chaque jour plus de crédit sur le roi; son esprit clair, laborieux, appliqué, un peu pesant dans sa marche, mais sûr, plaisait à Louis XVI, qui n'avait pas la jalousie des hommes plus grands que lui, mais qui en avait promptement la fatigue. Louis XVI trouvait dans le comte de Vergennes des sentimens qui répondaient aux siens et presque dans la même mesure. C'était la même défiance contre l'Autriche, la même haine plus prudente que courageuse, la même probité incertaine qui n'aurait pas osé secouer et briser les traités de 1756, mais qui ne craignait pas de ruser contre leurs conséquences. Quand le roi, placé entre ses sentimens pour Marie-Antoinette et les traditions de son père, se sen-

---

(1) V. Flassan. Hist. de la diplomatie. T. VII, p. 299.

tait pris par le charme qui, à la fin, le subjugua et le perdit, il s'appuyait sur son ministre, et ils résistaient tous les deux à l'influence de la reine, toujours trop archiduchesse; mais ils résistaient comme deux hommes faibles pouvaient résister. Certes, il y avait un beau rôle à jouer pour Vergennes, mais il aurait fallu à ce ministre un caractère qu'il n'avait pas. C'était de renverser la reine dans l'esprit du monarque, d'avoir raison, au nom de la France et du bon sens, de ces séductions toutes puissantes de la beauté, de la jeunesse et jusque de la maternité que possédait Marie-Antoinette; c'était d'opposer à un tel adversaire autre chose qu'une *vie réfléchie et l'assiduité à ses devoirs* (1). Mais la tête du comte de Vergennes ne contenait point de si grandes et de si dangereuses pensées, son ambition n'était que de mourir ministre; il le disait souvent, et il agissait en vue de cette convenance personnelle plus qu'en vue des intérêts généraux. Quand un homme public en est là, il perd tout droit au respect du monde, et s'il a des facultés d'un certain ordre, elles servent à faire mieux distinguer, par le contraste, le rang infime auquel l'histoire ne manque pas de le placer. Ces facultés étaient, chez Vergennes, plus d'expérience que de nature. Il s'était rompu, par cinquante ans d'exercice, à une méthode diplomatique qui consistait à

---

(1) Flassan, Histoire de la diplom. T. VII, p. 441.

biaiser avec bienséance devant toutes les difficultés. Mais ni ses études, ni ses efforts, ni son genre d'esprit ne le rendaient propre à autre chose qu'aux soins de son département. Quand, après la mort de Maurepas, il eut un instant la pensée de devenir premier ministre, ce fut une méprise sur lui-même, une inspiration malencontreuse qu'il puisa dans sa faveur auprès du roi; si Louis XVI l'eût écoutée, le cabinet n'eût rien gagné au remplacement de Maurepas, car négocier et temporiser en toute affaire comme le faisait M. de Vergennes, quand il s'agit de se décider et d'agir, ne saurait constituer un gouvernement.

Une preuve marquante du crédit de Vergennes avait été la disgrâce et le renvoi de M. Necker (1784). Plus qu'aucun des autres ministres, Vergennes avait profondément indisposé Louis XVI contre un homme qui l'avait bien servi. Attaché aux idées de la vieille monarchie, parce qu'il n'en avait pas d'autres, Vergennes avait eu l'art d'inquiéter Louis XVI sur l'indépendance de son pouvoir, menacé par l'esprit réformateur de Necker; il avait rédigé un long mémoire à ce sujet, et il avait adroitement donné à son hostilité jalouse contre le directeur des finances, des formes modérées et décentes. Necker tombé, le comte de Vergennes, auquel personne dans le ministère ne portait ombrage, et à qui le manque d'hommes influens dignes d'y entrer donnait une grande sécurité, se détourna de l'administration intérieure pour laquelle il n'était pas fait, et laissa son collègue Hue de Miromesnil désigner un successeur à l'illustre disgracié de Saint-Ouen.

De tels spectacles étaient bien de nature à faire prendre en pitié le gouvernement qui les donnait. On disgraciait un homme merveilleusement entendu aux finances, et on le remplaçait par un magistrat choisi par un garde des sceaux. Et qu'était-ce encore que ce garde des sceaux? Un homme inactif et médiocre, qui avait fait de l'inaction une théorie ministérielle à laquelle il conformait sa conduite. Le choix de Miromesnil tomba sur Joly de Fleury; il se hâta de le placer aux finances, de peur que ce conseiller d'État, très-appuyé de sa famille en parlement, et à qui on avait déjà, sous le règne précédent, proposé un ministère, ne lui enlevât un jour les sceaux. Fleury, qui avait assez d'esprit pour se reconnaître incapable, et dont les projets d'ambition n'étaient pas tournés de ce côté, montra d'abord peu d'empressement à accepter. Mais Maurepas lui parla et le pressa au nom du roi; le parlement, d'un autre côté, l'encourageait sous main, et lui promettait pour ses opérations une grande condescendance (1). Fleury céda à des instances ainsi exprimées; mais il ne prit point le

---

(1) Ministres des finances de France, par M. de Monthyon, page 270.

titre de contrôleur général, il ne demeura point à l'hôtel du contrôle, voulant marquer par là qu'il ne prenait la voie des finances que pour une traversée vers un autre but qui lui convenait mieux.

Ses idées, du reste, étaient fort simples : elles consistaient à ruiner ou à délaisser les meilleurs établissemens de M. Necker. Ainsi, Necker, comme Turgot, devait avoir un successeur qui empêcherait toute tradition de s'établir. Ces deux hommes publics, les seuls qui aient pensé sous Louis XVI, devaient être suivis des plus ignorantes réactions. Fleury était plus grave, il est vrai, dans un si grand poste, que ne l'était Clugny ; mais il était encore plus étranger peut-être aux procédés de la finance que l'ancien intendant de Bordeaux. Il s'attacha aux vieux usages, non-seulement parce qu'il n'avait pas d'idées faites, et qu'en finances on n'improvise pas ; mais aussi parce que telles étaient les tendances de ses parrains ministériels, Hue de Miromesnil et Vergennes. Il fallut en revenir à l'augmentation d'impôts, ce moyen financier facile et barbare. On appesantit les charges publiques, et encore on n'y apporta pas cette précaution, cette réserve, qui devraient accompagner toujours de pareilles opérations. Trente millions furent versés au trésor, mais on ne les trouva qu'en forçant tous les systèmes de taxation connus jusqu'alors. Ses mesures fiscales ne tinrent compte d'aucune différence de province, ne firent « aucune distinction de ce qui était déjà excessif ou de ce qui pouvait être exhaussé (1). »

Il administra à la manière turque; tout ce qui rappelait les anciennes formes du pouvoir absolu plaisait au nouveau ministre. Un troisième vingtième fut établi. La France sentit douloureusement le changement de main directrice; mais le parlement se sépara de l'opinion publique, en mettant une reconnaissance docile aux ordres de Joly de Fleury. Il enregistra sans hésiter toutes les mesures que le contrôleur général soumit à sa sanction. Il se rappelait que ce ministre lui appartenait par ses alliances, et surtout que le premier de ses actes politiques avait été dirigé contre les assemblées provinciales (2). Il y eut cependant des parlemens de province qui opposèrent beaucoup de fermeté aux vues du ministère, et qui n'y souscrivirent que forcés et à la dernière extrémité. On cite entre autres le parlement de Besançon, qui n'entendit enregistrer le troisième vingtième que pour la durée de la guerre (6 décembre 1782). On cassa ses arrêtés. Le roi les fit apporter à Versailles par une députation, et biffer solennellement en sa présence. Mais enfin tout ce bruit se termina par des concessions mutuelles, par ces transactions que les pou-

---

(1) Monthyon, Ministres des finances, p. 271.
(2) Il retira les lettres patentes envoyées au parlement pour l'établissement d'une de ces assemblées.

voirs politiques affaiblis estiment être de l'habileté.

Ces résistances de plusieurs parlemens isolés mirent fort en lumière que la réaction provoquée par Miromesnil et Vergennes, et représentée à l'œuvre par Fleury, était encore plus politique qu'administrative. Dans cette longue discussion qui eut lieu entre le parlement de Besançon et le ministère, on avait inspiré au roi, dans son discours à la députation qui lui apportait les arrêtés : « que tout ce qui *se faisait en son nom se faisait par ses ordres.* » Après ce premier pas dans la doctrine de la suprématie ministérielle, on voulut en essayer un second, en exigeant des députés de Bretagne une autorisation du gouverneur de la province pour surveiller les intérêts de leur état à la cour. C'était, selon les hommes de Bretagne, une atteinte à leur prérogative ; et ils écrivirent à Louis XVI une lettre qu'Amelot refusa de placer sous les yeux du roi. Les esprits étaient tellement irrités de part et d'autre, que des troupes entrèrent à Rennes, l'arme au bras, ce qui était une violation nouvelle et plus flagrante du droit de la province, et qu'il fallut corrompre les gentilshommes pauvres pour avoir la majorité aux États.

Ainsi, et de pareils actes le disaient assez, toute la question pour les hommes du gouvernement était une question de pouvoir absolu, une question de couronne et non d'État. L'esprit monarchique se défendait, mais il se défendait en blessant la

France. Louis XVI laissait faire ses ministres, croyant sans doute, avec l'égoïsme traditionnel dans sa maison, que restituer violemment au roi un pouvoir qui s'échappait de plus en plus, constituait de grands avantages au royaume. Avec son sens raccourci et cette fainéantise de bonne conscience qui le faisait s'endormir au sein des meilleures intentions, il supportait cette augmentation d'impôt, dont Turgot lui avait appris la crainte, comme une nécessité attachée au recouvrement de son pouvoir. Il aurait pu juger, s'il l'avait voulu, combien différent l'incapacité et l'aptitude, quand il vit Joly de Fleury, malgré les garanties offertes aux prêteurs par l'augmentation forcée des revenus, emprunter à des intérêts bien plus élevés que Necker. Mais ce qui était d'une plus sérieuse considération pour ce débile fils de Louis XIV, c'était le raffermissement de son autorité, que ses conseillers accusaient Necker et Turgot d'avoir ébranlée davantage. Vergennes, dont l'ambition empiétait chaque jour, était un de ceux qui l'entretenaient le plus dans ces illusions funestes. Aussi, quand les préliminaires de la paix furent signés, le roi le nomma chef du conseil des finances, et le gratifia d'une pension de soixante mille livres. Vergennes composa ce conseil du garde des sceaux, Miromesnil, et du contrôleur-général (1783). Pour arriver à cette création dont il avait longtemps nourri la pensée, il s'était rapproché assez cauteleusement de la reine, et avait donné l'ambassade d'Angleterre au comte d'Adhémar, un des favoris de Trianon. Nonobstant toutes les finesses d'une intrigue qui fait peu d'honneur à Vergennes, le conseil créé fut bientôt supprimé, car Ségur et Castries murmurèrent de se trouver dans un rapport de subordination vis-à-vis de Vergennes. Le diplomate, embarrassé de sa nouvelle position, plia son ambition à la circonstance et céda; mais ce fut une raison de plus pour Louis XVI de faire estime d'un homme qui savait se sacrifier à propos, et qui ne le forçait pas à lutter contre les mécontentemens de sa cour.

Ainsi, Vergennes s'affermissait plus que jamais dans les préférences du prince; Joly de Fleury prenait ses ordres pour la finance, et n'était qu'un commis dont l'ignorance se soumettait à la sienne. Ils firent de telles fautes, qu'à la fin, celui des deux qui répondait officiellement de décisions de l'autre, dut tomber. Ils autorisèrent le trésor, par un arrêt du conseil, à suspendre le payement des lettres de change qui venaient des colonies : c'était la ruine de ceux qui avaient avancé des fonds pour la guerre (1). Mais ce ne fut pas tout : la signature d'un pareil acte appartenait à Castries, le ministre de la marine. On signa pour lui et sans le prévenir; Castries blessé éleva la voix justement. Fleury osa lui répondre par un mensonge

(1) V. Droz, Histoire de Louis XVI. T. I, p. 392.

odieux : il parla de déprédations (1). Un cri universel s'éleva contre cette calomnie, et l'indignation fut si grande que Vergennes, compromis, retira sa main à sa créature, qui tomba. Fleury fut forcé de se démettre ; on l'avait placé au pouvoir presque malgré lui ; on y avait administré pour lui et sous son nom, et on le laissa tomber quand ses fautes pouvaient discréditer ses appuis (2).

Après Fleury, il fallait un homme de la même soumission aux plans de Vergennes et de Miromesnil. Le garde des sceaux, qui n'avait jamais tant agi dans sa vie, découvrit M. d'Ormesson. C'était un très-jeune conseiller d'État, neveu d'une femme (3) liée de cœur avec M. de Miromesnil, et fort digne par là de devenir contrôleur-général, dans une monarchie où les hommes ont dû souvent leur fortune politique aux femmes. Nous n'insistons, du reste, sur ce détail intime de l'élévation de M. d'Ormesson, que pour mieux montrer la gravité des hommes chargés de la direction du royaume On a beaucoup parlé de sa probité, mais c'était une probité sans force, comme celle de Louis XVI, vertu délicate, mais qui ne savait ni se préserver ni se défendre. Quant à sa capacité, elle était nulle. Un écrivain qui s'est exprimé sur son compte avec

---

(1) V. Droz, Histoire de Louis XVI. T. I, p. 392.
(2) V. Droz, id. p. 393.
(3) V. M. de Monthyon, Ministres des finances, p. 272.

bienveillance (1), convient « qu'il avait la tête étroite et qu'il voyait les affaires sous les plus petits rapports. » Il refusa longtemps la place qu'on lui offrit, objectant sa jeunesse, s'objectant lui-même. Mais consciencieux dans un premier refus, la conscience lui manqua dès que la persévérance fut nécessaire. Louis XVI l'emporta en lui disant pour le décider : *Je suis plus jeune que vous, et ma place est plus difficile que la vôtre.* En effet, il remplissait si bien la sienne ! Ironie cruelle et naïve dont le malheureux roi se frappait lui-même à son insu.

L'un des traits qui honorèrent la courte administration du contrôleur-général fut son refus de payer les dettes de Monsieur et du comte d'Artois avec les deniers de l'État. Il n'ajouta pas du moins cet abus à tous les autres qu'il consacrait. Il réclama contre un engagement dilapidateur de Louis XVI qui avait promis d'acheter, pour quatorze millions, Rambouillet au duc de Penthièvre. Il menaça alors d'envoyer sa démission, et s'il renonça à ce projet, ce fut un malheur pour sa dignité, car plus tard il devait tomber de moins haut. Lui, qui ne pouvait succomber grandement sur un système, ne pouvait périr avec honneur que sur une question de droiture et d'intégrité ; et l'on eût dit qu'il le comprenait. Mais, comme M. de Maurepas, il se laissait guider par sa femme ; elle avait

(1) Monthyon, Ministres des finances, p. 272.

plus d'autorité sur lui que sa conscience même ; et elle le condamna à rester ministre. C'était le dévouer aux moqueries de toute la France. En effet, peu d'hommes publics se virent l'objet de la dérision universelle autant que d'Ormesson (1); mais ces railleries qu'on lui prodiguait étaient ajustées de manière à l'atteindre moins cruellement que le gouvernement qui l'avait choisi pour faire face à des embarras qui devenaient chaque jour des dangers.

Quand d'Ormesson arriva au ministère, il se mit à l'œuvre avec l'intention d'étudier au moins le département qu'il avait à gouverner; mais le travail auquel il se livra fut inutile, car sa tête n'était pas de force à embrasser les combinaisons difficiles, nécessaires à la manutention des finances d'un grand État obéré. Ses emprunts, calculés avec des loteries, devinrent plus durs que ceux de Fleury, déjà si chargés d'intérêt. Pendant les quelques mois d'une administration trop longue encore, il fit des fautes de toute nature. Ceux qui lui sont le plus favorables, allèguent qu'il perdit la tête (2) au milieu du détail infini qui accablait son inexpérience; humi-

---

(1) M. Droz en cite comme exemple cette plaisante facétie qui fut variée de cent manières. — Voulez-vous venir dîner chez moi? j'ai un très-mauvais cuisinier, mais c'est un bien honnête homme. — J'ai un cheval fougueux; je cherche pour le dompter un palefrenier plein de probité, etc. Hist. de Louis XVI. T. I, p. 395.

(2) M. Droz, Histoire de Louis XVI. T. I, p. 395.

liante manière de le justifier! Toujours est-il que ses derniers actes furent marqués d'un caractère de témérité qui approchait de la démence. On y sent l'homme effaré et qui va à l'abîme par le plus court chemin. Il obligea la caisse d'escompte à verser six millions au trésor; et quoiqu'il eût recommandé le secret, ce qu'il était facile de prévoir ne manqua pas d'arriver; par un coup monté, disent les uns (1), fort naturellement, disent les autres, l'alarme se répandit; mais en présence de cette crise qu'il avait provoquée, il agit de manière à en augmenter les périls. Il autorisa la caisse d'escompte à suspendre le payement en argent des billets au-dessus de trois cents livres, et voulut, par le même arrêt, leur donner un cours forcé dans le commerce; c'était porter violemment le désordre à travers les relations commerciales. Il donna pour pendant à cette mesure un autre arrêt aussi imprévu, aussi imprudent; il cassa le bail des fermes, en vue de l'établissement d'une régie; ce qui souleva enfin contre lui une de ces oppositions que les grandes fautes excitent de même que les grands talens. Les hommes, Vergennes en tête, qui avaient abattu Turgot et Necker étaient les mêmes qui précipitèrent d'Ormesson;

---

(1) Soulavie prétend que ce fut un coup monté par quelqu'un dont il tait le nom; mais cette insinuation ne peut être comptée comme un fait historique, et d'ailleurs il était impossible que l'imprudente opération du contrôleur général restât ignorée du public. V. Mém. polit. et hist. T. IV, p. 271.

rien n'est plus triste, à ce qu'il semble, que cette parité de haine frappant des hommes si profondément différens.

Un point seul leur était commun, c'était la faculté de se rendre hostiles tous ces courtisans faméliques de pensions, de luxe et d'abus, qui regardaient le contrôleur général comme le surintendant de leur maison. D'Ormesson n'opposait point à leurs avides instances ce calme souverain du devoir qui distinguait Turgot, ou l'esprit d'ordre persévérant de Necker; mais il leur opposait, quoique faible, assez d'honnêteté pour s'en faire de redoutables ennemis. Ils se vengeaient de son intégrité sur son ignorante et mauvaise administration. C'était un déchaînement de plaisanteries contre lesquelles il ne se montrait pas assez grand par le talent ou par le caractère pour y résister. Le ridicule l'atteignait, parce qu'il était bien à son niveau. Quand il eut contre lui l'opinion révoltée par son scandale de la caisse d'escompte, et que Vergennes se fut brouillé, pour un intérêt d'intrigue, avec Miromesnil, d'Ormesson sentit le terrain lui manquer. Il resta fidèle à Miromesnil, son protecteur, mais il cessa d'être ministre. M. de Vergennes, qui savait, en sa qualité de diplomate, insulter poliment un homme disgracié, alla lui faire une visite en personne pour lui apprendre son renvoi.

Tel fut le passage de M. d'Ormesson aux finances. Il les avait rendues un peu plus troubles, un peu plus confuses qu'elles ne l'étaient même du temps de son prédécesseur Fleury. Les sept mois d'une administration impuissante faisaient suffisamment la preuve de la folie qu'il y aurait à aller plus loin dans les idées du passé et à y chercher encore des ressources. La guerre finissait heureusement; les dépenses allaient donc être moindres, mais la situation était tellement chargée, qu'une guerre éteinte sur trois points différens, en Amérique, aux Indes et aux Antilles, ne les dégrevait pas d'une manière sensible. Comme Necker, du fond de sa retraite, pouvait, s'il n'était pas une grande âme, jouir des embarras de ces hommes qui l'avaient renvoyé! Qu'allait-on devenir en ces circonstances? Quel successeur donnerait-on à l'honnête jeune homme dont la probité n'avait pas suffi? Il n'y avait réellement pas de tête digne de l'emploi resté vacant. On parlait de Loménie de Brienne. C'était un de ces hommes d'esprit, qui sont redoutables aux affaires parce qu'ils croient les deviner. Foulon aussi était désigné au choix du monarque : intendant extorsionnaire qui disait cyniquement que la banqueroute était une libération légitime de l'État. Ni l'un ni l'autre ne plaisait à Louis XVI et ne tentait son choix. Il devait tomber sur un homme plus dangereux peut-être encore. Car il réunissait la foi qui s'aveugle à la duplicité qui trompe, et il connaissait la magie funeste de jeter sur les autres le sort de ses propres illusions. Avant la nomination de

M. de Calonne, un homme de bien, M. de Castries, parla longuement au roi de la nécessité de rappeler Necker au ministère ; mais le nuage soufflé par la haine envieuse de Vergennes sur l'esprit du roi ne put être dissipé. Louis XVI n'avait pas dans l'esprit ce qui rend capable de la rigueur d'un refus, mais il savait éconduire en se refermant sur lui-même. Cette répulsion inerte qu'il opposa à Castries, au moment où les besoins de la situation appelaient si haut M. Necker, Louis XVI l'avait déjà montrée en 1780 aux hommes qui devaient pourtant, à ce qu'il semble, avoir le plus d'autorité sur cet esprit soumis et crédule. Le clergé dans ses assemblées, depuis 1745, avait trahi beaucoup d'épouvante, en voyant s'élever et s'étendre le progrès des doctrines philosophiques. Tous les cinq ans revenaient officiellement les mêmes plaintes, mais en 1780 elles furent plus expressives que jamais, et il s'y mêla des instances que Louis XVI ne voulut point contenter. Quand on lit ces espèces de requêtes adressées au roi par l'Église gallicane et signées par le cardinal de la Rochefoucaud, on sent combien le clergé est inquiet sur ses destinées. S'opposer à la circulation des livres et fonder une législation contre les auteurs irréligieux qu'on substituerait à l'ancienne, trop sévère pour être appliquée (1), sévir

---

(1) V. la déclaration du 16 avril 1757, qui prononçait la peine de mort contre ceux qui auraient fait imprimer ou répandu des livres irréligieux.

contre les protestans, trop peu surveillés, trop peu restreints dans l'exercice de leur culte, tel était le but du clergé, et il le proclamait sans fausse honte dans ses déclarations. Mais Louis XVI, quoique dévoué aux intérêts de l'Église, ne souscrivit point aux demandes qu'on lui faisait en son nom ; des notes marginales écrites de sa main sur ce mémoire nous apprennent qu'il ne s'était pas encore dépouillé des bonnes influences de Malesherbes (1).

Ainsi, Necker était repoussé ; Louis XVI avait eu cette fois le courage de ses répugnances ; par cette triste force dont il usait si peu, il se fit un grand mal à lui-même ; car Necker, revenu aux affaires, aurait du moins épargné à la monarchie le ministère de Calonne et de Brienne, qui la perdirent un peu plus tôt. Il eût réparé beaucoup de pertes et maintenu l'État dans une situation honorable encore pour quelque temps. Retenir ce qui va s'échapper, faire durer ce qui s'affaiblit de plus en plus, c'est dans certains momens le plus grand service qu'on puisse rendre aux gouvernemens comme aux peuples. Necker était le seul qui pût faire cela. Turgot n'existait plus ; il était mort jeune encore, en 1781, au milieu des préoccupations de la science, à l'âge où l'on mourait dans sa famille,

---

(1) Soulavie, resté prêtre souvent dans ses opinions, rapporte dans ses mémoires le texte des déclarations de 1780, et les notes de Louis XVI. Voir le tome V, p. 137 et suiv.

comme il l'avait dit souvent à ceux qui l'avaient trouvé trop pressé dans ses réformes, trop impatient dans le bien qu'il voulait faire à son pays. D'hommes de cette hauteur, de cette consistance, de cette vertu publique, il n'y en avait pas. Necker seul en approchait; et même, considéré dans le détail des affaires de finance, il avait une capacité plus directe et plus appropriée que celle de Turgot. Necker, d'un autre côté, n'aurait plus rencontré devant lui ce grand obstacle, cette vanité ombrageuse de premier ministre qui l'avait fait tomber une fois; car Maurepas aussi était mort, et la même année que ce Turgot à qui il ressemblait si peu.

Ce vieux maire du palais, que Louis XVI aimait à entendre vivre dans les appartemens placés au-dessus de sa tête, mourut en octobre 1781. Sa mort ne compromettait rien dans l'État de considérable et d'important; il s'était conduit en épicurien du pouvoir, très-jaloux de sa jouissance; mais il n'avait ni système ni permanence de vues : survivant du règne passé, dont la légèreté spirituelle était la vie d'un autre temps. On n'oserait dire que ce fussent des idées, même anciennes, que représentait Maurepas. C'étaient plutôt des usages, dont la raison s'en allait chaque jour. Il faisait encore respecter l'étiquette, et maintenait un peu la cour. C'est dans ce sens qu'on dit de lui, « qu'à sa mort, on perdit « plus qu'il ne valait; » mot charmant et juste, mais juste seulement à Versailles ; car la France, car les idées qui devaient triompher dans l'avenir, ne perdaient à la mort de ce ministre qu'un ennemi et qu'un empêchement.

CHAPITRE IV.

La reine, son éducation, sa position en France, sa société intime. — Caractère et genre de vie de Louis XVI. — Monsieur et le comte d'Artois, le duc d'Orléans et les autres princes du sang. — Ministère de Calonne, ses opérations, ses prodigalités. — Procès du collier. — Crédulités et superstitions de l'époque. — Découvertes scientifiques. — Traité de commerce entre la France et l'Angleterre. — Affaire des Bouches de l'Escaut. — Déficit des finances. — Projets de Calonne.

Le vieillard dont Louis XVI déplorait la perte méritait peu l'honneur de ses regrets; plus qu'un autre, il avait compromis les réformes; il avait ruiné l'espérance qui reposait sur la personne du roi; il avait discrédité les voies pacifiques d'amélioration, et il avait fait le mal par vanité, par puérile jalousie. Sa mort, cependant, qui venue plus tôt eût été une délivrance, mit un péril de plus dans les affaires. L'inquiet Maurepas, en garde contre toute concurrence, arrêtait avec adresse l'essor que la reine voulait prendre à ses dépens. Sa mort livra à Marie-Antoinette la position qu'elle ambitionnait. Un autre événement y contribua

1781.

encore, et décida sa prépondérance. Elle devint mère; ce fut d'abord une fille qu'elle mit au monde; mais elle donna un héritier au trône, peu de temps après (1). Cet événement fait comme deux parts de la vie de Marie-Antoinette. Dans la première, marquée par une stérilité de dix ans, la fille de Marie-Thérèse manqua de ce qui pouvait le mieux la rendre française, de cette maternité qui naturalise les reines en France. Chez elle, l'espérance d'être mère s'affaiblissait d'année en année. Et qu'avait-elle en perspective? D'aller, en cas qu'elle survécût au roi, finir sa vie en Autriche; voilà ce qu'elle avait à craindre, et ce que la France peut-être osait espérer. Ce fut au milieu de circonstances les moins faites pour fixer son cœur chez nous qu'elle s'y trouva jetée. L'Autriche l'avait donnée comme le gage, la consécration d'une alliance impopulaire. Sitôt venue, elle se vit disgraciée, pour ainsi dire, dans l'homme d'État qui avait conclu son mariage.

(1) Le 22 octobre 1781. — Le roi était affecté d'un défaut de conformation qui laissa peu d'espérance, pendant plusieurs années, de lui voir un héritier. On y remédia seulement après huit ans de mariage. « Vers la fin de 1777, dit madame Campan, la « reine, un matin, s'avança vers moi, en me disant : « Je suis « reine de France. » L'attachement du roi pour la reine prit « alors tout le caractère de l'amour. Le bon Lassone, premier « médecin du roi et de la reine, me parlait souvent de la peine « que lui avait faite un éloignement dont il avait été si longtemps « à vaincre la cause, et ne me paraissait plus avoir que des in« quiétudes d'un genre tout différent. » Mém. de madame Campan. T. I, p. 187.

Elle se trouva placée en suspicion au milieu d'une réaction politique. L'archiduchesse blessa les vanités de rang, comme les habitudes d'alliance de la monarchie. La haute noblesse se dressa contre elle, et la famille royale, imbue des traditions, comme la noblesse, la vit avec prévention et froideur. De si fatales circonstances n'aidèrent pas à gagner à la France cette belle étrangère ; et quand la dauphine fut devenue reine, la méfiance et la défaveur des grands descendirent dans la nation. Ce fut le mal irréparable de sa destinée, et ce mal lui fut suscité par ses nouveaux parens, par ce faisceau d'ennemis que sa maison comptait dans la noblesse de France (1), et qui de bonne heure prirent leurs sûretés contre elle en la perdant dans l'opinion. Dévouée à Choiseul que redemandait sa mère, elle se découvrait aux coups des Richelieu, des d'Aiguillon, du chancelier Maupeou, parti violent et immoral qui, dans la jeune reine, voulait atteindre l'ancien ministre. A la manière dont on l'assaillit, dès qu'elle fut reine, il faut reconnaître une puissante cabale, décidée à la déshonorer (2). Ce ne furent point de

(1) 13 juillet 1774. « Il règne à la cour une division abomina-
« ble... La carmélite a écrit une lettre fanatique et très-impé-
« rieuse à la reine, ainsi qu'à la maison d'Autriche... » Chronique secrète de l'abbé Baudeau : Revue rétrospective. T. III, p. 283. Mém. de madame Campan. T. I, p. 192.

(2) « La reine a contre elle un parti qui en dit beaucoup de
« mal : C'est celui des anti-Choiseul, le chancelier avec sa prê-
« traille, le d'Aiguillon et ses valets, et la cour de Mesdames. Les

ces jeux de la médisance, de ces malignités couvertes qui rongent à petit bruit les réputations. La reine fut ouvertement déchirée, livrée à des attaques atroces, du premier jour qu'elle régna (1). Il y eut un atelier de calomnies qui jeta dans le public plus de contes odieux sur elle, plus de chansons, plus d'épigrammes, plus de vers et de prose de cette triste espèce, qu'il n'en fut jamais dirigé contre personne (2). Cette active cabale se flatta de la faire tomber si bas, que force fût de la renvoyer à Vienne. Et ce qu'il importe de dire, c'est que la famille royale en partie trempait dans ces machinations de scandale. Les trois tantes de Louis XVI, à qui Choiseul était en haine (3), ne pardonnaient point

« brigues sont abominables à cette nouvelle cour. » Chronique secrète de l'abbé Baudeau : Revue rétrospective. T. II, p. 273.

(1) Mém. de madame Campan. T. I, p. 9.

(2) « Le jour de la naissance du dauphin, on jeta dans l'OEil de bœuf un volume entier de chansons manuscrites contre la reine. » Mém. de madame Campan. T. I, p. suiv.

(3) « On tire à boulets rouges sur la reine ; il n'y a pas d'hor-
« reurs qu'on n'en débite, et les plus contradictoires sont admises
« par certaines gens.......

« C'est la cabale jésuitique du chancelier et des vieilles tantes
« qui fait courir tous ces bruits-là, pour perdre s'ils peuvent cette
« pauvre princesse, et pour être seuls maîtres de la cour......

« Ce sont les vieilles tantes qui s'agitent... C'est de là que par-
« tent les satires détestables qui courent contre la reine. » Chronique secrète de l'abbé Baudeau : Revue rétrosp. année 1774, T. II, p. 281 à 283.—Voir Soulavie, Mém. du règne de Louis XVI. T. II, p. 74 et suiv.

à leur nièce l'appui public qu'elle lui donnait. Elles étaient femmes d'ailleurs, et le rôle brillant auquel une jeune et belle reine était naturellement appelée, choquait leurs vieilles prétentions. Mesdames tantes passaient leur temps à critiquer ses modes, ses démarches, ses plaisirs, à dénoncer sa mère et l'Autriche dans ses plus simples actions.

Auprès du trône, Marie-Antoinette rencontrait encore d'autres sentimens non moins ennemis. Les comtesses de Provence et d'Artois, ses belles-sœurs, couvraient à peine du respect dû au rang la haine de la personne. Soit préventions de leur maison de Savoie, qui voyait de mauvais œil une Autrichienne régner en France, et trouvait sa politique gênée à l'union des deux grands États ; soit vanités de femme chez ces princesses, Marie-Antoinette les offusquait. Elles étaient jeunes, mais sans charme et sans éclat ; Madame, surtout, ne pouvait oublier qu'on l'avait demandée pour le dauphin, avant que l'on songeât à faire des ouvertures à Vienne ; et c'était à Marie-Antoinette qu'elle tenait rancune du revirement de la politique de Choiseul. Il est avéré que la maison de Monsieur se prononça sans retenue contre Marie-Antoinette, et qu'on parlait autour de lui de la reine avec une injurieuse liberté (1). Au loin comme auprès, la politique

---

(1) Mém. de madame Campan. T. I, p. 200. — Mém. de madame Vigée-Lebrun. T. I, p. 77. Soulavie, t. II, p. 72, 82.

était intéressée à la trouver en faute, et faisait la guerre à son influence, en la prenant à partie dans ses mœurs. Il y avait au dehors plusieurs États que le traité franco-autrichien tenait en inquiétude ; car cette alliance avait troublé le vieux système européen. Frédéric, surtout, ne cessait de s'en préoccuper et d'en médire. Il avait beau tendre la main au cabinet de Versailles, ses avances, ses ouvertures restaient sans succès ; et si, en ces occasions, la fille de Marie-Thérèse pouvait lui faire obstacle, il avait, pour s'en venger, des armes peu courtoises. On sait que le grand homme n'était pas un chevalier. Ses contrariétés politiques devenaient d'amères railleries, des sarcasmes qui portaient coup (1). Toute l'attention de ses agens était dirigée sur la belle Autrichienne ; et ces argus prenaient naturellement leurs notes sous la dictée de ses ennemis. Tous les petits princes de l'empire ressentaient le même malaise, désorientés par cette alliance qui effaçait le traité de Westphalie et les découvrait du côté de l'Autriche ; ils se disaient indignement sacrifiés, et ne pouvaient éprouver pour la reine de France que les plus hostiles dispositions. Leurs agens, comme ceux de Frédéric, comme ceux de l'Angleterre, la décriaient dans leurs dépêches ; car il n'y avait pas jusqu'à l'An-

---

(1) Nous avons rappelé plus haut qu'il nommait la France *la ferme de la maison d'Autriche*, comme il avait nommé l'électorat de Cologne le *pour-boire* de Joseph II.

gleterre qui ne la vît avec une défiance concentrée, et qui ne s'accommodât mal du déplacement des alliances.

Voilà dans quelles complications Marie-Antoinette fut enveloppée; et cela suffit à peine à rendre raison de son énorme et prompte impopularité. Le premier tort et le plus grave en fut aux circonstances qui avaient fait d'elle l'expression d'une politique fausse dont elle répondit. Tant de forces ralliées contre cette femme, tant de positions prises contre elle au dedans et au dehors, entraînèrent facilement l'opinion sur tous les points. Mais ici la responsabilité commence pour Marie-Antoinette, et pour ceux-là, bien davantage, qui cimentèrent leur politique avec son nom. Elle apportait de Vienne une éducation fort imparfaite (1); ce qui lui était échu de bon, elle le devait à la nature; mais on n'avait rien développé, rien affermi de ses dispositions. Le spectacle et les entours que lui donna la cour de Louis XV n'étaient guère propres à parfaire cette éducation manquée. Elle s'y trouva dépourvue de guides, d'enseignemens fermes et élevés. Elle y apprit la légèreté des mœurs, elle qui avait, à cet âge, toutes les légèretés de l'esprit et du caractère. Aucun tact, aucun instinct, il semble, ne vinrent l'avertir de ce qu'il fallait éviter dans ses entraînemens naturels. Elle ne sut

---

(1) Mém. de madame Campan. T. I, p. 75.

pas se faire une conscience de reine, quand le titre lui en échut. Elle ne tira point parti de cette grande responsabilité de la position qui hâte quelquefois l'expérience et la maturité chez les princes. A force de se sentir femme et de se savoir belle, elle perdit notion de toute autre chose. Dans les conditions les moins en vue, toute autre qu'elle eût joué sa réputation à des démarches, à des oublis comme en commettait la reine de France. Ses qualités de cœur, qui étaient réelles, restaient cachées, ou avaient trop souvent un mauvais emploi ; ses défauts d'humeur, ses imprudences, ses travers d'étourderie étaient publics. Elle aimait à persifler et s'y abandonnait sans discernement comme sans dignité. Elle blessa ainsi la plupart des femmes de grand nom, qui s'éloignèrent de la cour. L'étiquette dont elle se moqua touchait peu la nation, qui volontiers en eût vu la réforme ; mais l'assentiment public lui manqua, dès qu'on vit la jeune reine distinguer si mal dans son dédain l'étiquette et les bienséances.

Jamais la diffamation ne s'acharna sur l'honneur d'une femme comme sur le sien : des satires cruelles, souvent infâmes, la poursuivirent sans relâche pendant vingt ans ; et s'il s'agit de lire au fond de sa conduite de femme, l'histoire n'a rien à puiser dans de tels écrits.

Plus d'un contemporain, sans afficher la haine, laisse croire qu'il y eut dans la conduite de l'épouse de Louis XVI plus d'un grave oubli de ses devoirs ; d'autres se sont portés caution de son honneur ; mais pour affecter trop de ménagemens, ils ont servi faiblement l'intérêt qu'ils voulaient défendre. Ces témoignages sont tous plus ou moins suspects à divers titres, et la conscience de l'historien n'en tire pas une suffisante lumière. Les préventions publiques, le cri d'accusation qui s'éleva si haut contre la reine et dont nous avons dit l'origine, ne résolvent pas davantage ce problème de moralité ; mais ces préventions publiques furent un fait considérable et qui pesa beaucoup sur les destinées politiques de la royauté.

Marie-Antoinette passait sa vie au sein d'une société intime. La haute noblesse qu'elle avait trouvée autour du trône n'y eut guère d'accès. Le parti de la reine n'avait de point d'appui nulle part que dans sa faveur, et était aussi mal vu du public que de la noblesse élevée. La plupart de ces favoris avaient leur fortune à faire ; leurs noms manquaient d'éclat. Plusieurs passaient pour des représentans serviles de l'intérêt autrichien. La jeune reine mettait dans ses amitiés un entrainement de cœur, une pétulance démonstrative qui furent calomniés dès ses premières affections (1). Ces vives liaisons furent peu durables. Après les princesses de Guémenée et de Lamballe, vint le tour

---

(1) Voir Chron. de Paris, 1774, par l'abbé Baudeau, Revue rétrospective. T. II, p. 281.

d'une autre favorite ; et cette nouvelle phase des attachemens de Marie-Antoinette devait combler la mesure de son impopularité.

La comtesse Jules de Polignac avait jusqu'alors vécu en province dans une médiocrité de fortune qui s'appelait de la misère dans la langue des gentilshommes. Une circonstance la produisit à la cour, et elle n'eut qu'à se laisser voir pour emporter d'emblée la plus haute faveur. Tout lui échut bientôt pour cette amitié instantanée de la reine. Elle devint dame d'honneur, duchesse, surintendante de l'éducation du dauphin, et n'eut que la peine de répartir sur tous les siens les plus grosses charges de cour et d'administration.

La comtesse Jules, comme on l'appelait, était une femme d'une séduction infinie ; elle était belle, et de la plus fine beauté, avec des grâces calmes et une mollesse d'attraits à laquelle on ne résistait pas. Elle dirigeait avec une science invisible l'emploi de ses qualités charmantes. Elle avait tant de placidité et tant de surveillance avec elle-même, qu'on peut douter que son cœur fût entraîné comme l'était celui de la reine ; mais elle possédait si bien la belle faculté des larmes, et le jeu naturel des plus tendres sentimens ! Rien n'était doux comme son humeur et son commerce ! Elle redoublait l'amitié par un prestige d'anciennes souffrances, et savait stimuler la fortune par de nonchalantes réserves, et les plus aimables semblans de désintéressement.

A côté de la belle enchanteresse, il y avait encore, 1774 à 1781. dans cette fortunée maison de Polignac, une puissance moins séduisante, mais aussi sûre; c'était une Circé d'un autre genre, Diane de Polignac, la belle-sœur de la comtesse. Celle-là ne fascinait pas; elle dominait. Diane était laide et contrefaite, et cependant c'était à elle qu'appartenait l'empire, dans ce petit cercle de belles femmes et de brillans favoris. Elle avait des mœurs effroyablement décriées, et cependant elle eut en garde la chasteté de la candide sœur de Louis XVI, madame Élisabeth. La dame d'honneur était l'effroi de la princesse, et gouvernait despotiquement sa maison. Le roi aussi la voyait avec crainte, et il conviait sa sœur à la soumission (1). Diane de Polignac prit la même autorité chez la reine; elle y régnait par sa belle-sœur, dont le charme devenait, dans ses mains, une arme supérieurement dirigée. Diane passait pour aussi méchante qu'habile; ce n'était qu'audace et mouvement. Elle avait cet ascendant des volontés fortes, cette sorcellerie qui fit brûler Galigaï. Elle était le ressort de toutes ces cabales, où l'intérêt des Polignac était toujours en jeu. Elle s'en faisait un véritable gouvernement! Elle arrêtait, elle distribuait tous les matins le travail de la journée; elle partageait les rôles, elle tenait la

---

(1) « Le roi alla conjurer sa sœur de revenir, de patienter et « de souffrir la comtesse Diane. » Soulavie, Mém. hist. de Louis XVI. T. VI, p. 31.

plume, répondait, allait, s'employait à tout. Elle eût fait le pendant, mais plus vigoureux, mais plus noir, à ce portrait de la duchesse du Maine que Saint-Simon trace d'un pinceau si vif : cette jolie naine, pétulante, affairée, toujours écrivant, qui couvrait son lit de parchemins et de papiers, et brouillait mille intrigues dans ses petites mains. Celles de Diane avaient moins de grâce, mais plus encore de rapacité.

La vie intime de la reine se trouva ainsi concentrée dans ce cercle étroit de favoris : c'étaient les Polignac, maison médiocre, qui s'étaient subitement élevés à tout ce qu'il y avait de plus haut; c'était Besenval, un Suisse dévoué à la faction autrichienne; Adhémar, Vaudreuil, Polastron. De tels entours assurément seraient mauvais garans de la pureté de conduite de la reine. Ils avaient intérêt à l'induire en faute, pour s'impatroniser dans ses secrets. Mais on la voit si imprudente, si oublieuse de toute précaution, que l'on s'en ferait un titre pour la justifier. Il semble qu'elle eût moins négligé l'apparence, le côté visible des actions, si elle se fût sentie, au fond, plus engagée. Peut-être s'observait-elle d'autant moins qu'elle résistait davantage! Jeune et charmante, amoureuse d'élégans plaisirs; avec un mari si peu fait pour elle, entourée d'hommes brillans qu'elle enivrait, elle fut livrée sans doute à bien des émotions brûlantes. Plus d'une fois elle oublia au moins sa fierté, cette pudeur des reines; mais sa position était si fausse, 1774 à 1781. si compliquée, si redoutable, qu'elle eût été peut-être accablée encore, quoi qu'elle eût fait.

Dans cette monarchie française qui maintenait tant d'intervalles vides entre le prince et les sujets, où la représentation royale avait des rites si uniformes, si constans, la fille des Césars prétendit vivre comme ses pères vivaient à Vienne. Ce fut son bon plaisir de rester Allemande, telle qu'elle avait été élevée dans cette espèce de patriarcat des mœurs impériales, où les princes, libres de toute gêne au dehors, rentrent au palais, adorés, absolus. Marie-Antoinette fut la victime de ces souvenirs de l'Autriche. Elle voulut être adorée aussi, mais sans rien sacrifier de ses aises et de sa liberté. Pour se délier des chaînes de l'étiquette, elle profita du mouvement général qui tendait à simplifier les mœurs. Elle s'autorisa de ce retour vers les choses naturelles, que Rousseau avait mises en faveur. Tout cela était conforme aux idées du temps, et néanmoins l'opinion ne lui en tint pas compte. En faisant cette révolution qui frappait les usages et l'attitude de la royauté, Marie-Antoinette encourut le blâme de la vieille cour; et, de son côté, le public ne crut y voir que la convenance personnelle qui s'affranchissait d'une surveillance importune.

Mais Marie-Antoinette obéissait bien, en cela, à ses habitudes et à ses premiers goûts; elle aimait naïvement son chapeau et son tablier de bergère, ses ruisseaux et ses chalets de Trianon. Ce petit parc anglais, qui avait le masque de la nature, la délassait de Versailles, de ses grandes allées solennelles, de ses royales forteresses de verdure. Trianon était dérobé, accidenté, commode; il était agreste autant qu'il fallait à ses habitans, plein de mousses et d'eaux capricieuses, de bouquets d'arbustes semés en courant et d'allées qui se perdaient en détours, comme la fantaisie des belles reines. Trianon offrait l'aspect d'une peinture de Vateau, quand Marie-Antoinette, suivie de sa troupe légère, y menait sa vie de villageoise, se faisait la batelière du lac, la laitière de l'étable ou la faneuse des petits prés. Cette fille d'empereur, qui portait la tête si haut en traversant les salles de Versailles, *la femme de France qui marchait le mieux* (1), qui déployait si altièrement les courbes éclatantes de sa taille et de sa figure, s'oubliait, comme un enfant, dans cette vie intime de Trianon. Elle y avait encore son petit théâtre où elle remplissait les rôles de soubrette. En tout, elle se réduisait aux dimensions de sa maisonnette royale. On rencontrait la reine voyageant en cabriolet, et conduisant le cheval elle-même (2). Elle se rendait seule à Trianon, n'ayant pour suite qu'un valet de pied, et

---

(1) Mémoires de madame Vigée-Lebrun, peintre de la reine. T. I, p. 64.

(2) Chronique secrète de Paris, par l'abbé Baudeau, Revue rétrospective. T. III. p. 375.

c'était la concierge qui lui tenait lieu de femme de chambre (1). *Ces petites courses légères*, comme les appelait Louis XVI, firent naître de sa part quelques représentations à l'origine; la reine y répondit que c'était l'usage de Vienne (2). Elle aimait l'émotion de la foule, et s'y mêlait avec abandon; on la voyait en barque sur la rivière, quand il y avait des joûtes à Saint-Cloud. Elle y courait en traîneau l'hiver. Elle se plaisait aux bals de l'Opéra, où son incognito était bientôt trahi. On l'y vit une fois arriver en fiacre, à peine accompagnée, son carrosse s'étant brisé en chemin; elle fut la première à rire de sa mésaventure, et se hâta de la raconter. Mais cette nouveauté d'allures avait des périls au milieu de tant de surveillans corrompus. Les plus retenus disaient, comme le marquis de Mirabeau : « Louis XIV serait un peu étonné s'il voyait la femme de son arrière-successeur, en habit de paysanne et tablier, sans suite, pages, ni personne, courant le palais et les terrasses, demander au premier passant en frac de lui donner la main, que celui-ci prête seulement jusqu'au bas de l'escalier (3). »

Et ces paroles du marquis de Mirabeau, cet humoriste de France, n'étaient point seulement une

---

(1) Mém. de madame Campan. T. I, p. 112.
(2) Chron. secrète, etc., Revue rétrosp. T. III, p. 376.
(3) Mém. de Mirabeau : Lettre du marquis au bailli de Mirabeau. T. III, p. 393.

boutade d'homme religieux aux anciens usages, de gentilhomme indigné, c'était plus que cela. Il était dans la destinée de cette reine de n'avoir pas impunément les plus frivoles fantaisies de la femme. Même le tablier qu'elle aimait à porter, même l'étoffe dont sa robe était faite, elle avait à en rendre compte à ses ennemis ; il fallait qu'elle en répondît devant la France. Ainsi, elle s'habillait de blanc : l'orgueil de sa beauté peut-être, de son idéale fraîcheur, lui faisait préférer les linons et les dentelles au velours et à la soie, portés d'ordinaire par les reines; et, dans ce détail de toilette, ce fut l'Autriche qu'on vit encore. On disait que c'était là un moyen de faire passer l'argent de France dans les mains de Joseph II, d'entretenir, au détriment de Lyon, les manufactures des Pays-Bas. Lyon se plaignit officiellement, et ne fut pas seul à réclamer ; les économistes blâmaient ce luxe changeant et fragile; les femmes de cour se scandalisaient de voir la reine toujours vêtue de blanc comme une femme de chambre, tout en copiant ses modes avec fureur (1).

Trianon, que l'on accusait la reine d'avoir sur-

---

(1) « En même temps qu'on blâmait la reine, on la copiait
« avec fureur, dit son panégyriste Montjoie. Chaque femme vou-
« lait avoir le même déshabillé, le même bonnet, les mêmes
« plumes qu'on lui avait vus. On courait en foule chez une dame
« Bertin, sa marchande de modes... La folie gagna les hommes...
« ils quittèrent alors les talons rouges et les broderies sur leurs
« habits ; ils se plurent à parcourir nos rues vêtus d'un gros drap,
« un bâton noueux à la main et chaussés avec des souliers épais. »

nommé le petit-Vienne (1), devint le but de tous les soupçons, de toutes les attaques. Des esprits prévenus, enflammés, en vinrent à ce point de parler de Trianon comme d'un nouveau Parc-aux-Cerfs dont une femme était le Louis XV. Mais c'est à tort que l'on a accusé les passions populaires d'avoir pris de longue main Marie-Antoinette pour victime. Ce furent des factions de cour, des haines de plus près qui donnèrent le signal, et qui, par un travail conduit sans relâche, égarèrent à ce point l'imagination du public (2). Les partis peuvent se renvoyer l'injure et la honte, mais un peuple garde plus de souci de son honneur. Et suffisait-il donc d'être reine ou princesse pour être diffamée en France, même sous Louis XV? Marie-Leczinska, la dauphine, mère de Louis XVI, madame Élisabeth, sa sœur, mesdames tantes, quoique impopulaires par leurs opinions, la jeune duchesse d'Orléans, restèrent comme femmes noblement respectées dans le naufrage de tant de réputations. Mais Marie-Antoinette, jetée dans une famille vieille rivale de la sienne, cruellement observée, dénoncée prématurément, donna contre elle de si dangereuses armes, que le pays, qui ne l'avait aimée qu'un jour, finit par tout croire de ses sentimens et de ses

---

(1) L'abbé Baudeau le rapporte, mais madame Campan dément le fait, t. I, p. 112 de ses mémoires.

(2) Chron. secrète de Paris, pour l'année 1774, par l'abbé Baudeau ; Revue rétrosp. T. III, p. 283.

mœurs. Quel dangereux parti encore ne tira-t-on pas de ces concerts de nuit de la terrasse, pendant plusieurs étés ! Le plus réservé des témoins (1) rapporte que ces plaisirs se prenaient après le coucher du roi, et que la reine, dans l'abandon de ces soirées, fut abordée par des gardes, par des inconnus qui venaient murmurer dans l'ombre d'audacieuses déclarations : « L'idée qu'il était possible d'attirer ses regards enhardissait (2). » Bien des têtes s'égaraient, en effet, au passage de cette femme voilée, qui ne faisait de la royauté qu'une auréole pour ses attraits, et dont le cœur jouissait du trouble qu'elle répandait autour d'elle ; on ne s'entretenait que de la présence de cette reine à demi cachée qui descendait vêtue de blanc du palais. Ces soirées de la terrasse eurent bientôt une célébrité funeste sous un nom particulier, propre à enflammer les imaginations et à les salir ; on les appela les *nocturnales* de Versailles.

Des contemporains accusent Maurepas (3) d'avoir

---

(1) Mém. de madame Campan. T. I, p. 194.
(2) Idem. T. I, p. 195 et suiv.
(3) « M. de Maurepas eut la cruelle politique de répondre au
« roi qu'il fallait laisser faire la reine ; que ses amis avaient beau-
« coup d'ambition et désiraient la voir se mêler des affaires, et
« qu'il n'y avait pas de mal de lui laisser prendre un caractère de
« légèreté... Il est donc présumable, lorsque le premier ministre
« avait osé trouver en présence du roi quelque avantage à laisser
« la reine se déconsidérer, que lui et M. de Vergennes se ser-
« vaient de tous les moyens qui sont au pouvoir de ministres

favorisé ces imprudens plaisirs de Marie-Antoinette, pour donner le change à ses fantaisies de gouverner. Mais, s'il est vrai que Maurepas ait aidé à la rendre frivole, d'autres avaient intérêt à la rendre ambitieuse. Il n'y avait pour cela qu'à toucher son amour-propre de reine, à la prendre par la vivacité de ses sentimens, qui étaient fort ardens pour tout ce qui vivait dans sa faveur ; elle épousait aussitôt tous les intérêts qui se recommandaient d'elle : à toute heure, elle demandait, elle exigeait, et quelquefois avec un extrême emportement. Quoiqu'elle manquât de lumières (1), et qu'elle fût superficielle d'intelligence comme de dignité, la reine s'emparait des affaires ; une pareille tête les usurpait. Cette influence, qui ne connut plus d'obstacles après la mort de Maurepas et la naissance du dauphin, était déjà grande dès les premières années du règne. Un ministre d'alors, le prince de Montbarrey, raconte en détail une scène violente qu'il eut à subir de la part de la reine, qui demandait le grade de colonel pour un de ses protégés. « Ces reproches, vu leur vivacité, dit-il, auraient pu passer pour des injures. Cette scène terrible dura plus d'une demi-heure,

« puissans, et profitaient des plus légères fautes de cette malheu-
« reuse princesse, pour la perdre dans l'opinion publique. » Mémoires de madame Campan. T. I, p. 202.

(1) « Il n'a jamais existé de princesse qui eût un éloignement
« plus marqué pour toute lecture sérieuse. » Mém. de madame Campan. T. I, p. 75.

et ne nous laissa pas la faculté d'entendre un orage très-fort qui éclatait sur notre tête, et qui dura avec une grande violence pendant que je subissais cette cruelle épreuve (1). »

Ce que le prince de Montbarrey rapporte, après cette scène d'un si étrange caractère, fait naître encore la surprise et la curiosité. La reine, au bout de quelques semaines, voulut se réconcilier avec le ministre; elle avait besoin de lui! De quoi s'agissait-il? De retarder de huit jours le départ d'un colonel pour son régiment! La reine faisait de cet objet une si grosse affaire, qu'elle dit au ministre « qu'il fallait tout tenter pour la satisfaire, et qu'il pouvait tout promettre de sa part en cas de succès. » On la vit se plier à de pénibles démarches pour obtenir cet ajournement. « Dans mon for intérieur, dit Montbarrey, j'étais très-convaincu que sa majesté se désisterait de sa demande, plutôt que de céder, mais je me trompais : la reine souscrivit à tout.... (2). Cette aventure, qui pourra paraître minutieuse, ajoute-t-il, est l'époque d'où je peux partir pour mon véritable crédit à la cour, et tous les événemens heureux qui me sont arrivés, en ont été les suites (3). » Voilà à quels ressorts tenait ce

(1) Mém. du prince de Montbarrey. T. II, p. 196.
(2) *Idem.* T. II, p. 193-213.
(3) Le prince de Montbarrey, ministre de Louis XVI, était prince du Saint-Empire et serviteur dévoué de l'Autriche. Il rapporte le fait mentionné ici, sans intention de nuire à sa souve-

crédit d'un ministre (1)! Montbarrey ne s'explique point du reste sur le secret de cette intrigue ; mais

raine ; on peut voir, au reste, à chaque page de ses mémoires, que la vieille monarchie n'a pas de défenseur plus opiniâtre et plus aveugle que lui.

On s'est appuyé de préférence, pour tout ce qui concerne la reine, sur les témoignages les moins hasardés : le prince de Montbarrey, Montjoie, madame Campan, l'abbé Baudeau, etc. Il faut écarter ici Soulavie et le duc de Lauzun; la fatuité de celui-ci fait naître la défiance, et les noires accusations de l'autre se ressentent des maisons de Richelieu et d'Aiguillon, dont il était le commensal. Quant au comte de Tilly, qui, sous un air de bienveillance impartiale, incrimine également la reine, ses affirmations manquent de preuves, et son caractère aurait besoin de caution.

(1) Voici les principaux détails de cet incident, empruntés aux mémoires authentiques du prince de Montbarrey :

« Un jour de travail, au mois d'avril 1777, il était question « d'une place de colonel en second, pour laquelle il y avait un « grand nombre de concurrens... Le roi balançait entre trois, et « incertain de son choix, il m'adressa la parole pour me deman- « der mon avis. Je dis sur chacun des compétiteurs ce que je « pensais, et me résumai en déclarant qu'à mérite égal, le comte « de Laval-Montmorency, dont le père avait été tué à la tête de « son régiment, à la bataille de Hastenbeck, me semblait devoir « obtenir la préférence. Cette observation de ma part décida le « roi, et le comte de Laval eut la place de colonel en second du « régiment Royal-dragons. J'ignorais que parmi les deux autres « prétendans à cette grâce, il s'en trouvait un honoré de la pro- « tection spéciale de la reine...

« Ce travail eut lieu le samedi de la semaine de Quasimodo. « Le lendemain dimanche, je reçus, pendant mon dîner, l'ordre « de me rendre chez la reine, après vêpres, c'est-à-dire sur les « quatre heures et demie après midi. J'arrivai à l'heure fixée, « et elle m'ayant fait appeler dans sa chambre à coucher, au « premier coup d'œil que je portai sur elle, j'aperçus une vive

il est à croire que la reine intervenait pour d'autres avec l'ardeur qu'elle mettait à servir les intérêts de tout genre de ses dangereux amis.

» altération dans tous ses traits, et un air qui me fit juger qu'elle
» était agitée par une passion violente et dont j'étais bien éloi-
« gné de me croire l'objet. La manière dont elle me reçut était
« si différente, si opposée aux grâces qu'elle savait ordinairement
« répandre sur ses moindres actions, que je jugeai qu'elle éprou-
« vait un grand mécontentement. Elle me conduisit à la première
« croisée de sa chambre, la plus près de la porte d'entrée de son
« appartement, et là, elle commença, avec le ton le plus animé,
« à me faire des reproches amers sur l'opposition que j'avais ap-
« portée à la grâce qu'elle avait désirée pour un protégé. Ces re-
« proches, vu leur vivacité, auraient pu passer pour des injures,
« et sa majesté s'échauffant de plus en plus, me fit éprouver le
« sentiment le plus embarrassant pour un sujet, certain d'avoir
« déplu à sa souveraine. J'eus beau protester avec vérité que j'a-
« vais ignoré l'intérêt dont elle honorait son protégé... rien ne put
« calmer sa colère, qui continua à s'exhaler avec tant de force,
« que je me vis contraint de répondre à sa majesté, que j'avais
« besoin de ne pas oublier que j'étais en présence de la femme de
« mon maître et de mon souverain pour contenir, et réprimer tous
« les sentimens qui affectaient et comprimaient mon cœur.

« Cette scène terrible dura plus d'une demi-heure, et nous te-
« nant tous deux dans un état d'effervescence, ne nous laissa pas
« la faculté d'entendre un orage très-fort qui éclatait sur notre
« tête, et qui dura avec une grande violence, pendant que je subis-
« sais cette cruelle épreuve. La reine y mit un terme en se reti-
« rant avec vivacité dans ses cabinets intérieurs. L'excès de son
« agitation était tel, qu'en refermant sur elle la balustrade qui
« entourait son lit, elle y mit tant de force que la porte fut près
« de sauter sur ses gonds. Au moment où j'allais me retirer, je
« dis à sa majesté, avec toute l'énergie d'une vive émotion, que
« j'allais rendre compte au roi de ce qui venait de se passer,
« et que lui seul pouvait et devait me juger. — Vous le pouvez,

Les autres ministres étaient entraînés de même par cette volonté impétueuse. Les plus réservés d'entre eux en faisaient confidence. Le marquis de Bouillé se trouvant à Berlin, y reçut commission de sonder, à son retour, la cour de France sur ses dispositions à l'égard de la Prusse et de la grande alliance dont Frédéric avait le projet. Il s'en ouvrit à M. de Vergennes : « Je représentai au ministre, « dit Bouillé, les avantages qui résulteraient pour la « France d'entrer dans la grande confédération que « le roi de Prusse allait former.... Il en fut frappé « et me dit avec un air pénétré : Croyez, monsieur, « que je ne suis point le maître (1). » Vergennes

« monsieur, me dit la reine; et ma réplique fut : — Je le sais « bien, et j'y cours. Je ne perdis pas un instant, je me rendis à la « porte du cabinet du roi, où je craignais fort que la reine, par « les communications secrètes des deux appartemens, ne pût me « prévenir et m'en faire interdire l'entrée. Je priai le premier va- « let de chambre de m'annoncer et de supplier sa majesté de « vouloir bien m'accorder une audience pour affaires pressées. « Le roi, qui était dans son laboratoire, descendit aussitôt dans « son cabinet et me fit entrer. Dès que nous fûmes seuls et que « la porte fut fermée, je me jetai à ses pieds, et lui dis que je ve- « nais lui apporter ma tête... Le roi m'écouta avec la plus sé- « rieuse attention ; et pendant mon récit, je crus remarquer qu'il « compatissait à tout ce que j'avais dû souffrir, connaissant par lui- « même toute la vivacité de la reine. Puis me relevant avec bonté : « — *Personne ne sait mieux que moi*, me dit-il, *comment la* « *chose s'est passée.* » Mém. du prince de Montbarrey. T. II, p. 193 à 216.

(1) Mém. du marquis de Bouillé. In-8° p. 33.

cependant avait du pouvoir sur Louis XVI; il l'avait doucement mis en garde contre sa femme et contre l'ascendant autrichien. Mais là, comme sur le reste, le vouloir de la reine fut le plus fort. Louis XVI se sentait annihilé devant elle. Avec l'instinct qu'il avait du danger d'être faible, il n'alléguait pour excuse que sa faiblesse. « Son esprit, disait-il un jour à Maurepas, en s'accusant d'avoir faibli devant la reine, son esprit a un tel ascendant sur le mien, que je n'ai pu m'en défendre (1). »

Et quel rôle, en effet, pouvait jouer Louis XVI près de cette vive et brillante femme? Il était sans force et sans prestige, n'ayant ni l'esprit ni les formes de cour, taciturne et pesant dans le commerce intime, avec de brusques accès d'humeur; aussi embarrassé de sa femme que de sa couronne, il n'avait avec la reine aucune conformité de nature ni d'éducation. Tandis qu'elle vivait au sein de sa société élégante, le roi partageait son temps entre la chasse et les travaux manuels, ou supputait patiemment le petit détail de ses dépenses particulières (2); s'il avait une aptitude marquée, c'était aux occupations d'artisan; s'il lui arrivait de respirer à l'aise, c'est lorsqu'il en avait fini avec le conseil et pouvait gagner le petit escalier qui conduisait à sa forge. Il y trouvait son compagnon de

---

(1) Mém. du prince de Montbarrey. T. III, p. 261.
(2) Journal de Louis XVI; Revue rétrosp. T. V, *passim*.

travail, le serrurier Gamin, dont il subissait les familiarités. Louis XVI aimait à transporter lui-même, dans les combles du palais où il travaillait, son enclume et ses lourds ustensiles. Il soumettait sa constitution robuste à toutes ces opérations, et comme en lui tout tendait à descendre, son plus grand amour-propre était peut-être d'y exceller.

Mais ces mœurs d'artisan, placées dans la vie d'un roi, étaient loin de relever une royauté compromise. Du moins, Louis XV en déshonorant la monarchie, était resté roi dans la représentation. Son successeur ternissait l'apparence, et enlevait cette dernière fleur qui restait encore. Les traces qu'il gardait de ses occupations grossières, ses postures et ses formes pesantes, jusqu'à son appétit, étaient un texte de moquerie pour la jeune cour; on riait de lui tout haut dans le cercle intime de la reine; et c'était pour elle le compliment banal que d'appeler le roi son Vulcain (1). Louis XVI en s'abandonnant avec cette insouciance à sa pente naturelle, manquait à ses intérêts d'époux, comme il manquait à sa position. Pauvre roi qui mettait

---

(1) Le duc de Lauzun rapporte qu'il engageait la reine à témoigner au roi plus de considération.— Le baron de Besenval, l'un des intimes du cercle de la reine, se permet plus d'une fois dans ses mémoires des insinuations malveillantes pour Louis XVI. « La troisième lettre de Pezay fut plus heureuse, dit-il : il est « vrai qu'il prit le roi par son endroit sensible; il commença « à lui dire du mal de plusieurs personnes. » Édition in-12. T. I, p. 158.

son énergie dans ses mains, à l'heure où il n'y avait de fort que les idées, et qui savait si mal le prix du temps qu'il dérobait à sa fonction. Son aïeul, Louis XIII, pouvait élever des faucons; il avait Richelieu pour ministre; mais pendant que Louis XVI s'efforçait sur son enclume, l'État croulait derrière lui.

Cette tête si faible cependant n'était point incapable de tout travail, de toute application d'affaires; il était entré beaucoup de petits faits dans cet esprit consciencieux et lent; mais il n'y avait place que pour des détails, des chiffres de géographie et de statistique. Son ressort ne s'étendait pas plus loin. Il ne savait pas, il n'embrassait pas ses devoirs. Turgot trouva un jour Louis XVI méditant sur un projet de loi, et le rédigeant lui-même. L'intention était excellente, mais l'ordonnance concernait les lapins.

Louis XVI était fort adonné à la chasse; il y passait de fréquentes journées. Il semble que ce fût le seul de ses goûts qui sentît la royauté. On peut consulter son journal à cet égard; il le tenait lui-même; il l'écrivait scrupuleusement de sa main (1). Pour juger Louis XVI, c'est un guide sûr

---

(1) V. le journal de Louis XVI et autres manuscrits du roi, trouvés dans l'*armoire de fer*. Cette pièce, conservée aux Archives générales du royaume, a été imprimée dans la Revue rétrospective, t. V, p. 116. Ce journal, écrit de la main du roi, commence au 1ᵉʳ janvier 1766, et tenu jour par jour, sans qu'un seul y soit omis, ne

et curieux. N'est-on pas surpris d'y trouver que le roi mettait à la loterie? Il y avait en lui tous les penchans des âmes faibles. Dans son journal, ses chasses figurent comme les fastes de sa vie. Le jour où le roi n'avait pas chassé s'y trouve noté par le mot *rien*: Titus d'un autre genre, il avait perdu sa journée! Il fallait des événemens bien graves pour interrompre cette habitude qu'il avait de courir les bois. Il y tuait à profusion des animaux de toute sorte;

s'arrête qu'au 31 juillet 1792, c'est-à-dire dix jours avant le 10 août (avant sa déchéance). On en jugera par l'extrait suivant:

« Janvier 1786. Mercredi 4, tiré à Pissaloup; tué 219 pièces. « Premier spectacle à la nouvelle salle. Départ des porcelaines. « — Jeudi 5, rien. — Mercredi 11, tiré à Satory; tué 214 pièces; « bal. — Jeudi 12, rien. Bain. — Mardi 17, chasse du cerf aux « Loges. Pris un. — Mercredi 18, rien. Gelée. Bal. — Jeudi 19, « tiré aux Lisières; tué 334 pièces. — Juillet 1789. — Mer- « credi 1er, *rien. Députation des états.* — Jeudi 9, rien. — « Députation des états. — Vendredi 10, rien. Réponse à la « députation des états. — Samedi 11, *rien. Départ de M. Nec-* « *ker.* — Mardi 14, *rien.* (C'est le jour de la prise de la Bas- « tille!) — Octobre 1789. Lundi 5, tiré à la porte de Châtillon; « tué 81 pièces. *Interrompu par les événemens. Allé et revenu* « *à cheval.* — Mardi 6, *Départ pour Paris à midi et demi.* « *Visite à l'hôtel de ville. Soupé et couché aux Tuileries.* » Revue rétrosp. T. V, p. 116 et suivantes.

C'est là tout ce que Louis XVI trouvait à consigner sur son journal des terribles événemens d'octobre; il y enregistrait une déconvenue de chasse!

Le roi mettait habituellement à la loterie, et souvent plusieurs fois par mois. Ainsi: « A M. Necker, pour des billets de loterie, « 6,000 livres. — Le 2, j'ai gagné à la loterie 990 livres; le 16, « j'ai gagné à la loterie 225 livres. » Idem, idem.

il faisait lui-même par semaine, par mois, le compte de tout ce qu'il avait tué, et ce compte s'élève pour une année à huit mille quatre cents têtes de gibier (1). C'était de l'habitude sans doute; mais quand on réfléchit aux mille délicatesses dont se compose la moralité humaine, on se sent pris d'une pitié triste pour l'homme qui s'est fait un tel besoin d'abattre, presque tous les jours à heure dite, un troupeau que l'on pousse à ses pieds, pour ce faible roi qui n'a jamais porté l'épée militaire, et qui s'en va, les mains noircies par sa forge, faire de telles boucheries dans ses forêts.

Les frères du roi différaient de lui singulièrement. Le comte d'Artois appartenait à la société de la reine. Le comte de Provence prenait position à l'écart. Ils tenaient au dix-huitième siècle par des points différens. Le comte de Provence s'y rattachait par les goûts et les prétentions littéraires, certains dons légers de l'esprit qui lui servaient à

---

(1) En 1775, Louis XVI prit l'habitude de récapituler annuellement l'emploi de son temps. Il détaille combien, sur le nombre total de ses promenades, il en a fait par la gelée, combien par le dégel, combien par le beau temps, combien par le temps couvert, etc.

Outre ces différens relevés, Louis XVI additionnait encore ce qu'il avait tué à la chasse durant le mois, et faisait le total à la fin de l'année de ce qu'il avait tué dans les douze mois réunis. Ainsi, à la fin de décembre 1775, on trouve pour total du mois: tué 1,564 pièces de gibier, et pour total de l'année, 8,424. Revue rétrosp. T. V; p. 116 et suiv.

cacher d'autres ambitions. Au moment où la cour essayait des réformes, Monsieur plaida pour les vieilles choses; il s'inscrivit pour le régime monarchique absolu; il attaqua Turgot, il poursuivit Necker; mais quand le gouvernement fut retombé dans ses anciennes voies, Monsieur transporta son opposition de l'autre côté. Il se glissa à la suite de l'opinion publique. Il semble que le jeu de sa conduite fût de prendre toujours une attitude contraire à celle de la cour, de se placer surtout à distance de la reine. Il nourrissait contre Marie-Antoinette une hostilité couverte que ses affidés trahissaient par mille propos envenimés. Le Luxembourg, qu'il habitait, était un atelier de chansons et d'épigrammes. Monsieur lui-même avait, comme Frédéric le Grand, le goût épicurien des petits vers, avait la mémoire pleine d'Horace, au point que cette affectation de savoir inquiétait à la cour, et faisait dire « qu'on pouvait gouverner l'État sans tant de latin (1). »

Monsieur, depuis l'avénement de son frère, essaya en diverses occasions de se faire écouter;

(1) On a cité de Monsieur un mot au moins étrange, au baptême du premier enfant de la reine, un mot qui, dans la bouche du prince héréditaire, semblait cacher, sous une plaisanterie légère, une intention ténébreuse : « Monsieur le curé, dit le prince, « qui était parrain, vous oubliez une des formalités d'usage, vous « oubliez de demander qui sont les père et mère de l'enfant. » Cette singulière plaisanterie se trouve citée dans beaucoup d'écrits du temps.

mais tout accès vers les affaires lui fut rigoureusement fermé. « Sa nature physique le condamnait à
« la vie de cabinet; sa constitution molle et d'une
« obésité précoce lui permettait à peine de se mon-
« trer aux revues... Il cacha son impuissance et ses
« ambitions dans la littérature, et chercha à s'en
« faire un instrument de popularité et d'influence.
« Il alla naturellement où il y avait le plus de fa-
« veur et de crédit, où se tenaient les maîtres de
« l'opinion : il prit un vif intérêt à ce retour de
« Voltaire que Louis XVI vit d'un mauvais œil ;
« il ouvrit son palais aux premières lectures de Fi-
« garo, et laissa complaisamment l'opinion faire de
« lui le représentant des lumières et de la philoso-
« phie auprès du trône (1). »

Le comte d'Artois ne ressemblait point à M. de Provence. Il n'était ni instruit, ni grave, ni ambitieux. C'était un prince qui jouissait et abusait gaiement de son rang de prince : étourdi, prodigue, libertin; mais couvrant tous ces défauts de la grâce dangereuse qui trop souvent les fait pardonner. Les gens légers qui l'entouraient disaient qu'il était spirituel; il était élégant du moins, et toute la personne en lui parlait et séduisait. A côté de ses frères ressortait mieux encore sa svelte attitude. Il montait à cheval pour ses rendez-vous de chasse, comme Henri IV y montait pour ses rendez-vous

---

(1) Louis XVIII littérateur; étude critique par Amédée Renée. Revue de Paris, 28 mars 1841.

de bataille : c'était la même aisance et le même élan, mais ce n'était pas le même but. Il eût figuré avec honneur aux quadrilles de Louis XIV, mais là s'arrêtait encore la ressemblance avec l'aïeul. On a suspecté son courage, dans son duel avec son cousin, le duc de Bourbon, à Gibraltar, plus tard en Bretagne, et plus tard encore, on a dit cruellement qu'il eut peur. Un tel soupçon, qu'il n'ignorait pas, devait lui faire trouver quelque éclatante réplique d'honneur courroucée ; et cependant sa vie entière se passa sans laver cette tache que, pour la première fois, on avait faite en sa personne à l'illustre race dont il sortait. S'il manquait de bravoure toutefois, ce qu'on répugne à croire quand il s'agit d'un Bourbon, jamais faiblesse de cœur ne fut mieux cachée sous des apparences plus décevantes de militaire et de chevalier. C'est aussi par là qu'il plaisait aux femmes, toujours enthousiastes de ces façons brillantes, et qui, devant les glaces des boudoirs où il portait mieux qu'au feu son panache, l'appelaient romanesquement *Galaor* (1).

Le comte d'Artois, ce représentant des formes frivoles de l'ancienne France, appartenait naturellement aux vieilles doctrines de gouvernement. Le système le plus commode, le plus offrant pour ses plaisirs, le plus prompt à l'acquit de ses dépenses, de ses dettes intarissables, était le sien.

---

(1) Mém. du prince de Montbarrey, t. II, p. 221.

1781. La réforme de l'État eût dérangé sa maison. Le train de vie du comte d'Artois était encore une des charges de la monarchie. Les enfans de Louis XIV vivaient moins onéreusement pour l'État que les frères de Louis XVI. Plusieurs cours de l'Europe, dit un ministre du temps, étaient modestes, comparées à leur maison (1).

Les princes du sang vivaient et jouissaient de même, comme aux époques les plus propices de la monarchie. Ils différaient cependant d'intérêts et d'inclinations politiques. Les princes de Condé n'avaient d'importance que par la tradition militaire de leur race, et restaient retranchés dans le vieil esprit de gouvernement. Le nouveau chef de la maison d'Orléans, au contraire, marquait de plus en plus son rôle d'opposition à la cour. Cette indépendance, à vrai dire, n'était point nouvelle dans cette maison ; elle remontait plus haut. Libertine et philosophique avec le régent, janséniste avec son fils, cette opposition, qui s'était souvent liée de fortune avec le parlement, prenait sous le nouveau duc un caractère politique plus prononcé. Depuis longtemps ces princes, assez mal venus de leurs aînés, se mêlaient plus que les autres à la vie publique, et l'opinion le reconnaissait. Ils séjournaient à Paris, ils faisaient souvenir de Henri IV, dont ils semblaient être une filiation plus directe

---

(1) Le prince de Montbarrey. Mém. T. III, p. 113.

et plus vive. Dans leur palais, situé au centre de la ville, ils paraissaient être plus intimement Parisiens. Le duc d'Orléans avait épousé la vertueuse fille du duc de Penthièvre, prince qui était populaire par sa bienfaisance ; et il faisait donner à ses fils une éducation jusque-là sans exemple, qui devait consacrer une date nouvelle pour les princes de la maison de Bourbon.

Le duc d'Orléans s'éloignait de la cour par ses idées, mais il y restait trop attaché par ses mœurs. Ses mœurs étaient celles du comte d'Artois, celles de la plupart des princes. Louis XVI et son père, eux seuls peut-être, avaient échappé à cette contagion de leur temps. Les autres avaient été frappés de l'air impur qu'on respirait autour de Louis XV ; et nulle circonstance ne remédia, pour eux, à cette fatalité de leur rang. Le duc de Chartres peut-être, plus que les autres, eut le malheur de ces éducations de prince. Son père, qui était bon, mais singulièrement faible, manqua de tact et de vigilance avec son fils. Son union secrète avec Mme de Montesson blessa le jeune prince, l'éloigna de son père, et le livra prématurément à d'autres liaisons. C'était une femme aimable et distinguée que Mme de Montesson ; elle avait de l'attrait et des talens, mais elle y mêlait un peu d'étalage et d'affectation. Le duc de Chartres goûtait peu tous ces agrémens d'une belle-mère ; il n'en prenait guère que le ridicule : il maniait habilement l'ironie. Sa plaisanterie, dit un homme de ce temps, était courte et légère. Les grâces qu'il avait, comme le comte d'Artois, dans la personne, il les avait de plus dans l'esprit. Il lui arriva de persifler le chant langoureux de la comtesse, ses drames à sentiment, et ce jargon de sensiblerie qu'elle avait mis de mode au Palais-Royal. Dans son ardeur de fronder et de contredire, il affectait, devant ce cercle sentimental, une insensibilité de parade, une immoralité fanfaronne, et la réputation lui en resta. Le salon de la comtesse se vengea de ses épigrammes, en dénigrant prématurément son naturel et ses mœurs. Il se trouva doublement attaqué, poursuivi à la fois par le Palais-Royal et par Versailles. La reine et le duc de Chartres, quelque temps amis, se firent bientôt une guerre acharnée. Quel en fut le motif ? Il est demeuré secret. Mais, pour leur malheur, ils ne se lassèrent pas de se haïr, et ils se sont cruellement nui l'un à l'autre. La calomnie dont le duc de Chartres fut victime après le combat d'Ouessant partait ouvertement de Versailles ; le journal officiel en fait foi (1). On imputa à la reine d'avoir fait courir de méchans couplets ; et il est à croire que le Palais-Royal renvoya plus tard à Marie-Antoinette plus d'une réponse sanglante à ces chansons. Comme elle, le duc d'Orléans ressentait vivement l'injure, et on l'irrita par des affronts, on envenima

---

(1) Supplément de la Gazette de France, du 17 août 1778.

son âme, on le força presque au rôle hostile qu'il embrassa.

Quant à ses mœurs, on les calomnia moins que l'on n'avait fait son courage; car la censure de ce côté ne se justifiait que trop. Mais là encore, il faut le dire, et sur la caution de bons témoignages, les haines de parti ont outrepassé la vérité. Le duc d'Orléans oublia, beaucoup moins que ne l'ont rapporté ses ennemis, qu'il était homme d'esprit et qu'il était prince. L'un de ses répondans, c'est un ami loyal de la reine, Autrichien d'attachement, mais désintéressé, galant homme, le prince de Ligne. « Les orgies de M. le duc d'Orléans, dit-il, étaient des fables; il était de bonne compagnie même au milieu de la mauvaise; poli avec un peu de hauteur pourtant avec les hommes, presque respectueux et attentif avec les femmes; gai pour lui-même, de bon goût dans les plaisanteries, etc. » (1).

---

(1) Voici à quel passage nous empruntons la phrase que nous venons de citer. C'est le fragment d'une lettre intime et dans laquelle la sincérité de l'auteur n'avait rien à dissimuler :

« Vous désirez, monsieur, savoir mon opinion sur le duc de
« Penthièvre et le duc d'Orléans; je vais vous satisfaire... Le
« duc de Penthièvre aimait M. le duc d'Orléans, à cause des
« égards qu'il a eus pour sa femme, pendant dix ans qu'il était
« excellent mari. Il ne l'a jamais accusé d'avoir entraîné M. de
« Lamballe, son fils, dans la débauche, car le duc d'Orléans ne
« l'a jamais voulu avoir dans sa société, qui, jusques un an avant
« la révolution, était composée de tout ce qu'il y avait de mieux
« en hommes... Nous l'avons vu exposer sa vie pour sauver celle

1781.

Cependant le duc d'Orléans, homme instruit, brillant, spirituel, était faible de caractère ; il fut le jouet d'un entourage plus ambitieux que lui. On dirait que cette vie dissolue et inoccupée des princes, qui causa chez le comte d'Artois l'énervement du courage, amena chez le duc d'Orléans l'énervement de la volonté. Ces plaisirs, qui furent un malheur pour l'un et pour l'autre, les rapprochèrent et les lièrent d'amitié. Ils concevaient et réalisaient autour d'eux la vie de la même manière. Ils lui donnèrent cette couleur anglaise qui se réfléchissait partout, et que nos rapports avec l'Amérique et Franklin avaient consacrée dans ce qu'elle

« d'un de ses gens. Nous l'avons vu renoncer à tirer, et pleurer
« parce que son coureur, par étourderie, se levant d'un fossé,
« reçut de lui quelques grains de plomb dans le cou. Je l'ai vu
« proposer de se battre en bon gentilhomme ; très-difficile en dé-
« licatesse sur le compte de bien des gens, hasardeux et de sang-
« froid dans un ballon, et de bon exemple à Ouessant, quoi qu'on
« en dise. Par amour-propre trop circonspect, et peut-être avide
« en paris, avare en petites choses, mais généreux dans les
« grandes... Les orgies de M. le duc d'Orléans étaient des fables.
« Il était de bonne compagnie, même au milieu de la mauvaise.
« Poli, avec un peu de hauteur pourtant avec les hommes ; atten-
« tif et presque respectueux avec les femmes ; gai pour lui-
« même, de bon goût dans les plaisanteries ; il avait plus de trait
« que de conversation. Dans d'autres circonstances, il aurait tenu
« du Régent ; il avait de son genre d'esprit. Il était bien tourné,
« bien fait, avec de jolis yeux... Quand on a été son ami, moi
« dont il connaissait la valeur, il faut le pleurer avant de le dé-
« tester... » OEuvres choisies du maréchal prince de Ligne. Paris, Chaumerot, 1809. P. 2, 3 et 4.

avait de plus solide et de plus raisonnablement simple : ainsi les clubs alors frivoles, et qui depuis devinrent si sérieux, les courses de chevaux, les gros paris, les soupers, occupèrent en même temps les deux princes. On les vit copier les parcs de Richemond sur leurs propriétés, et, le matin, courir en frac, un fouet à la main, selon la coutume des gentilshommes de la Grande-Bretagne. Princes toujours pourtant par le luxe et l'abandon des mœurs, malgré cette simplicité de mode étrangère qui garda mal l'incognito des désordres dont ils se rendirent également coupables tous les deux.

Tels étaient le caractère, les mœurs et les positions respectives des princes de la maison de France. La cour, tant que les idées de réforme s'étaient soutenues au ministère, n'avait pu s'abandonner qu'à demi à tous les penchans dont elle était dominée. Enfin le moment arriva où elle vit renverser toutes les barrières qui la gênaient. L'homme qui prit la place de d'Ormesson devait la servir de façon à dépasser son attente. C'était se montrer reconnaissant, car la cour était pour tout dans sa fortune. Ce nouveau ministre fut M. de Calonne. Il sortait comme Turgot de l'intendance d'une province, pour devenir aussi contrôleur-général ; la ressemblance entre eux n'allait pas plus loin. Parmi les intendans, M. de Calonne aussi était renommé, mais c'était un nom presque flétri. Le rôle qu'il avait rempli fort jeune dans le procès célèbre de La Chalotais lui avait valu le surnom de Laubardemont de Calonne. Quoique sorti de la magistrature, il s'était compromis avec elle lors de sa lutte contre Maupeou ; il était suspect au parlement comme au public ; mais il avait des amis qui travaillaient à le faire ministre depuis longtemps. La reine, dès la première année du règne, l'avait mis en avant (1); mais Maurepas l'écarta tant qu'il vécut (2). La cour saisit l'occasion de le pousser au poste qu'il convoitait depuis longtemps. Il avait pour concurrens des hommes fortement appuyés comme lui : Calonne l'emporta, grâce aux impétueuses recommandations du comte d'Artois, qu'appuya, par hasard, le prudent Vergennes, dupe d'une mystification (3).

L'état dans lequel Calonne prit les finances serait malaisé à déterminer. Les actes publics n'en sauraient faire foi, car les édits du roi à cet égard se contredisent selon les temps. Necker avait établi que le revenu excédait la dépense de dix millions à sa sortie du ministère ; mais les charges extraor-

---

(1) Chronique secrète de Paris, en 1774, par l'abbé Baudeau. Revue rétrosp.

(2) M. de Monthyon cite un échec qu'essuya Calonne au conseil où il fut appelé. Voir p. 268.

(3) M. de Monthyon rapporte encore, à ce sujet, une anecdote dont voici le fond : « Le banquier de la cour, d'Harvelay, ami de Vergennes, lui avait chaudement recommandé Calonne, qui était l'amant de sa femme. » Idem, p. 275.

dinaires, comme on l'a remarqué, ne figuraient pas dans cette balance (1). Quelques années après, Calonne déclarait, au nom du roi, que l'équilibre n'avait jamais existé. Après les ministères de Fleury et de d'Ormesson, on retrouva le déficit plus énorme qu'il n'avait jamais été. Calonne l'estimait à quatre-vingts millions. « Lorsqu'à la fin de 1783, dit-il, le roi daigna me confier l'administration de ses finances, elles étaient, on ne l'a que trop su, dans l'état le plus critique. En réalité, il y avait 220 millions à payer pour restant des dettes de la guerre ; plus de 80 millions d'autres dettes exigibles, soit pour l'arriéré des dépenses courantes, soit pour l'acquittement de plusieurs objets conclus ou décidés antérieurement ; 176 millions d'anticipations sur l'année suivante ; 80 millions de déficit dans la balance des revenus et dépenses ordinaires ; le payement des rentes excessivement retardé ; le tout ensemble faisant un vide de plus de 600 millions : et il n'y avait ni argent ni crédit (2)...»

Telle était la situation, accusée par Calonne lui-même. Et néanmoins, les quatre années de son ministère passèrent comme un heureux songe

---

(1) Voir Bailly, Histoire financière de la France. T. II, p. 250 et suiv.

(2) Discours de Calonne à l'assemblée des notables. V. Histoire parlem. T. I, p. 181 à 204. — Voir aussi Bailly, qui porte la masse des dettes exigibles, à cette époque, à six cent quarante-six millions. Hist. financ. T. II, p. 250.

1783. pour les hommes de cour, comme un dernier retour aux plus joyeux temps de la monarchie. Ils ne l'avaient point fait contrôleur-général pour qu'il répétât ce rôle déjà usé, à leurs yeux, de réformateur, de ministre économe. Le sort de Turgot et de Necker était d'ailleurs une bonne leçon pour Calonne. Il en profita, et garda le trésor public comme le plus complaisant des ministres de Louis XV. Avec lui, les gens de Versailles regagnèrent le temps qu'ils avaient perdu. Les frères du roi lui firent acquitter leurs dettes, et fournir plus grandement à la dépense de leurs maisons. La reine voulut avoir Saint-Cloud, dont l'acquisition coûta quinze millions et trouva une forte résistance au parlement. Louis XVI, de son côté, malgré le nombre de ses campagnes royales, mit quatorze millions à l'acquisition de Rambouillet. Ce fut l'instant propice pour quiconque s'était mal trouvé des scrupules, de l'intégrité des ministres précédens (1). Tout s'aplanit, tout se termine au mieux avec Calonne. Le domaine public se prête à tous les marchés, à tous les échanges ; l'État se ruine par des achats, par des ventes, quelquefois au profit du ministre lui-même (2).

(1) Un prince disait à cette occasion : « Quand je vis que tout le monde tendait la main, je tendis mon chapeau. » Droz, Histoire de Louis XVI. T. I, p. 406.

(2) Parmi ces échanges, on nommait avec scandale celui du Clermontois, de la baronnie de Viviers, au profit d'un neveu de

En trois ans, le trésor se trouve grevé de soixante 1783 à 1787. millions d'acquisitions d'un luxe superflu ; les acquits de comptant, sorte d'extorsion royale que Louis XVI aurait dû répudier, s'élèvent en l'année 1785 à 145 millions (1). Des abus qui s'étaient ca-

Calonne, et celui du comté de Sancerre, dans lequel le ministre s'arrangeait d'un domaine qu'il faisait céder à son ami l'abbé d'Espagnac. Droz, idem, p. 405. Soulavie, Mémoire du règne de Louis XVI. T. VI, p. 114.

M. de Monthyon rapporte sur Calonne une anecdote qu'il garantit ; c'est un exemple curieux de son cynisme et de son improbité. M. de Machaut fit une visite d'affaires à M. de Calonne, qu'il ne connaissait point. Celui-ci l'entretint de l'état déplorable des finances, disant « qu'un honnête homme avait peine à se
« charger de cette administration ; qu'il ne s'y était déterminé
« que parce qu'il y avait été forcé par la situation de ses affai-
« res personnelles. Calonne alors raconta que quand il était ar-
« rivé au contrôle général, il devait deux cent vingt mille li-
« vres exigibles ; que dès les premiers momens, il avait donné
« connaissance au roi de sa situation, et lui avait observé qu'un
« ministre des finances avait bien des moyens d'acquitter une telle
« dette sans que sa majesté en fût instruite, mais qu'il préférait
« une voie plus franche ; et que le roi, sans lui répondre, avait
« été prendre dans son secrétaire des actions de l'entreprise des
« eaux et lui en avait donné pour deux cent trente mille livres.
« Et M. de Calonne ajouta *qu'il avait trouvé moyen de s'ac-
« quitter, et avait gardé les actions des eaux*. M. de Machaut,
« en contant cette histoire, ajoutait avec sa gravité et sa finesse
« habituelles : *Je n'avais pourtant rien fait pour provoquer
« une confidence si extraordinaire.* » V. Monthyon, Ministres des finances, p. 280.

(1) Chaque année, la France supportait pour huit cent quatre-vingts millions de livres en impôts de tout genre, tant manuels

chés reparaissent ; les *croupes* dans les fermes, les pots-de-vin de toute sorte dans les marchés publics redeviennent comme le patrimoine des gens en crédit ; ces marchés se passent à huis clos sans contrôle ni enchères. Calonne rétablit de grosses charges supprimées, multiplie l'abus des survivances, grossit, quoiqu'il ait prétendu, le chiffre des pensions, et convertit au perpétuel des rentes viagères. Il agissait beaucoup assurément : l'on doit à son génie remuant quelques vues et quelques travaux d'utilité ; ceux du port de Cherbourg et de quelques autres furent de bonnes dépenses. Calonne encore visita et protégea avec faste quelques manufacturiers ; mais son activité mal réglée ne conçut guère en somme que des travaux coûteux et inopportuns, comme ces ambitieuses barrières dont il entoura Paris, ces forteresses de mauvais goût à l'usage des gens de l'octroi, et dont la folle

---

que pécuniaires, non compris une forte partie de droits et de devoirs féodaux, dont l'évaluation serait impossible. Dans cette masse de tributs équivalente à plus d'un milliard deux cents millions de francs, à peine cinq cent dix millions de livres étaient livrées au nom du roi... Il ne restait pas deux cents millions à l'État. Ce faible reliquat de tant de tributs, déjà bien inférieur aux dépenses de la couronne et du gouvernement, disparaissait, pour les trois quarts, sous la forme des acquits au comptant, qui absorbaient cent trente-six et jusqu'à cent quarante-cinq millions chaque année. » Bailly, Histoire financière de la France. T. II, p. 265 et 266.

dépense s'éleva à douze millions (1). Calonne était la Providence des financiers comme des grands seigneurs, et tous l'appelaient le *ministre modèle*. Les femmes ne le nommaient qu'avec ivresse et répétaient : « C'est un enchanteur ! » Pour Calonne, plaire c'était gouverner ; il appelait la prodigalité une large économie (2), comme Bacon appelait la calomnie une large justice ! Il ne profitait de sa place qu'en agrandissant ses plaisirs ; le roi le grondait à peine de son brillant libertinage. A Versailles, à Paris il avait des hôtels magnifiquement tenus. Il vivait de pair à la cour avec les hommes les plus qualifiés ; il tutoyait le duc de Polignac. Ailleurs, il donnait la main à *Dubarry le roué*, dont on vit la femme faire les honneurs du salon ministériel. Calonne offrait à l'une de ses maîtresses des bonbons, dont chaque enveloppe était un billet de caisse d'escompte (3) ; il était contrôleur-général jusques dans sa galanterie. Rien ne lui manquait, en effet, pour réaliser la perfection à leurs yeux. A cette chevaleresque façon de traiter les affaires, Calonne joignait encore une grande séduction de sa personne. Il accordait tout, et il mettait à donner cette charmante illusion des manières qui s'emploie dans le pouvoir, pour refuser avec succès.

(1) Soulavie. Mém. du règne de Louis XVI. T. VI, p. 114.
(2) Bailly, Hist. financ. T. II, p. 252.
(3) Droz, Hist. de Louis XVI. T. I, p. 409.

1783 à 1787. Jamais on n'avait vu ajouter à la signature du contrôleur-général tant de frais de politesse et de grâce. Calonne répudiait en tout la rigidité traditionnelle de sa fonction ; avec lui on n'avait plus peur du contrôleur général ; il subvenait à toutes les fêtes, comme un homme qui devait en prendre la meilleure part.

Si ce ministre n'eût pas mis à côté de tant de profusions et de folies quelques ressources d'esprit, quelque dextérité d'action, on ne s'expliquerait pas que de telles choses se fussent prolongées quatre années. Calonne eut quelquefois la main habile et fut ingénieux dans ses expédiens. Ses premières mesures jetèrent l'illusion même dans le public ; ce fut alors qu'un homme de Versailles s'écria, dit-on : « Je savais bien que M. de Calonne sau« verait la monarchie, mais je ne croyais pas qu'il « y parviendrait en si peu de temps. » Comme il n'y avait, pour certains politiques, que la finance qui fît question, c'était sauver la monarchie que de donner au crédit un petit réveil et de vider encore une fois, par quelques prestiges, la poche des prêteurs d'argent.

Calonne rétablit le bail des fermes, fit reprendre à la caisse d'escompte ses opérations, solda l'intérêt arriéré des rentes. Il fallait de l'argent ; il ouvrit un emprunt, mais qui ne fut point rempli ; Calonne, sans se déconcerter de l'échec, en ouvrit un nouveau (1). Ces premières émissions se firent 1783 à 1787. à des conditions assez douces pour le trésor. Calonne n'avait ni la tête financière de Necker ni le grand avantage de sa probité. Il se trouvait en face d'une dette qui avait doublé en huit ans ; cependant il eut une certaine prise sur le crédit, il imprima du mouvement. L'argent qu'il se procura atteste qu'il y eut de l'aisance et que le commerce prit un certain essor à partir de la paix. L'agitation brillante de Calonne plaisait aux spéculateurs. Sa confiance, l'étalage de ses promesses, ce singulier aplomb avec lequel il répondait à chaque emprunt d'un avenir toujours plus brillant, toute cette magie de l'enchanteur, séduisit les uns, amusa les autres, et procura la diversion d'un spectacle qui dura quatre ans.

Pour que rien ne manquât, si on peut le dire, à l'affiche de sa comédie, Calonne établit avec grand bruit une caisse d'amortissement, institution sage dont il avait déjà été fait des essais (2), mais qui ne pouvait fonctionner sérieusement avec un système tout d'expédiens, et à côté d'un déficit effroyable qu'il fallait commencer par couvrir. Pour Calonne, ce ne fut qu'une bruyante annonce, une amorce à faire de l'argent, après quoi, malgré les engage-

---

(1) Édit portant ouverture d'un emprunt de cent millions en rentes viagères (décembre 1783). Anciennes lois françaises. Louis XVI. T. VI, p. 352. Éd. in-8°, 1827.

(2) Edits du mois de mai 1749 et de 1764.

mens les plus solennels (1), il ne s'embarrassa guère de faire les fonds de l'amortissement (2).

Quand on relit ces ordonnances et ces édits signés Louis XVI; quand on voit son nom au bas de ces recettes de charlatan, on reste stupéfait de son manque de lumière ou d'application. Cette jactance et ces mensonges ont je ne sais quoi de plus amer encore, dans la bouche de cet homme crédule, qui s'en fait le prête-nom. Dans ces édits, depuis Malesherbes jusqu'à Calonne, il s'accommode de tous les langages, il accepte toutes les contradictions. Les dépenses s'amoncelaient, les profusions de toute nature se faisaient à découvert, et jamais les édits du roi n'avaient tant fait bruit de l'économie. Tantôt c'est un plan nouveau « qui va rendre tous les soulagemens possibles et toutes les améliorations faciles (3); » ou bien c'est un emprunt qui

---

(1) On lit dans cet édit : « Nous déclarons solennellement, que « nous regardons les fonds assignés par notre présent édit, à la « caisse des amortissemens, comme la propriété imperturbable « des créanciers de l'État, et que nul motif, nulle circonstance « ne pourra jamais nous faire départir, etc., etc. » Anc. lois franç. Règne de Louis XVI. Éd. in-8°, 1827. T. V, p. 467.

(2) V. Monthyon : Particularités et observations sur les ministres des finances, etc., p. 283.

(3) « Nul motif, nulle circonstance ne pourra jamais nous faire « départir de l'exécution d'un plan qui mettra l'ordre dans toutes « les parties de nos finances, donnera au crédit de l'État toute la « force qu'il doit avoir, étendra par son influence sur le taux de « l'intérêt, les progrès de l'agriculture, l'essor du commerce et « l'énergie de l'industrie nationale; enfin qui, rendant tous les

n'est ouvert que pour faciliter toutes les dispositions d'ordre et d'économie ; ou bien encore c'est un arrêt qui annonce que « le roi sacrifie toute dépense d'agrément et se prive pendant quelque temps du plaisir de faire des grâces ; » le gouvernement déclare, en mainte occasion, qu'on touche au moment de voir l'équilibre rétabli.

Et cependant ce ministre, qui ne fut, en résultat, qu'un dilapidateur étourdi, avait de la vivacité pour concevoir, et de la hardiesse pour entreprendre ; mais ses meilleures idées faillirent à l'exécution, et se noyèrent dans les abus dont son administration était enveloppée. Il entreprit la refonte des louis : cela était sage, car le rapport de l'or à l'argent avait changé (1), et la spéculation portait l'or de France à l'étranger. Par malheur, Calonne, en mettant la main à cette opération, en fit perdre

« soulagemens possibles et toutes les améliorations faciles, met-
« tra dans nos mains les moyens de remplir le vœu de notre
« cœur. » Anciennes lois françaises : règne de Louis XVI. T. V,
p. 467. Éd. in-8°, 1827.

(1) « La proportion du marc d'or au marc d'argent étant restée
« la même dans notre royaume, n'est plus relative à celle qui a
« été adoptée en d'autres pays, et nos monnaies d'or ont actuel-
« lement, comme métal, une valeur supérieure à celle que leur
« dénomination exprime, et suivant laquelle on les échange con-
« tre nos monnaies d'argent, ce qui a fait naître la spéculation de
« les vendre à l'étranger, et présente, en même temps, l'appât
« d'un profit considérable à ceux qui se permettraient de les fon-
« dre, au mépris de nos ordonnances. » Anc. lois franç. : règne
de Louis XVI. T. VI, p. 89.

à l'État presque tout le bénéfice, dont le plus net passa en profits clandestins (1).

Le déficit augmentant d'année en année, Calonne ne marcha qu'en empruntant toujours, et finit par engager l'État dans un surcroît de dettes de huit cents millions. Toutes ces opérations d'argent qui remplirent son ministère donnèrent le branle à la spéculation, et firent naître un agiotage effréné. Le règne de Louis XVI, sous ce ministre, offre plus d'un trait de parenté avec la régence (2).

En effet, on y voit se répéter, de point en point,

(1) Monthyon. Particularités et observ. sur les ministres des finances, p. 296. Soulavie, Mém. du règne de Louis XVI. T. VI, page 115.

(2) A quel excès ne dut pas être poussé cet agiotage, puisque Calonne en fut alarmé, et qu'un arrêt du conseil, du 22 janvier 1785, déclara nuls les marchés à primes : « Sur ce qu'il a « été représenté au roi... qu'il s'était fait, sur les dividendes de « la caisse d'escompte, un trafic tellement désordonné, qu'il s'en « était vendu quatre fois plus qu'il n'en existe réellement... Que « de pareils actes enfantés par un vil excès de cupidité ont le ca-« ractère de ces jeux infidèles que la sagesse des lois du royaume « a proscrits ; qu'ils tiennent à un esprit d'agiotage qui, depuis « quelque temps, s'introduit et fait des progrès aussi nuisibles « à l'intérêt du commerce et aux spéculations honnêtes, qu'au « maintien de l'ordre public ; que c'est ainsi qu'à l'occasion du « dernier emprunt, *on a vu négocier jusqu'à l'espérance d'y* « *être admis.* » Anc. lois franç. : règne de Louis XVI. T. VI, p. 7.

M. Droz rapporte encore que l'agiotage alla jusqu'à s'exercer sur des *bons* qui portaient la promesse de faire obtenir des places de finances. Hist. de Louis XVI. T. I, p. 456.

jusqu'aux singularités les plus caractéristiques de l'époque de Law ; ce temps ouvrait aux imaginations tant de perspective vers l'inconnu, que la richesse avait ses chimères et ses superstitions, de même que la science, de même que la politique.

La banque de Saint-Charles et les Philippines vinrent renouveler toutes les merveilles du Mississipi ; les actions de cette banque espagnole, fondées sur l'appât de profits fantastiques au delà des mers, étaient plus recherchées à Paris qu'à Madrid ; car le prestige augmentait avec la distance. Cette folie coûta à la France, dit-on, une somme de soixante millions. Des compagnies particulières profitèrent du moment, et lancèrent, dans le tourbillon, une multitude d'actions qui s'élevèrent rapidement pour retomber plus vite. Ce fut un emportement inouï, les esprits les plus ardens y étaient entraînés ; Mirabeau, payé par Calonne, dirigeait alors toute sa fougue contre l'entreprise des eaux de Paris ; Beaumarchais employait sa plume caustique à la défendre.

Mais ce turbulent spéculateur occupait, en même temps, l'attention d'une autre manière. Beaumarchais donnait le *Mariage de Figaro*, au milieu de ses opérations financières. Ce fut une date politique que la représentation de cette comédie. Le gouvernement laissa faire, ou plutôt il n'y avait plus de gouvernement ; les vieilles institutions ne se défendaient plus ; cette société, qui s'en allait, n'avait la force, ni de s'amender, ni de se défendre; elle voulait rire seulement, au besoin elle riait d'elle-même, et de la maladie qui l'emportait. Les hommes du pouvoir, les hommes de la cour furent les plus ardents à prôner la pièce; ils voulurent qu'elle fût représentée, elle le fut, et ils se trouvèrent aux premières places pour l'applaudir; il leur parut plaisant de s'appeler Almaviva, de se voir lancer à la tête, en une soirée, tout ce que le dix-huitième siècle avait amassé contre eux d'accusations et de moqueries. Ouvrage d'une terrible portée, qui rendit plus familiers par la scène, et plus frappans par le ridicule, tous les abus de la vieille société. C'était une comédie encyclopédique, selon le mot heureux d'un historien (1). Cette exorbitante intrigue était, sous toutes ses faces, le miroir du temps, et par ses côtés sérieux, et par ses côtés frivoles. Le dix-huitième siècle y trouvait jusqu'à cette licence du discours, livrée d'opposition que les hommes les plus imposans de l'époque, Montesquieu lui-même, avaient portée. Le cercle s'était ouvert par *les Lettres persanes*, et venait se fermer par le *Mariage de Figaro*.

C'est là un fait digne d'attention, et trop sérieux pour que la frivolité seule pût l'expliquer : la loi morale était compromise dans le vaste ensemble des choses qu'on attaquait; par l'obscénité, on bravait,

(1) Lacretelle, Histoire du dix-huitième siècle. T. VI, p. 56.

en même temps, la prescription religieuse et la convenance du monde; cela semblait du courage encore; chez les écrivains, c'était de l'esprit fort plus que de l'immoralité.

1785.

Pendant que le théâtre portait ce rude coup à l'aristocratie, la royauté avait son drame qui ne lui fut pas moins désastreux : ce fut le procès du collier. Un prince, un prélat, allié du sang royal, traîné sur les bancs de la chambre criminelle, parmi des courtisanes et des filous, quel spectacle! et dans quel moment! Mais ce procès ténébreux était quelque chose de plus encore : pour l'opinion égarée, c'était le procès de la reine; elle avait toujours été cruelle, cette opinion; mais cette fois, elle fut profondément injuste, et par là elle a fait douter qu'elle eût eu raison dans ses autres accusations. Le public, aveuglé par ses instincts de haine, entra comme dupe aussi dans cette honteuse intrigue, il ne s'y montra guère moins crédule que le cardinal de Rohan. Le public fit cause commune avec cet homme, qu'il méprisait la veille, mais qui devint son héros du jour où il fut poursuivi par la cour.

Le cardinal de Rohan était le scandale de l'Église; dans tout le siècle, il ne s'était pas vu un prélat de mœurs plus effrontées; il n'existait pas d'entourage pire que le sien; il vivait comme un de ces papes du dixième siècle, sous l'empire des Marosies; c'était, d'ailleurs, d'une source assez semblable que la puissante famille de Rohan tirait ses dignités et ses grands biens. Depuis plus d'un siècle que la belle madame de Soubise avait mis le cardinalat dans sa maison, les plus hautes positions de l'Église y étaient transmissibles comme les mauvaises mœurs : les prélats y pratiquaient le sacerdoce, comme le prince de Soubise y pratiquait la guerre. C'était à qui dégraderait le mieux le nom de Rohan.

Le cardinal Louis de Rohan, grand aumônier de France, évêque de Strasbourg, bénéficiaire des plus grosses abbayes, tenait de l'Église douze cent mille livres de revenu, et ce revenu ne lui suffisait pas ; il disait qu'un galant homme ne pouvait vivre avec cela. Il était perdu de dettes, et se trouvait souvent réduit aux derniers expédiens. Un autre Rohan, le prince de Guéménée, venait de faire une banqueroute de trente-quatre millions ; l'impudent cardinal en faisait gloire, et disait qu'il n'y avait qu'un Rohan ou un souverain qui pût faire une telle banqueroute ; il semblait marcher à un succès pareil. Louis XVI l'avait en aversion, comme tous les mauvais prêtres ; la reine, pour d'autres raisons, le voyait de plus mauvais œil encore ; on dit qu'il l'avait offensée à l'époque de son ambassade à Vienne (1). Il n'était rien qu'il

---

(1) On lit dans les mémoires du comte Beugnot : « Il avait, « aux yeux de Marie-Antoinette, l'irréparable tort d'avoir peint « de couleurs assez vraies, lorsqu'il était ambassadeur à Vienne, « l'archiduchesse, alors destinée au trône de France. Cette con-

n'eût tenté depuis pour rentrer en grâce; il alla jusqu'à afficher pour sa royale ennemie une violente passion; moyen le plus sûr, il lui semblait, de faire oublier ses torts. Il était ambitieux, il voulait être ministre, et n'y voyait d'autre obstacle que le ressentiment de la reine. Un pareil choix fut peut-être la seule faute à laquelle la monarchie échappa. Les démonstrations du cardinal n'apaisèrent point Marie-Antoinette, et sa haine, cette fois, rendit service à l'État; mais ce fut, par malheur, aux dépens de sa renommée.

Parmi les femmes auxquelles les mœurs du cardinal donnaient un accès facile auprès de lui, figurait la comtesse de Lamotte-Valois; elle descendait d'un bâtard de Henri II; son origine était constatée (1). Mais, sans parens, sans fortune, ne tirant rien du gouvernement qu'une pension in-

« duite d'un *honnête homme* était devenue le tourment de sa « vie. » V. Revue française, septembre 1838, p. 228.

Cette assertion du comte Beugnot, si dure pour Marie-Antoinette et si indulgente pour le prince de Rohan, porte sur une erreur assez accréditée. Le cardinal de Rohan ne fut envoyé en ambassade à Vienne qu'au mois de janvier 1772, trois ans après le mariage de Marie-Antoinette. C'est à Vienne, au contraire, qu'il peignait la jeune dauphine comme s'aliénant tous les cœurs à Versailles, par ses légèretés, et cela, pour complaire au parti Richelieu et à madame Dubarry. V. Mém. de madame Campan. T. I, p. 66. L'abbé Georgel, grand vicaire du cardinal, assigne d'autres causes à l'inimitié de la reine pour lui. V. ses Mémoires. T. II, page 6.

(1) Mém. du comte Beugnot, Rev. franç., sept. 1838, p. 204.

fime, cette femme, tourmentée par l'ambition d'un sang méconnu, s'agitait, avec une sorte de rage, pour sortir de l'obscurité; elle y employait tout ce qui était à son usage : l'intrigue et la galanterie. Elle connut le cardinal de Rohan, et s'adressa d'abord à ses vices; elle s'attaqua ensuite à son ambition. La descendante des Valois se donna bientôt à lui pour l'amie de la reine, et se fit fort d'emporter cette réconciliation qui était l'idée fixe du cardinal. Lui qui rêvait d'être ministre et de plus d'être, à cinquante ans, l'amant d'une jeune reine, cette faible tête de débauché était sans doute bien crédule, madame de Lamotte bien hardiment intrigante ; mais si l'on fait de cette femme une abjecte courtisane, une aventurière d'antichambre, la duperie du cardinal alors ne se comprendra plus (1). Par ses mœurs, c'était une aventurière sans doute ; mais à tout prendre, elle était bien du sang des Valois; elle avait un peu de beauté, quelques facultés heureuses gâtées par son éducation, elle était active, chaleureuse, théâtrale, elle savait capter ; on s'intéressait vite à cette femme,

---

(1) Voir les Mémoires du comte Beugnot, *Revue Française*, septembre 1838, p. 238. « Je rencontrais chez elle, dit-il, le marquis de Saisseval, l'abbé de Cabres, Rouillé d'Orfeuil, intendant de Champagne, le comte d'Estaing, etc. » « Il semble, dit-il ailleurs, que l'on se soit donné le mot pour ne présenter madame de Lamotte que comme une aventurière des plus communes. » Voir id. page 229.

dernier rejeton d'une branche royale, à qui la monarchie n'assurait pas même du pain; aussi les relations ne lui manquèrent point; Rohan n'était pas le seul homme de marque dont la maison lui fût ouverte (1). Par là, du moins, la crédulité du cardinal s'expliquera mieux, il semble, et l'étrange affaire qui va venir y gagnera quelque clarté.

Les joailliers de la couronne, Bœhmer et Bossange, composèrent de leurs plus beaux diamans un magnifique collier qu'ils présentèrent à la reine; ils en demandaient seize cent mille francs. On dit que cette parure avait été destinée d'abord à madame du Barry. Soit que la reine fût peu flattée d'accepter un tel souvenir, soit que les circonstances lui inspirassent un refus plus élevé (c'était à l'époque de la guerre), elle répondit fort à propos qu'avec une pareille somme on pouvait donner à l'État deux vaisseaux, et elle repoussa toutes les instances des joailliers. Ce fut alors que le cardinal de Rohan se laissa persuader par son amie que Marie-Antoinette désirait en secret ces diamans; il se laissa persuader

---

(1) Le comte Beugnot, qui raconte, dans un curieux fragment de ses Mémoires, les relations fort intimes qu'il eut avec madame de Lamotte, insiste là-dessus comme sur un point important; il établit que madame de Lamotte, en effet, comptait des relations assez élevées, et intéressait de nombreux protecteurs. Ce fait rend plus croyable l'empire qu'elle sut prendre sur le cardinal de Rohan. V. Mémoires du comte Beugnot, Revue française, septembre 1838.

encore de lui en faciliter l'achat, croyant se remettre en grâce par ce service. La comtesse ne cessait de l'échauffer par les récits qu'elle lui faisait de visites à Versailles, de relations étranges avec la reine; c'était chaque jour quelque nouvelle qui transportait de joie son facile confident. Les préventions se dissipaient, assurait madame de Lamotte, et pour preuve, tantôt c'était un mémoire que demandait la reine au prélat, tantôt c'était une somme d'argent dont elle avait besoin pour ses aumônes. Le cardinal apercevait, dans toutes ces avances, de grands indices d'une prochaine faveur, et il s'empressait d'y satisfaire. Sur la parole de cette femme, qui le plus souvent ne visitait à Versailles qu'un hôtel garni, il voyait la reine tout occupée de son amour et de son prochain ministère; il réformait sa maison, il affectait des mœurs, en attendant; pour la première fois, il s'inquiétait d'être grave, et par là, mettait le comble à sa burlesque position. Rien ne manqua à cette triste comédie, qui se prolongea deux ans; un prince de l'Église, un vieil ambassadeur se laissa conduire comme un enfant; il crut à des billets de la reine; il crut de même à un rendez-vous. Il alla sous le manteau d'un mousquetaire, et au milieu d'une nuit obscure, se poster sous un bosquet de Versailles; une femme s'avança à la dérobée, c'était bien la taille et le port de la reine; elle passa près de lui, en laissant tomber une rose et en disant à demi-voix : « *Le passé est oublié.* »

Le cardinal éperdu se jeta à terre et baisa son pied. Un tel début lui permettait toutes les espérances; il allait donner cours à des sentimens si longtemps méprisés; mais un contre-temps interrompit l'entrevue; madame de Lamotte accourut, en disant qu'elle entendait venir les comtesses de Provence et d'Artois. La scène n'en eut pas moins son effet; la femme à qui Rohan avait baisé le pied était une courtisane fort connue pour ressembler à la reine, et qui s'était prêtée à jouer ce rôle sur la promesse d'une somme d'argent. Le cardinal resta persuadé que Marie-Antoinette avait fait ce premier pas vers lui; il eût été moins dupe sans doute, s'il eût été moins corrompu.

Au moment d'entreprendre l'affaire du collier, Rohan avait demandé que la reine s'engageât par cette démarche, il s'était flatté qu'elle l'entretiendrait de son désir elle-même; mais l'entrevue avait manqué; alors il voulut un ordre écrit de la reine, la garantie de sa signature; de nouveau on le contenta; puis il alla traiter avec les joailliers, et conclut le marché au prix de quatorze cent mille francs. Mais ce fut la plus forte épreuve à laquelle sa bonne volonté d'être trompé fut soumise. La signature du billet portait: *Marie-Antoinette de France*; le faussaire qui l'avait tracée n'était pas rompu au style des cours et des chancelleries, et le cardinal, qui avait été ambassadeur, n'en prit point l'éveil. Il ne revint pas de son erreur: il voyait la reine aux cérémonies, il se plaçait sur son passage, cherchant un regard, un signe d'intelligence ; mais rien n'avait changé pour lui dans cet impérial dédain dont l'écrasait Marie-Antoinette. Il attendait imperturbablement l'heure où tout se déclarerait à la fois.

Un jour de fête (15 août), comme il était à Versailles pour officier, il reçut l'ordre de se rendre, sans délai, dans le cabinet du roi ; l'espoir lui vint, sans doute, qu'il en sortirait ministre ; il en sortit prisonnier ; il fut conduit à la Bastille, dans ses habits pontificaux. Il était nouveau que le pouvoir politique portât la main sur un prince de l'Église romaine, cela ne s'était point vu depuis le cardinal de la Balue. L'accusation était grave ; ce n'était pas moins qu'un vol, et un faux commis au nom de la reine où Rohan se trouvait impliqué ; il avait manqué au premier terme de paiement, et le joaillier, dans son embarras, avait porté sa réclamation à Versailles. L'interrogatoire que le prélat subit devant le roi, la reine et les ministres, fut pour lui d'un embarras cruel ; il nomma madame de Lamotte ; il avait cru, dit-il, faire sa cour à la reine, en traitant, pour elle, de l'achat du collier ; il se troubla aux interpellations de Marie-Antoinette, il ne put rien expliquer. On lui donna du temps pour se remettre ; le roi le pressa d'écrire sa défense ; il ne put tracer que quelques phrases sans suite ; l'ordre fut donné de l'arrêter, et l'affaire fut déférée au parlement. Une colère de femme, colère légitime, mais dangereuse conseillère, dicta le parti qui fut embrassé : la reine voulut perdre l'accusé; l'abbé de Vermont, le baron de Breteuil, nouveau ministre de la maison du roi, tout le parti autrichien était ennemi déclaré du cardinal : ce fut ce qui le sauva. Les hommes les plus calmes du ministère, Vergennes, Castries, s'interposèrent sans succès; ils déconseillèrent d'attirer sur cette dangereuse affaire le bruit d'un grand procès. Ils savaient l'état de l'esprit public à l'égard de la reine. L'Europe fut occupée de ce procès pendant près d'un an; l'instruction n'y porta pas la lumière : l'opinion trop excitée s'arma de ce mystère, comme d'un acte d'accusation contre Marie-Antoinette; la prévention tirait parti des moindres apparences, tournait tout contre elle, et lui faisait un rôle forcé dans cette intrigue. La cour, de son côté, conduisit l'affaire d'une main si mal assurée, si gauche, que ses fautes prêtèrent encore aux soupçons (1). Elle mit tout son effort à perdre le cardinal, et cet acharnement le fit intéressant et populaire. La reine, dit-on, vint à Paris pour conférer avec des magistrats, pendant les procédures (2); on croyait voir planer sur madame de Lamotte un intérêt caché; la police avait mis à l'arrêter des délais qu'on expliquait mal; le baron de Breteuil se mêla

(1) Mémoires du comte Beugnot. Revue française, sept. 1838, p. 253.
(2) Soulavie. Mém. du règne de Louis XVI. T. VI, p. 73.

dans les démarches pour le choix de son défenseur (1). Voulait-on sauver au sang des Valois une flétrissure? ou bien détourner l'accusation de la vraie coupable, afin de rejeter tout sur le prince de Rohan? Pendant dix mois, les avocats firent des mémoires, et ce qui était inexpliqué finit par devenir inexplicable (2). Le parlement rendit son arrêt, qui trompa toutes les prévisions de la cour : le cardinal fut acquitté, et madame de Lamotte condamnée. L'immense foule qui entourait le palais fit au cardinal un accueil triomphant. « A dix
« heures, la décharge pure et simple est sortie,
« écrivait Mirabeau sous la chaude impression du
« spectacle; le peuple inondait les rues avoisinantes
« du palais, et toutes les salles, dès cinq heures du
« matin; je ne sais pas où le parlement se serait
« enfui, s'il avait mal jugé. Le peuple les a arrêtés,

(1) Mémoires du comte Beugnot; Rev. franç. p. 259. Le lieutenant de police, de Crosne, fit de vives instances à Beugnot, de la part du baron de Breteuil, pour qu'il se chargeât de défendre madame de Lamotte. « M. de Crosne, dit-il, qui était peut-être
« éloquent pour la première fois de sa vie, ne parvint pas à me
« séduire... M. de Crosne insiste de plus fort ; je ne sais en vé-
« rité pourquoi, et me fait pressentir que plus de condescendance
« de ma part aux vues de l'autorité ne nuira pas à mon avance-
« ment et à ma fortune ; et son refrain favori est toujours : Voyez
« M. le baron de Breteuil... C'est en me rappelant cette scène
« que je ne peux guère douter de l'espèce d'intérêt politique que
« prenait le baron de Breteuil au sort de madame de Lamotte. »
(2) Mémoires du comte Beugnot. Rev. franç., sept. 1838, p. 260.

« caressés, baisés; cinq cents personnes se sont
« prosternées : c'était un délire... L'opinion n'a-
« t-elle pas eu un assez éclatant triomphe? Il y a
« trente ans que le cardinal eût été perdu sans res-
« source. Autrefois l'autorité aurait couvert l'ab-
« surdité par la tyrannie. Heureusement elle ne le
« peut plus. L'épreuve est dure, mais décisive;
« puissent d'autres passions n'en pas abuser (1). »

La cour fut malhabile jusqu'au bout; elle frappa le cardinal d'une lettre de cachet; on le dépouilla de ses charges, et on l'exila dans une de ses abbayes. Si c'était une faute politique de déférer ce procès au parlement, c'en était une autre de se fâcher contre son arrêt. Marie-Antoinette se vit accablée, dans cette tortueuse intrigue, de toutes les préventions du public et de toutes les fautes du gouvernement; mais le plus coupable des deux fut le gouvernement, qui ne sut rien faire qu'égarer l'opinion davantage.

Le comte de Lamotte s'était enfui en Angleterre avec les débris du collier; il menaça d'un mémoire contre la reine, si on ne lui rendait pas sa femme; ce mémoire, a-t-on dit, fut secrètement acheté, ce qui n'empêcha pas de l'imprimer plus tard (2). La cour hésitait à exécuter l'arrêt porté contre madame de Lamotte; elle avait été condamnée à la

---

(1) Mémoires de Mirabeau. T. IV, p. 326.
(2) Soulavie. Mémoires du règne de Louis XVI. T. VI.

réclusion perpétuelle, à la marque et au fouet; il fut question de commuer sa peine, c'eût été mettre le comble à l'état violent de l'opinion. Vergennes et Castries en firent comprendre les dangers; madame de Lamotte fut marquée et enfermée; mais on la laissa s'évader au bout de deux ans.

Telle paraît être, en somme, cette affaire du collier; bien des détails en restent ténébreux, et l'esprit public n'était que trop autorisé aux soupçons; mais en accusant, il ne calculait plus les probabilités : il n'était pas croyable, en effet, que la reine eût trempé dans ce honteux marché; mais elle était en suspicion perpétuelle, elle était réputée capable de pareils faits, et le public expliqua l'énigme par les préjugés de sa haine. On ne pouvait oublier pourtant que le ministre des finances était Calonne, celui que l'on appelait le caissier de la reine, lui qui répondait un jour à une demande de Marie-Antoinette : « Si la chose est possible, Madame, elle est faite; si elle est impossible, elle se fera. » Pour Calonne, ce n'était point l'impossible que l'achat de ce collier; il eût mis ce caprice de la reine au compte du trésor, comme tant d'autres; c'était une voie plus simple et plus commode que ce biais honteux d'une intrigue avec Rohan. Il est rapporté, d'ailleurs, que Louis XVI avait voulu faire don du collier à Marie-Antoinette (1). Ne serait-il pas bizarre qu'elle eût préféré l'obtenir

(1) Mémoires de madame Campan. T. I.

par un moyen qui lui en interdisait l'usage? Sans doute elle n'était pas assez aveuglée par la perspective de ce bijou, pour ne pas prévoir d'embarrassantes questions de la part du roi. Quant au cardinal, elle le haïssait en femme offensée, et l'orgueil blessé, chez elle, ne pardonnait pas. Rohan était mal vu à Vienne, détesté des Autrichiens de Versailles, personnellement odieux à Breteuil, à l'abbé de Vermont, les hommes d'affection de la reine. Et si l'on regarde au point le plus caché de l'intrigue, est-ce un galant de cet âge, usé de débauche, que la reine de France égarée pouvait attendre la nuit au fond des bosquets? Il fut constaté au procès qu'une femme publique, la fille Olivia, avait joué la scène nocturne; et pour les relations prétendues de madame de Lamotte avec la reine, on ne put rien établir. Force est donc de rejeter tout sur la crédulité du cardinal, crédulité surnaturelle, il est vrai, chez un homme qui avait passé par les conclaves et les chancelleries; mais ce cardinal de Rohan, qui avait l'esprit des roués, était pourtant une pauvre tête: il croyait en Cagliostro; il pouvait croire en madame de Lamotte; il était le plus chaud partisan et l'ami de ce charlatan, qui fut impliqué à sa suite dans le procès; madame de Lamotte lui procurait des lettres et des rendez-vous de la reine, comme Cagliostro lui procurait des tête-à-tête et des soupers avec Cléopâtre et Sémiramis (1).

(1) Soulavie. Mém. du règne de Louis XVI. T. VI, p. 69.

Époque singulière entre toutes ! Ce cardinal de Rohan n'était pas seul atteint de ces folles imaginations ; des gens de cour, des gens de lettres, des savans, des magistrats, couraient après tout ce merveilleux ; le mémoire de Cagliostro, pendant le procès, eut la vogue la plus incroyable ; il fallut des gardes à sa porte pour contenir la foule qui se l'arrachait. Un intérêt effréné entoura ce nouveau prophète, « qui avait appris la sagesse dans les pyramides d'Égypte, qui avait le pouvoir d'évoquer les ombres, et possédait toutes les sciences occultes de l'Orient (1). » Ainsi parlait l'avocat de Cagliostro dans ce mémoire qui, disait-on, avait coûté plus d'une nuit de travail au conseiller d'Espréménil, dont l'esprit ardent plongeait dans cet illuminisme. Un autre personnage étranger faisait fermenter les mêmes têtes : c'était Mesmer, médecin allemand, l'importateur du magnétisme en France. Au fond, la découverte de Mesmer pouvait sembler du ressort de la science, et se rattacher de près à d'autres découvertes sur le magnétisme terrestre et l'électricité ; c'était de la science pour l'esprit fort, c'était du merveilleux pour les têtes faibles ; tout Paris courut chez Mesmer. S'il y avait, comme on le rapporte, des connaissances positives et des talens chez cet homme, tout cela se perdit sous la plus bizarre fantasmagorie, et compromit

---

(1) Mémoires du comte Beugnot. Rev. franç., sept. 1838, p. 260.

sa théorie aux yeux des observateurs sérieux. Ces mystérieux baquets autour desquels allaient se ranger des femmes vaporeuses; ces branches de fer, ces ténèbres, ces sons d'harmonica, tout cet appareil mis en œuvre pour agir sur les imaginations et sur les nerfs, l'esprit scientifique, dans sa gravité consciencieuse, ne pouvait l'accepter (1); tout cela enrichit Mesmer et le déshonora.

Ces choses se passaient à la fin du dix-huitième siècle, qui riait des anciennes croyances; époque de foi, cependant, comme toute époque pleine de pressentimens et d'attente. L'horizon social, la science, promettaient tant de choses! L'ivresse de toute nouveauté, l'enthousiasme de tout ce qui commence, prêtaient aux illusions, et ne faisaient que déplacer la foi. C'était le temps des fables pour l'esprit scientifique; ainsi, la découverte des ballons fut accueillie comme l'eût été, dans un autre temps, une révélation religieuse; ce fut un spectacle à bouleverser les têtes que celui des premiers hommes qui traversèrent les airs aux yeux de Paris rassemblé. Quand le physicien Charles et Robert tentèrent leur ascension (1er déc. 1783), la foule fut saisie de vertige, les femmes s'évanouirent en poussant des cris; une ardente jeunesse courut à cheval dans la direction de ces hardis voyageurs.

---

(1) Une commission nommée par l'académie des sciences et présidée par Bailly, conclut contre le magnétisme.

Que n'espérait-on pas de la découverte de Mongolfier, ce Colomb des airs? On crut que l'homme s'était assujetti l'espace, on voyait déjà toutes les nations communiquer par cette voie sans limite; le commerce allait s'y élancer et les armées s'y combattre.

La navigation, en attendant, payait son tribut de découvertes à ce siècle entraîné sur toutes les routes de l'inconnu. La Peyrouse faisait, comme marin, ce que faisaient Turgot dans la politique, Mongolfier, Lavoisier dans la science, et Mesmer lui-même, tout en s'égarant; il était poussé par l'esprit du temps au fond des mers lointaines : c'était réformer le globe aussi par la découverte.

Ce mouvement plus fort que les hommes va les prendre dans tous les postes qu'ils occupent, il les emporte en tous sens; cette unité de tendances se voit partout; c'était l'heure d'entreprendre, de réformer, de recommencer toutes choses, tant les choses existantes étaient peu dignes des spéculations et de l'ambition des esprits : nobles efforts souvent déjoués! ambition féconde, mais pleine de déceptions! Bien des idées manquèrent à l'essai, bien des hommes moururent à la peine; dans ce grand ébranlement de la vie humaine, il y eut de l'aventure en tout, et comme La Peyrouse, beaucoup ne revinrent pas! Ce courageux marin, nommé glorieusement dans la guerre d'Amérique, partit en août 1785, pour un voyage autour du monde. Il devait explorer le grand Océan; on en attendait de belles découvertes, dans l'émulation qui régnait alors entre les nations maritimes. L'Angleterre venait d'avoir les grandes explorations de Cook. La Peyrouse découvrit plusieurs îles, mais sa navigation fut traversée par toutes sortes d'accidens; il donna de ses nouvelles, pour la dernière fois, en août 1788, et le dénoûment de sa triste expédition resta caché au milieu des mers. Le roi avait pris grand intérêt à cette entreprise, pour laquelle il avait écrit, de sa main, des instructions (1); le souvenir de sa cruelle issue lui revint souvent, dit-on, comme un pressentiment de sa propre destinée !

Louis XVI avait quelque entente de la marine, de la construction navale, ce qui tenait à son goût pour les travaux mécaniques; il entreprit un voyage à Cherbourg, et y étonna les marins par le détail de ses connaissances techniques.

C'est toujours à cet endroit de la marine, en effet, que se retrouvent les efforts les plus honorables de ce règne. On commença le port de Cherbourg : c'était parler résolument à l'Angleterre, c'était relever, en vue de ses rivages, les ruines qu'elle avait faites à Dunkerque. Ce courage était encore un des bénéfices de la dernière guerre, et la Grande-Bretagne s'en émut, tout étonnée de voir la France agir à l'aise, et creuser un port sans sa

---

(1) Flassan. Hist. de la diplomatie. T. VII, p. 410.

permission. Il y eut dans le parlement des sorties véhémentes à ce sujet. Le haineux Burke dénonça le fait avec toute l'exagération irlandaise de son éloquence :

« La France nous ouvre ses bras, disait-il, mais
« c'est pour se saisir de notre commerce. A Cher-
« bourg aussi, la France ouvre les bras; mais c'est
« pour y placer sa marine en présence de nos ports,
« c'est pour s'y établir, malgré la nature; c'est pour
« lutter contre l'Océan, et le disputer avec la Pro-
« vidence, qui avait assigné des limites à son em-
« pire. Les pyramides d'Égypte s'anéantissent, en
« les comparant à des travaux si prodigieux. Les
« constructions de Cherbourg sont telles, qu'elles
« permettront bientôt à la France d'étendre ses bras
« jusqu'à Portsmouth et Plymouth. C'est, sans
« doute, dans cette position que la France, de-
« venue la gardienne du canal, nous protégera. Et
« nous, pauvres Troyens, nous admirons cet autre
« cheval de bois qui prépare notre ruine. Nous ne
« pensons pas à ce qu'il renferme dans son sein, et
« nous oublions ces jours de gloire, pendant les-
« quels la Grande-Bretagne établissait à Dunkerque
« des inspecteurs pour nous rendre compte de la
« conduite des Français. »

C'était dans le débat d'un traité de commerce entre l'Angleterre et la France que Burke se faisait entendre avec cette véhémence (1). Tombé récem-

(1) Il avait été inséré dans le traité de 1783 (art. xviii) « qu'il

ment du ministère, Fox exprimait des sentimens pareils; lui qui devait plus tard se démentir, violent, injurieux alors pour la France, il repousse toute alliance avec elle; c'est de ce point de vue qu'il s'oppose au traité, tout en convenant qu'il est à l'avantage du commerce britannique. « Il est bien naturel, disait Fox, que l'honorable membre, M. Pitt, fasse ici un grand étalage des assurances amicales de la cour de Versailles. Ces assurances lui ont persuadé que la France est bien intentionnée pour ce pays. Je ne dirai pas que la France est l'ennemie de la Grande-Bretagne en ce moment. Il est possible que *tels événemens* fassent désirer en secret à la cour de Versailles de s'unir avec nous; mais cette possibilité ne m'empêche pas de soutenir que la France est politiquement l'ennemie naturelle de la Grande-Bretagne, et que son orgueil constant, son ambition démesurée, son désir ardent de dominer en Europe, lui inspirent la haine qu'elle nous porte... M. Pitt regarde des assurances amicales de la cour de Versailles comme des preuves infaillibles de sa sincérité; qu'il fouille dans le bureau des affaires étrangères; il y trouvera une correspondance assez curieuse pour changer ses opinions. Il y verra que cette cour, à la veille de rompre avec nous, et de s'unir avec l'Amérique, redoublait ses

« serait fait de nouveaux arrangemens de commerce sur le fon-
« dement de la réciprocité et des convenances mutuelles. » Flassan, Hist. de la diplomatie française. T. VII, p. 420.

démonstrations amicales. N'avons-nous pas assez appris à nos dépens la valeur de ces démonstrations perfides?... Je ne suis pas surpris des concessions trompeuses et éblouissantes de nos voisins... Sous Louis XIV, la France dévoila ouvertement ses vues ambitieuses, des démarches violentes en précédèrent le succès. Aujourd'hui la France cherche par des traités ce que la force des armes ne peut lui procurer. Je ne disconviens pas que le traité ne procure de grands avantages à des individus de la Grande-Bretagne; mais était-ce en faveur de quelques particuliers que M. Pitt devait former des liaisons de cette importance?... Suivez de près la conduite de la cour de France, vous la verrez tendre vers le même but. L'Angleterre, en s'unissant trop étroitement avec elle, ne peut que nuire à ses propres intérêts. » Tel était à ce moment le langage, telles étaient les dispositions de Fox à notre égard. C'était Pitt qui avait conclu le traité, et il le défendait d'un ton triomphal ; c'était lui, le fils de Chatam, nourri de haine contre la France, c'était lui qui parlait d'elle avec courtoisie, lui qui se faisait, contre Fox, l'apôtre de la conciliation et de l'humanité. Grands comédiens de gouvernement qui depuis ont échangé leurs rôles ! « Parce que la France, disait M. Pitt, trouve quelques avantages dans ce traité, devons-nous hésiter à nous en procurer de supérieurs? N'est-il pas glorieux pour l'Angleterre, après les secousses qu'elle a essuyées, après une guerre aussi compliquée, après s'être vue si près de sa ruine, de considérer que la France nous ouvre les bras, et s'offre à former des liaisons avec nous sur un pied aussi avantageux que libéral? Ne s'agit-il pas, dans cette circonstance, d'un marché qui élève huit millions d'hommes à côté de vingt-quatre millions qui composent la population de la France?... Quant aux rapports du traité avec la politique, c'est avancer une maxime bien fausse et bien dangereuse que de prétendre que la France et l'Angleterre ne doivent pas cesser d'être ennemies, parce qu'elles l'ont été ; mon esprit se révolte contre un principe aussi monstrueux qui outrage les constitutions sociales et les deux nations. C'est calomnier l'humanité, c'est supposer dans le cœur de l'homme la plus infernale malice... Ce traité rapprochera les deux peuples, leur donnera les mêmes goûts, les mêmes mœurs, et contribuera à l'harmonie respective (1). »

Ce traité, qui mettait M. Pitt en goût si soudain et si vif de philanthropie, était, en effet, libéralement conçu. C'était, pour ainsi dire, le *laissez passer* des économistes étendu au commerce des deux pays. Turgot lui-même, dans sa foi inflexible au principe, n'eût point fait un pas plus confiant et plus hardi. Du point de vue moral et politique, l'arrangement était bon; il rapprochait deux grands peuples, il éloignait

---

(1) Parliamentary history, T. XXVI, p. 396.

les chances de guerre; il contenait des améliorations de droit international (1); mais, sous le rapport économique, le ministre anglais avait seul le droit de s'en applaudir. Le traité était conclu pour deux ans, et ce fut un bienfait de la révolution d'en amener violemment la rupture. Plusieurs de nos industries en auraient été frappées de mort (2). Abandonnées par les tarifs, devancées de trop loin par les progrès mécaniques de nos rivaux, ces industries ne purent soutenir la lutte. Dès la deuxième année, l'équilibre entre les échanges se trouva rompu, et si la France fût allée jusqu'au terme du traité, elle en eût payé les frais d'une partie de sa fortune publique (3).

(1) « L'article 11 autorisait les sujets des deux nations à rester « dans les états de l'une et de l'autre, même dans le cas de « guerre; et s'ils étaient forcés de partir, on leur accorderait un « an pour mettre ordre à leurs affaires... Les lettres dites de re- « présailles étaient abolies. » Flassan, Hist. de la diplom. française. T. VII, p. 422. — « La libre navigation vers les ports enne- « mis de l'une et l'autre puissance était consentie. » Idem, p. 426.

(2) Particulièrement les manufactures de lainage et de coton, les fabriques de faïence, d'épinglerie, etc. » Les étoffes de soie de France et les ouvrages de laine mêlés de soie, restaient toujours prohibés en Angleterre. Ce traité ne fut avantageux qu'à quelques produits agricoles, et particulièrement aux vins de France, qui furent assimilés pour les droits à ceux du Portugal. » Flassan. T. VII, p. 422.

(3) « Le traité de 1786, dit M. de Monthyon, qui a réglé les re- « lations françaises et britanniques, a été funeste à l'industrie « française. A peine a-t-il été conclu, que l'exportation d'Angle- « terre en France s'est fort élevée au-dessus de l'exportation de « France en Angleterre. Plusieurs villes de fabrique ont éprouvé

Ainsi que l'avaient dit Fox et ses amis politiques (1), le cabinet de Versailles s'était hâté de conclure sous le coup d'une impérieuse nécessité; l'Angleterre devina le secret, et elle en profita.

Ce secret, c'était l'état de nos affaires intérieures, l'amoncellement des embarras : l'administration de Calonne atteignait sa troisième année, et à quel prix? Comment était-il arrivé à ce terme? En faisant ressource de tout : il avait marché par des emprunts, par des anticipations; il avait gouverné par des promesses, les plus vite usés de tous les moyens. La situation du trésor échappait quant au détail; on y savait masquer telle ou telle difficulté; mais l'ensemble ne pouvait plus être voilé. Où devait en être Calonne, au bout d'un système tel que le sien?

« une grande déchéance; nombre de manufactures sont tombées. « Les droits établis par ce traité, à l'entrée et à la sortie du « royaume, avaient été si mal combinés, que dans plusieurs gen-« res de marchandises, les Anglais tiraient de France les matières « premières, les renvoyaient fabriquées, et après avoir acquitté « les droits d'exportation et d'importation, vendaient à si bas « prix, que les fabriques françaises ne pouvaient soutenir la con-« currence. » Monthyon, sur les ministres des finances, p. 296. Voir encore, à l'appui de ce jugement, Bailly, Hist. fin. T. II, p. 247, et un remarquable travail de la Revue des Deux Mondes (15 août 1843).

(1). « Et peut-on croire, disait le marquis de Lansdowne, que « M. de Vergennes eût été si pressé de conclure ce traité, s'il « n'avait été poussé par un objet puissant et secret? Les ministres « peuvent-ils ignorer avec quelle fermeté M. de Vergennes se re-« fusa à tout traité de commerce en négociant pour la paix? »

1786. Il persiflait tous les plans d'économie, et il avait fait selon ses discours. L'habile Calonne avait mis toute sa science et tout son labeur à donner : il avait donné à pleines mains aux frères du roi, aux favoris de la reine, à tout ce qui était assez puissant pour mendier. Il n'avait compté à Versailles avec personne; les gens de finance aussi avaient fait de gros gains autour de lui ; on le voyait aliéner des domaines de l'État, à la convenance des particuliers, et en faire de véritables largesses sous un simulacre d'échange. On l'accusait de mettre aux mains d'agioteurs, pour échauffer le crédit par des achats de rentes, de grosses sommes qui ne rentraient pas (1). On voyait les frais d'administration s'augmenter démesurément (2); d'autres ministres avaient tenté de réduire les charges, les pensions, Calonne les multipliait. L'État se trouvait chaque année grevé de l'intérêt d'un nouvel emprunt. Que voyait-on pour faire face à ce surcroît de dépense? Nulle ressource nouvelle, nul accroissement de recette; emprunter toujours, sauver le présent en perdant l'avenir, telle était la méthode de Calonne. Un impôt temporaire, le troisième vingtième allait expirer et creuser un

---

(1) Monthyon, Particul. sur les ministres des fin., p. 285.
(2) « Ce qui faisait huit divisions et coûtait trois cent mille livres du temps de l'abbé Terray, était transformé en vingt-huit départemens, qui dépensaient trois millions. » Bailly, Histoire financière. T. II, p. 259.

nouveau vide de vingt et un millions. Des illusions
que le public même avait trop partagées s'en allaient,
et on avait partout le pressentiment d'un énorme
déficit. A côté de ces causes de ruine les plus en vue,
l'opinion en soupçonnait une autre. On s'entêta à
croire que la reine faisait passer de l'argent à l'empereur. Il était survenu dans les affaires extérieures
un incident politique qui ne fit que le persuader
davantage : ce fut l'événement des Bouches de
l'Escaut. Joseph, dans le tourment qu'il se donnait
pour intéresser la renommée, fit une querelle aux
Hollandais ses voisins; il voulut leur faire céder des
villes, des provinces, il exigea l'ouverture de l'Escaut, cinquante millions de florins et la destruction
des forts qui gênaient sa frontière. A quel titre? On
était en pleine paix, et sous les traités en vigueur,
on ne voyait pas couleur de prétexte à cette brusque
exigence, à cette boutade d'ambitieux. Joseph donna
l'ordre à un de ses navires de forcer l'entrée de l'Escaut, et son navire fut canonné.

Cet événement pouvait rallumer en Europe une
guerre générale; la Hollande s'adressa à la France,
et l'opinion l'appuya chaudement; mais Louis XVI
et Vergennes craignirent une conflagration; l'état
des finances, du reste, justifiait assez leur politique
timide. Ils firent néanmoins une démonstration de
bonne contenance, il y eut un mouvement de troupes
aux frontières, et Louis XVI offrit sa médiation à
son beau-frère, qui n'osa soutenir ses singulières

prétentions; il les réduisit à une somme d'argent et à des excuses; ses adversaires étaient des marchands qui consentirent bien aux excuses, mais lésinèrent sur la somme; ils n'en voulaient payer que la moitié. La France prit le reste à sa charge, et y gagna un traité d'alliance précieux avec les Hollandais. Ce résultat valait bien les douze millions qu'elle avançait; mais cet argent, par malheur, passait dans les mains de l'Autriche; c'en fut assez pour soulever l'esprit public contre le traité. On n'y vit rien qu'une basse complaisance à payer le frère de la reine, pour prix d'une contestation sans bonne foi.

Ces quelques millions ajoutaient peu de chose au mal énorme de nos finances; il était tel que Calonne lui-même en fut frappé; il vit l'impossibilité de recommencer ses aventures ordinaires, et de recourir au crédit, dont il s'était joué effrontément. Ses querelles avec le parlement étaient allées jusqu'à l'injure; il avait follement insulté les hommes, il avait exaspéré tout le corps par ses enregistremens forcés. Il n'osa faire un pas de plus dans cette voie, et se mit à réfléchir à quelque expédient singulier. Il crut l'avoir trouvé, et il alla s'en ouvrir à Vergennes. Alors il lui fit connaître l'état du trésor, l'énormité du déficit, et le plan au moyen duquel il se faisait fort de tout réparer. Calonne entraîna Vergennes, et alla faire au roi la même confidence; Louis XVI adhéra au dessein des deux ministres, et tous trois en préparèrent l'exécution, en se promettant le secret.

CHAPITRE V.

Convocation des notables. — Mort de Vergennes. — Discours d'ouverture de Calonne. — Travaux et opposition des notables. — Renvoi de Calonne. — Influence de la reine. — Brienne est nommé ministre. — Clôture de l'assemblée. — Opposition du parlement, exil, rappel. — L'opinion soulevée contre la reine. — Coup d'État contre le parlement. — Opposition des parlemens de province. — Détresse du trésor. — Brienne accorde les États généraux. — Rappel de Necker. — Position extérieure de la France.

Le 29 décembre 1786, Louis XVI annonça, au sortir du conseil des dépêches, la résolution où il était de convoquer les notables. Une telle déclaration agita les esprits en les partageant. C'était le dernier coup de ressource de M. de Calonne, l'expédient annoncé par lui avec une si pompeuse suffisance, et qui devait tout réparer des dilapidations publiques. Il y avait fait souscrire Louis XVI, en lui citant l'exemple de Henri IV, qui avait eu aussi son assemblée des notables. Il y avait fait adhérer M. de Vergennes, si opposé, par le tour de ses opi-

1786.

nions, à un pareil projet, en lui montrant qu'une assemblée des notables porterait un coup accablant à la puissance du parlement. Pour l'un, il avait mis l'histoire de moitié dans ses séductions, et pour l'autre il s'était adressé à une de ces passions haineuses qui répondent toujours à l'adroit séducteur qui les évoque.

Mais le charme qu'il avait exercé sur le monarque et sur son ministre, il le retrouvait moins quand il s'agissait de l'opinion. Détrompée déjà par ses fautes, l'opinion, qu'il avait réussi par moments à éblouir, commençait depuis longtemps à comprendre qu'il n'était bon qu'à fasciner, et elle n'accueillit guère son nouveau projet qu'avec une curiosité incrédule. D'ailleurs, il faut le dire, quand un séducteur ne trouve plus le mot qui persuade, il tombe de haut, ce n'est plus qu'un menteur; et voilà précisément ce que Calonne était devenu pour la France. La majorité des esprits n'était plus à lui. Quant aux classes qui l'avaient le plus appuyé, son projet les blessait dans leurs intérêts ou dans leurs préjugés. La noblesse et tout ce qui dans l'État était resté docile aux leçons que le pouvoir absolu leur avait données, se plaignit, par dévouement à la royauté. On vit le maréchal de Richelieu demander ce qu'aurait fait Louis XIV au ministre qui lui aurait proposé une convocation des notables.

Et pourtant, cette mesure n'était pas en soi un

fait politique bien important et bien redoutable.
Ce n'était guère que la création d'un conseil du
roi plus nombreux ; comme tous les conseils qu'il
était loisible au prince d'appeler ou de ne pas appeler près de lui, les assemblées des notables n'a-
vaient que voix consultative, mais elles ne déci-
daient de rien. Elles étaient dans les coutumes de
la monarchie, et quoiqu'on n'en eût pas vu depuis Richelieu, il n'y avait pas de raison tirée de
ce que l'institution de la monarchie absolue avait
de plus sévère, pour qu'on les laissât tomber en
désuétude. Si donc, en 1787, leur convocation par
Calonne produisit un si grand effet, et pour certaines classes un si grand scandale, c'est que les
pouvoirs mourants voient partout l'arrêt de leur
perte ; c'est qu'avec les idées anglaises qui entraient
alors dans les esprits, toute réunion d'hommes assemblés pour délibérer sur les besoins publics,
semblait annoncer et présager pour bientôt un
nouveau régime d'institutions.

La convocation des notables n'était à proprement parler qu'une décoration pour les projets de
Calonne. Poussé de faute en faute jusqu'à la limite
la plus extrême, cherchant à faire ressource de
tout, cet esprit qui savait si bien par quels moyens
les hommes s'enlèvent, et quels spectacles il faut
aux imaginations, avait cru que l'adhésion solennelle, éclatante, d'hommes choisis dans les divers
ordres de l'État, donnerait à ses plans une grande

influence. Quoi qu'il en pût être, il les avait arrêtés et soumis au roi, et Louis XVI avait pu y reconnaître des idées qu'il avait repoussées, quand, plus pures et mieux enchaînées, elles portaient les noms de Machaut, de Turgot, de Necker. En effet, avec cette audacieuse légèreté qui faisait le fond de son caractère, Calonne avait pris partout ce qu'il appelait son système. Il voulait supprimer les vingtièmes, frapper toutes les terres d'une imposition égale, et créer des assemblées de province ; de plus, il abolissait la corvée, diminuait la gabelle, établissait la liberté du commerce des grains, et parlait de vingt millions d'économie. Qu'étaient-ce que de telles réformes, si ce n'est ce qu'on avait essayé déjà, ce qu'on avait interrompu, soit à un temps, soit à un autre, et ce qu'on allait reprendre en sous-œuvre, de guerre lasse, de désespoir, d'impuissance, avec un homme bien moins capable, bien moins convaincu que ceux que l'on avait renvoyés ? Disons-le hardiment, s'il y avait plus inconsistant que Calonne, c'était le cabinet qu'il entraînait à la dérive de ses desseins !

La seule chose qui appartînt réellement à Calonne dans cette confusion des idées d'autrui qu'il prenait pour sa conception, c'était la pensée d'une convocation des notables. Il craignait les refus d'enregistrement de la part des parlemens, et il avait raison de les craindre. Si ces refus avaient eu lieu, quand des hommes aussi considérés que Necker et

Turgot étaient ministres, quels ne devraient-ils pas être, quand l'ancien procureur général dans l'affaire La Chalotais tiendrait pour les réformes contre lesquelles les parlemens s'étaient toujours roidis? L'homme ici ne recommanderait pas l'idée. La considération de la personne ne rejaillirait pas jusqu'au système; et pour y faire obstacle, des rancunes s'ajouteraient encore aux préjugés. Calonne, qui prévoyait ces résistances, crut qu'il les surmonterait, à l'aide de son assemblée des notables. Accepteraient-ils ses idées? Il faudrait bien alors que les parlemens cédassent. L'opinion des notables les subjuguerait. Dans le cas contraire, il était décidé d'aller jusqu'au lit de justice. S'il n'avait pas employé le moyen plus solennel encore des États généraux pour imposer aux parlemens, c'est que le simple nom d'États généraux troublait tout à Versailles, comme un premier coup de tocsin; et que lui-même se souciait peu d'y comparaître, chargé de ses iniquités administratives, pour rendre compte de sa gestion.

Déjà nous l'avons vu plus haut, ce projet des notables avait effrayé l'esprit de Louis XVI, et il avait fallu, pour calmer sa crainte, lui rappeler comme modèle à suivre, celui de ses aïeux auquel il désirait le plus ressembler. Et ce n'était pas seulement le fond des choses qui avait déplu à Louis XVI dans les nouveaux plans de Calonne : il y avait vu du Necker tout pur, comme il le dit dans son langage sans dignité (1). Enfin cet appel aux notables de France offusquait son bon plaisir royal. Peu importaient, du reste, ces velléités, ces répugnances. La destinée de ce malheureux roi n'était-elle pas de faire toujours ce qu'il ne voulait pas, et cela, les yeux ouverts, et voyant ce qu'il faisait? Calonne, qui avait tous les embarras accumulés de la situation pour en accabler cette volonté défaillante, ne ménagea pas l'indépendance de Louis XVI, cette indépendance que Turgot et Necker avaient trop respectée. Il lui parla d'un déficit de 100 millions, qu'il fit attester par le garde des sceaux et Vergennes; et non-seulement il le força à adopter des idées presque odieuses, mais il lui fit jurer, pour ainsi dire, qu'il les soutiendrait envers et contre tous, même contre la reine, et que quoi qu'il pût arriver, il ne s'en départirait pas.

La seule atténuation que dut trouver Louis XVI au danger d'une assemblée de notables, fut dans le choix des hommes que Calonne y devait appeler. Ils furent au nombre de cent quarante-quatre,

---

(1) Voy. Droz, Hist. du règne de Louis XVI. T. I, p. 469. On cite encore parmi les termes familiers à ce prince, ce mot de si mauvais goût: « Je ne veux ni *Neckraille,* ni *prêtraille,* » ou encore d'inconvenantes plaisanteries sur le noble et vertueux Turgot: « Je crois toujours entendre nommer des chiens de chasse, « disait-il, lorsqu'on me parle de tous ces économistes, Turgot, « Baudeau, Mirabeau. » OEuv. ch. du prince de Ligne, p. 435.

et presque tous appartenaient aux deux premiers ordres. Ce tiers état qui, peu de temps après, jouait un rôle si prépondérant dans les assemblées publiques, ne tint qu'une place étroite et obscure dans les désignations ministérielles. On peut dire qu'aux notables il fut à peine représenté. C'était une de ces fautes comme il en échappait à Calonne, à ce naturel incomplet et contradictoire qui voulait la fin sans conscience, et qui oubliait les moyens. Rien n'avertit cette tête, ivre d'elle-même, que pour faire accepter un impôt frappant également sur toutes les classes, ce n'était pas des privilégiés qu'il fallait presque exclusivement consulter! La même inintelligence de ce qui prépare et conduit un succès se montra dans l'ordre des délibérations. Calonne arrêta qu'on délibérerait et qu'on voterait par bureau (1), et que la décision de chaque bureau compterait pour une voix. C'était mettre la majorité des bureaux au-dessus de la majorité des notables; c'était ne pas voir la portée du plus simple calcul (2). Tant d'inattention touche à l'ineptie, et tous les aveuglemens de la confiance la plus présomptueuse ne suffisent plus pour l'expliquer.

Et cependant, là ne se bornèrent point les fautes d'un ministre qui fut le moins politique des hom-

(1) Il y avait sept bureaux, présidés chacun par un prince du sang.
(2) Voir Droz, Hist. du règne de Louis XVI. T. I, p. 473.

mes, dans une des situations les plus fortement politiques qui aient peut-être jamais existé. A la veille d'une assemblée dont les votes allaient être pour lui une question de vie ou de mort, il ne s'occupa sérieusement que de ses plaisirs. Toujours victime de l'espérance, et se croyant ministre pour longtemps encore, ne voyant dans les embarras de l'État qu'un empêchement personnel, et dans la possession du pouvoir que des jouissances d'amour-propre ou des facilités pour ses vices, il persévéra jusqu'au bout dans cet oubli des devoirs de sa charge et des nécessités de sa position. Il ne s'empara point de l'esprit des notables qui arrivaient à Paris. Il ne les plia point à ses vues. Il ne pensa point à se servir de ce don de séduction qu'il avait fini par ne plus exercer que sur lui-même. Les membres des parlemens de province faisaient presque des coalitions contre lui. Il les laissait s'assembler ainsi que les évêques. Rien ne troublait sa folle et bruyante sécurité. Quand le 29 janvier arriva, ce jour fixé pour l'ouverture de l'assemblée, il était malade de ses débauches (1). On renvoya la séance au 7 février, ensuite au 14, mais ce ne fut que le 22 qu'elle s'ouvrit, et presque au moment où le roi venait de perdre M. de Vergennes.

Il était mort du mal de la situation même. Son

---

(1) V. Monthyon, Minis. des fin., p. 300.

esprit froid l'avait jugée, et son âme de peu de trempe en avait été brisée; depuis longtemps il souffrait de cette douleur des hommes publics qui voient les événemens plus forts que leurs convictions. Il ne s'appuyait plus sur les siennes. Quand M. de Calonne s'était adressé à sa vieille haine pour les parlemens, afin de l'amener mieux à ses idées, il n'avait pas eu grand'peine à l'entraîner. Le découragement l'aurait mené où le poussait Calonne, tout aussi bien que cette haine usée. Un enfant, Pitt, venait d'humilier son expérience, en lui faisant signer un traité de commerce ruineux pour nous (1). M. de Castries, l'ami chevaleresque de Necker, avait lu contre lui, en conseil, un mémoire remarquable, digne revanche de celui qu'à une autre époque Vergennes avait écrit contre Necker, talion cruel et mérité. On a dit que ce fut un malheur pour la France que la mort de ce ministre. C'est un honneur funèbre qu'on lui a rendu; mais, à notre sens, il n'eût pas exercé une bien haute influence sur les notables. La situation était si nette et devenait si menaçante, que tout le délié de l'esprit de Vergennes, si habile à trouver des biais, ne suffisait plus. Louis XVI perdait plus que la France. On raconte qu'il alla visiter le tombeau du ministre, et qu'à son tour, sous le coup des découragemens qui avaient abattu son ami,

---

(1) V. le chapitre précédent, p. 319 et suiv.

il s'écria : « Que ne suis-je couché à côté de vous ! (1) »

Quant à Calonne, il ne songea pas même à le regretter. L'idée qu'il perdait un appui, un homme utile, ne lui vint pas. Qu'avait-il besoin de personne ? N'avait-il pas foi en sa fortune ? Ne jouait-il pas avec la difficulté ? N'aimait-il pas à la redoubler pour mieux la vaincre, comme on l'avait vu déjà, quand il avait désigné, par une forfanterie singulière, pour faire partie de l'assemblée des notables, ses plus redoutables adversaires, et parmi eux ce Loménie de Brienne qui devait sitôt le remplacer !

Le roi ouvrit l'assemblée des notables à Versailles, le 22 février 1787, avec le cérémonial choquant et usé des vieilles traditions. Quand le roi eut parlé, le garde des sceaux prit ses ordres à genoux (2). Calonne porta la parole après, avec cette assurance et surtout cette gracieuse et spirituelle maladresse qui tenait au charme de sa personne et aux bornes de son esprit. On raconte qu'il avait commencé par se faire attendre, et que deux fois l'huissier de service fut obligé d'aller le chercher. Il vint enfin, et s'excusa en débitant sans aucun embarras, et de sa façon la plus élégante, une his-

---

(1) V. Soulavie, Mém. du règne de Louis XVI. T. VI, p. 152.
(2) V. pour ce détail, le procès-verbal, p. 52 et suiv.

toire assez peu digne de la gravité du moment (1). Son discours renfermait une satire fort inconvenante du caractère et de l'administration de Necker. Il eut l'audace d'opposer la sienne à cette administration qu'il voulait pourtant imiter. Il se vanta de tout ce qu'il n'avait pas fait. Il dit qu'à aucune époque antérieure le déficit n'avait cessé d'exister; qu'il s'était accru sous M. Necker, par l'intérêt de ses emprunts évalués à 440 millions; et qu'enfin ce déficit annuel s'était trouvé de 83 millions en 1783. Enfin, disait Calonne, le vide du trésor était de 684 millions dans l'exercice de 1784. Comme on le voit, Calonne démentait le *Compte-rendu,* imprudence qu'il allait payer cher. De plus, il blessait les notables en ne conduisant pas son exposé jusqu'en 1787. N'était-ce pas leur dire implicitement qu'il n'entendait point faire tomber sous leur contrôle les dépenses qu'il avait faites? N'était-ce pas vouloir arracher à ceux dont il recherchait l'adhésion ce qui rendait leur adhésion honorable, ce qui en faisait autre chose qu'une manœuvre d'obéissance passive et une grossière comédie? Pour balancer ces pertes, qu'il rendait plus effrayantes encore par le silence dont il les couvrait, pour relever les finances abîmées, il dit qu'il restait un grand remède, « puisqu'il restait

---

(1) V. pour ce bizarre incident, Monthyon, les Minist. des fin., p. 300.

les abus. » Il avait raison ; il y avait les abus à réformer, à détruire, ces économies que Turgot et Necker avaient commencées, mais déjà ce n'était plus assez.

Ce discours occupa vivement l'attention publique, mais ne lui imposa pas. On dit que Pitt avait demandé à l'ambassadeur de France si ce discours n'était pas un pamphlet des ennemis du contrôleur général. Ce n'était là qu'une forme de la critique de ces mêmes ennemis. Pitt avait trop de gravité et de mesure pour s'exprimer avec une moquerie si peu ministérielle sur un document aussi public que le discours de Calonne ; mais certes, il dut bien orgueilleusement sourire en voyant dans quelles mains la France avait ses destinées. Quant aux notables, malgré ce qui les avait révoltés de la part de Calonne, ils montrèrent un intérêt consciencieux pour les travaux dont on les avait chargés, et un désir de s'entendre plein de calme et de modération. Dans leur examen des projets qu'on leur avait soumis, ils applaudirent au système des assemblées provinciales. Ils approuvèrent que les ordres ne fussent pas séparés dans ces assemblées, que les votes y fussent comptés par tête, et que le tiers y eût, à lui seul, autant de voix que les deux autres ordres. Les bureaux de Monsieur et du comte d'Artois allèrent plus loin que les autres en libéralité. Ils pensèrent que, pour balancer l'influence trop forte des ordres privilégiés, on ne devait leur donner que le tiers des voix (1). Un tel commencement promettait, mais la question de la subvention territoriale fut mal reçue. On repoussa avec un sentiment intraitable et l'impôt en argent et l'impôt en nature, et pour renverser complètement le plan du ministre, on demanda à grands cris les états de recette et de dépense. Calonne répondit hautainement qu'on avait assemblé les notables pour délibérer sur les meilleurs moyens de subvenir aux besoins de l'État, mais non pour prendre connaissance de l'étendue de ces besoins, constatés dans le conseil du roi. C'était vrai; mais était-ce d'une bonne politique de le dire avec cette rigueur? ou plutôt quelle situation que celle où il fallait répondre ainsi, pour ne pas livrer le secret des plus honteuses détresses?... Monsieur, qui détestait Calonne, fut le premier et l'un des plus ardents à demander les états de finance. Calonne put alors reconnaître la faute qu'il avait commise, en n'introduisant pas un plus grand nombre de membres du tiers dans l'assemblée. Toujours confiant en lui pourtant, il chercha à exercer ses fascinations sur les adversaires de ses idées; mais au milieu de ces adversaires, il y avait des ennemis que l'imprudent y avait placés de sa main. Loménie de Brienne y tenait cabale à la tête de plusieurs évêques. Le contrôleur général eut avec lui une

(1) V. Droz, Hist. de Louis XVI. T. I, p. 483.

conférence. Il y déploya toutes ses souplesses, mais ce fut en pure perte. Il avait beau dire éloquemment qu'il fallait oublier le ministre, comment oublier le ministre qu'on brûlait de renverser? Il eut beau soutenir qu'il ne fallait voir que la France, on lui répondit par des sourires. On le connaissait; on savait trop que ce n'était pas la France qu'il voyait lui-même. On n'avait pas foi en ce grand citoyen de situation; et la corruption de ceux à qui il parlait se tenait pour avertie suffisamment de la sienne. Alors il s'adressa à un comité plus nombreux, espérant trouver plus de champ pour ses tours d'adresse.

Six membres de chaque bureau s'assemblèrent chez Monsieur. Calonne y fut au niveau de lui-même, dans ses meilleurs jours. Il y parla avec une fraîcheur de tête et une présence d'esprit inutiles; il y justifia tout ce que Mirabeau, qui se connaissait dans l'art d'enchanter les hommes, avait dit de lui, même en l'accusant (1); mais tout son esprit y échoua. La conscience, le sérieux dans la vie, les principes se vengeaient. On ne crut à rien de ce qu'il dit. On n'accepta aucun de ses comptes; on ne prit en considération aucun de ses bordereaux; on revint avec plus de force que jamais sur l'idée d'une vérification exacte, sur la question

---

(1) V. Lettres de Mirabeau à Calonne. T. IV, p. 226 de ses Mémoires.

de savoir qui de lui Calonne ou de Necker avait menti, et trompé le roi. Ce fut un archevêque qui mit en doute, dans cette discussion, si une autre assemblée que les États-généraux avait droit de voter des impositions nouvelles. Mot électrique que plusieurs jours après La Fayette répéta dans son bureau, en tenant tête au comte d'Artois, et que la France n'oublia plus.

Cette dure expérience que faisait Calonne du peu d'autorité de sa parole, ce cruel mépris de son caractère aurait dû modérer sa foi en lui-même. Sa confiance était plus folle que fière, il est vrai; mais si insensée qu'elle fût, il semblait qu'elle dût s'amoindrir. L'opinion soutenait, excitait les notables. Ils faisaient résistance, et ils étaient populaires. Loménie s'élevait dans cette résistance, et dans l'intrigue, et dans la faveur de la reine, tandis qu'un autre ennemi, un rival plus noble, Necker, remplissait tous les esprits. Depuis qu'il était si grandement tombé, il avait publié son livre de l'*Administration des finances*. L'autorité s'était imprudemment opposée à la circulation de cet ouvrage, et par là en avait augmenté l'éclat. Plus de quatre-vingt mille exemplaires s'en étaient vendus en Europe. Au moment où s'ouvrit l'assemblée des notables, Necker pria M. de Calonne de ne point altérer la vérité du *Compte-rendu*. Le contrôleur général répondit par un jeu de mots évasif, et prononça ce discours dont il résultait que le *Compte-*

rendu était faux. Necker alors demanda à être entendu par les notables, et, sur le refus de Louis XVI, il remit dans plusieurs mains un *mémoire* apologétique.

Ainsi deux rivaux menaçaient Calonne. L'un venait d'en haut, l'autre d'en bas. Celui-ci, qui était le plus près du ministère, était l'homme de Trianon ; celui-là était l'élu de la faveur publique, de la France. Placé entre ces deux concurrents, Calonne rencontrait de jour en jour plus d'obstacles. Les évêques surtout le harcelaient, parmi les notables. En voulant soumettre les ecclésiastiques à l'impôt, le contrôleur général avait mal combiné ses moyens de payer leurs dettes. Les évêques répondirent par une censure qui fut trouvée juste dans tous les bureaux. L'hostilité s'y dessinait avec un tel relief, que même le projet qui diminuait la taille reçut un accueil glacé. Cependant on vota la liberté du commerce des grains et l'abolition de la corvée.

Mais ce qui distinguait Calonne, ce n'était pas seulement de juger mal, mais de voir ce qui n'existait pas. Ainsi, malgré ce qu'avait de positif et d'animé l'opposition des notables, il les remercia presque, dans l'assemblée générale du 12 mars, de la sympathie qu'il y avait entre leurs idées et les siennes. Ces paroles excitèrent beaucoup de murmures. On demanda de toutes parts que le discours du contrôleur général fût envoyé dans chaque bureau, afin que ce qu'il contenait d'inexact fût réfuté à l'instant même. Une réclamation des plus vives fut insérée au procès-verbal. On repoussa, comme trop hardi, le projet de suppression des douanes intérieures. C'était une idée de Colbert; mais, aux yeux des notables, Calonne la gâtait en la proposant. Pour ce qui tenait aux améliorations qu'il voulait apporter dans le régime de la gabelle, Monsieur lut une espèce de critique des plans du contrôleur général, qui, sur ce point, ne faisait pas assez. Il était évident que ce n'était plus une opposition de choses que l'on engageait.

On le vit mieux quand il s'agit de discuter la troisième partie des plans du ministre. D'avance il était convenu que toute proposition serait rejetée. Ce travail réglait ce qui était relatif aux domaines du roi; mais ni la bonté ni la convenance des idées que le contrôleur exprima, ni les efforts du duc de Nivernais et du duc du Châtelet, qui montrèrent un grand désintéressement tout le temps que dura l'assemblée, ne purent vaincre l'hostilité systématique des notables. C'était un parti pris, et qu'enflammaient incessamment les partisans de Brienne. On voulait renverser le ministre. Lui qui tenait au pouvoir par son amour-propre et par ses vices, engagea un combat à outrance avec ses ennemis. Il publia officiellement ses projets de réforme, et les fit précéder d'un mémoire qui ressemblait fort à un acte d'accusation contre ceux qui refusaient d'y souscrire. Calonne s'adressa à l'opinion : il commençait à voir qu'elle devenait forte. Il voulait arracher par là la popularité aux notables, et la prendre pour lui contre eux. C'était hardi ; mais il fallait plus d'habileté vraie que Calonne n'en avait pour réussir. Son manifeste, car c'en était un, était écrit de manière à faire douter les plus froids de la justice de la cause. Il respirait toutes les passions blessées, toute l'impatience d'un homme désappointé (1). Le simple et pur intérêt de l'État, disait-on, n'aurait point eu de ces récriminations. Calonne sema partout ce manifeste. Mais l'effet n'en fut point tel qu'il l'espérait. Il était tellement perdu dans l'opinion, que son manifeste populaire fut universellement décrié, et que le public se détourna du bienfait qui lui était présenté. Les notables, de leur côté, prirent des arrêtés contre ce mémoire, et le traitèrent de séditieux (2). Breteuil et Miromesnil entretenaient la fermentation ; le roi, toujours inconséquent, soutenait mal son ministre, souriait aux notables, en leur parlant de leur indépendance, mais gardait un sentiment trèsamer de leur opposition. Marie-Antoinette aussi, bien que courroucée contre Calonne qui lui avait caché son projet, finissait par ressentir, avec un or-

---

(1) L'avocat Gerbier en avait été le rédacteur, dit M. Droz, V. Hist. de Louis XVI. T. I, p. 497.

(2) Droz, Hist. de Louis XVI. T. I, p. 497.

gueil aussi jaloux que le sien, une irritation croissante de tant de résistance aux volontés du roi. En dehors de l'assemblée, rien ne dédommageait le ministère de cette roideur des corps privilégiés. La faveur publique couvrait les notables. Les pamphlets les plus aiguisés accablaient incessamment Calonne. Chose singulière, les femmes étaient encore plus que les hommes acharnées contre ce ministre. Quant aux courtisans, ces naturels légers qui n'ont de profond que l'intérêt personnel, ils commençaient de renier leur héros. Seuls, les Polignac l'appuyaient encore de leur faveur. Le roi, qui n'avait plus personne, le roi fatigué de tant de ministères successifs, et qui avait besoin d'un homme qui ne doutât de rien, pour avoir confiance lui-même, n'inclinait pas à se séparer de lui. Une lettre de Joly de Fleury dans laquelle il attestait, contrairement au dire de Calonne, que Necker avait laissé au trésor une somme suffisante pour achever les payements de 1781, et pour commencer ceux de l'année suivante, fut mise sous les yeux du roi par Miromesnil. Après avoir essayé de mentir, Calonne répondit qu'il avait eu connaissance de la lettre ; puis il offrit sa démission, ou exigea le renvoi du garde des sceaux. Louis XVI, si ébranlé d'abord, se raffermit sur l'assurance de Calonne. Il sacrifia Miromesnil, et nomma pour le remplacer Lamoignon, qui était engagé d'honneur avec le contrôleur-général, à l'endroit des parlements. Calonne, à qui le moindre succès portait à la tête, exigea aussi que l'on congédiât M. de Breteuil. Louis XVI voulait de l'accord dans le ministère, et il allait sacrifier Breteuil, quand Marie-Antoinette l'arrêta. Une scène, comme elle en savait faire, une scène de colère et de larmes, tomba sur le faible roi, qui, du coup, renvoya Calonne en gardant Lamoignon. Il croyait que c'était assez que ce compromis pour l'honneur de son caractère et de sa couronne, et il les compromettait tous les deux.

En effet, sa dépendance était suffisamment connue. Louis XVI ne pouvait donner le change au public, même à propos de ce renvoi de Calonne; on l'insulta par tous les soupçons auxquels il prêtait. Ce renvoi ne parut pas sérieux. On pensa que la disgrâce du contrôleur général n'était qu'apparente, que ce n'était là qu'une ruse domestique contre les éclats de la reine; mais on disait que Calonne ne cesserait de diriger l'administration. Le fait est qu'il continua pendant quelques jours encore à travailler au contrôle; et peut-être Louis XVI aurait-il donné raison aux bruits qui couraient, s'il n'avait tout à coup acquis la preuve d'opérations de bourse faites sans autorisation par Calonne. Cette circonstance donna au roi la force de l'exiler; et on lui chercha un successeur. Un conseiller d'État, Fourqueux, par conscience de son incapacité, opposa d'abord un refus au vœu de la cour; mais il finit par céder à l'insistance de la reine (1). C'était un homme fort propre à tenir la place, en attendant M. de Brienne, à qui ses amis la préparaient avec précaution. Malgré une correspondance qui fut ménagée entre le roi et cet archevêque, on n'avait pas osé le proposer brusquement; car il était mal vu de Louis XVI, à cause de l'irrégularité de ses mœurs. C'était à ce prélat qu'il pensait, quand il disait dans les brusques échappées de son langage : *Je ne veux ni Neckraille, ni prétraille.* Dès cette époque, Montmorin, le successeur de Vergennes, avait glissé un mot sur Necker. Mais le lendemain du renvoi de Calonne, Necker fit une manifestation qui indisposa Louis XVI. Il publia sa réponse à Calonne, livrée d'abord à un petit nombre de confidents; il y démontrait d'une façon presque altière la vérité du *Compte-rendu.* Louis XVI, violent comme sont les naturels sans force, s'emporta contre ce qu'il appelait une désobéissance de la part de Necker, car il lui avait ordonné de ne pas donner de publicité à ce mémoire. Ce n'était pas le moment de parler en faveur de l'ancien contrôleur général; quelque frappante que fût sa popularité, Louis XVI n'écouta que la colère, et l'exila à vingt lieues de Paris.

La publication du mémoire de Necker contribua

---

(1) Monthyon, Ministres des finances, p. 303.

1787. donc encore à lui fermer le chemin au ministère. D'un autre côté, c'était l'instant de la grande influence de la reine. Vergennes était mort, et elle était mère, ce qui pour Louis XVI était plus encore que d'être belle! Elle était calomniée ; et ses partisans et elle-même disaient bien haut qu'elle l'était. Elle avait à son service tout ce qui produit l'action la plus décisive sur un homme continent, honnête et faible. Elle savait s'éplorer à propos, et enlever d'assaut par ses larmes tout ce qui résistait à ses emportements. Elle avait prise sur le roi par tous les genres d'ascendant ; qui pouvait lutter contre son effort? Elle avait pleuré et éclaté contre Calonne, quand il décida le roi à renvoyer Breteuil, et c'est Calonne lui-même qui avait été renvoyé. Elle voulait pour ministre Loménie de Brienne; il était certain qu'elle l'obtiendrait. Cependant Montmorin fit une nouvelle tentative. Lamoignon s'unit à lui pour décider le rappel de Necker. On dit que sans Breteuil, le prête-nom de la reine dans le conseil, Louis XVI eût cédé à Lamoignon et à Montmorin, qui insistaient avec une conviction animée sur l'urgence du retour de Necker. « Eh bien! il n'y a qu'à le rappeler, » dit Louis XVI, avec cette lassitude mêlée de colère chez un homme qui veut ses aises avant tout. Mais au moment de clore la séance, Breteuil intervint, et dit qu'il serait funeste à l'autorité de faire ministre un homme qui arrivait à peine au lieu de son exil; et il vanta les talents de Brienne, et son influence sur l'assemblée des notables. Comme il avait cédé pour Necker qu'il détestait, Louis XVI céda pour Brienne qu'il méprisait. Il ne cacha pas même son mépris pour lui tout en l'acceptant. Puis il tomba dans cet accablement effroyable, la suite ordinaire de ce grand désordre d'un esprit qui juge et d'une volonté qui agit contrairement à ce que l'esprit a jugé.

De ce jour, tout fut dit pour Louis XVI. Jusque-là ce n'était qu'un roi faible, mais à partir de ces deux nominations contraires et données coup sur coup, Louis XVI sentit son néant; il s'y soumit. Les dernières résistances de la pensée expirèrent, et il s'affaissa. La reine était puissante déjà; elle le devint bien davantage; avec Breteuil, avec Brienne, le commandement partirait désormais de Trianon. Le peuple le savait, et s'en indignait, car il ne croyait pas que Marie-Antoinette fût loyalement reine de France. Pour lui, elle n'était jamais que la sœur de Joseph II. Plus elle grandissait à Versailles, plus la haine croissait à Paris. On l'avait insultée presque publiquement à l'Opéra : on l'avait appelée *madame Déficit*. Quand le roi sortait, on le saluait encore, les acclamations l'accompagnaient et le suivaient après qu'il était passé; mais elle, d'une beauté si électrisante, ne faisait plus jaillir de la foule, quand elle se montrait, que de sombres regards ou de haineuses imprécations. Elle en pleurait dans sa fierté courroucée; elle aurait voulu les hommages, et elle n'avait que la puissance! Pour une femme comme elle, jeune et frivole, ce n'était pas assez. Elle se plaignait du peuple au roi; semblable à un enfant gâté qui demanderait l'impossible, elle venait lui demander les adorations des Français, comme si elles eussent fait partie des attributions de la couronne que Louis XVI lui abandonnait!

Ce ministre qu'elle venait de lui donner malgré lui, ce Loménie de Brienne, jugé si capable dans les salons de madame de Polignac, était le digne descendant d'une race intrigante et spirituelle. Il était d'une ancienne famille; des idées d'ambition, singulièrement prématurées, avaient caractérisé sa première jeunesse. On l'avait vu, presque enfant au séminaire, dessiner le château de Brienne, qui devait coûter une somme immense, et s'en remettre à l'avenir, avec une assurance inouïe, pour en réaliser l'exécution. Même alors, il disait qu'il deviendrait ministre. Préoccupation d'homme médiocre, qui chez plus grand que lui eût été la divination du génie. Il était entré en Sorbonne, où, dit un de ses anciens compagnons (1), il étudia la théologie pour devenir évêque, et le cardinal de Retz pour être homme d'État. Il y soutint une thèse athée, avec les réserves d'un jésuite; car il avait imaginé

---

(1) L'abbé Morellet.

d'avoir un pied dans chaque parti qui pouvait saisir le pouvoir (1); et la question était encore entre les jésuites et les philosophes. Quand elle se fut déplacée, Loménie ne se montra plus que ce qu'il était au fond, c'est-à-dire incrédule; le duc de Choiseul, à qui il était dévoué, le fit nommer par M. de Jarente, ce prêtre simoniaque et dissolu, évêque de Condom, et trois ans après, archevêque de Toulouse. C'était lui qui avait désigné Vermont à Choiseul, quand on eut besoin d'envoyer à Vienne un précepteur qui apprît la France à Marie-Antoinette; et Vermont reconnaissant répétait journellement à la reine qu'il fallait le faire ministre. Elle, d'un jugement si peu sûr, et si facilement entraînée, croyait au mérite politique de Brienne, sur la foi de l'amabilité de son esprit. D'ailleurs, il s'était emparé avec beaucoup d'adresse de la réputation d'excellent administrateur, grâce aux États de sa province, dans laquelle il ne résidait pas. Comme cette reine à qui il plaisait, il n'avait pas la tenue de son rang. Il était léger, évaporé, ami de ces plaisirs bruyants qui compromettent un homme de sa profession, autant que de plus cachés et de plus coupables, et ces derniers cependant, il les aimait aussi. Comme la reine qui jouait la comédie à Trianon, on l'avait vu plusieurs fois jouer la co-

---

(1) V. Soulavie, Mém. du règne de Louis XVI. T. VI, p. 219. — Droz, Hist. de Louis XVI. T. I, p. 511.

médie à son château de Brienne. C'était bien le moins assurément que de telles ressemblances portassent bonheur à l'ambition de ce prélat, et vinssent à bout des répugnances que Louis XVI avait prises sur son compte dans les mémoires sévères du dauphin.

Brienne, nommé chef du conseil des finances, ne changea rien à sa vie. Le respect qu'il n'avait pas eu pour sa dignité d'évêque, il ne l'eut pas davantage pour sa dignité de ministre. Il avait les mœurs de Calonne (1), il avait de même sa confiance; seulement la confiance de Calonne était plus la foi à la fortune, à l'étoile de la circonstance; tandis que Brienne puisait la sienne dans l'idée de son incontestable supériorité. Il se croyait naïvement le Richelieu de son époque, et il trouvait extrêmement commode d'avoir la facilité qui manquait à Richelieu, de placer l'arbitraire de ses plans sous le couvert de la philosophie. Du reste, on impose tant aux hommes avec des attitudes, qu'il s'était fait grandement considérer aux notables. Son début comme ministre y fut très-heureux. Il y parla de la nécessité d'un emprunt de quatre-vingts millions, et ses anciens collègues y souscrivirent avec un empressement qui donnait à leur

---

(1) M. de Monthyon avance que ce ministre « passait pour être « atteint (de même que son prédécesseur Calonne) d'une maladie « qu'une conduite sage lui eût évitée. » Minist. des fin., p. 306.

adhésion l'expression flatteuse d'un vote de confiance.

Et cependant ils ne changèrent ni de langage ni de volonté. Comme au temps de Calonne, ils demandèrent qu'on leur livrât les comptes de finance. Il fallut bien céder à cette insistance, qui était légitime du reste, qui ressortait de la nature des choses. Moins qu'un autre, Loménie pouvait se refuser à un acte qu'il avait le premier proclamé nécessaire dans son opposition contre le ministre tombé. Il y consentit, mais la vérification qu'on espérait faire fut presque impossible. Il y avait un tel désordre dans les chiffres de l'administration, qu'on ne jugea jamais bien clairement des charges et des ressources de cet écrasant budget. Les uns crurent à deux cents millions de déficit, les autres à cent. Beaucoup flottaient de cent trente à cent cinquante (1). Positivement on ne savait pas. Comment aurait-on pu se fixer? le désordre des chiffres ne tenait pas seulement à une mauvaise éducation financière, mais aussi à des précautions de coupable. Les dilapidateurs avaient masqué leurs infidélités sous des chiffres faux. Un historien moderne, qui a apporté une grande application dans tout ce qui tient aux finances de cette époque, a prétendu que la somme de cent quarante millions, que l'on prit comme terme moyen et à l'aventure, aurait été

---

(1) V. Droz, Hist. de Louis XVI. T. I, p. 513.

trop faible, « si les notables avaient voulu réunir
« aux charges permanentes toutes les charges mo-
« mentanées du trésor, mais qu'elle était beaucoup
« trop forte, si on l'appliquait à la différence entre
« les recettes et les dépenses fixes (1). » Le même
historien remarque encore, comme un trait caractéristique de l'audace d'esprit de Calonne, qu'il voulait ajouter, par prévoyance, onze millions en sus
des cent quatre millions qu'il déclara, et qui étaient
certainement au-dessus de la réalité, si on s'en rapporte au compte de Brienne, présenté au roi en
1788, dans lequel le déficit permanent ne se trouve
être que de cinquante-quatre millions (2).

Mais, quel que fût au juste ce déficit, il était
énorme, et il fallait le combler. Telle était la tâche
du nouveau ministre, de cet amer critique de
M. de Calonne, de cet homme en qui les fortes têtes
de son parti avaient mis un si grand espoir. Hélas !
quelle ne dut pas être leur surprise, quand ils le
virent prendre les idées de l'homme dont il avait
pris la place, le copier comme s'il ne l'eût pas
blâmé, et le gâter même en le copiant : ainsi, c'était
éternellement la même absence d'idées, la même
nullité de talent. Calonne avait pillé M. Necker,
Loménie à son tour pillait Calonne. C'était toujours
l'idée de Necker, maltraitée, il est vrai, réduite

---

(1) Droz, Hist de Louis XVI. T. I, p. 513.
(2) 54, 929, 540. V. Bailly, Hist. fin. T. II, Minist. de Brienne.

presque au néant, dont on se parait comme d'une ressource. Les changemens que Brienne apporta aux plans de Calonne furent des réductions sans génie, des concessions à l'esprit d'hostilité des notables. Il réduisit la quotité de la subvention territoriale, qu'il fixa à quatre-vingts millions; mais on discuta ses projets comme on avait discuté ceux de son prédécesseur, et pour les mêmes raisons. Les corporations à priviléges qu'il avait devant lui firent beaucoup de phrases, mais, en fin de compte, n'entendaient nullement se sacrifier. Brienne vit que rien n'avait changé que sa position. Le grand mot d'États-généraux, prononcé déjà, il l'entendit plus souvent que Calonne lui-même. Cette idée commençait à devenir puissante, elle envahissait les esprits. La Fayette, le chevalier de la liberté d'Amérique, qui cachait l'âme brûlante d'un apôtre sous les manières élégantes et froides d'un grand seigneur, La Fayette revenait sans cesse à cette perspective d'États-généraux, et son influence s'étendait parmi les notables. La seule popularité qui leur fût restée tenait à ce mot d'États-généraux, car depuis la chute de Calonne, ils avaient beaucoup perdu dans l'opinion. L'opposition qu'ils avaient faite à l'ancien ministre une fois épuisée, que leur restait-il? Rien, sinon une position mal tranchée, équivoque. Ils impatientaient le roi sans le dominer; ils blessaient l'orgueil de la reine; ils ennuyaient les princes de leurs discussions inutiles. Ils humiliaient le ministre. Ils l'avaient fait ce qu'il était, et il ne pouvait exercer sur eux la moindre action. Ils ne voulaient rien faire au fond, et se sentaient honteux de leur position fausse. Ils s'abdiquaient pour qu'on les renvoyât, ils se déchargeaient sur le roi du soin de juger du mode de contribution le plus convenable. Quand on les priait de donner un avis, ils se disaient sans mandat pour voter un impôt. L'avarice avait été à son aise, selon le mot d'un historien, tant qu'elle avait pu prendre les couleurs de la liberté (1). Mais ce rôle facile, que la circonstance leur avait fait, ne trompait plus; ils sentaient qu'il fallait en finir, et ils en finirent le 25 mai, dans une séance solennelle; mais les notables, ce jour-là, déposèrent derrière eux des germes qui devaient devenir plus grands qu'eux.

En effet, dans ce qu'ils dirent alors, dans ces grands discours de clôture et de costume, au milieu de toutes ces vacuités sonores, on entendait de loin venir comme les premiers grondemens du tonnerre qui allait tout renverser! Des opinions se croisent, se heurtent dans ces discours, et la hardiesse de ces opinions tranche avec le ton des phrases officielles au milieu desquelles elles se dressent tout à coup. Le ministre y fit l'éloge de ce tiers-état qui allait dans les assemblées provinciales réunir à lui seul autant de voix que le clergé et la noblesse. Le premier président de Paris parla du *mal commis*, de

---

(1) Lacretelle, Hist. du dix-huitième siècle. T. VI, p. 173.

l'*effroi* qu'il avait inspiré, et de l'*administration* qui l'avait fait. Ainsi le gouvernement de Louis XVI était traité hautainement d'*administration*. Quel mépris se révélait donc et de quel côté passait la puissance? On insultait, on menaçait presque par le silence respectueux, *en ce moment*, disait ce président, *notre seul partage*. Ne semblait-il pas que, pour avoir davantage, on comptât sur un avenir prochain ?

Tel était le mouvement d'opinion qui déjà emportait tous les esprits, et qui, comme on le voit, avait fini par soulever les corps eux-mêmes, c'est-à-dire ce qu'il y avait de plus fortement organisé dans l'ancien ordre de choses. Telles étaient les fautes toujours croissantes du pouvoir que, sur ce point, le passé n'était même plus une garantie de l'avenir ; car le passé valait mieux que le présent. En fait de capacité ministérielle, Calonne l'emportait sur Brienne, et comme chef du gouvernement, Louis XVI, appuyé de M. de Vergennes, était préférable aux influences de l'Autriche et au favoritisme de Trianon. L'espèce de fermeté que Calonne tenait de son imprudence naturelle, Loménie ne l'avait pas ; et il le prouva, quand, après la séparation des notables, il resta un instant si incertain de la marche qu'il adopterait. On s'attendait à des mesures péremptoires, à un parti pris décisif, on parlait d'une séance royale, d'un enregistrement solennel. C'était à Versailles qu'on devait signifier au parlement les résolutions des notables. C'était là le plan de l'ancien contrôleur général, tel qu'il l'avait fait adopter en conseil. L'archevêque de Toulouse n'eut pas la force de réaliser ce projet. Il demanda l'enregistrement dans les formes ordinaires, lentement, successivement, contre l'opinion de Lamoignon lui-même, qui, esprit de peu de portée, discernait au moins les exigences de la situation. Cela parut à l'archevêque un fait énorme qu'une séance royale; à ses yeux, l'état des affaires ne le demandait pas. Certains esprits ont pu penser que cette faute fut la plus grande de toutes les fautes de M. de Brienne, ils ont cru à la possibilité du succès parce qu'il a été manqué. A coup sûr, Brienne ne remplissait aucun des devoirs que prescrivait la circonstance ; mais, à cette heure, la situation était telle que des fautes ne pouvaient pas plus la perdre que des moyens supérieurs la relever.

On enregistra donc, selon la coutume, les édits sur la corvée, sur le commerce des grains, sur les assemblées provinciales. Ces trois ordonnances passèrent sans trouble; à peine si un murmure d'opposition s'éleva sur les assemblées provinciales. On se recueillait, pour ainsi dire, dans une modération dont le ministre fut la dupe, afin de pouvoir se montrer plus intraitable quand il s'agirait de l'édit de finance. C'était une manœuvre : on se repliait sur le point où le plus grand effort était nécessaire. Dans son infatuation singulière, Brienne ne vit pas ce qui allait arriver. Il lança l'édit du timbre, et le parlement prit l'attitude qu'il avait méditée. Il répondit comme les notables, qu'avant d'enregistrer un impôt, il avait besoin d'en reconnaître la nécessité, et il demanda les états de recette et de dépense (6 juillet). Une telle proposition était exorbitante, mais pour le parlement, comme pour tous les esprits d'alors, le droit importait moins que la popularité (1). La demande fut repoussée; c'est à ce moment qu'un conseiller clerc, Sabatier de Cabre, soutint que les États-généraux avaient seuls le droit de voter l'impôt, et fit triompher cette opinion, qu'il importait de rappeler au roi les principes constitutifs de la monarchie. On rédigea des remontrances dans lesquelles il fut dit que la nation, assemblée en États-généraux, possédait exclusivement le droit d'établir un impôt perpétuel (16 juil-

---

(1) Un historien, M. Lacretelle, relève avec raison l'étrange faute que commit Brienne, en présentant l'édit du timbre avant l'édit de la subvention territoriale ; c'était ce dernier en effet qui blessait le plus le parlement. « Mais il ne pouvait le repousser « sans réclamer les priviléges de la noblesse et du clergé, et par « là il risquait de s'aliéner la plus grande partie de la nation. « Loménie de Brienne eut la maladresse de tirer le parlement de « cet embarras : ce fut l'impôt du timbre qu'il lui présenta d'abord. « Un impôt du même genre avait servi de prétexte au soulève- « ment des colonies anglaises contre leur métropole. Les orateurs « du parlement de Paris étaient fiers d'avoir à répéter les raison- « nemens des publicistes américains. » Lacretelle, Hist. du dix-huitième siècle. T. VI, p. 174.

let). Le roi répondit en envoyant l'édit sur la subvention territoriale, qui n'assujettissait pas seulement une classe de citoyens à l'impôt, mais tous les ordres de l'État indistinctement (1). Il crut sans doute vaincre les résistances par les dispositions de cet édit; mais le parlement demanda avec plus d'énergie que jamais les États-généraux, et rallia les pairs. En vain le roi, séant dans son lit de justice, fit-il enregistrer les deux édits (6 août); le parlement protesta contre la séance royale, qu'il appela avec mépris *un fantôme de délibération* (2). La France tout entière répéta ce mot hautain; elle frémissait aux influences de ces luttes contre le pouvoir, comme aux approches d'une vie nouvelle; le drame l'agitait, et elle y prenait part avec transport. Ce n'étaient plus, comme au temps des notables, des applaudissemens de salon, l'enthousiasme s'était étendu. On applaudissait les membres du parlement jusque dans les lieux publics; d'Espréménil, Duport et Fréteau, tous ces chaleureux esprits qui posaient alors, au nom de la légalité, la première pierre de la tribune qui allait effacer le trône, étaient partout salués comme des défenseurs de la patrie. Il fallait être Loménie de

---

(1) « Cette subvention portera sur tous les revenus des biens-
« fonds et droits réels de notre royaume, sans aucune exception.
« Les domaines même de notre couronne y seront assujettis. »
Anc. lois franç, T. VI, du règne de Louis XVI, p. 295.

(2) Soulavie, Mém. du règne de Louis XVI. Tome VI, p. 178.

Brienne, il fallait être Marie-Antoinette pour penser que des hommes à qui on faisait de tels hommages, renonceraient à l'ivresse de leur rôle et plieraient au premier geste menaçant. M. de Brienne le disait chaque matin à la reine, avec le sourire de la confiance, et la reine le répétait à sa cour avec le même sourire. Ce qui suivit le lit de justice, l'exaltation toujours croissante du public, le peu d'état qu'on avait fait des économies que Brienne venait d'arrêter sur la maison du roi (1), la persévérance enflammée des jeunes conseillers et surtout de d'Espréménil, porté en triomphe par le peuple au sortir d'une séance du parlement, la dénonciation de Calonne, dont on demanda la mise

---

(1) Règlement du roi sur quelques dépenses de sa maison et de celle de la reine (9 août 1787).

On y lit : « Le bénéfice actuel pour le trésor royal résultant « des retranchemens ordonnés par la reine, sera de plus de « 900,000 livres. »

Ce règlement n'évalue pas à quelle somme peuvent s'élever les réformes ordonnées par le roi; le nom de la reine occupe la place principale dans certains édits de Brienne. Anc. lois fr. T. VI, du règne de Louis XVI, p. 416 et suiv.

Ces quelques réformes, arrachées par la nécessité, produisirent une sorte d'émeute de palais. « Les courtisans criaient qu'on les « dépouillait de leurs propriétés. » Après une scène que le duc de Coigny se permit de lui faire, le roi dit devant le baron de Besenval :

« Nous nous sommes vraiment fâchés, M. de Coigny et moi; « mais *je crois qu'il m'aurait battu que je le lui aurais par-« donné.* »

en jugement, toutes ces marques frappantes d'une situation qu'un ministre ne pouvait plus dominer, finirent par troubler la sérénité de Brienne, mais ne produisirent en lui que de la colère. Le parlement fut exilé. Tous les efforts de conciliation tentés par le duc de Nivernais et Malesherbes, rappelé au conseil depuis que Lamoignon, son parent, avait pris les sceaux, étaient restés sans résultat. On relégua le parlement à Troyes (15 août) (1). C'était mettre la dernière main à sa popularité; c'était mettre de son côté toute la France. Il n'y eut pas un parlement de province qui ne protestât contre cet exil; pas un qui ne demandât la mise en jugement de Calonne; la cour des comptes imita les parlemens (2). Il y eut des troubles à Paris; Loménie, qui profitait de tout, se fit nommer premier ministre, vu la gravité des circonstances, et les maréchaux de Ségur et de Castries ne voulant pas

(1) « Remontrances du parlement, où la cour arrête qu'elle ne « cessera ses très-humbles et très-respectueuses instances auprès « du seigneur roi, jusqu'à ce qu'il lui ait plu de rappeler son par- « lement séant à Paris, pour continuer de rendre la justice à ses « peuples, et d'instruire le procès commencé sur l'administration « du sieur de Calonne; comme aussi arrête de supplier ledit sei- « gneur roi *d'assembler incessamment les États-généraux pour* « *sonder les plaies profondes de l'État*, et y apporter les remèdes « convenables.» Anc. lois fr., règne de Louis XVI. T. VI, p. 424.

(2) Trois arrêtés du même jour (27 août), contenant appel aux États-généraux contre lesdits établissemens des impôts, l'un de la cour des aides, l'autre de la cour des comptes, et le troisième de la cour des monnaies. Id. id. p. 425.

subir cette hiérarchie, donnèrent leur démission. Ainsi, cet homme restait seul en présence d'un mal qu'il avait tant et si vite accru. Après qu'il eut bien excité l'intérêt universel en faveur des exilés de Troyes, il comprit enfin qu'il était temps de négocier.

Mais quand les pouvoirs arriérés négocient, c'est que le moment n'est pas loin où ils capitulent. Brienne écrivit de sa main au premier président. Il retira les deux édits qui avaient soulevé la tempête. Il en revint à l'imposition des vingtièmes, et il rappela (20 septembre) le parlement, qui, oubliant bien vite qu'il venait de se déclarer incompétent en fait d'impôts, enregistra l'édit des vingtièmes (19 septembre). « Dans cette transaction, dit un historien, « chaque parti ne sembla s'être occupé que d'ame« ner l'autre à faire un acte honteux (1). » Mais les concessions ne portèrent pas loin. Toutes les négociations se rompirent avec éclat, quand le ministre archevêque s'en vint, le front armé de son audace habituelle, demander 430 millions, au moment même où les anciens emprunts apparaissaient comme un fléau. Brienne voulut une séance royale (19 novembre), mais rien ne fit fléchir l'opposition, ni l'octroi d'un état civil aux protestans, ni les paroles de Louis XVI, qui faisait de la fermeté bien tard et refusait des États-généraux *demandés*

---

(1) Droz, Hist. de Louis XVI. T. II, p. 35.

avec *indiscrétion*, ni l'espèce d'atténuation mise à ces paroles par le garde des sceaux, qui ajouta que quand les dettes seraient payées, le roi communiquerait volontiers à la nation les mesures qu'il aurait prises pour le plus grand bien du royaume. Sabatier et Freteau parlèrent, mais la voix qui donnait à ces débats le caractère qu'ils ont gardé était celle de d'Espréménil. On dit qu'il y fut d'une éloquence singulière, tout à fait différente de celle qu'on lui connaissait, aussi touchante qu'elle était habituellement emportée, hardie. Il ne retrouva sa manière de tribun que plus tard, quand il eut échoué dans la prière qu'il avait faite d'abord au roi de convoquer les Etats-généraux, et que le roi eut quitté la salle. Alors, redevenant lui-même, il dit « que la seule différence qu'il voyait « entre un lit de justice et une séance royale, c'est « que l'un a la franchise du despotisme, et l'autre « sa duplicité. » Le roi avait ordonné d'enregistrer. Le duc d'Orléans protesta contre l'illégalité de l'enregistrement. C'était le premier acte public d'une opposition qui devait aller si loin ! et il l'accomplit sans assurance et en balbutiant. Le roi aussi fut troublé. Toujours violent, il eut la pensée de faire enlever son rebelle cousin ; mais toujours faible, il eut peur de l'ordre qu'il donna au garde des sceaux et que celui-ci ne sut comment exécuter. Le lendemain seulement, le duc d'Orléans fut exilé à Villers-Cotterets, et les conseillers Sabatier et

Fréteau furent arrêtés. Le parlement termina sa séance par une protestation contre les édits d'emprunts. Le roi se fit apporter les registres à Versailles, et commanda qu'on déchirât la délibération en sa présence. Il ordonna l'emprisonnement de Fréteau au château de Doullens, et de Sabatier au mont Saint-Michel. Ce fut un soulèvement dans Paris. Le parlement, frappé dans ses membres, poussa le sentiment corporatif au point de refuser d'enregistrer l'édit relatif aux protestans, avant la délivrance des conseillers et le rappel du prince exilé. Entre les parlemens et la cour, une guerre sans pitié ni merci était déclarée. La cour se servit de Dupaty pour montrer que souvent le parlement avait frappé des innocens du dernier supplice. C'était plus que de vouloir dépopulariser ses ennemis, c'était vouloir les déshonorer.

Mais de tels outrages furent inutiles. L'opinion n'eût pas cru même à l'évidence contre le parlement qu'elle protégeait. Jamais il n'avait recueilli plus de sympathies. L'emprisonnement de ses conseillers lui donnait l'espèce de prestige que procure toute persécution. Le duc d'Orléans lui-même avait conquis la faveur populaire, quoiqu'il semblât peu fait pour elle : car le désordre de sa vie faisait tort à son opposition contre le gouvernement. D'ailleurs, par la nature de ses facultés, il n'était pas homme à enlever et garder une popularité grande et durable. On l'a dit, c'était un prince élégant, ayant plus de grâce que de puissance, pouvant bien plaire à quelques esprits raffinés et de mœurs trop faciles (1), mais n'ayant rien de ce qui se voit de loin et subjugue les sentimens publics. Malgré ses dispositions naturelles pourtant, et surtout malgré des excès qui ruinaient un caractère faible déjà, l'opinion reconnaissante lui donnait une haute importance politique, et ses ennemis de Trianon, ne pouvant la nier, prétendaient qu'il voulait la mettre au service des plus coupables projets. Ils donnaient à sa haine contre la reine et à son ambition bien plus de suite qu'elles n'en avaient. Le duc était alors bien plus l'instrument du parlement que son directeur ou son chef. Il était allé à Londres et il y avait pris le goût des choses politiques, mais ce goût n'était pas assez vif pour lui faire accepter dignement les austères jouissances d'un exil qui le rendait populaire. Il regretta Paris, et il se plia jusqu'à écrire à la reine, son ennemie. Il aurait pu s'en dispenser, car le parlement faisait assez en sa faveur pour qu'il s'oubliât un peu. On voyait Duport proposer aux chambres assemblées de déclarer que les arrestations du duc d'Orléans et des deux conseillers étaient *nulles, illégales, contraires au droit public et au droit naturel*. On demanda par arrêté des garanties pour la liberté individuelle (4 janvier 1788). Le roi et le parlement s'entre-

---

(1) V. chap. IV.

choquaient incessamment sur les questions les plus fondamentales. Il ne s'agissait plus de prince ou de membres du parlement, mais de trois Français. Il s'agissait de droits et de devoirs, c'est-à-dire, ce qui, une année plus tard, faisait la révolution tout entière!

Certes, il faut penser à ce qui se fit si grandement dans la fameuse année qui suivit, pour ne pas se prendre de pitié, en voyant cette guerre misérable, cette espèce de fronde pire que la première, toutes ces divisions entre le parlement et le roi. L'action judiciaire, l'action administrative, en étaient empêchées; les pouvoirs publics tombaient dans la déconsidération qui suit les combats sans victoire; car dans ce conflit de la royauté et des parlemens, il n'y avait point de résultat. Tout consistait en un antagonisme perpétuel. On ordonnait d'une part, on protestait de l'autre, et on roulait sans fin dans ce cercle de contradictions. Aucun n'avait le mérite de persister dans les mesures prises; d'un autre côté, on ne savait point les rapporter avec netteté. Ainsi le duc d'Orléans fut autorisé presque furtivement à se rapprocher de Paris. On changea l'emprisonnement de Fréteau et de Sabatier en un exil. De fait, le gouvernement n'existait plus; seule, la personne du roi restait sauve encore du large mépris qui s'attachait aux institutions et à ceux qui ne pouvaient plus les défendre; mais la reine était détestée et honnie. Lorsque le

1788. parlement exilé à Troyes rentra dans Paris, on vit la joie publique insulter Marie-Antoinette par son triomphe. Son favori Breteuil et la duchesse de Polignac, son amie, furent promenés en effigie au milieu des huées, et, sans l'intervention de la police, l'image de la reine aurait subi le même opprobre. Plus tard, le parlement, dont les passions devaient avoir plus de retenue, accusait cette princesse dans ses remontrances au roi, sans la nommer, il est vrai, mais avec une évidence audacieuse.

Toute hostilité constitue un grand rôle. La reine, depuis qu'elle était en butte à la haine, cherchait à se montrer au-dessus de cette haine et digne du gouvernement. Elle assistait au conseil et ne manquait pas un comité. Elle avait de grands côtés comme souveraine ; elle cachait du caractère sous ses formes frivoles, mais elle péchait par le bon sens; elle ne fit jamais un choix convenable. Quand, plus tard, dans une entrevue devenue célèbre, Mirabeau la frappa et l'entraîna par la grande exposition de ses desseins, c'est que le tour de cet esprit puissant et fier exerçait une prodigieuse action sur l'imagination d'une femme comme elle, et que d'ailleurs les dangers étaient tels qu'on n'avait plus le libre choix d'un sauveur. Dans toutes les situations, du reste, elle n'eût pas échappé aux favoris; mais le danger de ses sentimens et de ses passions était d'autant plus grand que son éducation avait été plus mauvaise. Elle valait mieux que ceux qui la dominaient. Ses sentiments bornaient son regard, qui n'avait jamais porté bien loin. Elle s'était cruellement méprise sur ce que valait Brienne; et cette illusion durait toujours. Elle épousait les ressentiments et les colères de ce ministre contrarié dans ses plans. Comme Calonne, auquel il ressemblait de plus d'un côté, il était malade de ses excès, au moment où il lui aurait fallu une grande liberté d'esprit et une grande force d'application pour suffire aux soins d'un gouvernement aussi difficile que le sien. Sa plus grande affaire était d'accumuler les bénéfices sur sa tête; il s'enrichissait avec un cynisme avide. Il ne volait pas, mais il se faisait donner; et comme il pouvait tout, son opulence était scandaleuse. Rien n'était plus propre à justifier l'indignation publique que cette convoitise irritée, à ce qu'il semblait, par les ardeurs d'un sang corrompu (1).

Enfin le moment arriva où Brienne eut la pensée d'en finir avec la magistrature. Dans la pauvreté de ses combinaisons, il pensa à annuler l'édit de rappel des parlemens. Toujours copiste, il eut l'idée d'imiter Maupeou, et il demanda au garde des

---

(1) « L'état d'irritation dans lequel il vivait brûlait son sang, « vicié par la débauche; une dartre le dévorait... L'archevêque de « Sens mourut, et il se fit donner sa riche dépouille, il se gorgeait « de biens ecclésiastiques... Une seule coupe de bois dans une de « ses abbayes lui valut 900,000 livres. » Droz, Hist. de Louis XVI. T. II, p. 51.

sceaux un projet de réforme qui ressemblait fort à un projet de suppression. Des remontrances du parlement sur l'enregistrement forcé des emprunts (11 avril) achevèrent de ruiner le crédit; l'emprunt négocié ne se remplit pas (1).

Ainsi la question se posait de jour en jour plus rigoureuse, et elle était réduite à ces termes que le parlement tuerait le ministère, ou que le ministère tuerait le parlement.

Quand les pouvoirs publics se font de ces guerres, ils ne reculent pas plus devant le sophisme, qui est un excès et un abus de la pensée, que devant tous les autres genres d'excès et d'abus. Un jeune conseiller, Goislard de Montsabert, soutenu par sa corporation, essaya de mettre obstacle à la levée de l'impôt, en se couvrant de la thèse déjà discutée sous Necker, que dans l'absence de représentants votant les subsides, un propriétaire est le seul juge de ce que sa terre doit payer. C'était faux au point de vue de la monarchie de Louis XVI; et le but, c'était de soustraire les terres nobles à toute vérification. Ordre fut donné aux gens du roi (29 avril) de surveiller la conduite des contrôleurs, ce qui entrava infiniment le travail de la perception. Il était bien évident que de tels principes étaient la négation de tout gouvernement qui n'admettait pas de représentation nationale, et

(1) Hist. parlement. T. I, p. 228.

semblaient autoriser le coup d'Etat projeté par le ministère. On y travaillait de longue main, mais on faisait de ces confidences malhabiles qui avertissent trop l'ennemi ; même ce qu'il leur importait de cacher davantage, ces faibles courages le laissaient échapper. Des clubs s'étaient organisés chez les parlementaires. Duport avait prêté sa maison à ces réunions. Là, en se disposant à la défense, on commençait la lutte, car les magistrats indiquaient les projets du ministère au public, et se conciliaient d'avance l'opinion.

Le gouvernement se préparait et agissait aussi ; tous les commandants se rendirent partout à leurs postes ; les militaires rejoignirent leurs drapeaux. Des officiers-généraux, des conseillers d'État, partaient pour les provinces, avec des paquets cachetés qu'ils devaient ouvrir le même jour et à la même heure (1). A Versailles, depuis plusieurs jours, on gardait à vue des imprimeurs qui travaillaient jour et nuit. Le parlement, prévenu de ce qui se tramait, tint séance le 3 mai. D'Éprémenil, qui était le mandataire de la situation du côté de sa compagnie, avait son thème fait à l'avance. Il proposa de publier un arrêté renfermant les principes constitutifs de la monarchie française. Dans cette espèce de manifeste, il était dit que « *le système de la seule volonté*, clairement exprimé dans

---

(1) Hist. parlement. T. I, p. 229.

différentes réponses surprises au seigneur roi, annonçait le funeste projet d'anéantir les principes de la monarchie, » et que pour cela, besoin était de les rappeler. Ces principes étaient : « le droit de la nation d'accorder librement des subsides, par l'organe des États-généraux régulièrement convoqués, les coutumes et capitulations des provinces, l'inamovibilité des magistrats, le droit des cours de vérifier les volontés du roi, et le droit de chaque citoyen de n'être traduit devant d'autres juges que ses juges naturels, de n'être arrêté par quelque ordre que ce soit que pour être remis, sans délai, entre les mains des juges compétents (1). » La déclaration ajoutait que dans aucun cas on ne pouvait s'écarter de ces principes; toutes les voix y souscrivirent, même celles qui semblaient le moins devoir y adhérer : ainsi les ducs de Luynes, de La Rochefoucauld, d'Aumont, de Villas-Brancas, de Praslin, de Fitz-James, de Luxembourg-Pinay, de Charost, l'évêque de Châlons, Clermont-Tonnerre, se montrèrent les plus empressés à se porter fort pour les principes que la déclaration émettait. Ils n'allaient à rien moins qu'à renverser du coup et à jamais cette monarchie militaire *du bon plaisir*, qui n'était plus que l'ombre d'elle-même,

---

(1) V. Arrêté du parlement, les pairs y séant. Anc. lois franç. règne de Louis XVI. T. VI, p. 532 et suiv. — Hist. du parlem. par Dufey. T. II, p. 425.

et à y substituer un régime nouveau, qui s'inspirait de l'Angleterre.

La cour, qu'on prévenait et qu'on blessait tout à la fois par cet acte solennel, expédia une lettre de cachet contre Montsabert et d'Espréménil, et cassa la déclaration; mais on ne l'était pas de la pensée de la France, de la mémoire de tous. Quant à Montsabert et d'Espréménil, ils allèrent chercher asile dans le sein même du parlement; démarche que Brienne eût dû prévoir et empêcher, car il en résulta une de ces scènes puissantes sur les imaginations, et d'où le pouvoir, vainqueur en fait, et le fût-il même en droit, sort toujours vaincu dans l'opinion. Les magistrats reçurent les deux conseillers avec un faste d'égards, une pompe de protection qui était comme le sentiment d'une personnalité partagée. Le parlement députa à Versailles pour protester contre la mesure qui frappait MM. d'Espréménil et de Montsabert. Il arrêta qu'il serait fait au roi des représentations, et attendit, les chambres assemblées, comme on attend l'ennemi sous les armes, la réponse de la cour à ses députés. Il resta ainsi, jusqu'à minuit, le palais cerné par des milliers de spectateurs. Pour toute réponse, arriva un bataillon de gardes françaises, une compagnie de grenadiers, ses sapeurs en tête et leurs haches à l'épaule, et des gardes suisses. Le marquis d'Agoult, capitaine des gardes françaises et maréchal de camp des armées du roi, entra hautainement dans la salle, comme porteur des ordres du souverain, et demanda du ton du commandement militaire, où étaient MM. d'Espréménil et Montsabert. Ce ne fut qu'un cri : *Nous sommes tous d'Espréménil et Montsabert*, dirent les conseillers. Cette fierté des magistrats fit reculer la fierté militaire. D'Agoult fut troublé, mais se remettant, il sortit, et revint avec un exempt de robe courte, auquel il ordonna de lui désigner MM. de Montsabert et d'Espréménil. L'esprit de corps fit mentir l'exempt, et releva assez noblement son mensonge : il dit qu'il ne les voyait pas. D'Agoult sortit une seconde fois; mais quand il rentra, d'Espréménil, qui sentait bien qu'une pareille scène ne pouvait se prolonger, se leva et se nomma avec dignité. Il s'informa si les soldats avaient ordre de porter la main sur lui, au cas où il résisterait, et sur la réponse affirmative de d'Agoult : « Je vais donc vous sui-« vre, monsieur, dit-il, pour vous épargner ce scan-« dale. » Avant de sortir, il parla et fit d'éloquents adieux à sa compagnie. Montsabert l'imita en tout, et le parlement rendit un arrêté à leur gloire et pour leur liberté. Il était reconnaissant de cette conduite qui le couvrait d'éclat, car la solidarité des membres d'un corps est étroite, et il était plus puissant quand d'Espréménil et Montsabert sortirent de la salle, qu'avant que le porteur des ordres du roi y fût entré.

L'arrêté, du reste, avait tous les caractères de

la situation : il était triste, ferme, respectueux encore, mais péremptoire. Le parlement demandait avec instance qu'on relâchât les deux conseillers, envoyés déjà, l'un aux îles Sainte-Marguerite, l'autre à Pierre-Encise; il le demanda, non pour l'obtenir, il savait trop que la cour s'était aventurée dans une voie où reculer n'était plus possible, mais il le demanda pour qu'on entendît bien en France qu'il le demandait.

Peu de jours après (8 mai), le parlement fut convoqué extraordinairement à Versailles. Le roi, dans un lit de justice, ouvert avec des paroles sévères, fit enregistrer sans discussion six édits, qui renfermaient toutes les idées du ministère, tous les changemens préparés avec tant de soin et de mystère inutiles. C'était le coup porté au cœur de ce parlement, qui suspendait tout en s'opposant à tout; c'était une révolution dans les coutumes de la monarchie, mais contraire à celle que le vœu du pays appelait. Le roi, par le plus important de ses édits, dépouillait le parlement du droit d'enregistrer les lois; il créait une cour plénière et l'investissait de ce droit d'enregistrement. On y faisait entrer la grand' chambre du parlement de Paris, les princes du sang, les pairs, beaucoup d'hommes de cour et d'administration (1). Tout le sens réel des édits portait

---

(1) Art. 2. « La cour plénière sera composée de notre chancelier ou garde des sceaux, de la grand' chambre de notre cour,

sur ces dispositions; les autres n'y étaient que pour les masquer : décoration arrangée, qui ne trompait pas. On y trouvait d'utiles réformes sur la hiérarchie et les circonscriptions judiciaires, sur la justice criminelle; mais ces réformes manquèrent leur but. Elles avaient été employées comme un moyen de populariser le coup d'État contre le parlement, et ce fut ce coup d'État qui les empêcha d'être goûtées : c'était un piége tendu à l'opinion! On y gagnait toujours quelque chose. Ce fut là le seul profit de la France sous le ministère de Brienne. Si l'esprit de parti n'avait pas tout couvert de sa voix implacable, avec quelle reconnaissance n'eût-on pas salué toute amélioration dans le régime pénal! Avec quel enthousiasme (ce n'est point trop dire) le siècle à qui Voltaire avait appris l'humanité, aurait battu des mains à tout changement dans la

« du parlement de Paris, dans laquelle prendront séance les
« princes de notre sang, les pairs de notre royaume, les trois
« conseillers d'honneur, notre grand aumônier, grand maître
« de notre maison, grand chambellan et grand écuyer, deux ar-
« chevêques et deux évêques, deux maréchaux de France, deux
« gouverneurs et deux lieutenans généraux de nos provinces,
« deux chevaliers de nos ordres, quatre autres personnages qua-
« lifiés de notre royaume, six conseillers d'État, quatre maîtres
« des requêtes, un président ou conseiller de chacun des autres
« parlemens, deux de la chambre des comptes et deux de la
« cour des aides de Paris. » Anc. lois fr. règne de Louis XVI.
T. VI, p. 561.

Voir l'édit. Anc. lois franç. règne de Louis XVI. T. VI, p. 565.

distribution de la justice, si aveugle parfois et si dure presque toujours! Beccaria, cet homme indulgent et bon, comme tous ceux qui sont dans le vrai, avait publié son livre *des Délits et des Peines*, l'une des meilleures actions du dix-huitième siècle ; Dupaty, dont la cour, a-t-on dit, entretenait l'éloquence, avait réclamé contre les duretés d'une législation qui osait s'appeler le droit criminel. Enfin, de partout c'était une réaction généreuse en faveur de la personne humaine, frappée trop aveuglément par la loi ; et le gouvernement en tint compte. Il fit entrer dans la législation ce qui était dans les mœurs. L'un de ses édits (1er mai 1788) abolit la torture préalable, et en tout fit une part plus juste à l'accusé. Cette ordonnance est précédée de considérations fort élevées et doit honorer une mémoire peu respectée d'ailleurs, celle de Lamoignon. Il n'est pas permis à l'histoire d'omettre ce que les contemporains ne remarquèrent pas assez dans la préoccupation dévorante qui les travaillait.

Dans ces divers édits, présentés à la fois dans le lit de justice du 8 mai, il n'y eut de clair, d'évident que ces deux mots odieux : « *la seule volonté.* » Tout contrôle en réalité était aboli : la cour plénière était autorisée à faire des remontrances, mais quatre de ses membres devaient être appelés au conseil à l'avance pour en discuter l'opportunité et la teneur. Beaucoup d'autres dispositions s'annulaient les unes par les autres. Jusqu'au vague de certaines expressions y avait été calculé; mais le calcul était grossier et sautait aux yeux. Un article disait que : les États-généraux délibéreraient et que le roi statuerait définitivement. Dans ce cas, pourquoi des États-généraux, s'ils n'étaient en somme qu'une assemblée de notables?

Pour donner à cette innovation de la cour plénière une physionomie traditionnelle qui la fît mieux accepter, on faussait l'histoire : on disait que c'était un rétablissement (1). On confondait ainsi à dessein l'institution nouvelle avec les cours plénières, assemblées de réjouissances, tenues autrefois par les rois dans certaines occasions solennelles. Ce ne fut pas tout : comme Maupeou avait eu soin d'accompagner les plus durs de ses actes contre la magistrature, d'améliorations de nature à frapper la multitude, Brienne et Lamoignon avaient restreint la trop grande étendue du ressort des cours souveraines, par la création de quarante-sept

---

(1) « Une cour unique, disait le roi, était originairement dépo-
« sitaire des lois; et la rétablir, ce n'est pas altérer, c'est faire
« revivre la constitution de la monarchie. Le projet de ce réta-
« blissement n'est pas nouveau dans nos conseils..... C'est pour
« enregistrer les lois communes à tout le royaume, et en cas de
« contravention des tribunaux à nos ordonnances, *pour leur*
« *donner à eux-mêmes des juges*, que nous exécutons aujour-
« d'hui le projet, annoncé dès notre avénement au trône, de ré-
« tablir notre cour plénière. » V. Anc. lois fr. T. VI, p. 562.

bailliages, qui devaient tenir le milieu entre ces cours et les tribunaux inférieurs. Mais ces ruses et ces précautions ne pouvaient réussir. L'opinion était trop prévenue pour se laisser imposer par de tels artifices. Quant au parlement, rien ne pouvait lui faire accepter sa propre mutilation. Dans ce lit de justice et partout depuis, il la repoussa avec une énergie indignée; même les membres de la cour plénière protestèrent contre l'institution dont ils faisaient partie. La cour des Comptes, la cour des Aides, le Châtelet même, dont la nouvelle constitution élevait les attributions, suivirent cet exemple. D'Aguesseau, gendre de Lamoignon, et Lamoignon fils, avaient épousé la cause de leur ordre, et n'étaient pas les moins ardens à la soutenir (1). Des soldats campaient aux alentours du palais, mais on n'en prenait pas moins, à la lueur des baïonnettes, des arrêtés foudroyans contre Loménie et Lamoignon.

Ces funestes imitateurs de Maupeou virent alors le péril qu'ils avaient créé; il était plus grand que celui auquel Maupeou lui-même s'était exposé. On n'en était plus au règne de Louis XV, et l'esprit public s'était mûri sur toutes les questions. Malgré la vétusté de la prérogative parlementaire, malgré la forme du débat, le parlement était salué par cet esprit public, jeune et renouvelé, comme s'il n'eût

(1) Soulavie, Mém. du règne de Louis XVI. T. VI, p. 193.

pas appartenu à un système de gouvernement épuisé. Il y avait certainement dans l'opposition de la magistrature au pouvoir ministériel, bien des préjugés en éveil, l'esprit de corps, l'esprit janséniste; mais l'opinion tient compte des faits sans les analyser, et ne chicane pas leur popularité à ceux qui, pour une raison ou pour une autre, poussent au résultat qu'elle désire. Ce résultat était alors la fin, la ruine d'un système de gouvernement qui ne dirigeait plus une société devenue trop forte, et qui ajoutait au vice d'institutions sans consistance et sans honneur, le vice plus dégradant d'hommes arriérés et tout à fait indignes. C'est là ce qui explique la grande intimité, pour ainsi parler, du parlement et de la France, à cette époque; du parlement, vieux corps qui se dissolvait comme la monarchie, et dont l'opposition retenait seule encore les élémens près de se séparer, et de la France animée d'un esprit de rénovation incomparable; on en put juger surtout quand on envoya dans les provinces l'ordre de transcrire les édits sur les registres des parlemens; ce fut une résistance générale. A coup sûr, on ne résistait pas ainsi parce que les priviléges d'une corporation, depuis longtemps indifférente à la plupart des esprits, étaient violés par le ministère; on résistait parce qu'il importait à tous de résister. On savait où Loménie et la cour voulaient conduire la France; on se l'exagérait peut-être; les motifs qui entraînaient à l'opposition étaient divers, mais l'unité du but était formidable. Les uns, comme les nobles d'épée, haïssaient le pouvoir ministériel; les autres, comme la noblesse de robe, soutenaient par point d'honneur égoïste la magistrature. Les esprits éclairés voyaient les franchises du pays par-delà les franchises du parlement, et le peuple se soulevait parce qu'il avait en lui la cause éternelle de toutes les révoltes, de grands besoins, de rudes souffrances. La désaffection des nobles, de ces admirables tireurs d'épée, gagnait le corps des officiers et rattachait de plus en plus l'armée à une opposition qu'elle eût cru de son devoir jadis de ne pas juger (1). Un historien estime qu'au milieu de cette épidémie de résistance, les bourgeois seuls restèrent plus indifférens ou plus mous; mais il importe de se rappeler tout ce qui faisait la plus grande force de la bourgeoisie, les avocats, les hommes de science, les hommes de plume, si nombreux plus tard aux États-généraux.

Quoi qu'il en soit, du reste, les faits parlèrent et parlèrent haut. Les parlemens de province se montrèrent bien plus fougueux, bien plus intraitables que le parlement de Paris; ils déclarèrent *infâmes et traîtres à la patrie* tous Français qui dans ces circonstances obéiraient aux ordres du gouvernement. Des troubles accompagnèrent les protestations. Il y

(1) Les grades d'officiers, de même que les évêchés et les riches bénéfices, furent expressément réservés aux nobles, sous Louis XVI.

en eut en Provence, dans le Roussillon, dans le Languedoc. On craignit un moment que la noblesse du Béarn, exaspérée par le despotisme de Versailles, ne proclamât son indépendance, le parlement de Pau ne cessa pas ses fonctions; les Béarnais publièrent des doléances. On leur envoya le duc de Guiche, dont la famille était très-considérée dans le pays, et qu'on avait investi de pouvoirs extraordinaires. Mais ils allèrent à sa rencontre avec le berceau de Henri IV, sur lequel ils jurèrent de mourir ou de conserver les coutumes de leur patrie (1). En Bretagne, le mouvement fut plus vif et plus opiniâtre encore. On sait l'entêtement traditionnel des Bretons pour leurs vieilles franchises. Au premier bruit que le comte de Thiars, commandant militaire de la province, défendait au doyen de la noblesse d'assembler les États, cent trente gentilshommes lui portèrent un arrêté qui déclarait déshonoré celui qui accepterait quelque emploi que ce fût, au préjudice des magistrats. Douze cents nobles réunis à Saint-Brieuc et à Vannes, députèrent douze de leurs collègues pour demander au roi qu'il respectât les droits de la Bretagne. Arrivés à Paris, ils tinrent des assemblées; on y vit figurer les ducs de Rohan, de Praslin, de Boisgelin et le marquis de La Fayette. Les douze Bretons furent jetés à la Bastille; Boisgelin fut destitué d'une charge de cour,

---

(1) Soulavie, Mém. du règne de Louis XVI. T. VI, p. 206.

La Fayette de son commandement militaire, Rohan perdit une pension de dix mille livres, et la duchesse de Praslin son emploi de dame d'atours de la reine. Mais les Bretons prirent les armes et envoyèrent une députation nouvelle pour succéder aux douze prisonniers. « Ils étaient résolus, dit « un contemporain, de les multiplier ainsi, à me-« sure qu'on les emprisonnerait, jusqu'à l'insur-« rection totale de la Bretagne, si le roi ne cédait « pas à leurs représentations (1). » La cour eut peur de ces têtes de fer; au moment où elle cédait, cinquante autres gentilshommes se dirigeaient sur Versailles, pour appuyer les premières députations. Rien d'imposant comme l'imperturbable persistance de ces hommes, arrivant fièrement sur Versailles, comme les flots d'une mer qui monte, pour soutenir leurs frères emprisonnés. Pendant ce temps-là, toute la province était en armes, et l'intendant Bertrand de Molleville faillit perdre la vie plusieurs fois.

Mais ce fut à Grenoble que les désordres prirent le plus terrible caractère. L'insurrection s'y étendit dans des proportions effrayantes. C'était M. de Clermont-Tonnerre qui commandait dans cette ville et dans la province. Quand il reçut l'ordre d'exiler les parlemens, le peuple sonna le tocsin, qui gagna, comme le feu, de clocher en clocher,

---

(1) Soulavie, Mém. du règne de Louis XVI. T. VI, p. 207.

jusqu'à la frontière du Dauphiné. Les paysans descendirent des montagnes et fondirent sur Grenoble. Ils enfoncèrent les portes de la ville, battirent la garde de Clermont-Tonnerre, pénétrèrent jusque dans son hôtel, et la hache levée sur sa tête, le menaçant de le pendre immédiatement au lustre de son salon, lui firent signer la révocation des ordres qu'il avait reçus. Ils attaquèrent les troupes royales, les repoussèrent, en furent repoussés, et on ne sait où serait allée cette jacquerie parlementaire, si les gentilshommes, en se mettant à la tête du mouvement, ne l'eussent régularisé. On les vit jurer sur leurs épées et sur le tombeau de Bayard, de défendre les droits du Dauphiné jusqu'à la dernière goutte de leur sang. Le pieux Pompignan, archevêque de Vienne, prêta lui-même ce serment contre le coup d'État de la cour. Les ordres s'assemblèrent au château de Vizille ; là, ils arrêtèrent le rappel du parlement dauphinois, la demande des États-généraux, celle des États de la province, avec une double représentation pour le tiers, le refus de tout impôt jusqu'aux États-généraux, et au rétablissement préalable de la magistrature (1). La cour, atterrée par de telles résolutions, voulut tourner la difficulté en rendant les États de la province aux Dauphinois, mais en essayant de les organiser à son gré. Elle ne put venir à bout de cette entre-

---

(1) Soulavie. Tome VI, p. 210.

prise. Les Dauphinois, conseillés par un homme qui depuis est devenu célèbre, Mounier, esprit étendu et lumineux, furent invincibles autant à l'astuce qu'à la force, et le gouvernement céda encore. Ainsi, il restait acquis à la France entière que les prétentions des ministres étaient plus grandes que leur pouvoir et même que leur courage; mais elles n'étaient pas plus grandes que leurs illusions.

En effet, qui le croirait après cela? au milieu de ce soulèvement universel qu'il avait provoqué et qu'il ne savait ni apaiser ni réduire, Brienne se pavanait encore dans une imbécile sécurité. Il disait, avec de grands airs profonds, qu'il avait *tout prévu, même la guerre civile* (1). S'il avait prévu le mal, que faisait-il devant? *Le roi,* disait encore Brienne, *sait se faire obéir;* et la désobéissance levait la tête de partout, publique, effrénée. Il répétait ce peu de mots à satiété, comme s'ils avaient caché quelque mystérieuse influence. Mais, pareil, si on peut le dire, au magicien vaincu par le démon qu'il a déchaîné, il lui aurait fallu d'autres formules pour le soumettre. La révolte se multipliait sur tous les points du royaume. Le clergé lui-même venait de s'opposer autant que les autres ordres de l'État, à ce ministre sorti de son sein. Comme la noblesse, et malgré leurs maximes et leurs préjugés, des prêtres demandaient les États-

---

(1) Droz, Hist. de Louis XVI. T. II, p. 76.

généraux à l'archevêque-ministre. Ses représentations contre la cour plénière avaient été des plus vives et des plus nettes; il avait même trouvé qu'attendre cinq ans les États-généraux devait épuiser la patience du pays. Ces remontrances du clergé, qui furent les dernières (juin 1788), donnent la mesure du pas de géant qu'avait fait l'opinion depuis cinq ans. Pressé, presque terrassé par tant d'exigences, et de la part de ceux dont il devait le moins les attendre, le malheureux Brienne n'appelait pas la pitié sur son impuissance : hébété de vanité, il était tombé dans une idolâtrie inerte de lui-même. Les gouverneurs de province venaient l'entretenir des angoisses et des impossibilités de la situation qu'il leur avait faite; il leur répondait, avec la brièveté d'un oracle, quelques paroles officielles et folles. Pour peu qu'on n'eût pas perdu tout sens et toute dignité, on ne pouvait rester ministre avec un tel homme, et partager la responsabilité de ses périlleux travers. Breteuil lui-même, un favori, et qui respectait tant la faveur, commençait à comprendre que cette faveur peut s'égarer quelquefois; il dirigeait la police, et il donna sa démission, de mépris.

Ainsi, la défection commençait de pénétrer jusqu'à Trianon. C'était là que Brienne avait été pris pour le Richelieu de la monarchie en péril, et là aussi, comme partout, les têtes les plus frivoles de France commençaient à entrevoir qu'on s'était bien étrangement abusé. La reine, si longtemps dupe de son affection pour l'archevêque, entretenait sur son compte des illusions qu'elle n'a jamais entièrement perdues, mais se sentait pourtant tout ébranlée dans sa foi devant le soulèvement des provinces et le vide effrayant du trésor; jamais la pénurie des finances n'avait été aussi extrême.

En présence de cette détresse, la reine, il se peut bien, trouvait Brienne moins grand. Le comte d'Artois, qui avait déjà fait payer ses dettes à Calonne, et dont les besoins d'argent ne finissaient jamais, se montra excellent Français, a dit un contemporain (1), avec une ironie amère et juste, quand on parla de renvoyer un homme qui faisait si mal ses affaires et celles de l'État. Quant à Louis XVI, il ne tenait pas à ce ministre; et d'ailleurs, il avait sacrifié Calonne, malgré son opinion et ses goûts; depuis ce moment on pouvait dire qu'il n'était plus roi. Les cris de la France révoltée n'arrivaient guère jusqu'à lui, sous les forêts où il passait sa vie dans des chasses faciles et sanglantes. C'était là qu'il oubliait les devoirs de son rang et les difficultés d'une situation sur laquelle, de fatigue et d'impuissance, il avait fini par fermer misérablement les yeux. Il ne vivait plus que de la vie pesante des organes; il avait le tempérament des Bourbons, mais sans le feu et l'activité qu'un tel tempérament ferait supposer. Il mangeait autant que Louis XIV,

---

(1) Soulavie, Mém. du règne de Louis XVI. T. VI, p. 212.

mais Louis XIV n'avait pas cette torpeur que gardait Louis XVI jusque dans les exercices auxquels il se plaisait.

Il avait répété docilement le rôle que Brienne lui avait imposé; mais ce rôle de violence, de fermeté fausse, devait fatiguer sa justice autant que sa faiblesse. Brienne, qui prévoyait l'abandon, se mit donc à jouer le jeu de tous les ambitieux sans conviction et sans système. Il s'était opposé aux États-généraux; il les accorda : un arrêt annonça, le 8 août, que les États-généraux s'assembleraient le 1ᵉʳ mai 1789 et que le *rétablissement* de la cour plénière était suspendu jusqu'à cette époque. C'était s'humilier devant l'opinion qu'on avait bravée et qu'on n'avait pas su vaincre; mais l'opinion, comme tous les vainqueurs, ne tint pas grand compte de ces soumissions tardives et forcées : elle continua d'attaquer Brienne et d'exalter ses ennemis. La reconnaissance ne fut pas pour le ministre, mais pour les hommes qui avaient demandé les États-généraux et qui les avaient enfin obtenus. Quant à ceux qui voulaient le rapport des édits, on ne les avait point satisfaits par la suspension de la cour plénière : effet ordinaire des demi-mesures aux époques de décision; elles n'apaisent alors aucune exigence, et ne satisfont que parce qu'elles témoignent de la mollesse du pouvoir.

La joie que causa au royaume l'arrêté du 8 août fut donc stérile pour les intérêts de Brienne; encore en cela, ses prévisions furent trompées. Il avait cru se ménager une espèce de réconciliation avec la France, et même il avait, dans son machiavélisme de ressource médiocre, combiné les choses de manière à porter la division dans les esprits pour mieux les asservir. Il avait cru que s'il constituait un antagonisme contre la noblesse et la bourgeoisie, elles finiraient par se réfugier sous l'arbitrage de la royauté. Pour cela, il autorisa toutes les recherches qui auraient pour but de découvrir ce qui était d'usage dans les États-généraux, soit sur le nombre et la qualité des électeurs et des éligibles, soit sur la forme des élections. C'était là un point d'histoire fort embrouillé et fort obscur ; il convia tout le monde à l'éclairer. Non-seulement les municipalités et les tribunaux furent chargés de fouiller leurs archives, mais *les savans, les personnes instruites*, portait l'arrêté, étaient autorisées à dire ce qu'ils pensaient de la forme des États-généraux : c'était décréter la liberté de la presse sur le sujet que la France avait le plus à cœur. Un nombre infini d'écrits montra l'embrasement de toutes les têtes, si bien même qu'en voyant ce débordement de brochures, ce tourbillonnement d'idées politiques, si jeunes et quelquefois si audacieuses, des esprits mûrs se demandèrent si on n'avait pas compromis les choses à trop attendre, si le moment opportun des États-généraux n'était point passé. Un de ceux qui eurent peur alors du mouvement des têtes fut Malesherbes, le respectable ami de Turgot. Il avait cependant désiré et appelé les États-généraux l'un des premiers (1). Mais comme Turgot, son illustre maître, il en était venu à croire que la seule assemblée qui pût réformer le royaume était une assemblée de propriétaires élus; les États-généraux, avec leurs ordres jaloux et leurs conflits d'intérêts, lui faisaient craindre beaucoup d'orages; l'impétuosité des exigences publiques, la différence des points de vue et la ressemblance des passions, rejetaient dans le doute cet esprit qui avait la conscience sans avoir la force. Beaucoup, parmi les hommes de ce temps, partageaient l'inquiétude de Malesherbes; ils étaient alarmés pour la monarchie, encore plus que pour la France, voyant bien que le temps perdu pour les réformes ne se regagne que par les révolutions; et c'était plus une pensée d'hommes de la vieille monarchie que de fils du dix-huitième siècle, qui leur faisait estimer inutile la trop lente concession de Brienne. Quant à ce dernier, il avait encore plus bas à descendre : après une concession d'idée, vint une concession de personne. Pour garder ce pouvoir, il avait sacrifié moins une vue de son esprit qu'un parti pris de son amour-propre. Pour le garder encore quelques jours, il sacrifia cet amour-propre même : il fit proposer à M. Necker, à son rival, à

(1) Voir la *Situation présente des affaires*, par Malesherbes. Mémoire au roi, du mois de juillet.

l'homme qu'il avait écarté, la place de contrôleur général ; il avait fait consentir la reine à cet arrangement. Mais Necker, qui eût accepté peut-être ce ministère au moment où Brienne se saisissait du gouvernement, répondit que son dévoûment serait inutile, si on ne lui accordait pas une haute main souveraine sur toutes les branches de l'administration, dépendantes du contrôle des finances. Necker était effrayé et avec raison de tout ce qu'on disait des affaires ; il pouvait mieux juger qu'un autre des résultats désastreux de la gestion de l'archevêque ; ils étaient d'ailleurs assez publics. Toute la France savait les récentes mesures de Brienne. Il avait mis la main, dans son vertige, sur des fonds de bienfaisance confiés à l'État : c'était le produit de souscriptions destinées à fonder quatre nouveaux hôpitaux dans Paris ; c'étaient d'autres fonds aussi respectables, versés par la charité publique, pour soulager plusieurs provinces dévastées par des grêles. L'archevêque commit l'infamie de violer ces dépôts ; il vida, avec un pareil cynisme, la caisse des Invalides, qui contenait quelques modiques épargnes. Pour qualifier dignement de tels actes, il faudrait renoncer à la dignité de l'histoire. Mais Brienne, ayant tout épuisé, en fait d'opprobres souterrains, fut contraint à une mesure d'État, à un remède héroïque. Les caisses ne contenaient plus rien pour traverser les quatre derniers mois de l'année. Un arrêt du 16 août 1788 porta que les paiemens s'effectueraient partie en argent, partie en billets du trésor, qui auraient cours forcé dans le commerce (1). Ce coup désespéré jeta l'effroi et fit monter l'idée de banqueroute à toutes les têtes. Le bruit se répandit que le gouvernement allait se saisir de la caisse d'escompte, comme il avait fait de la caisse des Invalides, et la foule assiégea cet établissement. Un arrêté du 18 août (2) vint autoriser la caisse à refuser le remboursement de ses billets, et contraignit le commerce à les recevoir, comme une monnaie forcée. La crise était donc à son terme, et l'on était arrivé à l'abîme; il était si profond et si vaste, que Necker lui-même n'espérait plus le fermer.

Mais ce nom d'un homme capable, d'un homme si justement populaire, exerçait une telle domination sur tous les esprits, que même ses ennemis l'invoquaient comme leur dernière ressource. Brienne s'était toujours supposé grand ministre, et par un privilége de vanité comme il n'en exista

---

(1) Monthyon, p. 309. « Il paraît, dit cet écrivain, qu'une dé-
« termination d'une si haute importance fut prise sur la simple
« exposition qui en fut faite au conseil, sans qu'il eût été mûre-
« ment délibéré sur les conséquences qui devaient en résulter.
« L'arrêt fut imprimé et publié, comme muni des signatures né-
« cessaires des personnes en place, sans qu'elles eussent con-
« naissance de la décision. Part. sur les min. des fin. p. 309.

(2) Arrêt du conseil concernant la circulation des billets de la caisse d'escompte. Anc. lois franç. règne de Louis XVI. T. VI, p. 612.

peut-être jamais, il lui arrivait encore de continuer son rêve. Pourtant obligé, par les événemens, de voir qu'il ne dirigeait rien, qu'il ne pouvait rien, il offrit d'abandonner la haute position à Necker, au moins pour conserver le nom de ministre. Mais il avait contre lui les courtisans, auxquels il avait enlevé quelques charges; et ce fut madame de Polignac, devenue sa rivale de crédit et son ennemie, parce qu'il avait voulu la supplanter dans l'esprit de la reine, ce fut elle qui lui porta le dernier coup et l'abattit. Elle s'entendit avec le comte d'Artois; ce prince gardait un vif ressentiment du renvoi de Calonne, et il représenta au roi et à Marie-Antoinette l'impossibilité de gouverner avec un ministre universellement méprisé. Des paroles si graves et si vraies dans la bouche d'un prince si léger, firent impression. Brienne alors s'arrangea le mieux possible pour tomber. Il dit dans ses mémoires : *qu'il reçut du roi et de la reine des marques de bonté que n'éprouvent pas d'ordinaire les ministres en disgrâce* (1); et cette fois, son amour-propre n'a rien exagéré. On accepta sa démission et on lui rendit, pour cela, d'énormes faveurs : rachat scandaleux d'un gouvernement perdu! On lui donna le chapeau de cardinal, une place de dame d'honneur pour sa nièce, auprès de Marie-Antoinette, un régiment pour un de ses neveux, et pour un autre la

(1) Mém. de Brienne, cités par Soulavie, Mém. du règne de Louis XVI. T. VI, p. 253.

coadjutorerie de l'archevêché de Sens. La reine pleura en le quittant et lui permit de l'embrasser(1) : baiser imbécile, qui semblait payer la ruine de la France.

Mais en face de ces récompenses aveugles, il faut mettre la joie du royaume, quand on sut que Brienne n'était plus ministre. S'il avait eu le cœur d'un homme, au lieu de la vanité d'un courtisan, il eût trouvé qu'il n'y avait pas de faveur royale qui pût compenser la douleur et la honte du bonheur public. Ainsi, il tomba comme il s'était élevé, par les femmes, et par les femmes qui avaient servi à son élévation. Les dames de Polignac firent ce que n'avaient pu faire les réclamations et les rébellions de toute la France. Seule, Marie-Antoinette lui restait encore fidèle, quoiqu'il eût mal rempli son attente. Elle avait dans ses amitiés une fidélité orgueilleuse qui ne se démentait pas et qui eût résisté peut-être à l'éloquence de ce trésor vide, que Brienne avait épuisé. Sans l'influence de l'irrésistible duchesse Jules, Marie-Antoinette eût-elle souffert la retraite de Loménie de Brienne? On peut en douter. Elle croyait montrer un beau caractère en soutenant un ami contre tous les ordres de l'État. Femme courageuse et de belle attitude au sein de cette cour affaissée, agissant mal, mais capable du bien, qui eût été tout autre, presque grande, en

---

(1) Mém. de Brienne, ap. Soulavie. T. VI, p. 251.

de meilleures mains, et qui désarme à moitié la sévérité de l'histoire, parce qu'elle s'est ennoblie dans la souffrance et dans la mort. L'idée qu'elle résistait à toute une nation, presque en armes, lui faisait rejeter en arrière sa belle tête et lui donnait des émotions de fierté chevaleresque et de colère qui l'empêchaient de voir que la France, sous Brienne, était non-seulement à bout de ressources, mais qu'elle tombait chaque jour davantage du rang des monarchies en Europe. Et en le voyant mieux, Marie-Antoinette en aurait souffert. Si Autrichienne qu'elle fût, elle était fille, après tout, de Marie-Thérèse; si peu Française qu'elle fût, elle était la femme du roi de France. Elle pouvait bien oublier, trop oublier les intérêts d'une patrie qui ne fut jamais assez la sienne; mais l'intérêt de la monarchie, de la couronne qu'elle portait, pouvait-elle l'oublier? Depuis que Brienne avait dirigé les affaires étrangères, c'est-à-dire depuis la mort de Vergennes, le cabinet de Versailles avait perdu son reste d'ascendant sur les cabinets de l'Europe. Ce que Brienne avait été vis-à-vis des difficultés de l'intérieur, il le fut vis-à-vis des embarras du dehors qu'en mourant lui légua Vergennes.

En effet, les jours qui suivirent la paix de Versailles n'avaient pas été beaux. Vergennes avait signé le traité de 1786, l'honneur de Pitt et l'une de ses premières victoires diplomatiques. Ce jeune homme, qui n'avait d'adversaire digne de lui en Europe que le grand Frédéric, alors sur son déclin, avait préludé à la politique de soulèvement qu'il a depuis déchaînée sur le monde, par la révolution de Hollande. La Hollande avait été notre alliée dans la guerre d'Amérique; elle nous était restée fidèle; c'était une nation maritime, toutes raisons pour que Pitt lui cherchât des dangers et lui préparât des revers. Il avait été blessé de notre traité de commerce avec la Russie (1786). Ce traité, signé par Ségur et surpris à la vigilance du ministre d'Angleterre, M. Fitz-Herbert (1), était métamorphosé par la diplomatie de la Grande-Bretagne en traité d'alliance. Elle le répétait incessamment à la Porte, jalouse qu'elle était de notre influence sur le Divan, et la Porte avait fini par le croire : inquiète d'une guerre qu'on pouvait porter chez elle, la Porte reprit les armes contre la Russie, et secondée par l'Angleterre, qui nous aliéna sa confiance, elle excita le roi de Suède, Gustave III, à sa hardie et vaine expédition sur Saint-Pétersbourg. Cette perte de notre influence en Orient, ce n'était point assez pour l'héritier de Chatam : il crut nous faire plus de mal encore en nous attaquant en Hollande. Dans la guerre des Américains, le stathouder Guillaume V avait servi, autant qu'il l'avait pu, les intérêts de l'Angleterre, qui devait l'aider en ré-

---

(1) V. Flassan, Histoire de la diplomatie. Tome VII, p. 439.

compense dans des projets utiles à son autorité. Il souffrait des gênes d'une constitution qui ne lui permettait pas de renforcer une garnison sans le consentement des États, « tandis que par une bizarre inconséquence, dit un historien, on le laissait s'environner d'un éclat tout royal. » (1) Guillaume, inspiré par les Anglais, voulut s'emparer des États, en captant le vote des électeurs qui nommaient aux municipalités ; mais l'esprit républicain de la Hollande se roidit contre de telles prétentions. Ce fut alors que des émeutes éclatèrent ; singulières émeutes, nées de l'union du stathouder et des dernières classes de la république, contre les vrais républicains des classes aisées. Guillaume V se retira en Gueldre, implorant le secours du roi de Prusse, son oncle, qui répondit froidement par quelques notes diplomatiques aux cris de l'ambition de sa nièce, l'épouse du stathouder. Guillaume, maître de la Gueldre, s'y essaya au pouvoir absolu, mais les résistances se multiplièrent (2). Après la mort du grand Frédéric, la Prusse appuya davantage les prétentions de son allié, entraînée à cette politique par l'ambassadeur anglais,

1786.

---

(1) Droz, Hist. du règne de Louis XVI. T. II, p. 19.
(2) Les villes de Hattem et d'Elbourg se firent remarquer par leur énergie. Hattem opposa des troupes et ne céda qu'après avoir combattu; mais les habitants d'Elbourg, qui n'avaient pas de troupes, abandonnèrent leur foyers et s'exilèrent tous sur le territoire d'une province voisine.

Harris, depuis lord Malmesbury. Vergennes, dont le devoir était une intervention vigoureuse, opposait aux ardeurs de la Prusse les résistances d'une diplomatie qui se faisait respecter encore; mais quand Vergennes fut mort, ce reste de fermeté dans l'action du cabinet de Versailles disparut. Montmorin, qui lui succéda, avait eu l'honorable idée de former un camp d'observation à Givet, et M. de La Fayette avait même été désigné pour commander ce camp de vingt mille hommes. Mais quand Brienne fut nommé rincipal ministre, Montmorin, absorbé par lui, renonça au projet, et l'argent que Calonne avait heureusement réuni pour cet objet, fondit dans les mains dissipatrices de l'archevêque. Pendant que la révolution continuait en Hollande, on plaisantait agréablement dans les conseils de Versailles. Contrairement aux idées de Loménie, les maréchaux de Castries et de Ségur ne cessèrent, jusqu'à leur sortie du ministère, d'insister sur l'exécution de ce projet; mais les autres ministres s'inspiraient de leur chef, qui disait d'un air tranquille et sûr, qu'une simple menace arrêterait la Prusse. Malesherbes, qui n'était ni un esprit énergique, ni un homme d'État, mettait sa bonhomie philanthropique et son talent de narrateur au service de l'incapacité de Brienne. Il détournait de l'objet en discussion, en racontant des anecdotes. Rien ne fait plus de tort à la sagesse de Malesherbes que cette conduite, peu digne de sa gravité (1). Quant à Brienne, il se montrait fidèle à son origine : ministre de boudoir, il portait dans le conseil du roi les commérages du salon de mesdames de Polignac, et il perdait en riant la vieille considération qu'on avait en Europe pour la France.

Cependant la Hollande était à feu, déchirée par la guerre civile. Le parti de Guillaume était le plus fort, car la populace était toute pour la maison d'Orange; et la cour de Berlin, poussée par Pitt et Harris, s'écartait chaque jour davantage de la politique de Frédéric II. Les vulgaires passions s'étaient jointes à ces influences toutes puissantes : la femme du stathouder fut arrêtée par les États de Hollande, dans un voyage qu'on crut séditieux, et relâchée avec beaucoup d'égards. Il n'en fallut pas davantage pour entraîner le roi de Prusse à tous les excès de la violence et du ressentiment; il ne parlait que de l'outrage fait à sa sœur. Cette princesse, d'un esprit borné et d'une vanité implacable, entretenait les mauvais sentimens de son frère. Quelques centaines de républicains avaient battu un corps de troupes régulières à Juphatz (9 mai 1787), mais depuis il y avait eu des défections. Pitt s'essayait au rôle qu'il joua plus tard; l'argent anglais corrompait tout. Les patriotes étaient placés entre l'intrigue, les émeutes, et un

---

(1) Voir Droz, Hist. de Louis XVI. T. II, p. 25.

parti qui voulait abolir le stathoudérat. Ces émeutes avaient épouvanté les villes de Flessingue et de Middlebourg. Le roi de Prusse crut le moment favorable pour venger sa sœur de l'injure imaginaire qu'on lui avait faite. Un homme seul eût pu l'arrêter : c'était le duc de Brunswick. Mais il aimait la guerre, parce qu'il croyait la bien faire, et il fut placé à la tête du corps d'armée qui devait entrer en Hollande. Ses instructions portaient pourtant qu'il fallait éviter une rupture avec la France. Mais, sûr de l'incurie d'un cabinet qui envoyait presque dérisoirement une centaine d'artilleurs à ses alliés, il entra brusquement dans les Provinces-Unies. Le rhingrave de Salm, aventurier sans courage, que Louis XVI avait fait maréchal de camp, à la demande de Vergennes, et qui commandait les troupes hollandaises, avait à son approche évacué toutes les forteresses. Utrecht et Amsterdam furent prises par le duc avec une facilité désolante pour lui, qui recherchait la gloire. « Les Hollandais, « dit éloquemment un historien (1), recoururent en « vain à la ressource qui avait signalé le noble dé- « sespoir de leurs aïeux. Ils ouvrirent leurs digues; « mais les inondations étaient imparfaites, parce « qu'elles n'avaient point été combinées, et d'ail- « leurs, il ne fallait pas user sitôt d'un pareil « moyen. Un peuple qui défend son indépendance

---

(1) M. de Lacretelle, Hist. du dix-huitième siècle. T. VI, p. 218.

« doit couvrir ses champs de soldats avant d'être
« réduit à les inonder (1). »

Ainsi le stathouder Guillaume rentrait en Hollande, et la France osa bien dire à ses alliés, qu'il fallait se soumettre à une nécessité dont elle était coupable. Brienne crut sans doute avoir fait assez en offrant l'hospitalité aux émigrés hollandais. Mais cette assistance ne réparait pas le mal de l'abandon; il était grand en effet, et avait pour conséquence directe de rendre sans signification et sans profit le traité d'alliance conclu par Versailles avec les Provinces-Unies, car c'étaient la Prusse et l'Angleterre qui prenaient à notre détriment le premier rang à la Haye. De plus, cet événement semblait nous effacer de la politique du monde, dans laquelle nous avions joué si longtemps, malgré des fautes et des défaites, un rôle plein d'ascendant et de grandeur. Rien ne relevait cet abandon : il n'était point l'application d'un principe, vrai ou faux d'ailleurs. On n'en était pas encore arrivé, vers ce temps, à la reconnaissance du principe de la non intervention dans les affaires des peuples; au contraire : à Teschen, on était intervenu par la diplomatie; en Amérique, par les armes. La générosité et la politique se don-

(1) C'était le chevalier de Ternant, distingué dans la guerre d'Amérique, qui commandait Amsterdam, mais l'indiscipline des troupes le força d'abandonner le commandement.

naient la main. Nulle idée ne préexista à la conduite de Brienne et ne servirait à l'expliquer, pas même une idée de réaction contraire aux nobles tendances de ce temps, comme celle, par exemple, qui s'opposa longtemps à la guerre d'Amérique. Non, il arrivait au ministère la tête pleine d'un modèle qu'il n'était pas de force à copier, de ce Mazarin, qui donna l'Alsace à la France; il trouvait des fonds laissés par le dernier contrôleur général pour une intervention utile. Il prit les fonds et renonça à l'intervention; la pénurie du financier impuissant fut tout le secret de cette conduite. C'est pour cela qu'on le vit professer avec un éclat hypocrite les doctrines de l'abbé de Saint-Pierre, et déclarer toute guerre mauvaise et inutile, lorsque nos alliés périssaient, et que les Anglais se vengeaient de l'indépendance américaine sur l'indépendance hollandaise.

Une telle lâcheté exaltait les espérances de l'Angleterre, et lui donnait du cœur pour tout oser. Pitt avait ordonné des armemens considérables dans tous les ports. Après la révolution de Hollande, il les fit continuer avec une activité insolente. L'intention de ces armemens était si claire, que la France fut obligée d'armer aussi, et même on nomma Suffren pour commander les flottes, en cas de guerre (1), ce qui n'eût pas arrêté Pitt dans ses

(1) Il mourut le 8 décembre 1788.

desseins ; mais le cabinet de Versailles calma les ardeurs du fils de Chatam, en lui opposant la perspective d'une alliance de guerre avec l'Espagne, l'Autriche et la Russie : leçon qui avait l'éloquence d'un reproche pour ce gouvernement qui trouvait plus de fidélité dans ses alliés qu'il n'en avait montré lui-même. Mais aussi la devait-il plus à des intérêts bien compris par les cabinets étrangers, et à l'inquiétude que l'Angleterre donnait au monde, qu'à une puissance d'entraînement qu'il ne possédait plus.

L'Angleterre, en effet, n'avait pas faibli : singulière nation ! On lui avait enlevé une grande colonie, et elle vivait toujours de sa forte vie. Des mains de Chatam, elle était passée dans les mains de Pitt, comme un héritage de famille, et sous cette administration de génie, elle prospérait et avait fermé sa blessure. Elle augmentait sa marine ; elle étendait son commerce, elle multipliait ses influences. En Turquie, elle nous avait arraché et pris pour elle la confiance du gouvernement. Partout où elle pouvait poser le pied, elle l'avançait, tandis que la France, surchargée de ses embarras intérieurs, le retirait de partout. C'est que sonnait la fin de cette France monarchique, officielle, qui se repliait sur elle pour mourir ; elle devenait chaque jour plus isolée. Les autres cabinets s'entendaient, se nouaient par des traités, se faisaient de hautes politesses, affichaient de grands desseins. Ainsi on avait vu, par exemple, Joseph II (1787) accompagner la grande Catherine dans son fameux voyage de Crimée, à travers les villes fantasmagoriques bâties en une nuit par Potemkin. Le motif réel de ce voyage était une pensée d'agrandissement : Joseph II se disait que la Turquie était encore meilleure à partager que la Pologne. Ainsi, Catherine avait retrouvé écrite, sur les poteaux de ses routes impériales, la plus intime pensée de son cabinet : « C'est ici le chemin de Byzance! » La Russie, l'Autriche, l'Angleterre, tous les grands États cherchaient à se mouvoir, à se répandre; la France, elle, concentrée dans son existence intérieure, ne voyait de remède à la situation dont elle souffrait que dans les États-généraux. Les hommes qui la dirigeaient avaient tant à faire au dedans qu'ils ne regardaient plus au dehors. On n'eût pas pressenti dans cette France de Brienne, celle qui bientôt allait la remplacer. On n'eût pas reconnu mieux le pays dont le grand Frédéric disait que, s'il en était le roi, on ne tirerait pas un coup de canon sans sa permission en Europe. Ce grand homme était mort le 17 août 1786, et la monarchie qu'il avait faite par son épée et par sa diplomatie, était alors plus une et politiquement plus forte que le pays dont il parlait. Ses dernières années avaient été glorifiées par une modération plus élevée que les plus beaux talens militaires, et c'était à lui que Versailles devait le dernier acte honorable de sa politique étrangère, cette intervention de Teschen qu'on n'aurait pas osée sans lui.

Tel était alors l'état de l'Europe : toutes les puissances qui la composaient l'emportaient en intelligence, en dignité et en lumières sur les conseils de Versailles. Avec l'impéritie de ses chefs, avec ses finances épuisées, son anarchie intérieure, cette guerre des parlemens et de la cour, l'indiscipline de son armée, la France, comme les nations qui ne savent pas se conduire, eût pu encourir le danger et la honte d'un partage. Pourquoi les cabinets de l'Europe n'y pensèrent-ils point? Ils avaient tous l'avidité et la jalousie qui poussent au démembrement des États. Ce Louis XVI, qui ne porta jamais d'épée, ne ressemblait pas à son aïeul, Louis XIV. Il ne parlait point de se mettre à la tête de sa noblesse pour mourir sur les ruines de la monarchie. Une guerre, sous un prétexte ou sous un autre, était bonne à faire ; elle eût pu réussir. Pourquoi ne la fit-on pas? pourquoi Pitt, avec son génie qui voyait de si loin, fut-il si prompt à désarmer? C'est que si la puissance politique de la France était diminuée, si elle se réduisait chaque jour davantage, il y avait plus en elle que de la puissance politique. Il y avait la force sociale d'où devait sortir une puissance politique nouvelle. Il y avait une pensée publique plus haute que les instincts d'un gouvernement dégradé. Il y avait une force qui allait s'organiser elle-même, qui s'était développée dans les liens d'un système de gouvernement trop

1788. étroit et qui éclatait. C'était là ce qui seul sauvegardait la France, exposée à tout par les fautes de ses maîtres; et ce qui heureusement n'était à la disposition de personne, ni d'un roi incapable, ni d'une reine aveuglée, ni d'un ministre corrompu.

CHAPITRE VI.

Second ministère de Necker; ses mesures de finances; ses desseins politiques. — Seconde assemblée des notables. — Mouvement des esprits à l'approche des États-généraux.—Sentiments des différentes classes. — Écrits divers. — Ordonnances de convocation des États. — Mode d'élection. — Incidents. — Cahiers des trois ordres. — Conclusion.

« Je me rendis à Versailles, dit M. Necker. Le roi « voulut me voir dans le cabinet de la reine et en sa « présence. Il éprouvait, dans sa grande bonté, une « sorte d'embarras, parce qu'il m'avait exilé l'année « précédente. Je ne lui parlai que de mon dévoue- « ment et de mon respect ; et de ce moment je me « replaçai près du prince ainsi que j'avais été dans « un autre temps (1). » On lit encore, que ce fut avec tristesse que Necker reprit les affaires, et qu'il dit en ouvrant le message du roi : « Il est trop « tard (2). » Il était trop tard en effet pour renouer

1788.

---

(1) Mémoires de Necker. T. I, p. 49, éd. in-18. Paris, 1831.
(2) OEuvres complètes de Necker. T. I, Notice par le baron de Staël, p. 229.

la chaîne de son premier ministère, trop tard pour continuer les choses par le seul mérite du pouvoir. La nation avait rendez-vous pour y travailler elle-même. Si Necker s'en effraya, sa rentrée aux affaires fut un sacrifice, un acte de soumission à la royauté. Cette fois encore c'était à l'homme de finance qu'on avait recours; la banqueroute était imminente. Cet homme tant de fois nommé, tant de fois redemandé par le vœu public, vit son retour salué par un inconcevable transport. En beaucoup de lieux ce fut un délire : Necker était fêté de toute la haine qu'on portait à Brienne; tout Paris illuminait pour le renvoi de l'un, en même temps que pour le retour de l'autre. Ce furent des feux d'artifice, des fusées, des acclamations populaires, des réjouissances qui rappelaient ce qu'on avait vu lors de la chute de Terray, ce vampire du fisc. Plusieurs fois ces fêtes se prolongèrent dans la nuit avec des caractères inquiétans.

Tout concourait alors à échauffer Paris; à la fermentation des idées s'ajoutait l'irritation des besoins. La ville se remplissait de vagabonds et d'affamés chassés des campagnes; l'extrême misère et un vague instinct d'événemens les poussait vers Paris. Cette grande misère d'alors tenait à bien des causes : détresse des finances qui pesait sur les affaires et suspendait tout; dureté de l'action fiscale plus impitoyable envers les petits; monopole des maîtrises, qui redoublait de rigueur depuis le traité de commerce avec l'Angleterre, dont souffraient plusieurs industries; enfin une disette imminente qu'un hiver terrible allait accompagner. Ces bandes misérables, qui erraient et mendiaient dans Paris, s'émurent brutalement au renvoi de Brienne ; leur joie fut effrénée, elle tenait de leurs souffrances. Le peuple s'assembla sur plusieurs points ; à la place Dauphine, il brisa les vitres de ceux qui n'avaient pas illuminé; sur le pont Neuf, il obligeait les passans de pousser des cris ! On habilla un mannequin en archevêque, on le jugea, puis on lui fit faire amende honorable, la torche au poing, et on le brûla devant la statue d'Henri-Quatre (1). La police, qui sembla d'abord fermer les yeux, sévit tout à coup avec dureté : les troupes chargèrent contre les rassemblemens, et le lendemain le peuple, furieux des coups de sabre de la veille, se rua sur les corps de garde. A la Grève, une vive fusillade jeta sur le carreau vingt-cinq jeunes gens. Les Suisses et les gardes françaises rétablirent l'ordre; mais dans les provinces, il fut cruellement troublé. Effrayé, malgré les adoucissemens apportés à sa disgrâce, des manifestations de cette joie terrible, Brienne, comme Calonne, qui s'était enfui en Angleterre, s'en alla furtivement en Italie chercher son chapeau de cardinal.

(1) On arrêta un ecclésiastique qui passait, on le surnomma l'abbé de Vermont, et on le contraignit de confesser le mannequin. Hist. parlem. T. I, p. 253.

Des hommes qui avaient fait cause commune avec le parlement se firent voir, à Paris, au milieu des scènes populaires. Le duc d'Orléans s'y laissa entraîner, et on l'accusa d'avoir payé l'émeute. On accusa aussi l'Angleterre; mais quand les passions font le désordre, faut-il se demander qui l'a payé? Il y avait eu les mêmes excès au renvoi de Maupeou, le destructeur du parlement comme Brienne. La bazoche prenait sa part de ces tumultes; la magistrature en jouissait, comme d'autant de marques de sa popularité. « La plupart de ses membres, dit « un historien, trouvaient fort naturels et même « utiles des désordres qu'ils appelaient une mani- « festation de l'opinion publique (1). » Aussi mirent-ils plus de reconnaissance que de sévérité dans leurs arrêts de répression. Ce corps ne se trouvait d'ailleurs vengé qu'à demi par la chute de Brienne. Lamoignon avait été son bras droit dans ses affaires avec le parlement, et il n'était point tombé. Il tenta de se maintenir après Brienne, comme il y avait réussi après Calonne; mais il était poursuivi par une telle clameur, que Necker exigea son renvoi; la reine s'y prêta; elle n'avait pu soutenir Brienne, et se trouvait offensée que le chancelier fût encore debout. L'archevêque avait emporté dans sa chute huit cent mille livres de pensions et de bénéfices (2); Lamoignon voulut de même ses

---

(1) Droz, Hist. de Louis XVI, T. II, p. 94.
(2) Hist. parlem. T. I, p. 252.

dédommagemens. On lui offrit pour son fils la pairie et une ambassade; il lui fallut plus encore; en sus de sa pension de retraite, il demanda quatre cent mille livres comptant; c'était plus que n'en contenait le trésor public; on ne put lui en offrir que deux cent mille; il les prit comme à-compte (1).

Tel était l'état du trésor quand Necker rentra au ministère; il s'y trouvait à peine quelques centaines de mille francs (2); toutes les impositions étaient dévorées par avance; le crédit était entièrement ruiné, les besoins étaient immédiats, impérieux; il fallait des millions dès la première semaine; Necker les trouva, et tout changea, en un instant, par la seule magie de son nom. La confiance y était inébranlablement attachée; il reprit son poste, et les fonds remontèrent de trente pour cent dès le premier jour; toutes les affaires s'en ressentirent et se ranimèrent. Un homme qu'une intrigue de cour pouvait dès le lendemain chasser du ministère, exerçait tout cet empire, qui tenait plus à sa personne qu'à l'État; on compta encore une fois sur lui comme sur un gouvernement. Cette grande force

---

(1) La retraite de ce ministre éhonté excita de nouvelles scènes de désordre: on le brûla en effigie, comme l'archevêque, après avoir ordonné qu'il serait sursis quarante jours à son exécution, par allusion à son ordonnance sur la jurisprudence criminelle. Hist. parlem. T. I, p. 253.

(2) « Cinq cent mille livres, soit en argent, soit en valeurs. » OEuvres compl. de Necker. T. I, Notice, p. 230.

morale aplanit ses opérations; mais nonobstant cela, sa réussite se conçoit à peine. Le second ministère de Necker est sa grande gloire comme financier, bien qu'il ait opéré avec moins d'éclat, et sur un champ moins vaste que dans l'autre. L'esprit public, tourné vers un point plus haut que les finances, fut moins attentif à ce que Necker faisait pour le trésor qu'à ce qu'il préparait pour les institutions. Mais quoique préoccupé lui-même de la grande affaire des États-généraux, il déploya ce merveilleux savoir-faire qu'il possédait, il lui fallut ses plus industrieuses ressources pour traverser chaque jour, pour assurer tous les services, pour faire honneur, comme il le fit, à tous les engagemens, sans ajouter rien à la dette ni à l'impôt. Un homme de renom, fort expert en ces matières, qui juge Necker d'ailleurs avec la dureté d'une religion politique opposée à la sienne, M. de Monthyon rend pleine justice au financier : « La banqueroute de l'État, dit-il, semblait inévitable, et cependant fut évitée sans coup de force, sans contrainte, sans impôts, sans emprunts, sans ces billets d'Etat si effrayans, si funestes, dont il ne fut fait aucun usage et qui même ne parurent point; il fut pourvu à tous les besoins séparément et pour le moment; tous les expédiens, tous les reviremens, toutes les ressources de banque dans lesquels excellait M. Necker, furent mis en œuvre; nombre de moyens de détails furent employés, faibles séparément, forts par leur réunion; et ce fut un grand acte de sagesse de n'admettre dans ce moment aucune grande disposition qui eût trouvé des obstacles insurmontables dans la faiblesse et le discrédit du gouvernement..... Il n'est aucun temps de l'administration de M. Necker où il ait montré autant de courage, d'adresse, de sagacité et de talent. Ses industrieuses et justes combinaisons, et le succès qu'elles ont obtenu, tiennent du prodige; et cependant ce n'est point l'époque de son administration qui a été l'objet des éloges de ses partisans, parce que les hommes sont plus touchés, plus reconnaissans du bien qu'on leur fait que des maux qu'on leur évite, lors même que le service est le plus grand (1). »

En effet, l'œuvre administrative de Necker était éclipsée par la grande question politique qui s'agitait. Tout était rempli de l'attente des États-généraux; le gouvernement les avait promis et les devait assembler pour le 1er mai de l'année suivante. Mais ce grand pouvoir de la nation mal défini, tombé dans l'oubli depuis deux siècles, soulevait les questions les plus controversées. Comment se composerait l'assemblée? Quelle part y aurait le tiers-état? Quel caractère donner au droit électoral? Où serait le siége de l'élection? Enfin com-

---

(1) Monthyon, Particularités et observations sur les ministres des finances, p. 312.

ment se ferait le vote au sein des États-généraux? En consultant le passé, on y trouvait autant d'irrégularité dans la forme de ces assemblées, qu'il y avait eu d'irrégularité dans leur convocation. Brienne, qui manquait d'idées sur tous ces points, avait invité les cours, les académies et tous les habiles à donner leur avis; mais il ne voulait qu'embarrasser le débat dans un conflit d'opinions contraires, et y trouver un prétexte d'échapper à ses engagemens. Toute la France fut agitée d'écrits sur la matière. Le parlement de Paris, rentré en fonctions le 24 septembre, arrêta, en enregistrant l'édit, dès le jour de son installation, que les États-généraux seraient assemblés selon la forme des États de 1614. Le souvenir de ces États lui était cher parce qu'ils avaient fléchi sous la verge du parlement; parce qu'ils avaient offert la composition la plus aristocratique, parce que le tiers-état y avait été faible et humilié, et qu'ils n'avaient rien donné qu'un vain spectacle. C'en fut fait dès lors de la popularité du parlement. L'opinion, trompée par cet arrêt, se retourna contre son égoïste allié, et jeta une clameur terrible contre lui. On repoussa, on flétrit l'arrêt, en dévoilant dans mille écrits ce qu'avaient été ces États, que le parlement offrait comme modèle : on put juger de la bonne foi qu'il avait mise à les demander.

Il appartenait au gouvernement de régler ces questions, tant que le pays, dont c'était le droit, n'était pas assemblé. Mais Necker ne l'osa pas ; avait-il lui-même des vues affermies? savait-il bien d'avance où l'on allait?

Ce grand financier n'avait en politique que des idées anglaises, un peu vagues, qui le gênaient dans cette position indécise entre la cour et la nation. Il avait le pressentiment des institutions modernes, et avec ce tour précurseur de son esprit, il sentait d'avance un certain malaise à se trouver en face de ces vieux États-généraux, dont il prévoyait la confusion et les orages. Il avait au fond peu de goût, peu d'estime pour tous ces restes d'administration de l'ancienne France; il venait de l'étranger, et il n'éprouvait pas pour ce passé le faible des premières habitudes (1). Il semble que Necker eût vécu plus à l'aise devant deux chambres législatives, et qu'il eût été mieux servi par son génie, s'il avait pu travailler d'après ce type anglais qu'il avait dans l'esprit. Il hésita devant les difficultés auxquelles il avait dû s'attendre, et ne maîtrisa pas la situation. Dans le maniement des affaires, Necker n'était pas, si on l'ose dire, un homme d'État d'avant-garde ; il n'était ni assez prompt, ni assez convaincu, ni assez dominateur pour tracer la route et se faire suivre ; il n'était pas fait pour de si grandes luttes, ni pour courir avec hardiesse la chance des événemens ; il était de ceux qui conviennent non à l'origine, mais

(1) V. Necker, Mém. sur la Révol. fr. T. I, p. 59, 61, *passim*.

sur la fin des révolutions, pour les modérer, pour les asseoir, et faire transiger dignement les partis fatigués.

Necker trouva la promesse des États-généraux toute faite, quand il succéda à Brienne ; il trouva bon encore de laisser décider par d'autres leur mode de convocation. Pour cela, il eut l'idée de réunir de nouveau ces notables qu'avait appelés Calonne, deux années auparavant. Necker se flatta, dans son grand respect pour l'opinion, que cette assemblée de nobles et d'évêques n'oserait contrecarrer le vœu public si fortement exprimé. Puis, ce besoin d'approbation universelle, qui était sa grande faiblesse, lui conseillait aussi ces ménagemens pour les hommes du privilége. Mais cette transaction fut maladroite, et ne fut utile à personne. La position de Necker en perdit de sa force, et l'opinion se refroidit pour lui, ne comprenant pas ses précautions : n'était-ce pas se montrer aussi inconséquent que Calonne lui-même, que d'appeler encore une fois ces mêmes hommes à prononcer pour la nation ? On connaissait leur esprit ; ils avaient lassé tout le monde ; ce n'était plus qu'un instrument usé. Les notables reparurent le 6 décembre 1788. On les fit délibérer sur plusieurs questions ; la plus importante, c'était de savoir ce que serait la représentation du tiers-état. Convenait-il de la doubler et de la rendre égale à celle des deux autres ordres réunis ? C'est là ce que l'opinion réclamait; c'était la thèse soutenue dans de nombreux écrits. Des publicistes, des avocats, des gens de lettres l'avaient débattue; la raison était pour eux; l'histoire aussi semblait venir à l'appui de leur opinion; ils montraient que dans les précédentes assemblées le tiers-état avait figuré en plus grand nombre que chacun des ordres privilégiés; et ce précédent ne semblait-il pas plus fondé en raison que jamais? Quel pas cette classe, le corps robuste de la nation, n'avait-elle point fait depuis le moyen âge? Son droit n'avait-il pas grandi comme elle? Toute la gloire récente du pays ne venait-elle pas de son fait? « Qu'a été le tiers-état jusqu'à ce jour? rien. Que veut-il être? quelque chose : » ce mot résumait tous les écrits du temps (1). Le gouvernement en fit l'aveu : « S. M. a reconnu, « dit-il, que plusieurs des formes anciennes se « concilieraient difficilement avec l'état présent « des choses, et que d'autres ont excité des ré- « clamations dignes au moins d'un examen atten- « tif (2). » Mais Necker était incertain de résoudre ces questions. Il ambitionna de concilier toutes choses et de garder le rôle de modérateur. Il n'avait le courage d'accepter les malédictions de personne. Il parla devant les notables et s'y montra favorable

---

(1) Écrit de Sieyès : *Qu'est-ce que le tiers-état?*
(2) Arrêt portant convocation des notables. Anc. lois franç. règne de Louis XVI. T. VI, p. 613.

à la double représention. Et même sur ce point si clair, auquel toute l'énergie de l'opinion s'était attachée, on dit que l'esprit de Necker flotta longtemps (1). Il fut sur tout le reste mal assuré, plein de vagues précautions, et fort inconséquent, du moins en apparence. Il s'arrêta, comme à mi-chemin, dans l'idée qu'il émettait de doubler le tiers-état; et il n'osa proposer le vote par tête, ce qui rendait le bénéfice illusoire : s'il n'y avait qu'un suffrage, en effet, pour chacun des trois ordres, le nombre n'importait plus.

Les notables, néanmoins, s'effrayèrent d'une concession si atténuée; ils eurent l'instinct de prévoir que le tiers, une fois constitué, emporterait de vive force la délibération en commun. Un seul de leurs six bureaux vota pour la double représentation : ce fut le bureau que présidait Monsieur. Le même esprit dicta à l'assemblée ses décisions sur

---

(1) M. Droz, toujours si scrupuleux dans ses affirmations, s'exprime ainsi : « On croit généralement que, dès sa rentrée au « ministère, Necker voulut la double représentation du tiers-« état; et je n'oserais contredire cette opinion tant elle est ré-« pandue, si je n'avais des preuves positives qu'elle est fausse. « Necker fut irrésolu jusqu'au dernier moment. Des hommes « dont l'opinion était formée en faveur de la double représen-« tation, Malouet, Mounier, voyaient avec douleur ses longues « hésitations, etc. » Parmi les écrivains néanmoins qui semblent être d'avis contraire, nous rencontrons : Garat, Mém. sur M. Suard, T. II, p. 309; M. Lacretelle, Hist. du dix-huitième siècle, T. VI, p. 276; baron de Staël, notice en tête des œuvres complètes de Necker. T. I, p. 243.

tout le reste; et néanmoins, tout en n'écoutant que leur seul intérêt, ils contentèrent en quelques points l'opinion la plus répandue : ils ne prirent point la propriété pour base de la capacité électorale; ils ne mirent d'entraves ni au droit d'élire ni au droit d'être élu ; ils l'étendirent aux nobles non possesseurs de fiefs, aux membres du bas clergé non pourvus de bénéfices; c'était une dérogation à l'ancien usage. Enfin, ils attribuèrent le droit de suffrage à tout individu majeur inscrit aux rôles des contributions (1). Comme on objectait aux privilégiés leur petit nombre, ils voulurent grossir leurs colléges. Puis en ouvrant, comme on vient de le voir, les assemblées primaires jusqu'au plus infime degré, ils comptaient beaucoup sur leur influence auprès des conditions serviles et de la partie inférieure du tiers-état. Toutes ces traditions des anciens États, que les notables préconisaient ou rejetaient à leur convenance, présentaient l'ensemble le plus contradictoire et le plus confus. En matière d'élection, comme en toute chose, les provinces, les bailliages procédaient diversement. Tous se réclamaient de quelque privilége, étaient attachés à des usages; c'était tout cet amalgame qui s'appelait, en langage monarchique, une constitution. Les circonscrip-

---

(1) Les notables furent d'avis d'admettre à voter, dans les assemblées primaires, les domestiques à gages, s'ils figuraient au registre des impositions. Ce fut dans la même pensée qu'ils proposèrent encore le vote à haute voix.

tions électorales dataient de plusieurs siècles. L'inégalité de ces divisions s'était augmentée par tous les mouvemens de la richesse et de la population. Les notables ne voulurent point toucher aux anciennes formes, ni au nombre de représentans de chaque bailliage, qui demeurait le même, quels que fussent la population et l'impôt (1). Tel fut le travail de cette assemblée; ce déni de justice envers le parti des communes, cette préoccupation scandaleuse de la noblesse pour ses *bourgs pourris*, firent pousser de nouvelles plaintes et redoublèrent l'impatience des États-généraux. Tous les corps des privilégiés achevaient de se perdre tour à tour par leur égoïsme, les notables après le parlement. Ce dernier en outre se plongeait dans le ridicule, à force de tergiversations. Tandis que les notables délibéraient, le parlement, accablé de l'effet qu'avait eu son arrêt, crut qu'en faisant amende honorable il allait regagner l'esprit public; sous prétexte d'interpréter sa pensée, il se rétracta. Il déclara que le nombre des députés respectifs des trois ordres « n'étant déterminé par aucune loi, ni par

---

(1) Ces différences étaient si considérables, que Necker, dans son rapport au roi, citait comme exemple et mettait en regard les bailliages de Dourdan et de Gex, qui comprenaient, l'un 7,462, et l'autre 13,052 âmes, avec la sénéchaussée de Poitiers et le bailliage de Vermandois, qui en comptaient 692,810 et 774,504. — Le bureau présidé par Monsieur fut encore seul, sur cette question, d'un avis conforme au vœu public.

« aucun usage, on ne pouvait que s'en rapporter à
« la sagesse du roi, pour parvenir aux *modifications*
« que la raison, la liberté, la justice et le vœu gé-
« néral pouvaient indiquer. » D'Espréménil fit
passer cette déclaration; il avait mis la même ardeur à appuyer la précédente. Depuis son retour des
îles Sainte-Marguerite, ce bouillant parlementaire
avait bien changé de rôle, il était devenu modéré,
sans être plus calme; les scènes du palais dont il
avait été le héros, étaient déjà loin ; il s'étonna à son
retour de trouver le public préoccupé d'autre chose
que de son triomphal exil et des affaires de sa compagnie; il en éprouva une surprise amère. D'Espréménil était l'expression violente de l'esprit de corporation. Ce fanatisme avait enflammé sa résistance,
et avait fait de lui un jour un homme éloquent.
« Les parlemens, disait Malesherbes, aiment à
« jouer un rôle; » c'est tout ce qu'aimait d'Espréménil, mais il avait mis dans le sien un tel excès
de jactance, il s'était offert au martyre avec tant
de persistance et de solennité, qu'il avait provoqué
le rire, dès que l'exaltation du public fut tombée (1). Il y avait du vrai dans ce qu'écrivait le

---

(1) D'Espréménil, dans son discours d'adieu, comparait ses
confrères réunis aux sénateurs romains, immobiles et majestueux devant le fer des Gaulois. « Qu'ils entrent..., disait d'Espré-
« ménil, qu'ils viennent souiller de carnage ce temple et égorger
« sous les yeux et sur l'autel de la justice, ces glorieux martyrs !...
« O ma femme ! ô mes enfans ! vous que je ne puis pas même

marquis de Mirabeau : « Il faut espérer, disait-il, « que le voisinage vous procurera la visite de ce « vaste d'Esprémenil, le sage commentateur de « Mesmer, qui tout à l'heure, des îles Sainte-Mar- « guerite jusqu'ici, a fait rire villes et villettes du « faste de saltimbanque avec lequel il secouait ses « chaînes pour les faire sonner (1). » D'Espréme- nil, après quelques mois de séjour dans ces îles, re- prit sa place parmi ses confrères, toujours inquiet, ombrageux et prêt au combat. Mais le fantôme du despotisme qu'il avait tant évoqué, céda la place à un autre : ce fut le fantôme de la révolution; on retrouve dans tous les désordres d'esprit de ce visionnaire, un souvenir des soirées de son ami Cagliostro. Lui qui avait été plus véhément que personne à réclamer les États-généraux, il se mit d'avance à les craindre et à les entraver. Mais il désirait pourtant y être élu; son ambition reprit

« embrasser, vous que je ne reverrai peut-être jamais! votre « époux, votre père, vous dit adieu ! Dans cette île solitaire où je « vais être relégué, etc. »

(1) Lettre du marquis de Mirabeau au marquis de Longo, 15 dé- cembre 1788.—Mém. de Mirabeau. T. V, p. 182.—Parmi les écrits qui jetèrent le plus de ridicule sur d'Esprémenil, que Mira- beau appelait Crispin-Catilina, il y en eut un de l'avocat-général Servan : c'était une prétendue lettre du gouverneur des îles Sainte-Marguerite, qui réclamait un fou échappé de la forteresse et dont il citait les propos ordinaires ; c'étaient les phrases que d'Esprémenil débitait sur sa route. Droz, Hist. du règne de Louis XVI. T. II, p. 111.

le dessus un instant sur ses terreurs, et il fit délibérer sa compagnie de manière à regagner les suffrages du tiers-état. Quand le gouvernement eut congédié les notables, il lui resta une tâche épineuse ; ce fut de régler tous les points sur lesquels il les avait consultés. De toutes parts, il venait des manifestations contraires à leur vœu. La polémique des écrivains ne se ralentissait pas ; les assemblées provinciales, les grandes communes, les corps de métiers, les sociétés politiques, votaient des adresses et demandaient ardemment le vote par tête et le doublement du tiers. Ainsi, le travail des notables devenait un embarras de plus ; le gouvernement s'était placé presque à leur suite, il venait de les interroger comme les organes de la nation ; et la nation les couvrait d'un immense désaveu. L'intérêt nobiliaire, d'autre part, ne se contraignait pas, et parlait hautement par la bouche des princes. Après la séparation des notables, tous les princes, à l'exception de Monsieur et du duc d'Orléans, signèrent un mémoire au roi (1).

(1) Voici le langage qu'ils tenaient à Louis XVI : « Sire, l'État
« est en péril ; votre personne est respectée : les vertus du mo-
« narque lui assurent les hommages de la nation. Mais, sire, une
« révolution se prépare dans le principe du gouvernement ; elle
« est amenée par la fermentation des esprits. Des institutions ré-
« putées sacrées, et par lesquelles cette monarchie a prospéré
« pendant des siècles, sont converties en questions probléma-
« tiques, ou même décriées comme des injustices. Les écrits qui

— Les princes voyaient l'esprit public et l'énergie de ses demandes; et c'était par une profession de foi hautaine et un refus péremptoire qu'ils y répondaient. Ils parlaient de résistance ouverte, de

« ont paru pendant l'assemblée des notables, les mémoires qui
« ont été remis aux princes soussignés, les demandes formées par
« diverses provinces, villes ou corps, l'objet et le style de ces
« demandes et de ces mémoires, tout annonce, tout prouve un
« système d'insubordination raisonné et le mépris des lois de
« l'État. Tout auteur s'érige en législateur... Quiconque avance
« une proposition hardie, quiconque propose de changer les lois
« est sûr d'avoir des lecteurs et des sectateurs.....

« Il a été exposé à votre majesté combien il est important de
« conserver la seule forme de convocation des États-généraux
« qui soit constitutionnelle, la forme consacrée par les lois et les
« usages, la distinction des ordres, le droit de délibérer séparé-
« ment, l'égalité des voix, ces bases inébranlables de la monar-
« chie française..... Enfin, disaient les princes, quand votre ma-
« jesté n'éprouverait aucun obstacle à l'exécution de ses volontés,
« son âme noble, juste et sensible, pourrait-elle se déterminer à
« sacrifier, à humilier cette brave, antique et respectable no-
« blesse qui a versé tant de sang pour la patrie et pour le roi,
« qui plaça Hugues-Capet sur le trône?.... En parlant pour la no-
« blesse, les princes de votre sang parlent pour eux-mêmes; ils
« ne peuvent oublier qu'ils font partie du corps de la noblesse,
« qu'ils n'en doivent point être distingués, que leur premier titre
« est d'être gentilshommes..... »

= Les princes, en repoussant le vote par tête, feignaient d'entrer dans les intérêts mêmes du tiers, exposés à être compromis, disaient-ils, par la séduction de quelques membres du tiers-état, si les voix étaient comptées par tête et sans distinction d'ordres. — Mémoire présenté au roi, par monseigneur le comte d'Artois, M. le prince de Condé, M. le duc de Bourbon, M. le duc d'Enghien et M. le prince de Conti. Hist. parlem. T. I, p. 256.

refus de concours, si leur demande était repoussée. C'était une menace faite au roi et un signal de désobéissance donné aux ordres privilégiés (1).

Le conseil délibéra longtemps, et se prononça le 27 décembre 1788. La décision fut rendue publique, sous le titre inusité de *Résultat du conseil*.

---

(1) « Si les droits des deux premiers ordres éprouvaient quelque
« altération, alors l'un de ces ordres, ou tous les deux peut-être,
« pourraient méconnaître les États-généraux, et refuser de con-
« firmer eux-mêmes leur dégradation en comparaissant à l'as-
« semblée. Qui put douter du moins qu'on ne vît un grand
« nombre de gentilshommes attaquer la légalité des États-géné-
« raux, faire des protestations, les faire enregistrer dans les par-
« lemens, les signifier même à l'assemblée des Etats... Et quelle
« confiance n'obtiendraient pas dans l'esprit des peuples, des
» protestations qui tendraient à les dispenser du payement des
« impôts consentis dans les États! » Mém. des princes : Hist. parlem. T. I, p. 260.

Ces droits si arrogamment revendiqués et auxquels on ne voulait souffrir aucune altération, ne s'appuyaient pas même sur un usage constant, puisque le tiers-état avait toujours été en possession de nommer plus de représentans que la noblesse ou le clergé, et qu'enfin la délibération en commun s'était pratiquée avant les États de 1614, ainsi que le rappelèrent les trois ordres du Dauphiné, dans une adresse au roi, rédigée par Mounier (8 nov.).

Parmi ces adresses et ces lettres qui arrivaient de toutes parts, il y en eut une signée par trente ducs et pairs, qui déclaraient renoncer à leurs priviléges pécuniaires ; plusieurs d'entre eux agissaient de bonne foi ; « Mais le tiers-état, dit M. Droz, n'y
« voulut voir qu'une ruse sans finesse, pour faire croire à l'inuti-
« lité de la double représentation. Les nobles les raillèrent, et on fit
« courir cette plaisanterie : Avez-vous lu la lettre des *dupes* et
« pairs? » Droz, Hist. de Louis XVI. T. II, p. 127.

Le texte portait brièvement que les députés aux prochains États-généraux seraient au moins au nombre de mille; que ce nombre serait formé, autant que possible, en raison composée de la population et des contributions de chaque bailliage; que le tiers-état aurait autant de députés que les deux autres ordres réunis, et que cette proportion serait établie par les lettres de convocation. La reine assista au conseil et y approuva tout : c'était une revanche qu'elle prenait contre la noblesse, qui s'était montrée si hostile à Brienne.

Cette décision, qui donnait gain de cause au tiers-état sur trois points importans, fut d'un effet immense; le parti populaire y applaudit avec transport; bien que la question du vote par tête y fût comme ajournée, il compta sur ses députés, sur leur nombre, pour forcer la conséquence du principe qu'adoptait le gouvernement.

Du côté de la noblesse, cette résolution fut dénoncée comme une insulte aux notables, comme un acte audacieux, indécent (1); on n'avait pris leur avis, disait-on, que pour se ménager un triomphe à leurs dépens, en faisant plus qu'ils n'avaient voulu; on ne les avait mis en scène que pour les humilier. On accusa Necker d'avoir manqué à toutes les convenances en donnant de la publicité à son opinion personnelle dans un rapport fait en

---

(1) Monthyon, Partic. sur les ministres des finances, p. 319.

son nom pour exposer les motifs de l'arrêt. Necker, en effet, ne résistait pas là où il avait à recueillir des bénédictions et des hommages; sa gloire n'était pas de s'effacer. Lors même qu'il se montrait vacillant et timide, il avait besoin d'être vu; il mettait dans sa fonction toute la splendeur d'un sacerdoce. Mais cet orgueil était de noble origine; s'il goûtait tant la considération et le crédit de son caractère, il n'en faut pas faire un trop dur reproche à un homme dont c'était la force; il avait grand besoin, en effet, d'être soutenu par l'esprit public dans sa position hérissée d'obstacles; ses embarras étaient écrasans; les affaires de finances, l'administration, compliquée de circonstances terribles, traversaient à toute heure ses projets politiques. Necker avait subvenu aux premiers besoins du trésor; mais ces besoins ne finissaient pas, et il s'épuisait à y faire face. L'effort était de conduire sans secousse et sans moyens violens cette machine épuisée jusqu'à l'ouverture des États. Ce fut l'honneur de Necker; honneur sans gloriole cette fois, car le succès passait inaperçu. La question du déficit, comme le disait Mirabeau, était noyée dans celle de la double représentation du tiers. Mais le ministre sentait le poids de l'un et de l'autre; il y avait autant de difficultés du côté des subsistances que du côté des institutions.

La disette et l'hiver sévissaient cruellement (1);

(1) Le thermomètre descendit à trente degrés Réaumur au-

Le blé manquait ou ne circulait pas; les moulins, arrêtés par les glaces, ne marchaient plus; la spéculation, la terreur augmentaient le mal, dont on ne saurait calculer l'étendue, si à toutes ces calamités se fût joint le fléau d'un ministre comme Brienne. La présence de Necker fut un incontestable bienfait. Il fallut les immenses ressources de son crédit personnel pour tirer des grains de l'étranger, car la récolte avait aussi manqué au dehors. « L'Amérique, les côtes de la Méditer« ranée, l'Angleterre, la Hollande et Dantzick, « furent mis à contribution pour les besoins de la « France. Necker suivait de sa main cette vaste « correspondance, et ses sollicitations instantes « étaient presque toujours couronnées de suc« cès (1). » Une de ses premières mesures, sitôt qu'il fut à même d'apprécier le déficit des récoltes, fut d'interdire l'exportation (arrêt du 7 septembre 1788). Il proposa des primes aux négocians; il forma des entrepôts, rétablit à l'intérieur les transports arrêtés par l'hiver; mais tout était difficulté: tous les liens politiques étaient relâchés; les subordonnés n'obéissaient plus; le travail était en stagnation; le négoce, effrayé de l'effervescence

---

dessous de glace. La Seine était prise dès les premiers jours de décembre; on trouve une ordonnance à la date du 9 décembre, qui fait défense d'y patiner. Anc. lois franç. règne de Louis XVI. T. VI, p. 632.

(1) OEuv. compl. de Necker, notice. T. I, p. 234.

populaire, se refusait à agir pour son compte, et refusait même les commissions du gouvernement. L'État fut obligé de traiter lui-même, et ses achats s'élevèrent à plus de soixante-dix millions. Il fallut trouver du numéraire, car on refusait le papier de France à l'étranger. On s'explique à peine comment fut rassemblée une pareille somme. Necker engagea sa fortune; il donnait sa caution pour l'État (1). Honorons ces grands exemples de générosité politique. Les qualités de Necker, par leur contraste, font de lui un homme à part : esprit pratique, rompu aux affaires, avec un caractère dont la pureté touchait à la grandeur : capacité de détail, génie d'administration et de finance, avec un tour de pensée contemplatif et généralisateur.

Au moment de l'ouverture des États-généraux, Necker proposa à un négociant étranger de se charger des approvisionnemens de Paris; et comme la situation de la France inspirait peu de confiance à cette maison, Necker offrit sa caution particulière sur toute sa fortune. « De quels moyens « n'ai-je pas fait usage? s'écrie-t-il. C'était l'occu- « pation de tous mes jours et de tous mes instans; « car, indépendamment de la situation critique de « Paris, les courriers arrivaient de toutes parts « pour m'annoncer des besoins imminens, tantôt « dans un lieu et tantôt dans un autre. Un jour,

---

(1) OEuv. compl. de Necker, notice. T. I, p. 260.

« après trois heures d'absence et en descendant de
« chez le roi, ma cour m'en parut remplie; ils
« s'empressèrent de me remettre tous ensemble les
« dépêches dont ils étaient chargés..... Dans le
« cours de la nuit, on venait me réveiller pour
« signer, pour dicter une instruction pressante,
« pour donner les ordres qu'exigeait un secours
« indispensable, pour faire cesser par quelque voie
« d'autorité l'interception d'un convoi, pour sup-
« pléer par une disposition extraordinaire à des
« fonds qui avaient manqué dans un lieu où des
« achats avaient été commandés, etc. » (1).

Les gens d'affaire, en traitant avec ce ministre,

---

(1) Le fait suivant fera juger le caractère de Necker et celui de l'homme de cour qui lui succéda en juillet 1789. La première lettre que reçut le baron de Breteuil, en entrant au contrôle général, fut la réponse de MM. Hope à l'offre que M. Necker leur avait faite de sa caution..... « Que signifie cette lettre? demanda « M. de Breteuil. — Vous le savez, lui répondit-on; ce sont « MM. Hope qui acceptent la caution personnelle de M. Necker, « et lui demandent ses engagements : dois-je leur écrire que vous « leur donnerez la garantie promise par votre prédécesseur ? — « Non, certes. Qu'a de commun la fortune particulière d'un mi- « nistre avec les intérêts de l'État? » Dans le même moment, M. Necker, exilé, passait à Bruxelles; il se ressouvint de la caution qu'il avait offerte à MM. Hope, et craignant que la nouvelle de son exil n'arrêtât leurs opérations, il se hâta de leur écrire que sa retraite ne changeait rien à ses intentions, et que les deux millions laissés par lui au trésor royal restaient garans de l'approvisionnement de Paris. — OEuv. compl. de Necker, notice. T. I, p. 264 et suiv.

perdaient un peu de leur âpreté; plusieurs même subirent l'influence de son désintéressement, et firent quelque chose pour l'intérêt public. Des maisons de banque, des compagnies avancèrent des fonds; les notaires de Paris versèrent six millions au trésor. Mais les souffrances populaires, par-dessus tout, rencontrèrent de grandes sympathies. A Paris, il y eut un vaste mouvement de bienfaisance parmi tous ces esprits que la crise politique faisait fermenter et qui répandirent leur chaleur en dévouements privés, dont le concours prenait le caractère d'un immense service public.

A la veille de ce grand choc qui allait briser tant de liens, il y eut encore un moment de fraternité vive. Des hommes qui étaient en guerre d'opinion, de fougueux adversaires se rencontraient chez l'indigent, et se donnaient la main dans ces rendez-vous de charité. Les curés de Paris s'y concertaient avec les philosophes; l'archevêque, M. de Juigné, y employa ses revenus et fit, pour y ajouter, un emprunt de quatre cent mille francs. On cita les grandes libéralités des princes d'Orléans et de Penthièvre, et la touchante compassion qu'y mêlait la duchesse d'Orléans, héritière des bienfaisantes vertus de son père. Mais, malgré cet ensemble d'efforts généreux, les classes pauvres furent horriblement et longuement éprouvées; beaucoup de malheureux périrent d'inanition ou de froid dans cette dernière année de la monarchie absolue; comme si toutes les souffrances devaient accompagner la fin de cette vieille société.

L'heure des événemens approchait, en effet, et, comme il arrive toujours, quand les circonstances sont d'un intérêt si poignant et si universel, les esprits s'élançaient à leur niveau, et dépassaient même par les théories les faits qui allaient se produire. Des clubs, invention étrangère et qui garda son nom étranger, se formaient de toutes parts, nombreux et retentissans, et mettaient la politique à la portée du plus grand nombre. Là, toutes les questions étaient remuées, même les plus prématurément audacieuses, celles qu'il fallait, non pas une réforme, mais toute une révolution pour résoudre. Quelle différence déjà par le ton et par le fond des choses entre ces assemblées et ces premiers clubs, qui sous Brienne se réunissaient chez Duport! L'un des principaux était le club qui portait le nom de *Société publicole*, dont les délibérations furent imprimées (1); car ce n'était pas assez que la parole, que la discussion, il fallait à la pensée politique, l'écho fidèle et multiple de la presse, l'autorité de la pensée écrite, et surtout l'universalité; les brochures s'ajoutaient donc aux discours. On en vit paraître par milliers, mais on n'a gardé souvenir

---

(1) Sous ce titre : *Résultats des premières assemblées de la Société publicole tenues les 20, 24, 31 décembre 1788 et 2 janvier 1789.*

que des plus marquantes (1). Celles-là étaient inspirées par l'esprit nouveau, plus ou moins intempérant, sans doute, mais toujours fort, parce qu'en général il était dans le vrai. Quant aux autres écrits qui venaient défendre des systèmes jugés et plus qu'à moitié détruits, un état de choses qui avait encore la force organisée et qui pourtant ne se suffisait plus à lui-même, ceux-là sont comme les proclamations des armées défaites, qu'on ne lit plus guère après la victoire.

Ce qui distingue, du reste, ces premières élaborations de la pensée politique en France, c'est la généralité de la tendance et la particularité des moyens; sans cette forte unité du but, il semblerait que la diversité des plans qui voulaient y conduire dût précipiter immédiatement vers l'anarchie. Ainsi, prévenant l'opinion des États-généraux, Servan demandait une déclaration des droits de l'homme et du citoyen. Ainsi le duc d'Orléans, dans la brochure écrite probablement par un autre, mais qui était un acte du prince, et qui portait pour titre : *Délibération à prendre pour les Assemblées de bailliages*, traçait, de point en point, le plan qu'on devait suivre dans la rédaction des cahiers et prévoyait toutes les questions qui pouvaient naître :

---

(1) Un homme du temps en acheta 2,500 dans les trois derniers mois de 1788, et sa collection était loin d'être complète, dit M. Droz. T. II, p. 186.

c'était un mépris déclaré de toute transaction entre les ordres, et la conclusion qui était de partout si pressée de se produire, que *le tiers était toute la nation* (1). Ainsi encore, un esprit plus sage, mieux réglé, plus savant, Mounier publia sur les États-généraux un volume dans lequel il proposait les deux chambres et cet équilibre des pouvoirs que lui avait appris l'Angleterre. Homme de son temps cependant, quoiqu'il s'en séparât profondément par le calme de sa pensée, Mounier, partisan intime de l'institution de la pairie, cachait prudemment cette idée aristocratique sous la proposition qu'il faisait de l'établissement d'un sénat. Ses idées eurent le sort de tout ce qui est net et précis, dans un de ces momens où l'ardeur est encore plus grande que les lumières ; ce système conquit les plus mûrs esprits, mais il rencontra un contradicteur redoutable, ayant alors assez de crédit pour lui enlever l'opinion.

C'était Sieyès, l'auteur de la fameuse brochure, intitulée : *Qu'est-ce que le tiers-état ?* De tous les livres de cette époque, c'est celui-là qui fit le plus de bruit. Il donna à son auteur un renom tel, que les plus vaines utopies et le plus vain silence ne purent depuis le faire oublier. Sieyès, qui faisait tourner au profit de sa pensée la sécheresse naturelle de son esprit, avait répondu seule-

---

(1) V. Hist. parlem. T. I, p. 285.

ment le mot *tout*, à la question qui commençait son livre ; et cette réponse, d'une brièveté de style pénétrante, s'était gravée dans toutes les têtes, et ne devait plus s'en effacer. Sieyès soutenait que le tiers-état était compétent pour juger *seul*, sans le concours des deux autres ordres, en assemblée nationale, tout ce qui était du ressort du gouvernement, et pour décréter la convocation d'une assemblée extraordinaire du royaume, élue par tous les citoyens et chargée de discuter la constitution. Quoiqu'en principe et en fait Sieyès eût reconnu le danger de n'avoir qu'une chambre, il repoussa l'idée d'un sénat, comme le proposait Mounier. Il est vrai que pour le remplacer il inventait cette incroyable complication de trois chambres égales en tout, et formées chacune d'un tiers de la grande députation nationale. Génie bizarre et dont la force sentait l'effort, il se contournait toujours pour être simple. Sous le formalisme sévère du raisonnement, il cachait un esprit chimérique; d'ordinaire ces sortes d'esprits sont étendus, mais le sien était étroit. L'à-propos d'un livre, on dirait presque d'un mot, était toute sa gloire ; il ne s'en est point fait une autre depuis.

Malgré la prépondérance de Sieyès, vers cette époque, beaucoup d'écrivains étaient partisans d'une seule chambre. Le ministre protestant, Rabaud de Saint-Étienne, appartenait à cette opinion. C'était un esprit très-modéré, très-réfléchi, convenant avec bonne grâce de l'imperfection de ses vues, fort différent de cet emporté comte d'Entraigues, le précurseur titré des déclamations les plus révolutionnaires contre la noblesse (1). L'ordre qu'attaquait d'Entraigues fut soutenu par Cérutti dans un *Mémoire au Peuple français*, écrit pourtant dans les intérêts du tiers-état. Cérutti brillait alors de toute l'inimitié de Mirabeau, qui avait engagé avec lui une correspondance sur tout ce qui concernait les États-généraux (2); car s'il était une tête en France qui dût penser et s'enflammer sur un tel sujet, c'était celle de Mirabeau. Les lettres à Cérutti font foi de la violente espérance de cet homme qui avait toutes les convoitises et en qui l'ambition commençait à grandir; mais ces lettres témoignent beaucoup moins de la fermeté et de la maturité de ses vues. Aveuglé par sa vieille et infatigable haine pour Necker, il se montre, dans cette correspondance, plus pamphlétaire qu'homme d'État. Quelques idées justes s'y mêlent à beaucoup d'autres contradictoires, mal arrêtées; et, le croirait-on dans un homme de cette trempe, on trouve

---

(1) Le volume du comte d'Entraigues commence ainsi : « Ce fut « sans doute pour donner aux plus héroïques vertus une patrie « digne d'elles que le ciel voulut qu'il existât des républiques, etc... « La noblesse héréditaire, dit-il encore, est le plus épouvantable « fléau dont le ciel, dans sa colère, puisse frapper une nation « libre. »

(2) V. Mém. de Mirabeau. T. V, p. 205 et suiv.

en lui des hésitations singulières : il n'ose se prononcer pour le vote par tête : « Le tiers-état, dit-il,
« est formé de tant de gens sans vigueur, de tant
« de campagnards accoutumés à la féodalité, de tant
« de citadins qui ne pensent qu'à l'argent, de tant
« d'esprits bourgeois qui ne songent qu'à retirer
« quelques fruits des protections et des patronages
« de messieurs tels et tels, qu'on tremblerait si l'ou-
« verture des États les plaçait en même chambre,
« avec nos seigneurs de toute espèce ; peut-être
« est-on près de désirer que le faible tiers-état se
« renferme dans sa chambre, s'échauffe, s'irrite,
« s'opiniâtre et reçoive le secours de la colère, contre
« le *veto* des chambres hautes, avant d'en venir à
« une délibération où se compteront toutes les
« voix (1). » Une telle crainte ou un tel désir étaient sincères, et dans l'homme de l'instinct politique et de l'éducation la plus forte qu'il y eût alors sur les matières d'État, ils montrent suffisamment, ce nous semble, combien les esprits vacillaient encore sur les questions les plus impérieuses, quand déjà l'heure était venue d'agir.

Le règlement pour la convocation des États-généraux fut publié le 24 janvier 1789. Tous ces actes préparatoires, qui sont comme la procédure du grand procès qui allait s'ouvrir, avaient à régler

---

(1) Mém. de Mirabeau. T. V, p. 212. Let. de Mirabeau à Cérutti, p. 47.

beaucoup de points restés confus, indéterminés; à introduire, autant qu'il se pouvait, dans ce chaos de pratiques contraires, un peu de méthode et d'uniformité. Mais la crainte de trop blesser d'anciens usages fit qu'on manqua à la raison et à l'équité sur plusieurs points. Le règlement en contenait l'aveu. On craignait, par exemple, de toucher aux petits bailliages qui avaient nommé jadis plus de députés que n'en comportait leur population. « Le « respect pour les anciens usages, dit le texte, et « la nécessité de les concilier avec les circonstances « présentes, sans blesser les principes de la justice, « ont rendu l'ensemble de l'organisation des pro- « chains États-généraux et toutes les dispositions « préalables très-difficiles et souvent imparfaites. « Cet inconvénient n'eût pas existé si l'on eût suivi « une marche entièrement libre et tracée seulement « par la raison et par l'équité (1). » Le règlement donne des instructions aux baillis et sénéchaux sur le mode de convoquer et de tenir les assemblées (2). L'élection directe y était attribuée aux nobles et aux

---

(1) Anc. lois franç., règne de Louis XVI. T. VI, p. 636.

(2) « Les lettres de convocation seront adressées par les gou- « verneurs des différentes provinces aux baillis et sénéchaux... » On divisa les bailliages et sénéchaussées en deux classes: « Dans « l'une et l'autre classe, dit le règlement, on entendra par bail- « liages et sénéchaussées tous les sièges auxquels la connaissance « des cas royaux est attribuée. » Anc. lois franç., règne de Louis XVI. T. VI, p. 637.

ecclésiastiques bénéficiaires; l'élection de second degré au tiers-état et au clergé inférieur. Nulle condition de propriété n'était attachée à l'élection; les trois ordres pouvaient choisir dans leur sein (1), avec une liberté absolue. On a fait un reproche au gouvernement de s'être refusé cette garantie; mais Necker en a donné les raisons. C'était un ancien usage; les notables l'avaient confirmé; le roi sur ce point ne pouvait pas vouloir moins que les notables. Il pouvait sans péril s'écarter d'eux, là où ils contrariaient le vœu national; il ne le pouvait pas, dans une question où leur avis était conforme à ce vœu. A cette considération de politique s'en joignait une autre toute d'équité : les tributs humilians dont la propriété était frappée aux mains des roturiers, en éloignaient les hommes les plus dignes et les plus marquans du tiers-état; exiger une propriété

(1) A l'assemblée générale des trois états du bailliage, les ecclésiastiques devaient nommer un mandataire ou électeur sur vingt; les corporations d'arts et métiers, un sur cent; les corporations d'arts libéraux, les négocians et autres habitans des villes en dehors des corporations, en devaient nommer deux sur cent.

Il est bon de rappeler peut-être que les communautés religieuses de femmes avaient part au droit électoral. « Tous les « autres corps et communautés ecclésiastiques des deux sexes, « dit le règlement, ainsi que les chapitres et communautés de « filles, ne pourront être représentées que par un seul député ou « procureur fondé, pris dans l'ordre ecclésiastique séculier ou « régulier. Les femmes nobles possédant fief votaient aussi par « procureur-fondé. » Anc. lois fr., règne de Louis XVI. T. VI, p. 638 et suiv.

territoriale, c'était exclure des États-généraux l'élite des intelligences (1).

Le conseil délibéra sur le lieu où se réunirait l'assemblée; on proposa plusieurs villes; mais les courtisans, dit un historien, décidèrent le roi pour Versailles; ils tenaient à ne point déranger leurs habitudes (2).

Le grand mouvement électoral qui agita la France ne se fit point en quelques jours; les opérations furent successives, et se prolongèrent pendant trois mois; car l'on ne pouvait rien asseoir d'uniforme dans la diversité des usages provinciaux (3).

Cette agitation prolongée, universelle, rappelait, dit Necker, le trouble et le mouvement d'une armée qui change de position la veille d'un combat; mais cette évolution déjà était une lutte, et plusieurs provinces furent livrées à des conflits violens. En Bretagne on vit les partis en venir aux mains; on vit ces gentilshommes bretons, si résolus contre la cour et si populaires un instant sous le

(1) Voir Mém. de Necker. T. I, p. 120.
(2) V. Droz, Hist. de Louis XVI. T. II, p. 148.
(3) La première lettre de convocation est du 7 février; elle est adressée à la province d'Alsace, et la dernière, adressée au pays des Quatre-Vallées, est du 3 mai. Les convocations qui regardaient Paris ne sont que des 28 mars et 13 avril. Aussi fut-on obligé de proroger l'ouverture des États-généraux, fixée d'abord au 27 avril, jusqu'au 4 mai. Hist. parl. T. I, p. 297.

ministère de Brienne, s'irriter plus fort que tous les autres, et se roidir contre tout changement : Doublement du tiers, vote par tête, répartition égale des impôts, ils ne voulurent céder sur rien. A Rennes, ils armèrent leurs laquais et soulevèrent la populace contre les bourgeois; ils eurent pour auxiliaire le parlement, aussi entêté qu'eux de priviléges. La jeunesse s'arma à son tour et alla fondre sur le parti des gentilshommes et de leurs cliens. Ce fut un véritable combat, soutenu de part et d'autre avec un courage digne des anciens chevaliers de la province; mais au bruit de l'événement, toute la jeunesse des autres villes se mit en marche pour appuyer les Rennois; il en partit quinze cents de Nantes et des environs; cette menaçante levée fit bientôt capituler la noblesse (1). Tout ce qu'elle put faire dans sa rancune, fut de refuser des députés aux Etats-généraux.

La Franche-Comté fut témoin de scènes pareilles; les Etats de la province s'assemblèrent; les nobles

---

(1) Réimpression de l'anc. Moniteur. T. I, p. 510. On trouve dans ce recueil un specimen curieux de l'exaltation que provoqua cette petite campagne ; on peut s'en faire une idée par les titres : « Protestation et arrêté des jeunes gens de la ville de Nantes, du 28 janvier 1789, avant leur départ pour Rennes; Arrêté des mères, sœurs, épouses et amantes des jeunes citoyens d'Angers, du 6 février 1789. La pièce se termine ainsi : « Nous « périrons plutôt que d'abandonner nos amans, nos époux, nos « fils et nos frères, préférant la gloire de partager leurs dangers à « la sécurité d'une honteuse inaction. » Id. p. 541.

et le haut clergé y protestèrent contre le règlement du roi, et voulurent l'élection des députés non par bailliage, mais par les États de la province. Le tiers protesta à son tour contre cette insurrection des deux ordres, et le parlement se jeta dans la querelle : ce fut, comme en Bretagne, pour donner raison au privilége contre le tiers et le gouvernement; il cassa par un arrêt la protestation du tiers; il faut lire les termes de cet arrêt pour se figurer tout ce qu'il y avait encore de déraison et d'endurcissement dans l'esprit nobiliaire. Les notables s'étaient prononcés pour l'égalité des impôts; on avait vu trente ducs et pairs offrir l'abandon de leurs priviléges pécuniaires; mais les gens de robe restèrent les plus âpres et luttèrent jusqu'au bout contre tout sacrifice d'argent. Du moins il y avait chez les nobles d'épée un reste de sentiment chevaleresque qui les rendait quelquefois traitables, quand leur vanité était sauve et que ce n'était qu'une affaire d'écus. Mais cet orgueil du sang manquait chez les gens de robe : ces ennoblis, habitués au trafic de leurs charges, de leurs épices, n'étaient pas plus grands seigneurs d'habitudes que d'origine; ils vivaient en hommes d'argent beaucoup plus qu'en gentilshommes; ce fut cette noblesse d'écritoire qui se montra la plus sordide dans ses idées de conservation. On l'a vue, en toute occasion, mettre une ardeur effrénée contre toute réforme d'impôt. Tout ministre, fût-il Turgot, Necker, Calonne ou Brienne, qui laissa voir de pareils projets, fut traité en ennemi par la magistrature. En face de toute la France levée debout pour les Etats-généraux, le parlement de Besançon s'emporta encore contre l'idée d'imposer les terres nobles : « L'exemption « de l'impôt, dit-il, a fait partie du prix dans les « ventes et dans les partages des familles, et en a « augmenté la valeur..... On ne pourrait exiger le « sacrifice d'une propriété si bien caractérisée, sans « en accorder un dédommagement (1). »

Puis il argua de la coutume invariablement établie contre la double représentation. Une ordonnance du roi cassa l'arrêt; et ces hommes conduits en triomphe l'année précédente, furent honnis et assiégés dans le palais.

Le parlement d'Aix montra le même esprit, et le peuple s'y souleva de même. La lutte s'engagea dans les États de Provence; les premiers ordres y protestèrent aussi contre le réglement royal; mais ils y trouvèrent un adversaire qui fit des affaires de cette province un si grand spectacle, que toute la France se prit d'attention : Mirabeau s'y présentait à la députation. On a parlé de ses écrits; il avait un nom déjà fait, mais c'était plus de célébrité que de gloire. Il avait occupé la France de ses passions, avant de la saisir par ses idées. C'était en Provence surtout que son nom avait re-

---

(1) Réimp. de l'anc. Moniteur. T. I, p. 544.

tenti; il y avait ~~couvert~~ de grands scandales domestiques par de grands succès d'éloquence. Homme dangereux à regarder! car la morale humaine en est troublée, tant il y a dans cette puissante vie de quoi glorifier les passions. En effet, les passions ont été son génie et presque sa destinée; sans ces terribles armes, il n'eût pas eu sa puissance, et en politique, il n'eût pas eu son bonheur. Il était gentilhomme et de grande origine; mais il avait cruellement souffert par les priviléges même de sa race, car son père avait fait de lui pendant des années un prisonnier d'Etat. Aussi le mépris et la haine pour les institutions du despotisme ne lui étaient pas seulement entrés dans l'intelligence, mais avaient passé jusque dans son sang, enflammé par le dur régime de Vincennes. Il en sortit toujours orageux, mais voulant réhabiliter sa vie et sa réputation à force de gloire, impatient de rendre de grands services, parce qu'il avait commis de grandes fautes, et qu'il se sentait une grande valeur. Son génie, que les plaisirs auraient dévoré, s'était développé sous la triple influence de la méditation solitaire, de l'oppression, de la souffrance; cette moelle de lion l'avait rendu fort. Il était fait pour toutes les luttes; il les appelait toutes; il était né et préparé pour son temps. « L'heure des gens de sa sorte arrive à grands pas, « disait son père, historien prophétique et épou- « vanté, car il n'est ventre de femme aujourd'hui

« qui ne porte un Arteveldt ou un Masaniello. » La
mesure du marquis de Mirabeau était trop courte;
elle n'était pas à la hauteur de son fils. L'homme
qui introduisit dans le monde la Révolution française avec des paroles que le monde ne peut plus
oublier, est d'une autre espèce que le séditieux des
Flandres, le brasseur de Gand.

Et de fait, il fallait qu'il fût bien grand ce Mirabeau, pour être resté grand malgré ses vices : vices
de l'âme, vices de l'esprit, car il avait les uns
comme les autres : cupidités, emportements, cynisme, mensonges, contradictions, erreurs. Et
rien ne put empêcher son empire sur les hommes,
même le mépris qu'ils avaient quelquefois pour lui;
et cet empire n'était point une surprise, le résultat
d'une fascination instantanée; non, il l'avait, parce
qu'il le méritait pourtant, parce qu'il était marqué
entre tous pour l'avoir. Parmi les hommes de son
temps, il y en avait certes de plus vertueux, de
plus fiers, de plus purs; il y en avait aussi de plus
savans, de mieux savans surtout, de plus conséquents à eux-mêmes et à leurs principes; mais il
n'y en avait pas un seul qui trempât davantage,
qui plongeât plus avant que lui dans la vie générale, dans la vie des passions et de l'esprit de son
époque. Elle se reconnaissait en lui, et voilà pourquoi elle l'aimait. Il en avait le génie déjà pratique, et cependant déclamatoire; il en avait l'enthousiasme vrai et le charlatanisme fastueux; il en

avait la corruption de mœurs qu'il sauvait par la grâce ou l'omnipotence de sa parole; il en avait les connaissances vastes, incohérentes, entrecoupées. Son père disait : « Sa tête est une bibliothèque « renversée; » c'était l'Encyclopédie. Tel est le secret de la puissance de Mirabeau : il était le verbe du dix-huitième siècle, son verbe politique, comme Voltaire avait été son verbe philosophique et littéraire. On peut, au nom de la morale, et même de la gloire, faire le procès à cet homme si fortement historique; mais quand on l'aura dépouillé de tout ce qu'il s'est approprié des facultés d'autrui, quand on aura compté les nombreux abus qu'il a faits des siennes, il restera toujours Mirabeau, l'homme indestructible, immense, qui ferma le dix-huitième siècle avec tant d'éloquence et de grandeur.

Mirabeau se présenta aux Etats dans la chambre de la noblesse; il y parla; ce fut pour défendre d'abord le règlement royal; il l'avait attaqué cependant dans ses lettres à Cérutti; en cela il avait satisfait d'abord sa passion contre Necker (1). Mais la position politique qu'il avait prise le ramenait forcément à l'esprit de ce règlement. Il parla beaucoup, il écrivit sans relâche en faveur du mode d'élection contre lequel les deux ordres protestaient; la France entière lut ses discours et ses brochures; ce fut un incomparable début; mais ses sorties

---

(1) V. Mém. de Mirabeau. T. V, p. 235.

véhémentes amenèrent son expulsion de la chambre des nobles ; on lui opposa cette distinction de chicane, qu'il était propriétaire de fief, mais non possesseur. Par une dérogation séditieuse à l'ordonnance, les nobles sans fief se virent repoussés de l'assemblée des nobles de Provence. Mirabeau trouva pour dédommagement une immense popularité dans toute la province. Mais cet homme de combat avait à se défendre sur bien des points ; pressé par ses besoins d'argent, il avait livré aux libraires une correspondance secrète sur la cour de Berlin. Il s'en était suivi un grand scandale, et le livre venait d'être saisi. Mirabeau eut à redouter une condamnation qui lui fermât l'entrée des Etats-généraux. Il accourut à Paris, et par ses efforts il détourna le coup ; son honneur seul en fut atteint (1). Son retour en Provence fut accompagné d'ovations inouïes. Les populations bordant les routes le saluaient du nom de père de la patrie. Son passage dans toutes les villes fut célébré par des réjouissances ; il sortit de Marseille, écrit-il, avec une escorte de cinq cents jeunes gens à cheval, et de trois cents carrosses (2). Il eut bientôt à faire emploi

---

(1) L'ouvrage fut condamné à être brûlé, mais il ne fut point fait mention du nom de l'auteur. Mém. de Mirabeau. T. V, p. 238.

(2) Ce fragment d'une lettre écrite par Mirabeau au comte de Caraman, commandant de la province, et qui fut imprimé, est un curieux témoignage de ce qu'était, en Provence, cette popularité de Mirabeau : « Figurez-vous, monsieur le comte, cent vingt

de cette souveraineté d'opinion qu'il s'était faite; des populations se soulevèrent, et la seule présence de Mirabeau les fit rentrer dans l'ordre; il eut le pouvoir de leur faire applaudir ce qui était contre leur intérêt et leurs passions. Ce fut à Marseille d'abord : la disette, comme partout, s'y faisait durement sentir, et la faim poussa le peuple à s'y soulever, pour obtenir une diminution du pain. Des scènes de pillage, des vengeances effrayèrent les municipaux qui cédèrent, et fixèrent, sur les injonctions de la multitude, le pain à deux sous; mais un taux si bas eût été la ruine des marchands. Dans l'inquiétude de perdre ce qu'il avait conquis, le peuple restait debout et continuait de s'agiter. On fit appel à Mirabeau dans cette situation alarmante; il accourut, il s'empara de la multitude, et lui fit entendre raison. A Aix, à Toulon, où des troubles pareils éclatèrent, il exerça le même ascendant; à Manosque, ce fut un évêque qui s'était signalé par

« mille individus dans les rues de Marseille; toute une ville si in-
« dustrieuse et si commerçante, ayant perdu la journée; les fe-
« nêtres louées un et deux louis, les chevaux autant, le carrosse
« de l'homme qui n'a été qu'équitable, couvert de palmes, de
« lauriers et d'oliviers; le peuple baisant les roues, les femmes
« lui offrant en oblation leurs enfans; cent vingt mille voix, de-
« puis le mousse jusqu'au millionnaire, poussant des acclama-
« tions et criant: Vive le roi! quatre ou cinq cents jeunes gens
« des plus distingués de la ville le précédant, trois cents carrosses
« le suivant : vous aurez une idée de ma sortie de Marseille. »
Mém. de Mirabeau. T. V, p. 282.

sa violence aux États et que Mirabeau arracha aux mains des paysans. Tandis qu'il s'employait à toutes sortes de services pareils, Aix et Marseille le nommaient représentant du tiers aux États-généraux.

Les hautes classes dans les autres provinces firent éclater moins haut leur résistance. Les manifestations tumultueuses n'eurent guère lieu que dans les pays qui avaient des États (1); mais presque partout il y eut des intrigues et des protestations signées contre les actes du gouvernement. Un arrêt du conseil défendit et déclara nulles toutes ces protestations (2). Une province seulement se fit remarquer par un bel accord entre ses trois ordres, ce fut le Dauphiné; tous trois votèrent ensemble, et s'entendirent jusqu'à ne faire qu'un cahier en commun (3). A Paris, les premiers ordres, qui en étaient l'élite en position comme en lumières, manifestèrent un pareil vœu de conciliation; ils demandèrent des cahiers communs; ce fut le tiers qui s'y refusa (4). Une agitation profonde accompagna les élections à Paris comme dans les provinces; le tiers, cependant, s'y comporta avec une dignité dont ses rivaux le jugeaient peu capable.

(1) Protestations de la noblesse de Bourgogne : V. Réimpression de l'anc. Moniteur, T. I, p. 555.
(2) Réimpression de l'anc. Moniteur, T. I, p. 556.
(3) Réimpression de l'anc. Moniteur, T. I, p. 549.
(4) V. Hist. parlem. T. I, p. 316 et 351.

1789. Un seul district fut troublé par des désordres. La multitude dévasta la maison d'un fabricant à qui la rumeur populaire imputait un propos dur sur le sort des ouvriers (1); deux maisons voisines furent également saccagées. La force publique eût prévenu ces excès en faisant plus de diligence; elle y apporta une répression tardivement violente, et engagea un combat dont on porta les victimes à plus de deux cents. La misère et l'excès de population concentrée dans ce faubourg expliquaient assez, dans des circonstances si vives, la cause d'un tumulte pareil. On a dit cependant qu'il s'y trouvait une main cachée; mais tous les partis, comme d'ordinaire, se sont renvoyé l'accusation.

Le résultat total des élections causa de la surprise à la cour. Le tiers-état, moins trente voix au plus, ne comptait que des hommes dévoués à la nation. Une minorité imposante du clergé penchait vers la même cause; c'étaient les curés qui l'avaient emporté sur les évêques et les riches bénéficiers; dans la classe noble aussi, les gentilshommes de province avaient écarté beaucoup d'hommes de cour; là encore, un certain nombre de voix étaient acquises aux idées de réforme.

Tous ces représentans des vieilles catégories sociales allaient se trouver en présence, munis de

---

(1) Il se nommait Réveillon et tenait, au faubourg Saint-Antoine, une fabrique de papiers peints.

mandats précis, impérieux. Ces cahiers étaient l'expression la mieux fixée de l'opinion publique à cette époque, et comme les procès-verbaux de ce que voulaient les uns, de ce que refusaient les autres; ils avaient été rédigés par des commissaires spéciaux dans le sein des assemblées, et des cahiers particuliers il s'était formé un cahier général pour chacun des ordres de la province ou du bailliage. Ces mandats devaient être soumis à un dépouillement dans le sein des États; et voici un aperçu des résultats qu'ils ont donnés.

Les cahiers du tiers et du clergé se recommandaient par une assez grande conformité de vues; la noblesse offrait plus de divergences dans les siennes. Le tiers, presque unanime, appelait la plupart des grands changemens que le temps a vu successivement s'accomplir : constitution politique, égalité devant la loi civile, devant la loi pénale, unité de législation, liberté de la presse, abolition de toute servitude personnelle, de tous droits féodaux, égale répartition de l'impôt, responsabilité des ministres, etc.

Sur tout ce qui touchait aux mœurs et à la religion, il y avait accord dans les cahiers du clergé; il voyait dans son sein des abus dont il demandait le premier la réforme (1). La pluralité se pronon-

---

(1) Voir le résumé des cahiers du clergé, Hist. parlem. T. I, p. 323.

çait pour la liberté de la presse, pour le vote par tête, et tous demandaient que les États-généraux fussent à l'avenir élémens indispensables du pouvoir législatif (1). Sur la question de l'impôt, le clergé était unanime; il consentait à l'égale répartition, à l'abolition de tous les restes du régime féodal, du privilége des maîtrises, des douanes intérieures et des droits qui gênaient le commerce, etc.; enfin l'ordre ecclésiastique réclamait pour le tiers-état l'admission à tous les emplois. Le clergé faisait preuve en outre d'intentions libérales en matière de législation criminelle, réclamant l'égalité et l'adoucissement des peines, la publicité des procédures, etc. (2); enfin, par une fusion singulière des idées du temps et de ses intérêts de caste, il demandait aux États-généraux un plan d'éducation nationale, et voulait que cette éducation fût confiée au clergé.

L'ordre nobiliaire n'apporte dans ses vues ni tant de concessions ni tant d'accord; il est entêté du passé bien davantage. Sous la diversité des moyens, l'esprit est le même; il veut les États-généraux, mais c'est pour rétablir la constitution, dit-il, dans sa pureté primitive; il les demande à des époques fixes, avec de puissantes attributions. Les cahiers de l'ordre ouvrent mille avis différens

---

(1) Hist parlem. T. I, p. 324 et 325.
(2) V. Id. id. p. 326.

pour les constituer à son avantage (1). On voit que le seul souci des intérêts de caste fait qu'il se rencontre çà et là avec l'opinion générale. Ainsi, en fait de réformes, la noblesse appuie la suppression des lettres de cachet, l'inviolabilité du secret des postes; il y a même des voix pour la destruction de la Bastille, et cela se conçoit ! mais on recommande en même temps sur tous les tons le maintien des priviléges nobiliaires, etc. (2).

C'est dans ces cahiers des ordres privilégiés qu'on trouve la preuve flagrante des haines jalouses qui divisaient ce grand parti des abus; il y a rupture ouverte entre eux tous; ils se dénoncent, ils se sacrifient à l'envi les uns les autres; nul sentiment, nulle considération qui les relie; royauté, noblesse, clergé, parlemens, s'abandonnent entre eux.

La noblesse veut emporter les États-généraux, y asseoir sa prépondérance, et chercher à profiter seule des difficultés de la royauté; de même elle fait bon marché du sacerdoce; elle parle d'abolir

---

(1) « On propose qu'il ne soit plus distingué que deux ordres
« en France, la noblesse et le tiers-état, et que le clergé soit ré-
« parti dans l'un ou dans l'autre, suivant sa naissance. D'autres
« veulent qu'il soit créé un ordre des paysans, le tiers-état res-
« tant composé uniquement d'avocats, de procureurs, de gens de
« robe en un mot. D'autres expriment le désir que la noblesse
« nomme à elle seule autant de députés que le tiers, c'est-à-dire,
« que sa députation soit doublée. » Hist. parlem. T. I, p. 328.

(2) V. Hist parlem. T. I, p. 328.

sa constitution, ses dîmes, de réduire ses fortunes, d'extirper les ordres religieux, et de donner un autre emploi aux biens des monastères (1). En revanche, le clergé défend opiniâtrément ses dîmes, et rejette la réforme sur les nobles et sur le roi.

Tels étaient les divers éléments de ces États-généraux, qui s'assemblèrent à Versailles le 5 mai 1789.

C'est une des plus grandes dates de l'histoire; c'est celle où la vieille monarchie de France a eu son dernier jour; cette monarchie que les évêques avaient faite, selon le mot de Gibbon, et qui, de religieuse devenue aristocratique et militaire, se fit enfin absolue, pour s'user plus vite et mourir. A la dernière transformation qu'elle avait subie, la vie s'était restreinte en elle; elle s'en était trouvée plus forte d'abord, et s'était confiée à elle-même, jusqu'à répudier tout principe autre que le sien. Parce qu'elle s'isolait, elle croyait grandir; mais le vide se fit autour d'elle, et la société enfin lui échappa. Son génie s'était longtemps trompé et il périssait; elle avait cru que l'ordre, que le pouvoir consistaient éternellement dans une concentration dure, violente, et elle était victime de cette conception du passé, que Louis XI, Richelieu, Louis XIV avaient essayé de réaliser.

(1) V. cahiers de la noblesse : Hist. parlem. T. II, p. 330.

En effet, et en ne tenant compte que des derniers événemens, le roi, qui était à lui seul toute l'institution monarchique, avait voulu garder Calonne, Brienne, et il ne l'avait pu; il avait refusé de prendre Necker, et la nécessité le lui avait imposé. Enfin les États-généraux avaient rencontré dans son esprit beaucoup de résistance, et ils venaient de s'ouvrir.

Qu'allaient-ils demander? qu'allaient-ils faire? Ils allaient légaliser la révolution accomplie dans les idées, dans les mœurs, et consacrer une nouvelle phase dans l'histoire; ils allaient prononcer un jugement définitif et sans appel sur un état de choses dont les abus frappaient les yeux les moins ouverts; ils allaient en créer un nouveau; ils étaient chargés de donner une forme régulière à la régénération de la France : grande tâche! Comment l'accompliraient-ils? Nous n'avons pas à les suivre dans leurs travaux; à proprement parler, les États-généraux n'appartiennent pas à l'histoire de Louis XVI, c'est plutôt Louis XVI qui leur appartient.

On sait comment les événements ont répondu à leurs efforts. Ils ont répondu que les travaux furent grands, mais précipités, mal affermis. Malgré d'incontestables lumières et les intentions les plus pures, la Constituante ne put asseoir un ordre complet et durable; il y eut du côté du droit, comme du côté des priviléges, des passions, des illusions, des erreurs. Et pouvait-il en être autrement? Non, car les changements à faire étaient trop considérables, car les choses à détruire tenaient trop encore, et les hommes investis de cette tâche s'emportèrent à de tels efforts, que tout but se trouva dépassé. L'esprit abusa de sa liberté si brusquement conquise, il eut l'orgueil de l'affranchi; de libre il se fit dominateur; il voulut tout refaire par les idées; il recommença la société. Plein de mépris pour le passé, il empiéta sur l'avenir, et pensa remplir en un jour toutes les ambitions de l'humanité. Ces notions de droit, de liberté, qui sont par elles-mêmes si splendides et si belles, apparaissaient alors comme un remède à tout; et il arriva que les hommes qui en subissaient le fanatisme voulurent réaliser à tout prix, au prix même d'un mal partiel et transitoire, la suprême justice et le bien universel. Sans doute le mal commis reste à la charge des hommes, chacun demeure responsable de son action dans les événemens; mais personne, nous croyons, ne pouvait maîtriser le cours général des choses; nul homme, nulle réunion d'hommes, nulle assemblée, ne pouvait empêcher une révolution de s'accomplir.

Ce grand changement était nécessaire parce qu'il était juste, et que, comme la raison, la justice, qui n'est aussi que la raison dans les rapports moraux des hommes, doit tôt ou tard avoir son jour. Opprimée, elle attendait depuis assez longtemps.

Il y avait près de trois siècles que Luther, en présence des abus religieux produits par le principe de l'autorité, avait introduit l'examen dans la société religieuse; la liberté politique devait suivre l'autre et la compléter. Dans l'ordre religieux, c'était l'esprit humain que la réforme avait émancipé. Il fallait bien que cet esprit fût émancipé dans l'ordre politique, et que le spectacle donné au monde par l'Allemagne au seizième siècle, fût reproduit au dix-huitième par une nation digne de le donner. Cette nation était la France, le pays le mieux disposé par les lumières, la science, la civilisation, et pourtant, singulier contraste! le pays qui retrouvait le plus dans ses lois, ses coutumes et ses mœurs, les cruelles marques de ce principe d'autorité qui avait enfanté les priviléges.

Ce pays s'était fait tant de gloire sous la main de ses maîtres, qu'il avait presque consacré la servitude aux yeux des hommes; il fallait qu'il se relevât avec une grandeur plus imposante encore pour que la dignité humaine ne fût pas éternellement compromise; il fallait enfin que l'indépendance de l'esprit se prouvât par un plein exercice du droit. Une simple réforme eût-elle accompli tout cela? Une réforme eût laissé subsister bien des choses de l'ordre ancien, par la seule raison qu'elles existaient, qu'elles avaient pour elles leur antiquité; et dans cette conséquence dernière de la liberté d'examen, il fallait au contraire que rien n'existât qu'en vertu de l'examen, de la raison librement exercée.

Et rien, rien au monde ne pouvait empêcher ce développement équitable de l'esprit de la société française, rien dans les combinaisons personnelles du talent, du génie même, si le génie pouvait voir à faux le mouvement de l'esprit humain; rien ne pouvait empêcher ce grand fait de justice divine.

Il se peut bien qu'à un certain moment, à une certaine heure, dans un concours de circonstances saisies à propos, un homme, Machaut peut-être, Turgot, ou mieux encore, une assemblée, les États-généraux par exemple, réunis plus tôt, eussent, par une simple réforme, conjuré la crise qui s'avançait. Mais tout le succès se fût borné à déplacer une date dans l'histoire, et la révolution y fût rentrée quelques feuillets plus loin. Ni l'esprit nouveau, ni l'esprit ancien ne se prêtaient à ces transactions pacifiques. A la veille des États-généraux, n'avons-nous pas vu, dans les provinces, les nobles tirer l'épée, désobéir aux lois pour ne point céder sur quelques vieux usages? Si la main de la nécessité ne les eût point saisis; si la révolution ne les eût point désarmés, quelle n'eût pas été leur résistance? Que le prince, à l'origine, se fût fait le représentant des besoins de son empire, qu'il eût enseigné lui-même et commandé les sacrifices, les castes privilégiées auraient lutté, combattu contre le prince; elles y auraient épuisé toutes leurs armes; car on ne voit pas que les aristocraties séculaires se résignent et abdiquent à commandement. C'est leur loi, c'est leur constitution de se défendre; elles ne se rendent que désarmées et après plus d'un combat.

Enfin, pour qui croit à la logique de l'histoire, pour qui croit que tout se tient dans la succession des événements, ne semble-t-il pas que ce fut un temps bien marqué pour une révolution que le temps où la nôtre éclata? On dirait que Dieu lui-même n'a pas voulu qu'on pût s'y méprendre! Voyez les hommes qui sont aux prises au moment où les États-généraux s'assemblent. Le parti du passé, comptez-le; le parti du privilége, que renferme-t-il dans son sein? des hommes sans vues, presque sans habileté d'aucune sorte. Voyez au contraire le parti du changement, de la révolution! Et dites si de telles énumérations sont trompeuses! Où est la force, où est la vie? De quel côté sont les signes du vouloir de Dieu?

FIN DU TOME TRENTIÈME.

TABLE CHRONOLOGIQUE

ET ANALYTIQUE

DU TOME TRENTIÈME.

RÈGNE DE LOUIS XVI.

Chapitre premier. *Avènement de Louis XVI. — État des esprits en France. — Gouvernement. — Coup d'œil sur l'Europe. — Le roi, la reine. — Le comte de Maurepas, chef du ministère. — Vergennes, Du Muy, Turgot, entrent au conseil. — Caractère et doctrines de Turgot. — Ses premiers actes. — Rappel de l'ancien parlement. — La cour et le ministère partagés sur cette question. — Les frères du roi, les princes du sang. — Émeute des farines. — Sacre de Louis XVI. Entrée au ministère de Malesherbes et du comte de Saint-Germain. — Réformes de Turgot. — Suppression de la corvée. — Abolition des maîtrises. — Projets de constitution politique. — Opposition contre Turgot. — Réformes de Saint-Germain. — Retraite de Malesherbes. — Disgrâce et renvoi de Turgot.* 1774-1776.............. page   1

1774. Sentiment de délivrance qu'éprouve le royaume à la mort de Louis XV................ page   2
Espoir qui accompagne l'avènement de Louis XVI; moment d'attente. — Le sentiment de la vie politique commence à se répandre............. 3
Caractère de ce moment; besoin de réaliser les théories du xviiie siècle.................. 4
État des institutions; leur incohérence; hostilité des pouvoirs publics entre eux............. 6

1774. Sentiments des différentes classes : la haute noblesse, le clergé, les gentilshommes de province, les gens de lettres, le barreau, la petite bourgeoisie................................... *page*   8
État politique de l'Europe ; esprit novateur chez les princes ; léthargie des peuples............ 10
Efforts des gouvernemens européens vers l'unité. 11
En Europe, les gouvernemens sont plus éclairés que les peuples ; en France, l'opinion est plus instruite que le pouvoir.................... 12
Honte que la France ressent des derniers traités ; besoin de s'y soustraire................... *ibid.*
Portrait de Louis XVI ; son éducation, ses instituteurs ; influence de ses premières années et des recommandations du dauphin............ 15
Portrait de la reine ; ce que la politique autrichienne espérait d'elle ; elle devait tenir à honneur d'imiter sa mère. — Conseils et influence de l'abbé de Vermont, son instituteur........ 17
Une affaire d'étiquette aux fêtes de son mariage avait indisposé contre elle la haute noblesse... 18
La reine s'efforce de faire rappeler le duc de Choiseul, attaché aux intérêts de l'Autriche...... 19
Les tantes du roi s'opposent à ce projet ; éloignement de ces princesses pour Marie-Antoinette. 20
Trois anciens ministres, Machault, Maurepas et le cardinal de Bernis, sont proposés tour à tour. 21
Le comte de Maurepas l'emporte et devient chef du ministère ; son portrait................. 23
2 juin. Renvoi du duc d'Aiguillon ; il a pour successeur le comte de Vergennes............. 26
Juillet. Les autres ministres de Louis XV sont disgraciés. — 20 juillet, entrée de Turgot au conseil................................... 27
Portrait de Turgot ; ses travaux et ses réformes comme intendant ; ses doctrines économiques. 28

1774. Ses premières mesures d'administration; ses projets pour relever les finances.....*page*	33
13 septembre. Il rétablit la libre circulation du commerce des grains à l'intérieur............	35
L'opinion publique demande le rappel des anciens parlements................................	36
La famille royale et le conseil des ministres sont divisés sur cette question...................	37
21 octobre. Rappel de l'ancienne magistrature. —12 novembre, lit de justice pour sa réintégration...	40
Nouveau règlement auquel le parlement est soumis...	41
Il proteste contre le lit de justice et les édits de rétablissement................................	43
Réformes de Turgot; premiers obstacles qu'il rencontre; livre de Necker sur la libre circulation des blés...............................	47
1775. Troubles populaires à l'occasion de cette mesure. Turgot fait destituer le lieutenant de police Lenoir; le parlement rend un arrêt contre la libre circulation des grains...............	48
Divers soupçons sur la cause de ces troubles; les partisans de Turgot en accusent le prince de Conti et le parlement........................	50
Sacre de Louis XVI................................	51
Turgot opine pour que le roi soit sacré à Paris; formule du serment que Louis XVI prononce en rougissant.................................	52
Renvoi du duc de la Vrillière, ministre de la maison du roi...................................	54
Intrigues de cour pour le choix de son successeur.	55
Lamoignon de Malesherbes est proposé par Turgot et accepté par Maurepas; son caractère....	56
Son hésitation à accepter le ministère..........	57
Le comte de Saint-Germain, ministre de la guerre; ses aventures; sa destinée romanesque........	59

1775.	Assemblée du clergé de l'année 1775........*page*	64
	Ses remontrances; choix des prélats qu'il prend pour ses organes................................	65
	Il demande des lois plus sévères sur la librairie, et se plaint de la tolérance dont jouissent les protestans.......................................	68
1776.	Abolition de la corvée; destruction du régime des maîtrises et des jurandes......................	69
	Nombreux abus de cette ancienne organisation de l'industrie...	72
	Erreur de Turgot et des économistes sur la question de l'impôt..................................	73
	Plan de constitution soumis par Turgot à Louis XVI.	74
	Défaut de son système dominé par l'esprit provincial et par ses vues exclusives d'économiste....	75
	Refus du parlement d'enregistrer ces édits; son opposition violente à l'édit sur les corvées; il déclare que le peuple en France est taillable et corvéable à volonté; lit de justice, 12 mars..	77
	Malesherbes visite les prisons; il projette des réformes qui ne s'exécutent point.............	78
	Son découragement, sa retraite................	79
	Réformes militaires du comte de Saint-Germain; il supprime plusieurs corps d'élite dans l'armée.	80
	On lui donne pour adjoint le prince de Montbarrey...	81
	Activité, caractère ardent de Saint-Germain; mesures qui lui aliènent l'armée.................	83
	Opposition croissante contre Turgot; il a contre lui tous les corps de l'État; il ne lui reste que les encouragemens de quelques hommes d'élite...	85
	Tous les membres de la famille royale sont contre lui; il est attaqué par Maurepas et les autres ministres..	86
	Le roi abandonne Turgot, et lui signifie durement son renvoi.......................................	87

1776. Grandes qualités de Turgot, et ce qui lui manquait comme homme d'État............ page 88

CHAPITRE II. — *Ministère de Clugny.* — *Entrée de M. Necker aux affaires.* — *Son caractère.* — *Ses réformes d'administration et de finance.* — *Commencement d'opposition de la cour, des parlements, de la noblesse et du clergé.*—*Institution des assemblées provinciales.* — *L'opposition grandit contre Necker.* — *Il est soutenu seulement par les gens de lettres et les classes moyennes.* — *Publication du* Compte rendu. — *Déchaînement des parlemens et de la cour contre le ministre à propos d'un mémoire adressé par lui au roi et publié par ses ennemis.*—*Sa démission.*—*Sa popularité.*— *Haute estime dont il jouit en Europe.* —*Soulèvement des colonies anglaises.* — *Révolte de Boston.* — *Combats de Lexington, de Brunker's-hill, etc., etc.*— *Premier congrès : déclaration des droits.* — *Évacuation de Boston par les Anglais.* — *Deuxième congrès : déclaration d'indépendance.* — *Franklin à Paris.* — *Traité de commerce et d'alliance de la France avec l'Amérique.* — *Joseph II à Paris.* — *Retour et triomphe de Voltaire.* 1776-1781........page 91

1776. Clugny est nommé contrôleur général; réaction contre le ministère précédent; il rétablit les jurandes et suspend l'édit sur les corvées; incohérence de ses mesures. 91

Il fonde la loterie. 92

Dilapidations et désordres de son administration; sa mort................................ 93

Necker est proposé pour l'administration des finances; il est recommandé à Maurepas par le marquis de Pezai........................ 94

Position de Necker; sa fortune; ses relations; il était l'adversaire des économistes. 95

Caractère probe et élevé de Necker; ostentation de sa vertu............................ 96

Influence de madame Necker; son mérite; sa bien-

	faisance, qu'elle fait servir à la popularité de son mari................................. *page*	97
1776.	22 octobre. Necker est chargé des finances, sous le titre de directeur du trésor; le contrôleur général Tabonreau se retire................	98
	État de l'administration financière; Necker trouve le déficit augmenté par Clugny; difficultés de tout genre de la situation.................	99
	Impossibilité d'augmenter les impôts; système de Necker, contraire à celui de Turgot..........	100
	Objections faites à son système de crédit........	101
	22 décembre. Règlement de Necker pour la suppression d'emplois et de bénéfices illicites; réformes; économies........................	103
1777.	Il supprime les receveurs des domaines et les intendans de finances; il commet la faute de maintenir la loterie.....................	104
	Premiers symptômes d'opposition; résistance des parlemens...........................	106
	Fermeté de Necker........................	107
	Son défaut de grâce et de séduction; il indispose plus qu'il ne maîtrise.....................	108
	7 janvier. Necker ouvre un emprunt, en faisant connaître les charges de l'État................	109
	Rentes viagères; pamphlets contre Necker......	111
	Ses adversaires; ses partisans; sa popularité dans la nation et à l'étranger.....................	113
	Il puise sa force dans la publicité et le crédit.....	114
1778.	Abolition de la main-morte; établissement des assemblées provinciales; le génie politique de Necker n'égale pas son génie financier........	115
	Critique de son plan qui eût préjudicié à l'unité politique de la France.....................	116
1779.	Hostilité des parlemens au projet des assemblées provinciales; Necker, attaqué par Sartines, exige son renvoi et le remplace par le marquis de Castries.............................	121

1780. Il publie le *compte-rendu*; ses motifs........*page* 122
Orage qui s'élève contre lui; calomnies; effets du *compte-rendu* sur le crédit......................... 124
La cour soulevée contre Necker; suppressions de charges; écrits calomnieux; faits vérifiés..... 126
1781. Necker demande l'entrée au conseil, dont il ne faisait point partie; il essuye un refus et envoie sa démission.. 127
Grand bruit que fait sa chute en Europe; la reine le presse de retirer sa démission............... id.
Sa popularité; haute estime des gouvernemens pour Necker; jugement........................ 128
1774. Guerre d'Amérique; son origine; impôt du timbre; système fiscal de l'Angleterre; révolte de Boston..................................... 132
Soulèvement des colonies; levée de douze mille hommes; 4 septembre, congrès de Philadelphie; déclaration des droits................. 133
1775. 19 avril. Combat de Lexington; force des deux partis... 135
Combat de Brunker's-hill................... 136
1776. Washington arrive à l'armée; siége de Boston; les Anglais capitulent; avril 1776; 4 juillet, nouveau congrès................................ 137
Mission de Franklin en Angleterre; son retour; il conseille et décide la déclaration de l'indépendance.. 138
L'Europe entière y applaudit; les souverains et les peuples la reçoivent avec enthousiasme........ 139
Comment l'Angleterre y répond; lord North; lord Chatam...................................... 140
La cour de Versailles prête une assistance secrète aux Américains.................................... 143
Commencement d'aigreur dans les rapports diplomatiques de la France et de l'Angleterre...... 144
Opprobre des traités de 1763, qui font de la guerre

	une obligation d'honneur pour la France.. *page*.	145
	Départ de La Fayette pour l'Amérique........	146
1776.	Sentimens, surtout nationaux, auxquels il obéissait.	147
	Franklin est envoyé par le congrès; il propose l'alliance de l'Amérique à la France. Portrait de Franklin............................	148
1777.	Hésitations de la cour de Versailles; événemens d'Amérique; capitulation de Saratoga........	149
1778.	6 février. Traité d'alliance entre la France et l'Amérique...............................	150
	13 mars. Le traité est notifié au cabinet de Londres.................................	152
	La cour de Versailles, par ses lenteurs, laisse échapper l'occasion d'agir; conseils de Franklin.................................	153
1777.	Voyage de Joseph II; sa simplicité affectée, son étalage de philanthropie; engouement qu'il inspire; son portrait.......................	155
	But politique de son voyage; résistance qu'il rencontre; son dépit et son brusque départ........	156
1778.	Retour de Voltaire à Paris; enthousiasme qu'il inspire; quel en était le caractère...........	158
	Louis XVI refuse de le recevoir..............	160
	Représentation d'*Irène*, triomphe du poëte; il visite Turgot; il bénit le fils de Franklin......	161
	Rappel des ambassadeurs français et anglais; embarras des deux cours.....................	162
	13 avril. Départ de la flotte française pour l'Amérique.................................	163

CHAPITRE III. *Commencement de la guerre d'Amérique. — Combat d'Ouessant. — Départ de la flotte de d'Estaing. — Arrivée de la flotte française dans la Delaware. — État de l'opinion sur la guerre. — Discordes entre les Américains et les Français. — Faits d'armes des Français dans les colonies. — Mission armée du général Rochambeau. — Départ de la flotte de de Grasse. — Succès des Américains et* des Français. — *L'Angleterre négocie avec l'Amérique.* — *Bataille de la Dominique.* — *Blocus de Gibraltar.* — *Suffren aux Indes.* — *Traité de paix.* — *Paix de Teschen.* — *Fleury et d'Ormesson, contrôleurs-généraux.* — *Mort de Maurepas.* 1778-1783..................... page 164

1778. Efforts de la France ; constructions navales ; ministère de Sartines........................... 165
Flotte de Brest commandée par d'Orvilliers ; combat de *la Belle-Poule* contre *l'Aréthuse*......... 166
8 juillet. La flotte sort de Brest ; le 23, d'Orvilliers rencontre l'amiral Keppel................... 168
Combat d'Ouessant, dont le succès reste indécis ; rentrée à Brest............................... 169
Le duc de Chartres est fêté à son retour, puis calomnié ; sa conduite à Ouessant............... 171
L'amiral d'Estaing ; vocation singulière, premiers faits d'armes de ce marin................... 174
Il est arrêté par les vents ; à son approche les Anglais quittent Philadelphie................. 175
Il manque la flotte anglaise de trois jours ; 8 août, il attaque Rhode-Island................. 176
Beau mouvement de l'amiral ; il poursuit les Anglais ; il essuie une tempête............... 177
Dissentimens graves entre les alliés ; noble conduite de La Fayette ; émeute de Boston ; ingratitude du peuple américain envers la France... 179
Prise de la Dominique par le marquis de Bouillé ; d'Estaing attaque Sainte-Lucie ; combat meurtrier.. 180

1779. Le cabinet de Madrid propose sa médiation ; il hésite à s'engager dans cette guerre ; Louis XVI penche vers la paix............................ 181
Refus de l'Angleterre ; armemens de l'Espagne ; projet de descente en Angleterre............. 182
25 juin. Jonction des flottes française et espagnole ; vaine parade ; rentrée à Brest........... 183

1779. Succès de d'Estaing aux Antilles; prise de Saint-Vincent et de la Grenade; joie publique en France.................................*page.* 184

D'Estaing assiége Savannah, et livre un assaut meurtrier; il y est blessé; son retour en France et sa disgrâce................................. 185

Manque d'unité, fautes de cette guerre; conquête du Sénégal; neutralité armée des puissances du Nord; l'Angleterre déclare la guerre à la Hollande; blocus de Gibraltar................. 187

L'amiral Rodney ravitaille la place; générosité intempestive; Rodney et Guichen aux Antilles; combats de mer............................ 188

Revers de la cause américaine; trahison d'Arnold; mission armée de Rochambeau; derniers sacrifices................................. 190

Mérite de Rochambeau; retour de Guichen; tâtonnemens, dissidences.................... 193

1781. Grandeur morale de Washington; ses efforts, sa persévérance, sa lettre à Louis XVI; Castries et Ségur remplacent Sartines et le prince de Montbarrey; nouvelle campagne, armemens de l'Espagne et de la Hollande................. 195

Nouveaux projets de débarquement en Angleterre; tentative sur Jersey; départ de la flotte du comte de Grasse; il rencontre l'amiral Hood; il concourt à la prise de Tabago............. 196

Opérations de l'armée de terre; de Grasse entre dans la Chesapeake; on renonce au siège de New-York, et la guerre se concentre au Midi. 198

Siége de York-Town; brillante attaque de La Fayette et de Vioménil; impétuosité des Français; capitulation; ses résultats.............. 201

1782. De Grasse retourne aux Antilles; il est dupe d'un stratagème de l'amiral Hood au siége de Saint-Christophe; Bouillé s'empare de l'île......... 202

La guerre change de caractère; l'Amérique est

hors de cause; lutte plus acharnée entre la France et l'Angleterre.................*page* 204

1782. Prise de Minorque et du fort Saint-Philippe; bravoure de Crillon........................ 205

Fautes; expéditions sans unité, sans concert; 9 avril, de Grasse et Rodney se rencontrent devant Sainte-Lucie; l'honneur de la journée reste aux Français........................... 206

12 avril. Nouveau combat; le comte de Grasse essuie une effroyable défaite; son manque de génie et sa bravoure............................ 207

La Peyrouse sur l'Hudson; souscriptions patriotiques en France........................... 209

Siége de Gibraltar; batteries flottantes du chevalier d'Arçon; vaines tentatives, désastre...... 210

Le bailli de Suffren aux Indes; ses antécédens; son génie; on lui confiait trop peu de forces... 213

Situation des Européens aux Indes; que pouvait-on attendre de Suffren?................... 214

Il attaque les Anglais en chemin, à Praya; il fait sa jonction avec d'Orves, qui lui remet en mourant le commandement de la flotte; 19 février, combat de Sadras......................... 215

Il signe un traité avec Hyder-Aly; les Anglais veulent éviter Suffren; 19 août, combat de Provédien; 6 juillet, nouveau combat dont l'honneur reste à Suffren...................... 217

Suffren répare sa flotte à Cuddalore; sa prodigieuse activité; il ne veut d'autre port que l'Océan; 1er août, il reprend la mer, et s'empare de Trinquemale; combat.............. 218

Bussy aux Indes; fausse politique de Versailles; Bussy assiégé dans Gondelour; les Anglais se retirent à l'approche de Suffren, qui les poursuit et les force à accepter le combat; l'ennemi se dérobe dans les brumes, et refuse la bataille le lendemain................................. 221

1782. 29 juillet. Préliminaires de paix, annoncés par une frégate anglaise; Suffren rappelé; enthousiasme qu'il inspire en France; ses faits d'armes de l'Inde influent peu sur les conditions de la paix. ....*page* 223

1783. 20 janvier. Traité de Versailles; comment il est jugé par l'opinion; la paix, faite trop tôt, fut habilement négociée; l'Angleterre la souhaitait impatiemment; ses appréhensions. 226

1778. Politique de la France vis-à-vis de l'Autriche; elle cherche à se débarrasser des gênes de cette alliance; affaires de la succession de Bavière; Joseph II veut s'emparer à main armée de cet État. 228

L'Europe s'alarme; Frédéric fait marcher son armée au secours de la Bavière; la France l'appuie par sa diplomatie; on tente l'ambition de Frédéric; il résiste, et l'empereur signe la paix de Teschen, 10 mai 1779; rancunes et hostilités sourdes de l'Autriche contre la France. 229

1782. Troubles de Genève; 27 juin; intervention de la France; intrigues des Anglais. 231

Conformité de sentiments de Louis XVI et de Vergennes; caractère et méthode diplomatique de ce dernier; il ambitionne d'être premier ministre; il contribue plus que personne au renvoi de Necker. 233

1781. Joly de Fleury, contrôleur-général; réaction; incapacité financière; mesures fiscales; il établit un troisième vingtième. 235

1782. Résistance des parlemens de province; conflits en Bretagne; Louis XVI croit raffermir son autorité; ses illusions entretenues par Vergennes; celui-ci est nommé chef du conseil des finances, et se rapproche de la reine. 239

Fautes de Joly de Fleury; son renvoi; il a pour successeur d'Ormesson. 240

1782. Instances de Louis XVI près de lui; sa probité, son inexpérience; il refuse de payer les dettes de Monsieur et du comte d'Artois....... *page* 242

Il est en butte à la dérision ; ses emprunts; ses fautes; il oblige la caisse d'escompte à verser six millions au Trésor; il casse le bail des fermes... 243

Son renvoi ; intrigues pour lui donner un successeur : Loménie de Brienne, Foulon, Calonne. 246

Castries s'efforce de faire rappeler Necker; résistance et inertie de Louis XVI............ *ibid.*

1780. Assemblée du clergé de 1780 ; il demande des mesures de rigueur contre la presse, les protestants ; Louis XVI n'y souscrit pas............ 247

Bienfaits que l'on pouvait attendre encore du rappel de Necker; il n'eût point rencontré les mêmes obstacles, car Maurepas était mort en octobre 1781 ; un dernier mot sur ce vieux ministre... 249

CHAPITRE IV. *La reine, son éducation, sa position en France, sa société intime. — Caractère et genre de vie de Louis XVI. Monsieur et le comte d'Artois, le duc d'Orléans et les autres princes du sang. — Ministère de Calonne, ses prodigalités. — Procès du collier. — Crédulités et superstitions de l'époque. — Découvertes scientifiques. — Traité de commerce entre la France et l'Angleterre. — Affaire des Bouches de l'Escaut. — Déficit des finances. — Projets de Calonne.* 1781-1786......................... *page* 251

1781. Position nouvelle de la reine après la mort de Maurepas; sa prépondérance accrue en outre par la naissance du Dauphin; sa vie divisée en deux parts; ses premières années en France... 252

1774-1781. Vues de l'Autriche sur elle; son dévouement au parti de Choiseul; haine des Richelieu, des d'Aiguillon, etc.; cabale puissante décidée à la déshonorer pour la faire renvoyer à

Vienne; les tantes de Louis XVI, ses belles-sœurs, toute la maison de Monsieur, parlent mal de la reine................................*page* 256

1774-1781. Frédéric II et d'autres princes la dénigrent par leurs agens; sa position difficile; sa prompte impopularité........................... 257

Son éducation imparfaite, sa légèreté; témoignages divers des contemporains............... 258

Société intime de la reine; portraits de la comtesse Jules et de Diane de Polignac.............. 260

Marie-Antoinette veut conserver les habitudes de sa famille; portrait de la reine; ses goûts, ses plaisirs à Trianon, ses modes; on l'accuse de favoriser les manufactures étrangères........ 263

Concerts de nuit de la terrasse; préventions et bruits populaires........................... 268

Dévouement de la reine à ses favoris, son extrême emportement; scène violente qu'elle fit à un ministre; son ascendant sur le roi............ 269

Opposition de caractère et de goûts entre la reine et Louis XVI; genre de vie du roi; ses travaux manuels, ses chasses, son journal............ 274

Portraits de Monsieur et du comte d'Artois...... 278

Les princes du sang; rôle de la maison d'Orléans; son opposition antérieure; portrait du duc d'Orléans; témoignages divers; plaisirs des princes; mœurs anglaises, clubs, courses, paris. 282

1783. Ministère de Calonne; ses antécédens et son portrait; en quel état il trouve les finances...... 288

Plan de conduite de Calonne; il ouvre le trésor public aux princes et aux courtisans; tous les abus se multiplient; quelques travaux d'utilité; mœurs de Calonne......................... 290

1783 à 1787. Ses expédiens financiers; bail des fermes, caisse d'escompte, emprunts; il se procure de l'argent en ranimant le crédit par ses amorces. 294

1783-1786. Promesses d'économie; mensonges des édits
    du roi; refonte des louis, fraudes....... *page* 296
    Agiotage effréné; souvenir de l'époque de Law;
    la banque de Saint-Charles et les Philippines.. 298
1784. Le Mariage de Figaro; ses effets politiques...... 300
1785. Procès du collier; portrait du cardinal de Rohan;
    ses désordres, ses liaisons, ses grands biens et
    ses dettes; causes de l'aversion qu'il inspire à la
    reine; son ambition d'être ministre.......... 301
    La comtesse de Lamotte-Valois; origine, situa-
    tion et caractère de cette femme; ses relations
    avec le cardinal de Rohan................... 304
    Elle persuade au cardinal que la reine souhaite le
    fameux collier de diamans; visites à Versailles;
    mystifications; Rohan croit obtenir un rendez-
    vous de la reine; sur la foi d'une lettre fausse,
    il conclut l'achat du collier................. 305
    15 août. Il est arrêté et conduit à la Bastille
    après un interrogatoire dans le cabinet du roi;
    colère de la reine, qui veut perdre l'accusé; le
    procès est déféré au parlement; l'esprit public;
    curiosité excitée dans toute l'Europe; efforts
    maladroits de la cour qui égarent l'opinion
    davantage.................................. 308
1786. Le cardinal est acquitté et madame de Lamotte
    condamnée; acclamations populaires; coup ter-
    rible porté à la réputation de la reine; examen
    de cette affaire; ce qu'on en doit penser...... 312
    Crédulité de ce temps; amour du merveilleux;
    Cagliostro, Mesmer; époque de foi bizarre,
    pleine de pressentiments : c'était le temps des
    fables pour l'esprit scientifique. 1783, décou-
    verte des ballons............................ 314
    Août 1785. Départ de La Peyrouse; goût de
    Louis XVI pour la marine; son voyage à Cher-
    bourg. Décembre 1786, traité de commerce en-
    tre la France et l'Angleterre; débats du parle-

ment anglais; Burke, Fox accusent la France
et repoussent le traité; il est soutenu et exalté par
Pitt..*page* 319
1786. Caractère de ce traité; préjudice économique porté
à la France: empressement de Vergennes à le
conclure... 321
État des affaires intérieures; Calonne est à bout de
ressources; désordres et épuisement de son administration................................ 324
Affaire des Bouches de l'Escaut; exigences de Joseph II; résistance des Hollandais; médiation
de la France; arrangement avantageux et impopulaire.. 325
Calonne fait connaître à Vergennes et au roi l'état
désespéré des finances; expédient qu'il leur propose.. 326

CHAPITRE V. *Convocation des notables. — Mort de Vergennes. — Discours d'ouverture de Calonne. — Travaux et opposition des notables. — Renvoi de Calonne. — Influence de la reine. — Brienne est nommé ministre. — Clôture de l'assemblée. — Opposition du parlement, exil, rappel. — L'opinion soulevée contre la reine. — Coup d'État contre le parlement. — Opposition des parlemens de province. — Détresse du trésor. — Brienne accorde les États généraux. — Rappel de Necker. — Position extérieure de la France.* 1786-1788...................................... *page* 327

1786. 29 décembre. Louis XVI annonce sa résolution de
convoquer les notables......................... 327
Effet de cette déclaration; plan de Calonne, emprunté à Turgot et à Necker................. 329
Choix des membres de cette assemblée; le tiers-état y est à peine représenté; faux calcul de Calonne.. 332
Mort de Vergennes, son découragement; conséquences de cette perte; regrets de Louis XVI. 334

1787. 22 février. Ouverture de l'assemblée ; cérémonial usé et choquant ; discours de Calonne ; il dément le *compte-rendu* ; sentiment des notables ; ils acceptent les assemblées provinciales et repoussent la subvention territoriale ; ils demandent les états de recettes et de dépenses..........*page* 336

Réunion chez Monsieur ; on y met en doute les comptes et les assertions de Calonne ; le nom des États-généraux est prononcé ; l'opinion est préoccupée de Necker ; il demande à être entendu ; il communique un mémoire ; hostilité croissante des notables contre Calonne ; assemblée générale du 12 mars ; — question des douanes intérieures et des domaines royaux ; Calonne publie ses projets de réforme et s'adresse à l'opinion.. 340

Les notables prennent des arrêtés contre son mémoire, et le traitent de séditieux ; indécision du roi, irritation de la reine ; pamphlet contre Calonne ; les Polignac seuls l'appuient encore ; il remplace Miromesnil par Lamoignon, et il est renvoyé peu de temps après.................... 344

Calonne remplacé par Fourqueux ; Necker publie son mémoire, et est exilé ; la reine demande Brienne pour ministre. — Lamoignon et Montmorin travaillent au rappel de Necker ; on arrache au roi coup sur coup deux décisions contraires ; Brienne est nommé ministre ; impopularité croissante de la reine................. 347

Portrait de Loménie de Brienne ; il courtisait en même temps les philosophes et les jésuites ; l'abbé de Vermont ne cessait de le vanter à la reine ; ses mœurs, idée qu'il a de sa supériorité.. 350

Les notables accordent un emprunt ; ils essaient de vérifier les comptes de finance ; diverses appréciations du déficit ; Brienne copie les idées de Calonne ; il réduit le taux de la subvention

ET ANALYTIQUE. 477

territoriale; elle est repoussée; nouvel appel aux États-généraux; — rôle embarrassant et fatigue des notables; 25 mai, séance et discours de clôture................................*page* 352

1787. Brienne inférieur encore à Calonne; il n'ose signifier au parlement, en lit de justice, les résolutions des notables; l'édit du timbre est repoussé. 357

Le parlement demande les États-généraux; 6 août, lit de justice; popularité des parlementaires; 15 août, le parlement est exilé à Troyes; — Loménie se fait nommer premier ministre; retraite de Ségur et de Castries........................ 359

20 septembre. Rappel du parlement; son inconséquence; il enregistre l'édit des vingtièmes; Brienne demande un emprunt de 430 millions. 19 novembre, lit de justice, protestation; succès oratoire de d'Espréménil; opposition du duc d'Orléans, son exil à Villers-Cotterets......... 363

1788. Inconséquences et contradictions des deux partis; la reine est en butte à une haine croissante; son caractère supérieur à ses lumières, son dévouement obstiné à Brienne..................... 367

Coup d'État préparé contre la magistrature; 3 mai, le parlement tient séance; principes exposés; adhésion des pairs............................ 371

D'Espréménil et Montsabert vont chercher asile dans le sein du parlement; séance de nuit; arrestation des deux conseillers; émotion de leurs adieux................................. 371

8 mai. Lit de justice; six édits sont enregistrés; création d'une cour plénière; le parlement est dépouillé du droit d'enregistrement; réformes de la justice criminelle; abolition de la torture préalable.................................. 375

Création de quarante-sept bailliages; mutilation du parlement; protestation de tous les corps judiciaires................................. 379

1788. Désaffection presque générale; les diverses classes ; troubles dans les provinces, en Béarn, en Provence, en Languedoc; mouvement en Bretagne; députation des nobles ; ils la renouvellent à mesure qu'on emprisonne leurs députés. .....*page* 381
Insurrection du Dauphiné; le gouverneur est contraint de céder; assemblée de Vizille...... 383
Imbécile sécurité de Brienne. Juin, remontrances du clergé; il proteste contre la cour plénière, et demande les États-généraux; démission de Breteuil ; indifférence et torpeur de Louis XVI. 8 août. Brienne suspend la cour plénière, et promet les États-généraux........ 387
Il autorise les corps savans à faire des recherches sur leur organisation; inquiétudes de Malesherbes et de ses amis; Brienne propose à Necker le contrôle-général; refus; opprobre de Brienne; il saisit des fonds de bienfaisance et vide toutes les caisses; crise financière......... 391
Madame de Polignac et le comte d'Artois décident la chute de Brienne ; il reçoit le chapeau de cardinal et d'énormes faveurs; joie du royaume; la reine pleure en quittant Brienne; en quel état il laissait les affaires du dehors... 394

1786. L'Angleterre trouble la Hollande; elle est blessée de notre traité de commerce avec la Russie, et nous brouille avec la porte................... 396
Efforts du stathouder pour s'emparer de l'autorité; il sollicite l'intervention de la Prusse; résistances; émeutes; la France forme un camp d'observation à Givet; Brienne dilapide les fonds; son incurie; sa folle sécurité.......... 397

1787. Guerre civile en Hollande; le bas peuple appartient au stathouder; défection, corruption, intrigues; le duc de Brunswick, à la tête des Prussiens, entre dans les Provinces-Unies......... 400
Conséquences de cette révolution pour la France;

l'Angleterre fait des armemens considérables ;
la France y répond, et nomme Suffren au commandement de ses flottes; projet d'alliance ;
coup d'œil sur l'Europe en 1788 ; tous les grands
États cherchent à se mouvoir, à se répandre ;
la France est occupée de ses embarras intérieurs ; la France eût pu encourir le danger
d'un partage ; la force sociale, qui tenait lieu
de puissance politique, l'en préserva..... *page* 404

CHAPITRE VI. *Second ministère de Necker; ses mesures de finance; ses desseins politiques.—Seconde assemblée des notables. — Mouvement des esprits à l'approche des États-généraux.—Sentimens des différentes classes.—Écrits divers. — Ordonnance de convocation des États. — Mode d'élection. — Incidens. — Cahiers des trois ordres. — Conclusion.* 1788-1789......................... *page* 407

1788. Rentrée de Necker aux affaires ; sa tristesse ; accueil et réjouissances publiques; troubles qui les accompagnent ; conditions des basses classes à cette époque; désordres et farces populaires; collisions sanglantes ; rôle du parlement et de la basoche dans ces mouvemens............. 407

Lamoignon est renvoyé ; sa cupidité ; ses exigences ; pénurie du trésor ; prodigieux effets de la présence de Necker sur le crédit ; son grand savoir-faire ; il assure tous les services ; il évite la banqueroute. 410

Questions relatives aux États-généraux; composition de l'assemblée; quelle part y aurait le tiers-état, etc.; irrégularité des anciennes formes, écrits nombreux, arrêt du parlement... 412

Indécision de Necker, son penchant pour les institutions anglaises, il eût convenu davantage sur la fin d'une révolution, il se décide à rappeler les notables, pour les consulter sur la question des États-Généraux. 6 décembre. *page* 415

1788. Il ambitionne le rôle de modérateur, il se prononce pour la double représentation du tiers, et n'ose proposer le vote par tête............ 417

Le bureau de Monsieur vote seul pour la double représentation ; autres résolutions de l'assemblée ; diversité des usages locaux ; les notables maintiennent les anciennes formes ; tergiversations du parlement, il se rétracte............ 419

Rôle nouveau de d'Espréménil ; l'esprit public proteste contre les décisions des notables ; les princes de leur côté adressent un *Mémoire* au roi, profession de foi hautaine et menaçante.. 421

27 décembre. *Résultat* du conseil ; doublement du tiers ; la reine y souscrit ; la noblesse s'irrite de cette décision............................ 425

Reproches adressés à Necker ; embarras de sa position ; ses efforts, ses succès d'administration. 426

Rigueur de l'hiver, disette ; 7 septembre, Necker interdit l'exportation des blés, ses mesures, ses achats à l'étranger ; il donne sa caution pour l'État, grand exemple de générosité politique. 427

Souffrances populaires, libéralités, grandes aumônes............................... 431

Clubs, publications ; écrits de Servan, du duc d'Orléans, de Mounier ; brochure de Sieyès, *Qu'est-ce que le tiers-état?* opinions de Rabaut Saint-Étienne, du comte d'Entraigues ; lettres de Mirabeau à Cérutti.................... 433

1789. 24 janvier. Règlement des États-généraux ; élections de premier et de second degré ; nulle condition de propriété n'est imposée ; raisons qu'en donne Necker....................... 437

Versailles choisi pour siège des États ; mouvement électoral ; sa durée ; agitation universelle ; conflits dans plusieurs provinces ; soulèvement de la noblesse bretonne, combat contre les bourgeois; la noblesse capitule et refuse de nommer aux États.................................... 440

Scènes pareilles en Franche-Comté; les nobles et le clergé protestent contre le règlement royal; arrêt du parlement; entêtement de l'esprit nobiliaire; caractère de la noblesse de robe; son égoïsme cupide................................ 442

Lutte dans les États de Provence; Mirabeau s'y présente pour être élu; ses écrits, son portrait, ses passions, ses scandales domestiques; oppression, captivité, souffrances; paroles du marquis de Mirabeau, son père. Ce qui fit son empire sur les hommes; l'époque se reconnaissait en lui. 444

Mirabeau défend le règlement royal; ses sorties véhémentes; il est exclu de la chambre des nobles; un de ses ouvrages fait scandale; le parlement en est saisi; son retour en Provence; ovations inouïes................................. 446

Sa présence rétablit la tranquillité à Marseille, à Aix, à Toulon; il est nommé député du tiers-état................................... 448

Bel accord entre les trois ordres du Dauphiné; élections de Paris; dignité du tiers; un seul district est troublé; résultat général des élections................................... 449

Députation du tiers, son esprit; un grand nombre d'évêques et d'hommes de cour repoussés par leurs colléges; le bas clergé nombreux aux États. 450

Cahiers des trois ordres, rédaction, analyse; le tiers presque unanime appelait la plupart des grands changemens que le temps a vu s'accomplir.... 451

Cahiers du clergé, réformes qu'il demande; ses intentions libérales sur plusieurs points....... 452

Cahiers de la noblesse; divergence des mandats; esprit général de résistance; préoccupations égoïstes des ordres privilégiés; haines jalouses qui les divisent; ils se dénoncent et se sacrifient les uns les autres.......................... 453

5 mai. Ouverture des États-généraux. Conclusion: coup d'œil sur la marche et les transformations du pouvoir royal; il s'était longtemps trompé.. 454

Travaux grands, mais précipités, de la Constituante; orgueil, enivrement de l'esprit nouveau; il veut recommencer la société; il croit réaliser la justice, le bien universel........................ 455

Une révolution était inévitable; elle était la conséquence de la réforme religieuse du seizième siècle; on pouvait peut-être reculer l'événement; impossibilité d'une transaction pacifique; que pouvait le prince contre les ordres privilégiés? le temps semblait marqué pour une révolution.................................... 456

ERRATA.

Page 42, en note, au lieu de : Soulavie, *Hist. de Louis XVI*, lisez : Soulavie, *Mém. du règne de,* etc.

Page 47, en note, au lieu de : l'abbé *Galianani*, lisez : *Galiani*.

Pages 48 à 56, au lieu de : 1774, lisez à la date marginale : 1775.

Pages 75, 100 et 123, au lieu de : *pays d'État*, lisez : *pays d'États*.

Page 180, ligne 14, au lieu de : *la prise de Saint-Domingue* par le marquis de Bouillé, lisez : *la prise de la Dominique,* etc.

Page 214, ligne 19, au lieu de : quand de Grasse en avait commandé *trente-huit*, lisez : *trente-trois*.

Page 260, ligne 10, au lieu de : *pour* cette amitié subite de la reine, lisez : *par*, etc.

Page 389, ligne 7, au lieu de : *contre* la noblesse et, lisez : *entre* la noblesse et, etc.

Page 425, ligne 11, au lieu de : qui *put* douter, lisez : qui *peut* douter.

www.ingramcontent.com/pod-product-compliance
Lightning Source LLC
Chambersburg PA
CBHW060223230426
43664CB00011B/1532